Michael Luther & Jutta Gründonner
Königsweg Kreativität
Powertraining
für kreatives Denken

Michael Luther, geb. 1958, Kommunikationstrainer, Sportlehrer, NLP-Lehrtrainer. Aus- und Fortbildungen in Visionsmanagement, Mentaltraining, Outdoortraining und Provokativer Therapie. Er arbeitet als Trainer und Coach in den Bereichen Kreativität, Werbung, Teamentwicklung, NLP und Gesundheitsmanagement. Seit 1993 leitet er das Institut Transfer KommunikationsTraining in Köln und initiiert den Cölner Creativ Circel (CCC). Er liebt die Berge und betreibt Klettern und Marathonlaufen. Mit-Autor des Junfermann-Buches *NLP-Spiele-Spectrum* und Autor des Existenzgründungs-Planspiels *METIS*®.

Jutta Gründonner, geb. 1954, Diplom-Sozialpädagogin, NLP-Lehrtrainerin, Atempädagogin, Gruppenleiterin für Autogenes Training. Sie leitet das Spin-Institut für Kommunikation und Selbstmanagement in Hannover. Sie arbeitet in den Bereichen Coaching, NLP-Trainings und Ausbildungen, leitet Selbsterfahrungsseminare und ist Lehrbeauftragte der Fachhochschule Hannover für Wirtschaft in der Vermittlung Sozialer Kompetenz, mit dem Schwerpunkt NLP.

Michael Luther & Jutta Gründonner

Königsweg Kreativität

Powertraining für kreatives Denken

Junfermann Verlag · Paderborn
1998

© Junfermannsche Verlagsbuchhandlung, Paderborn 1998
Text-Illustrationen: Chris Alderson
Das Symbol auf dem Frontcover ist ein eingetragenes Warenzeichen von TRANSFER KommunikationsTraining.

Satz: adrupa Paderborn
Druck: Media-Print Paderborn

Die Deutsche Bibliothek – CIP-Einheitsaufnahme
Luther, Michael:
Königsweg Kreativität: Powertraining für kreatives Denken / Michael Luther, Jutta Gründonner. Vorw. von Bernd Isert. – Paderborn: Junfermann, 1998
    ISBN 3-87387-379-6

ISBN 3-87387-379-6

Leitfaden

Repertoire

Anwendung

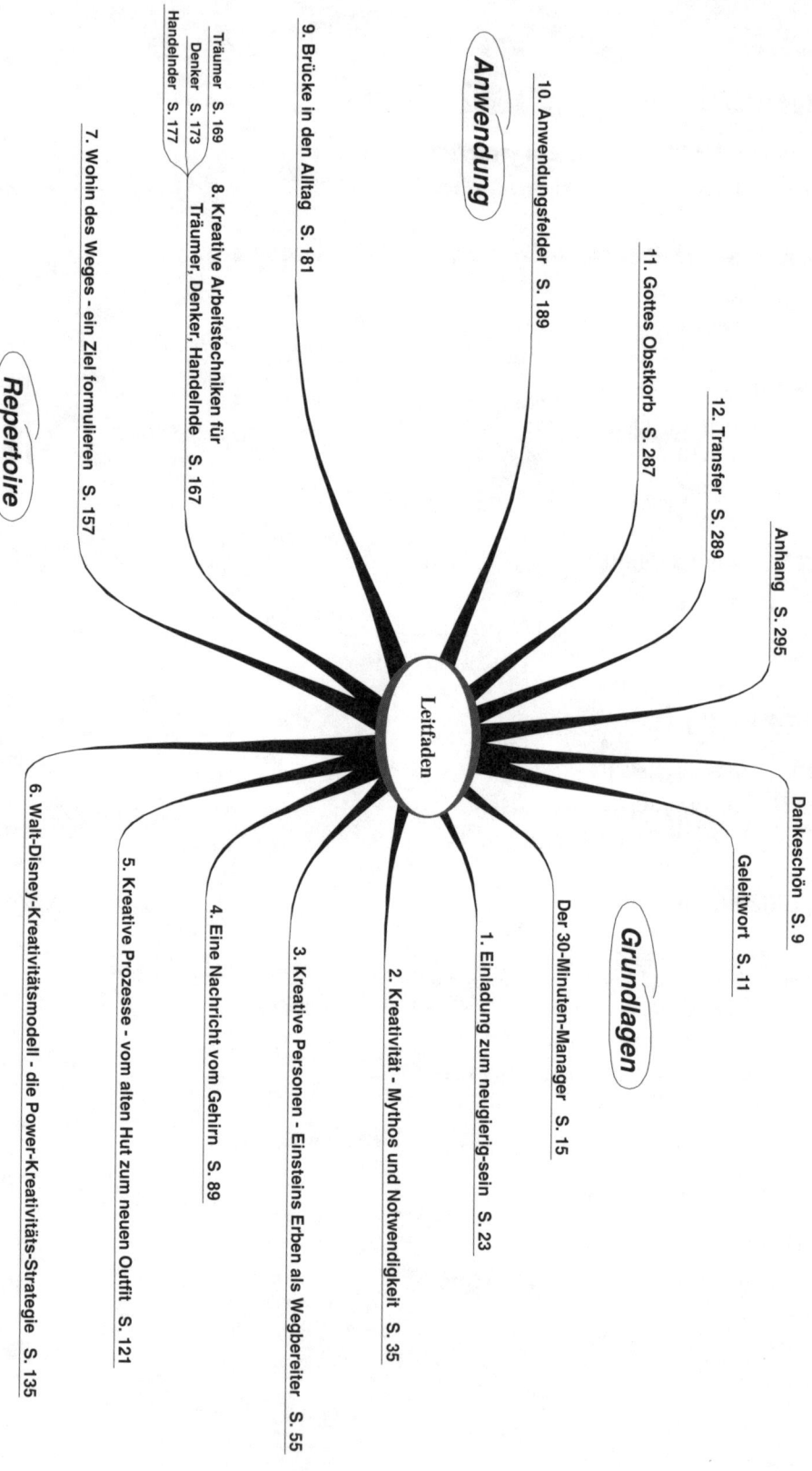

Dankeschön

Spätsommer. Die Sonne spiegelt sich in der Oberfläche eines kleinen Waldsees,
ihr Licht bricht sich und glitzert wie tausend und abertausende kleiner
funkelnder Diamanten. Leise plätschernd rollen Wellen ans Ufer,
umspielen den hellen Sandstrand und ziehen sich sanft wieder zurück.
Warm schmeicheln die Sonnenstrahlen auf der Haut
und wecken Erinnerungen; ein leichter Windhauch streicht durch die Luft
und bringt mit sich einen Duft von Fichten und Tannen.
So ähnlich muß das Paradies gewesen sein, ein ewiger, faszinierender Schatz,
ein Königsweg schöpferischer Kreativität.
Und irgendwann an diesem Nachmittag taucht ein Gedanke in uns auf:
Was wäre, wenn es einen solchen Weg gäbe, voller Diamanten,
voller funkelnder, kreativer Kleinodien, einen Königsweg Kreativität?
Wie würde das sein? Wer würde ihn mit uns gehen?
Mit wem könnten wir diese Schätze teilen?

Nun, es war ein langer Weg, bis Sie, liebe Leserin und lieber Leser, dieses Buch
in Ihren Händen halten und diese Schatztruhe jetzt öffnen können.
Entstehen konnte es nur, weil wir auf unserem Weg hierhin viele neugierige
Menschen kennenlernen durften, die uns inspiriert und uns ihre Gedanken
wie Geschenke mitgegeben haben. Unser tiefster Dank gilt:

Robert McDonald ...
der uns Quantensprünge begreifen läßt
und uns in seiner mitreißenden Faszination vorlebt, daß Kreativität
die Essenz der Brillanz und zugleich der Funke des Herzens ist

Bernd Isert ...
der auf dem Nährboden der Kreativität
mit Spiel, Spaß, Erlaubnis und Vollständigkeit jongliert
und uns auf seine einmalige Art an die Zukunft erinnert:
„Im Grunde ist alles ganz anders!"

und *Robert Dilts* ...
dem wir die Inspiration verdanken, daß jede Medaille drei Seiten hat

Chris Alderson …
dem Magier der Feder, dessen liebevolle Phantasie diesem Buch seine Bilder gab

Ludger Simon und *Thomas Diekert* …
zwei Fährmännern über den reißenden Strom der Bits und Bytes

Theo und *Timo Moutevilidis* …
für funkensprühende Wortgefechte und gemeinsam eroberte Rätselbastionen

Frank Heimann und *Evelyne Maaß* …
sie lösten spielerisch den Gordischen Knoten des Roten Fadens

Christoph Schlüter …
dem delphischen Seher mit dem fotografischen Weitblick

Gottfried Probst …
der mit der Geduld eines olympischen Fackelläufers
die kreative Flamme weitergetragen hat

Birgit Hummel und *Marion Wendland* …
die mit viel Energie ein lebendiges Kunstwerk gestalteten

Andreas Latsch …
er würzte mit Esprit und Biß die 30-Minuten-Gerichte

Uwe Gudehus …
der uns großzügig Übungen aus seinem Erfahrungsschatz zur Verfügung stellte

*Friede Gebhardt, Harald Gasper, Heike Mettner, Dagmar von Consolati,
Uli van Oepen, Claudia Forcher-Rojas-Perez, Christina Pirow, Ulrike Müller,
Anke Marquardt, Silke Hatzenbühler, Wolfgang Wuttke, Barbara Terbeck* …
die uns wie Meilensteine gelassen auf unserem Weg begleitet haben
und uns schöpferisch mit Rat und Tat zur Seite standen

sowie vielen *KollegInnen* und *SeminarteilnehmerInnen* …
von und mit denen wir lernen und Erfahrungen sammeln durften

und

dem *Leben* …
das uns wie in einem verwunschenen Garten
faszinierende neugierige Momente beschert
und viele Möglichkeiten zur Weiterentwicklung schenkt

Zum Geleit

Einst glaubte ich, Kreativität wäre allein ein Geschenk der Natur oder der Schöpfung. Später bemerkte ich, daß sie ebenso erlernbar ist, geheimen Strukturen folgt. Und ich fand es faszinierend, solche Strukturen zu entdecken, zu erproben und weiterzugeben.

Jutta Gründonner und Michael Luther habe ich in vielen Seminaren erlebt – als Lernende, als Partner, als Quell von Ideen und als Menschen, denen die praktische Umsetzung, die Nutzbarmachung wertvoller Ideen am Herzen liegt. Sie wuchsen zu einem Team zusammen, das jenes Zusammenspiel von Träumen, Denken und Handeln nicht nur anderen vermittelt, sondern auch selbst lebt. Etwas, das möglich wird, wenn weibliche und männliche Anteile einander ergänzen. Ihr gemeinsames Buch ist das Ergebnis dieser Entwicklung.

Hierin haben die Autoren eine Vielzahl essentieller und beispielhafter Strukturen kreativer Prozesse zusammengestellt. Grundstrukturen, Beispiele und Anleitungen zum „selber machen" wechseln einander ab und machen das Lesen zum Erlebnis, zu einer Quelle von Wahlmöglichkeiten für die Arbeit mit Menschen – aber auch für die eigene innere Entwicklung der Leserin, des Lesers.

Innere Wahlmöglichkeiten – sie sind die Nahrung der Kreativen – ermöglichen situative Entscheidungen, Spontaneität, Originalität, erlauben ein immer neues Verknüpfen, Kombinieren und Weiterentwickeln des Gegebenen hin zum Möglichen – und hin zu dem, was gebraucht wird.

Vor Jahren beschrieb Robert Dilts das Kreativitätsmodell Walt Disneys. Ich spielte damit in mancherlei Variationen, veränderte es und benannte dessen Bestandteile neu: als Handelnder, Träumer und Denker. Berührt entdeckte ich, daß darin plötzlich Körper, Seele und Geist in schöpferischer Weise miteinander agierten. Nun erlebe ich mit Freuden, wie dieses fundamentale Prinzip sich gleichsam wie ein roter Faden durch ein gelungenes Buch zieht, mich beim Lesen durch all jene Bereiche führt, die mir so wichtig geworden sind. Es zeigt sich, daß Körper, Seele und Geist nur dann wirklich zusammenwachsen und sich schöpferisch verwirklichen, wenn es unter ihnen keinen Boß gibt, keinen Erstgeborenen und keine Hierarchien.

Mathematiker nennen ein solches Zusammenspiel verschiedener Seins-Prinzipien „polykontexturale Logik", aber Mathematiker haben vielleicht ein bißchen zuviel Geist. Kinder nennen es „Spielen" – und es ist die Form, in der sich Menschen wohl am besten und zugleich am lustvollsten auf die vielen Möglichkeiten des Lebens vorbereiten. Dieses Buch gibt den inneren Kindern in uns ebenso Raum wie dem erwachsenen Verstand.

Viele Wege führen nach Rom, zur Kreativität: klare Konzepte, praktische Erfahrungen, persönliche Herausforderungen und immer wieder Freude am Spiel.

Es ist den Autoren gelungen, all dies hier miteinander zu vereinen. Über Jahre haben sie selbst mit wachen Augen Schätze, Erfahrungen und Ideen gesammelt, aufbereitet und weiterentwickelt. Die nun veröffentlichte Schatzkammer ist eine wertvolle Starthilfe für viele Expeditionen des Lesens, Probierens, Hinterfragens und Auswertens. Ein Buch, das immer wieder zur Hand genommen werden will und immer wieder neue Assoziationen entstehen läßt.

Was Edward de Bono als „laterales Denken" beschreibt, was Robert Dilts „tools for dreamer" nennt, mündet hier in einen „Königsweg Kreativität"; ein Königsweg, der jedem von uns – auch dem einfachen Volk – offensteht. Sprache, Darstellung, Beispiele und Grafiken bilden eine Einheit, die einlädt, öffnet und sich immer wieder am praktischen Leben orientiert. Diese Bodenständigkeit ist – aus meiner Sicht – genau das, was unsere Zeit braucht, denn sie schafft Brücken zwischen den hohen Türmen voneinander getrennter Wissensgebiete, entrückter Visionen und fester Alltagsroutine. In der Mitte der neu zusammenwachsenden inneren Landschaft entdecken wir die Quellen von Weisheit und Intuition, welche es uns möglich machen, im Hier und Jetzt genau jene Schritte zu erkennen und zu gehen, die Sinn machen und uns wirklich weiterbringen. Für uns selbst und für jene Menschen, die uns privat oder beruflich am Herzen liegen.

Ich wünsche Ihnen, liebe Leserin, lieber Leser, daß Sie – mal spielerisch, mal ganz erwachsen – für sich viele Schätze aus der Landschaft dieses Buches bergen.

Bernd Isert
Berlin, im September 1998

„ *If you can dream it,*
you can do it."

Walt Disney

„ *Wenn Sie etwas träumen können,*
können Sie es auch erreichen."

Der 30-Minuten-Manager

Gehören Sie zu den Menschen, die wenig Zeit haben und ein Problem lösen müssen? Wenn Sie einen kurzen Weg suchen, um Ihr *Wissen* aufzufrischen und Ihr Kreativitätspotential optimal einzusetzen, nutzen Sie diesen Schnelleinstieg. Der Geistesblitz, das Symbol für Kreativität, dient Ihnen als Leitfaden.

Wenn es Ihnen darauf ankommt, eine *Aufgabenstellung* schnell und effektiv zu bearbeiten, dann empfehlen wir Ihnen direkt den **30-Minuten-Fahrplan**. Hier treffen Sie die wirksamsten Methoden an, um Ideen zu finden, zu strukturieren und umzusetzen. **Wählen Sie dazu aus jedem Block *eine* Technik aus.** So entwickeln Sie Ihre eigenen kreativen Lösungen in 30 Minuten.

30-Minuten-Fahrplan				
Aufgabe	**Unser Vorschlag: Kreativitätstechnik**	**Seite**	**Kreative Phase**	**Ihre Wahl**
Aufgaben formulieren	• Wegweiser	164	Vorbereitung	
Stürmisches Sammeln	• Brainstorming	170	Ideen	
Ruhige Sammelphase	• Brainwriting	170	finden	
Einfälle rasch vernetzen	• Mind Mapping	171		
Innovativ denken	• Kopfstand-Technik	171		
Ideen schnell ordnen	• Gedankenfelder	174	Ideen	
Ordnen plus neu finden	• Attribute-Listing	174	strukturieren	
Gezielt Fragen stellen	• Ideenanalyse	175		
Ideen auswählen	• Mehrpunktabfrage	175		
Entscheidungen treffen	• Entscheidungsliste	178	Ideen	
Zeitplan erstellen	• Maßnahmeplan	178	umsetzen	
Andere überzeugen	• Motivationsfeld	179		
Ergebnisse integrieren	• Zukunftsintegration	185	Abschluß	

Sind Sie neugierig geworden und möchten Ihr Wissen vertiefen? Dann lesen Sie gezielt in den Bereichen Grundlagen, Repertoire oder Anwendung nach.

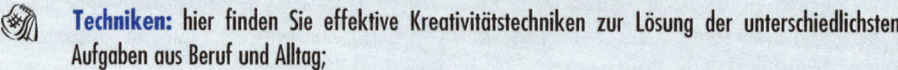

I. Was bedeuten die Symbole in diesem Buch?

➤ Die *Übungsanregungen* sind durch folgende Symbole gekennzeichnet:

Techniken: hier finden Sie effektive Kreativitätstechniken zur Lösung der unterschiedlichsten Aufgaben aus Beruf und Alltag;

Trainingsaufgaben: hierbei liegt der Schwerpunkt auf dem zielgerichteten Ausprobieren der entsprechenden Kreativitätstechnik – das Erlernen und Anwenden in einem begrenzten und übersichtlichen Zeitrahmen;

Spiele: sie bieten die Möglichkeit der ganzheitlich-leichten Erfahrung, wie Sie Ihre kreativen Ressourcen leicht und elegant wecken und wirkungsvoll nutzen können;

Denkanstöße: sie bereiten ein Thema vor und nach und bieten pfiffige Anreize für Geist *und* Körper. **(1.)** Unsere Lösungsvorschläge dazu finden Sie numeriert im Anhang dieses Buches; wenn Sie beim Nachschlagen ein Blatt Papier bereithalten, um die Lösungen der folgenden Aufgaben abzudecken, erhalten Sie sich den Reiz des Unbekannten;

Prozesse und **Phantasiereisen:** sie richten sich an das Unbewußte, regen die Phantasie an, neue Wege zu gehen und ermöglichen ein Stück persönliches Wachstum.

➤ Die *Angaben in Klammern* – hinter den Übungsnamen – beziehen sich auf:
Gruppengröße: Die Anzahl der Beteiligten, die sich bewährt hat.
     einzeln: Techniken und Spiele, die alleine durchführbar sind.
     mit Partner: Die – zusätzliche – Partneranzahl für eine sinnvolle Umsetzung.
Dauer: Die angegebene Zeit ist ein Erfahrungswert, der abhängig von Aufgabenstellung, Zielsetzung, Gruppengröße und Motivation der Beteiligten ist.
Material: „ s. Anleitung" heißt: Sie finden die Angaben im nachfolgenden Text.

Um die Bedeutung hervorzuheben, sind die Übungen des **30-Minuten-Fahrplanes** in einem besonderen Schriftfond gesetzt.

➤ Weitere Unterstützung finden Sie im ...
Glossar (ab S. 295): Kurze Erläuterung aller Fachbegriffe.
Index (ab S. 308): Hier sind alle in diesem Buch vorkommenden Kreativitätstechniken, Trainingsaufgaben, Spiele, Denkanstöße, Prozesse und Phantasiereisen alphabetisch und mit Seitenzahl versehen aufgelistet.

II. Kreativität – eine Begriffsdefinition

Was ist Kreativität?

Kreativität ist eine schöpferische Kraft, neue Ideen, Kompositionen oder Lösungen zu erschaffen, oder Altes zu verknüpfen und in neue Formen zu bringen. Sie ist zugleich eine Strategie zur Umweltbewältigung, ein wesentlicher Aspekt unserer Intelligenz und ein natürliches Potential, das in jedem Menschen vorhanden ist. Ihr Antrieb: eine neugierige, forschende Geisteshaltung.

Wozu ist Kreativität gut?

Kreativität ist *die* Fähigkeit, um in vielen gesellschaftlichen und beruflichen Bereichen Aufgaben zu lösen. Sie können mit ihrer Hilfe ...

➤ Bekanntes in einen neuen Rahmen stellen und Alternativen eröffnen.
  Das Wesen der Kreativität ist es, Wahlmöglichkeiten zu schaffen.

➤ Mehrdeutigkeiten erkennen und über die erste „richtige" Antwort hinausdenken.
  Kreativität ist die Suche nach der zweiten und dritten Lösung.

➤ Lösungen finden, weil sie Grenzen und Routine überwindet.
  Kreativität lebt von dem Vermögen, (Denk-)Rahmen zu erweitern und zu verlassen.

Wie wecken Sie Ihre Kreativität?

Jeder Mensch ist von Geburt aus kreativ. Setzen Sie in drei Schritten gezielt Ihre kreativen Stärken frei.

• *Originalität:* Schenken Sie Ihren kleinen Ideen Aufmerksamkeit und lassen Sie sie zu großen heranwachsen. Finden Sie das Ei des Kolumbus und setzen Sie Ihre Visionen frei.

• *Struktur:* Gewinnen Sie Zugang zu Ihren individuellen Stärken. Lernen Sie, das gewaltige Potential Ihres Gehirns erfolgreich zu nutzen.

• *Tatkraft:* Setzen Sie praktische Kreativitätstechniken ein.

Wofür können Sie es nutzen?

Kreativität ist etwas gänzlich Individuelles und hilft Ihnen, Ihre Aufgaben effektiv zu lösen. Was Sie mit Kreativität anfangen können:

➤ innovative Lösungen entwerfen,

➤ konkrete Antworten auf eine neue Frage finden,

➤ handfeste Ergebnisse präsentieren.

Gewinnen heißt beginnen. Wecken Sie Ihre kreative Kompetenz!

III. Welche praktischen Methoden lösen Denkblockaden

Möchten Sie eine Aufgabe in einem begrenzten Zeitraum lösen, brauchen Sie freien Zugang zu Ihren kreativen Ressourcen. Dem stehen oft Denkblockaden entgegen, die durch unterschiedlichste Einflüsse ausgelöst werden können:

- *innere Faktoren*, z.B. Streß, keine Motivation, hemmende Glaubenssätze;
- *äußere Faktoren*, z.B. Material, Zeit, fehlende Strukturen oder Unterstützung, Killerphrasen.

Eine Denkblockade ist wie das Band vor einer Straßenneueröffnung, das durchtrennt wird. Es ist eine Barriere, die kurz davor steht, sich zu öffnen und etwas Neues freizugeben. Sie können solche „Kreativitätsbarrieren" kurz- oder langfristig öffnen:

- *Verhaltensänderung:* **Verändern Sie die konkreten Arbeitsbedingungen, fragen Sie:** *„Was müßte gegeben sein, damit es gut läuft?"*
- *Einstellungsänderung:* **Eignen Sie sich eine konstruktive Einstellung an, die Sie unterstützt, Ihre Aufgabe zu lösen; fragen Sie:** *„Was ist das Ziel?"*

> Die erste Wahl, mit der Sie Ihre Gedanken lösen, ist der **Separator,** eine einfache und wirkungsvolle Technik. Unterbrechen Sie *aktiv* ihre augenblickliche Verfassung, um in einen gewünschten, positiveren Zustand zu gelangen. Hintergrund: eine Veränderung der Körperhaltung geht einher mit einer Veränderung Ihrer Gehirnaktivität – Sie kommen auf andere Gedanken. Das kann die berühmte Kaffeepause sein, der Gang zum Fenster oder eine Bewegungsübung. Grundsatz: **Alles, was anders ist, ist gut!**

Wenn Sie unter den folgenden Beispielen eine Denkblockade erkennen, die Sie beeinträchtigt, dann machen Sie einen Separator und setzen eine der Anregungen um.

Verhalten	Denkblockade	Einstellung
• Freiraum schaffen • Bio-Leistungskurve beachten	Umgebung hemmt oder stört	• Lust auf Improvisieren entfachen • Anreize entwickeln
• Kreativitätstechnik nutzen • mit Mind Mapping arbeiten	zu wenig Information	• „ Wer kann mich unterstützen?" • Ressourcen übertragen
• vereinbaren: Kritik später! • konstruktive Kritik anregen	Killerphrasen	• „ Wie regt das mein Denken an?" • andere Sicht als Hinweis respektieren
• 3x tief in den Bauch atmen	Streß	• „ Wie komme ich in Balance?"
• „Was ist das Wesentliche?" • „Was ist realistisch machbar?"	Zeitdruck, Überforderung	• „ Welche meiner Stärken spricht das an?" • „ Wer kann mich unterstützen?"
• kurzfristige Motivation • langfristige Zielorientierung	Festhalten an Bewährtem, Routine	• Bewährtes würdigen **und** verbessern? • Assoziationsfelder erweitern
• „Wann konnte ich das doch schon einmal?" • neue Erfahrungen sammeln	hinderliche Glaubenssätze, wie: „ Das kann ich nicht"	• „ Was hindert mich eigentlich daran?" • „ Wie würde jemand darangehen, der es kann?!!"
• Tun Sie etwas Angenehmes	schlechte Laune	• neugierig auf Positives

IV. Welche Bedingungen setzen innovative Kräfte frei?

Innovativ sein ist leichter, wenn man sich in einem energievollen Zustand befindet. Ihre Kreativität ist eng verbunden mit Ihrem persönlichen guten Zustand. Um erfolgreich kreativ zu sein, versetzen Sie sich in einen Geistes- und Körperzustand, in dem Sie fähig sind, Alternativen zu entwickeln. **Das, was kreative Menschen auszeichnet ist, daß sie wissen, wie sie Zugang zu einem wirklich exzellenten inneren Zustand bekommen.** Dabei wirken vielfältige Einflüsse unterstützend, wie Umgebung, Verhaltensweisen, Zustände, Glaubenssätze und Regeln.

> Wenn Sie Ihre volle Leistungsfähigkeit aktivieren möchten, holen Sie sich eine konkrete Situation in Ihr Gedächtnis, in der Sie etwas gerne und effektiv tun, z.B. ein Hobby. Machen Sie sich Ihre kreative Stärke bewußt! Stellen Sie sich die Frage: „**Welche Ressourcen setze ich ein, damit das, was ich tue, wirklich so gut gelingt?"**
> Erinnern Sie sich an diese Stärke wieder. Nehmen Sie sie mit allen Sinnen noch einmal wahr; spüren und genießen Sie sie und verbinden Sie Ihr Gefühl dann mit einem Symbol. So können Sie sich leicht an genau diese Stärke erinnern, wenn Sie sie brauchen.

Gerade, wenn es einmal „heiß hergeht": Erkennen Sie äußere Umstände an und focussieren Sie sich auf Ihr Ziel. Richten Sie Ihre Fragen vorwärts:

➤ **„Was brauche ich jetzt, um in einen besseren Zustand zu gelangen?"** und:

➤ **„Was kann ich selbst dazu tun, um mich in einen guten Zustand zu versetzen?"**

Messen Sie kleinen Dingen Bedeutung bei: Innovationsfreude ist wie ein Silvesterfeuerwerk – auch das beginnt mit einem ersten Funken.

- Installieren Sie **„Ressourcen-Anker"** an Ihrem Arbeitsplatz – Dinge, die Ihre Kreativität fördern!
- Legen Sie bewußt eine **Denkpause** ein und wechseln Sie Ihre Gedanken.
- Nutzen Sie eine kreative **„Aufwärmübung"** – einen geistigen oder sogar körperlichen Denkanstoß –, um sich wie ein Sportler in einen leistungsfähigen Zustand zu versetzen!
- Stellen Sie eine **„Hit-Liste"** von Dingen zusammen, die Ihnen Energie bringen. Setzen Sie *eine* Möglichkeit *aktiv* um, bevor Sie innovativ tätig werden!
- Steigern Sie Ihre **Motivation**: Was an Ihrer Aufgabe ist ein Gewinn für Sie? Und welche Ihrer persönlichen Werte verbinden Sie damit?
- Welches ist Ihre **„kreative Körperhaltung"**? Die Haltung, in der Ihre Ideen fließen? Nehmen Sie diese Position jetzt einmal ein, bis Sie wirklich spüren, wie Ihnen diese Haltung Zugang zu Ihren kreativen Energien verschafft.
- Nutzen Sie den Synergie-(Vernetzungs-)Effekt von **Teamarbeit**: Welche Menschen könnten Ihren Ideenpool durch Denkanstöße bereichern?
- Beginnen Sie jeden Morgen, indem Sie sich für den Tag etwas vornehmen, worauf Sie sich wirklich freuen – einen **persönlichen Smilie** (☺).

V. Wie funktioniert gehirngerechtes Denken?

Die gigantische Kapazität unseres Gehirns bildet die geistige Grundstruktur für Kreativität. Im kreativen Zustand sind eine Vielzahl von Nervenimpulsen in unterschiedlichen Gehirnregionen aktiv. Sie leiten die verschiedenen Informationen optimal weiter und vernetzen sie mit vorhandenen. So wird bei jedem neuen Denkvorgang eine immer dichtere und effektivere Netzstruktur zur Übertragung von Ideen geknüpft. Daraus folgt: **Trainieren Sie Geist *und* Körper vielfältig und abwechslungsreich, um Ihr Gehirn zu fordern und zu fördern.**

> Aktivieren Sie einmal ganzheitlich Ihre schlafenden Gehirnfunktionen: Kreisen Sie mit der linken Hand flach über dem Kopf, während die rechte gleichzeitig auf den Bauch klopft. Dann wechseln Sie: zuerst die Bewegung — oben klopfen, unten kreisen — dann die Hände, rechte Hand kreist über dem Kopf, linke Hand klopft auf den Bauch — und abschließend wieder wechseln, oben klopfen, unten kreisen.

Das Großhirn ist anatomisch in zwei spiegelbildliche Hälften geteilt. Diese *Hemisphären* favorisieren unterschiedliche Arbeitsfunktionen und Denkstile:

➤ **Linke Hemisphäre:** Eher rational, logisch, analytisch, detailorientiert.

➤ **Rechte Hemisphäre:** Eher intuitiv, phantasievoll, vernetzt, ganzheitlich.

Neuartige Einfälle sind in den seltensten Fällen das Produkt einer Arbeitsfunktion, sondern entstehen dann, wenn beide Gehirnhälften optimal zusammenarbeiten. Sie selbst verfügen immer über beide Hälften und damit auch über die gesamte Bandbreite der Fähigkeiten — nutzen Sie diese Stärke! Wenn Sie auf dieses Potential wirkungsvoll zugreifen möchten, dann gilt: **Wechseln Sie immer wieder bewußt zwischen diesen beiden Denkstilen und vereinen Sie Ihre beiden Gehirnhälften zu einem vollständigen Teamwork.** Wie gelingt Ihnen das:

• Trainieren Sie weniger vertraute Denkstile ein.

• Optimieren Sie Ihren bevorzugten Denkstil.

Um auf originelle Ideen zu kommen, werden neue Reize mit vorhandenen Erinnerungen verknüpft. Drei Stationen müssen Informationen auf dem Weg zu einem „perfekten Gedächtnis" passieren:

➤ **Sensorisches System:** Aufnahme von Umwelteindrücken durch unterschiedliche Sinne

➤ **Limbisches System:** Zwischenspeicherung von Informationen, begünstigt durch Motivation

➤ **Großhirnrinde:** Speicherung im Langzeitgedächtnis

Je mehr Sinneskanäle (visuell, auditiv, kinästhetisch) an der Aufnahme beteiligt sind, desto eher wird ein neuer Eindruck verknüpft und gewinnt an Bedeutung. Wichtig daher: **Aktivieren Sie alle Sinne und verbinden Sie die Informationsaufnahme mit positiven Erlebnissen, um Erinnerungen dauerhaft zu speichern.** Vielfältig vernetzte Informationen sind leichter abrufbar, um neue Ideen zu kreieren. So steigen Sie vom Gehirn-Besitzer zum Gehirn-Benutzer auf!

VI. In welchen Schritten läuft der kreative Prozeß ab?

Haben Sie eine konkrete Aufgabenstellung vorliegen, dann geben Sie Ihren Gedanken eine Richtung vor: **Vom Problem zum Ziel!** Ein *Problem* ist eine Chance: Es ist der Startpunkt, der Sie veranlaßt, in eine andere Richtung zu denken. Aktivieren Sie Ihre kreativen Ressourcen, indem Sie sich ein *Ziel* setzen und es formulieren: *Was wollen Sie erreichen; was soll am Ende herauskommen*?

Der Weg hin zum Ziel ist der *kreative Prozeß*. Es ist zweckmäßig, wenn Sie die verschiedenen Phasen des kreativen Prozesses klar und eindeutig trennen und sinnvoll aufeinander folgen lassen. So setzen Sie die unterschiedlichen Denkstile und -strategien Ihres Gehirns in den einzelnen Abschnitten gezielt, wirkungsvoll und aufeinander aufbauend ein:

➤ Vorbereitung   Ziel bestimmen und Kriterien festlegen

➤ **Ideen finden**   Vielfältige Ideen entwickeln

➤ **Ideen strukturieren**   Vorhandene Einfälle hinterfragen und optimieren

➤ **Ideen umsetzen**   Aufgaben konkret und tatkräftig ausführen

➤ Nachbereitung   Kreative Energien auftanken

Wenn Sie ein Projekt bearbeiten, unterteilen Sie diese Phasen weiter, in präzisere Schritte. Geben Sie dabei Ihren unterschiedlichen Denkstilen Raum und Zeit (der kreative Prozeß braucht und nutzt die Qualitäten beider Gehirnhälften).

1. **Vorbereitung:** Visualisieren Sie die Aufgabenstellung, benennen Sie klar das Problem und formulieren Sie Ihr Ziel eindeutig. (analytische Fähigkeiten)

2. **Inspiration:** Entfernen Sie sich vom Problem und sammeln Sie vielfältige Ideen. (Phantasie, vernetztes Denken)

3. **Erleuchtung:** Finden Sie Ihren Raum für Geistesblitze. (Intuition, Phantasie)

4. **Ordnen:** Sortieren Sie die gefundenen Ideen systematisch anhand der festgelegten Kriterien. (rationelles Denken, Struktur)

5. **Prüfung und Bewertung:** Filtern Sie konkret realisierbare Lösungsansätze heraus und bewerten Sie sie. (Urteilsfähigkeiten, Faktenwissen)

6. **Realisierung:** Produzieren Sie konkrete, handfeste Ergebnisse. (lineare Struktur, vernetzt + rational)

7. **Präsentation:** Überzeugen Sie andere. (Phantasie, Emotionen, Begeisterung)

8. **Nachbereitung:** Machen Sie eine Erfolgskontrolle und laden Sie Ihre kreativen „Batterien" wieder auf (kontrollierende Fähigkeiten + Intuition).

VII. Wie ist die Power-Kreativitäts-Strategie aufgebaut?

Die Power-Kreativitäts-Strategie bündelt die acht Schritte des kreativen Prozesses und nutzt die zugrundeliegenden Denkstile. Benannt nach dem berühmten Filmautor und Geschäftsmann Walt Disney, reduziert sie die Bearbeitung einer Aufgabe auf die drei essentiellen kreativen Strategien:

➤ **Träumen:** visionäre Phase   Aufgabe: träumen, Ideen entwickeln
Frage: Was wäre möglich?

➤ **Denken:** konzeptionelle Phase   Aufgabe: abwägen, hinterfragen, optimieren
Frage: Warum so? Was läßt sich verbessern?

➤ **Handeln:** produzierende Phase   Aufgabe: ausführen, umsetzen
Frage: Wie setze ich es um?

Diese drei Fähigkeiten des Träumens, des Denkens und des Handelns sind es, die den Königsweg Kreativität auszeichnen. Jede ist eine Funktion dessen, was sich zu einem bestimmten Zeitpunkt in Ihrem Gehirn abspielt. Wenn Sie eine Aufgabenstellung effektiv bearbeiten möchten, dann bedeutet das: **Trennen Sie die drei Phasen eindeutig voneinander – sowohl zeitlich wie idealerweise auch räumlich!** So können Sie in jeder Phase umschalten und gezielt die Kapazitäten Ihres Gehirns ansprechen und einsetzen, die Ihnen am meisten nutzen.

Welche Vorteile hat die Power-Kreativitäts-Strategie?

- Sie erfassen klar und eindeutig, in welcher **Phase des kreativen Prozesses** Sie sich befinden und bündeln damit Denkaktivitäten, Ressourcen und Kreativitätstechniken!
- Sie erkennen bewußt, wo Ihre **persönlichen Stärken und Vorlieben** liegen und welche Fähigkeiten Sie noch ausbauen können!
- Sie erhalten einen einzigartigen Anhaltspunkt, welche Qualitäten in Ihrem **Team** vertreten sind oder noch ergänzt werden müssen!

Wie nutzen Sie die Power-Kreativitäts-Strategie?

Wenn Sie nur wenig Zeit haben, um eine Aufgabe zu lösen, dann teilen Sie Ihr Zeitkontingent exakt durch drei Teile. **Reservieren Sie jeder Phase den gleichen Zeitraum.** Nutzen Sie dafür gezielt die Kreativitätstechniken in diesem Buch. Setzen Sie in jeder Phase nur eine Technik ein – die, die Ihnen am meisten zusagt. Machen Sie sich bewußt, in welcher Phase Sie sich befinden, welche Denkaktivitäten gerade angesprochen werden und welche Regeln dafür sinnvoll sind.

Phase	Denkaktivitäten	Regeln
➤ Träumen:	Phantasie, Intuition, vernetztes Denken	S. 172
➤ Denken:	rationelles und analytisches Denken, Urteilsfähigkeit	S. 176
➤ Handeln:	lineares Denken, Intuition, Tatkraft, Entscheidungsfreude	S. 180

1. Einladung zum neugierig-sein

„Ich habe keine besondere Begabung.
Eigentlich bin ich nur leidenschaftlich neugierig." – Albert Einstein

Wann sind Sie das letzte Mal auf eine Reise eingeladen worden? Auf einen beschaulichen Spaziergang über einen buntbelaubten Waldweg oder zu einer rasanten Achterbahnfahrt? In die Stille der schneebedeckten Bergwelt oder auf einen schwingenden orientalischen Basar? Auf eine Entdeckungstour in ferne Länder oder einen Besuch in einem Spiegelkabinett? In die Tiefen der Weltmeere, in die unendlichen Weiten des Universums, in Ihre eigenen Träume und Gedanken? In das Land zauberhafter Bilder, harmonischer Klänge und genußvoller Gefühle. Begleiten Sie uns. Machen Sie sich mit uns auf den Weg, neugierig das kreative Potential zu entdecken, was in Ihnen schlummert, und erleben Sie einen Weg, Ihre inneren kreativen Kräfte nach Ihren Wünschen einzusetzen.

Kreativität, das Zauberwort unserer Tage, ist etwas, was in unserem Leben und um uns herum schon lange vorhanden ist. In vielen Lebensbereichen allgegenwärtig, ständig, facettenreich. Manchmal etwas mehr, manchmal auch etwas weniger ausgeprägt. Ein schillernder Begriff, der zwischen mythischer Unfaßbarkeit und überstrapaziertem Modewort, zwischen spannender Herausforderung und Sehnsucht schwankt. Und der immer wieder ein ganz einzigartiges, mächtiges Credo ausstrahlt und uns wirkungsvolle Möglichkeiten bietet, unser Leben so zu gestalten, wie wir es gerne leben und erleben möchten. Wenn Sie einen Weg finden, Ihre Kreativität stärker als bisher einzusetzen, werden Sie neue Energien gewinnen, um wieder mit Begeisterung an Ihre Arbeit zu gehen, in schwierigen Situationen selbstbewußt neue Ideen und innovative Lösungen zu entwickeln und sich auch durch die Kreativität anderer bereichern zu lassen. Entdecken Sie mit uns, woher Kreativität kommt und welche Funktionen an ihr beteiligt sind, welche dieser Funktionen Sie selbst bereits nutzen – und welche noch ausbaufähig sind. Aus unserer Erfahrung mit dieser Faszination heraus sind zwei Bücher entstanden. In diesem **ersten Buch** widmen wir uns all den Grundlagen, wie Sie einen eleganten Zugang zu Ihren eigenen kreativen Fähigkeiten entdecken können. Das **zweite Buch** haben wir als Arbeitshandbuch zur Vertiefung gestaltet.

Es gibt viele Möglichkeiten, um Kreativität zu lernen und zu erfahren. Kreativität ist offen und lockend, phantasievoll und zugleich logisch, ernsthaft und zugleich spielerisch leicht, geheimnisumwittert und bereichernd, ist Frage und Antwort. Für uns ist es wichtig, daß Lernen Spaß machen soll und kann. Wir wollen den Rahmen schaffen, um neue Dinge mit Spaß und Freude auszuprobieren, um mit Lust die ganze Vielfalt und den ganzen Reichtum von Kreativität zu erleben. Innerhalb dieses Rahmens wollen wir Sie einladen, Neues zu integrieren und Ihren eigenen Königsweg Kreativität, Ihre eigene kreative Kompetenz zu entdecken.

Roter Faden durch das Buch

Dazu erfahren Sie in diesem Buch in drei Teilen nützliche Techniken, effektive Übungen und ganzheitliche Anregungen für Kopf, Körper und Seele. Aus diesem Angebot können Sie Ihre eigenen Ideen zusammenstellen, auf Ihre individuelle Aufgabe, Situation und Gruppe einrichten und damit experimentieren und variieren. Sie treten mit einem **Trainingsprogramm** für kreative Köpfe in Berührung, das auf spielerische Weise die vielfältigen Genüsse der Kreativität verbindet und integriert. Zugleich halten Sie ein umfangreiches **Nachschlagewerk** in den Händen, in dem Sie Schritt für Schritt Informationen zu all dem finden, was Kreativität in Alltag und Beruf auszeichnet. Mit jedem Kapitel werden Sie besser verstehen, aus welchen Bausteinen sich Kreativität zusammensetzt und wie Sie die Kunst der eleganten Problemlösung und der kreativen Ideenfindung erlernen können – sowohl für Ihren Beruf wie auch für Ihr Privatleben.

In dem „30-Minuten-Manager" vermitteln wir einen schnellen und effektiven Überblick über das Gebiet der Kreativität und machen Zusammenhänge deutlich.

Mit unserer „Einladung" im Kapitel 1 zeigen wir die Struktur dieses Buches und seiner einzelnen Kapitel auf.

➤ *Grundlagenteil*: Hier geben wir Ihnen kompetentes Hintergrundwissen zur Kreativität und zur effektiven Nutzung Ihres Gehirns an die Hand:

Im Kapitel 2 „**Kreativität – Mythos und Notwendigkeit**" stehen die Fragen: „Was ist Kreativität?" und: „Was sind ihre Hintergründe?" im Mittelpunkt. Vielfältige Gedanken laden zur Auseinandersetzung mit dem Phänomen Kreativität ein.

In Kapitel 3 „**Kreative Personen – Einsteins Erben als Wegbereiter**" widmen wir uns dem ersten Einflußbereich, der Kreativität ausmacht, nämlich dem Menschen selbst. Hier regen wir an, was bei Denkblockaden zu tun ist, wie Sie einen eleganten Zugang zu Ihren Ressourcen finden und was speziell für die Arbeit in Kreativitätsteams zu beachten ist.

In Kapitel 4 **„Eine Nachricht vom Gehirn"** spüren wir der Frage nach, wie das Gehirn funktioniert, welche Denkstrategien es gibt und warum Gehirn und Gedächtnis auch als „Motor" und „Treibstoff" der Kreativität bezeichnet werden.

Mit dem Kapitel 5 **„Kreative Prozesse – vom alten Hut zum neuen Outfit"** beschreiben wir den zweiten Einflußbereich der Kreativität: den Prozeß, den eine Idee vom ersten Gedanken bis zur praktischen Umsetzung durchläuft. Hier erkennen Sie, welche Denkstrategie in welcher Phase den größten Nutzen bringt.

Das **„Walt-Disney-Kreativitätsmodell – die Power-Kreativitäts-Strategie"** stellen wir in Kapitel 6 vor. Eine ebenso effektive wie leicht erlernbare Strategie, die den ganzen Facettenreichtum der Kreativität beinhaltet und den kreativen Prozeß elegant verkürzt.

➤ *Repertoireteil:* Hier vermitteln wir Einblicke in spezifische Methoden und Techniken, wie Sie Ihre kreativen Denkstrategien entfalten können:

„Wohin des Weges – ein Ziel formulieren" in Kapitel 7 verdeutlicht, wie Sie mit einem konkreten Ziel in Ihren individuellen kreativen Prozeß einsteigen.

Das Kapitel 8 **„Kreative Arbeitstechniken für Träumer, Denker und Handelnde"** öffnet Ihnen einen Ausblick auf effektive und praktisch einsetzbare Kreativitätstechniken in den drei Schritten der Power-Kreativitäts-Strategie. Zusätzlich stellen wir Vorschläge für kreative Arbeitsregeln dar. Eine reich gefüllte Schatztruhe an kreativen Arbeitstechniken, Trainingsaufgaben, ganzheitlichen Spielen, Denkanstößen, Veränderungsprozessen und Phantasiereisen finden Sie im zweiten Band vor, dem Arbeitshandbuch zum „Königsweg Kreativität".

Im Kapitel 9 **„Brücke in den Alltag"** runden wir den kreativen Prozeß ab. Sie finden Möglichkeiten, das Erreichte in Ihre persönliche Situation zu integrieren.

➤ *Anwendungsteil:* Hier stellen wir praktische Einsatzfelder aus Management, Beruf, Teams, Alltag und Familie vor, in denen sich Kreativität bewährt hat:

In dem Kapitel 10 **„Anwendungsfelder"** gehen wir auf praktische Möglichkeiten ein, wie sich in vielfältigen Berufs- und Lebensbereichen die Kreativität und die Prinzipien der Power-Kreativitäts-Strategie gewinnbringend einsetzen lassen.

„Gottes Obstkorb" in Kapitel 11 ist eine Geschichte. Sie bietet einen Impuls, die menschliche Vielfalt als die Basis für Kreativität zu begreifen.

Mit dem Kapitel 12 „Transfer – der Schritt in die Zukunft" runden wir den Königsweg Kreativität ab und öffnen den Horizont für Ihren kreativen Alltag.

Am Ende befinden sich ein Glossar, die Rätselauflösungen und ein Literaturwegweiser. Ein Index erleichtert Ihnen das Wiederfinden aller Übungsanregungen.

Wie wir dieses Buch verstehen

Wir bringen eine kühne Mischung aus klassischen Kreativitätstechniken, spannenden Spielen, kniffligen Denkanstößen, wertvollen Prozessen und zauberhaften Phantasiereisen und öffnen damit eine Schatzkiste. Diese Schätze können Sie – wann, wofür, wie und mit wem auch immer – ausprobieren, weiterentwickeln und anreichern. Deshalb interessieren wir uns auch für Ihre Rückmeldung, Anregungen, Erfahrungen, einen Gedankenaustausch und natürlich auch neue Ideen. Am Ende des Buches finden Sie unsere Adresse, um mit uns in Kontakt zu treten. Beschreiten Sie den Weg mit uns, von heute bis in die Zukunft. Unsere drei Menüvorschläge für Ihre „Kreativität á la carte":

1. Sie finden eine sprudelnde Quelle an Ideen und Möglichkeiten, die dazu einlädt, immer wieder mal zu „verweilen", einzelne spannende Übungen zu erkunden oder neugierig abseits des „eigenen Weges" zu schnuppern.
2. Ergreifen Sie die Möglichkeit, von Beginn an ein persönliches Ziel zu formulieren und den Weg dahin mit ausgewählten Methoden präzise anzugehen.
3. Wenn Sie nur wenig Zeit haben, gehen Sie in schnellen Schritten zu einem bestimmten Themenblock. Wählen Sie dort eine Technik mit den passenden Aufgaben, Spielen und Denkanstößen aus, die Sie sofort einsetzen können.

Ganzheitlicher Ideenreichtum

Die Grundlage für dieses Buch stellt unser Verständnis des Zusammenhanges zwischen Körper, Denken und Gefühl dar. Viele Übungen aktivieren immer mehrere Ebenen zugleich und zielen darauf ab, sie wieder in Balance zu bringen. Alle diese Bereiche wirken von Natur aus gemeinsam und gehen fließend ineinander über. Ausgehend von diesem ganzheitlichen Zusammenhang ergibt sich: Wenn sich etwas in einem dieser Bereiche verändert, daß alle anderen mitschwingen und so ganz automatisch, selbstverständlich und leicht eine Balance möglich ist. Erinnern Sie sich noch daran, wie das war, als Sie als Kind etwas wirklich gut gelernt haben? Es hatte etwas zu tun mit Spiel, Neugierde, Lust – und eben mit Kopf *und* Körper. Dieses Gefühl können wir für uns selbst wiederfinden und das eigene Erleben umfassender, reichhaltiger und ganzheitlicher gestalten. Unsere Anregungen sprechen sowohl bewußte als auch unbewußte Teile im Menschen an und sind ein Ausdruck dessen, wie wir dieses Buch verstehen:

Kreativität mit Körper, Geist und Seele

Unsere Ideen sind eingeflossen in Kreativitätstechniken, Trainingsaufgaben, Spiele, Denkanstöße, Prozesse und Phantasiereisen:

bei **Techniken** symbolisiert der Schreibblock die Nähe zur „ernsthaften" Kreativität; hier finden Sie effektive Kreativitätstechniken zur Lösung der unterschiedlichsten Aufgaben aus Beruf und Alltag;

bei **Trainingsaufgaben** liegt der Schwerpunkt auf dem zielgerichteten Ausprobieren der entsprechenden Kreativitätstechnik – das Erlernen und Anwenden in einem begrenzten und übersichtlichen Zeitrahmen;

Spiele bieten die Möglichkeit der ganzheitlich-leichten Erfahrung, wie Sie Ihre kreativen Ressourcen gemeinsam mit anderen strahlend, leicht und elegant wecken und wirkungsvoll nutzen können;

Denkanstöße bereiten ein Thema vor oder nach und bieten pfiffige Anreize für Geist *und* Körper. Für den Geist die königlichen Herausforderungen des Schachspiels – für den Körper die Beweglichkeit und Energie eines eleganten und zugleich dynamischen Vollblüters.

(1.) Unsere Lösungsvorschläge dazu finden Sie numeriert im Anhang dieses Buches; wenn Sie beim Nachschlagen ein Blatt bereithalten, um die folgenden Lösungen abzudecken, erhalten Sie sich den Reiz des Unbekannten;

Prozesse und **Phantasiereisen** richten sich an das Unbewußte. Sie regen die Phantasie an, neue Wege zu gehen und ermöglichen ein Stück persönliches Wachstum – wie eine sich öffnende Muschel, die ihre Perlen offenbart.

Techniken und Trainingsaufgaben – für das „*Denken*" – sind schon immer ein fester Bestandteil der „ernsthaften" Kreativität gewesen. Inwieweit auch Spiele und Denkanstöße – für den *Körper* – und Prozesse und Phantasiereisen – für das *Gefühl* – genau der leichten und eleganten, freudvollen Umsetzung der Kreativitätstechniken dienen können, wollen wir hier aufzeigen. Dabei denken Sie bitte an eines: Bloßes Sitzen und Lesen macht niemanden zu einem kreativen Problemlöser und erfolgreichen Denker. Um diese Wirkung erfahren und umsetzen – und genießen – zu können, ist es sinnvoll, wenn Sie die Übungen *wirklich tun*! Um einmal genau diesen Zusammenhang zwischen Körper und Geist wahrzunehmen, bietet sich die folgende Übung an. Lesen Sie die Anleitung bis zu dem Strich und führen dann die Übung aus – oder lassen Sie sich die Übung von einem Partner vorlesen.

🦄 Polare Energien (einzeln; 4-6 Min.)

Finden Sie einen Platz im Raum, an dem Sie aufrecht und frei stehen können, und beginnen Sie damit, indem Sie die Fersen in den Boden pressen und Ihre Waden anspannen. Halten Sie die Spannung und während Sie gleichmäßig weiteratmen, spannen Sie nun zusätzlich an: Ihre Oberschenkel vorne und hinten – Hüfte und Po – Bauch und Rücken – und den gesamten Rumpf. Winkeln Sie die Arme eng neben dem Körper an, ballen Sie die Fäuste vor der Brust und spannen Sie Schultern und Arme an – und legen das Kinn auf die Brust und spannen auch noch den Nacken an. Und dann, wenn Sie die Spannung vollständig wahrnehmen, rufen Sie einmal ganz laut aus: „*Mir geht's richtig ... gut!*"
Und dann lockern Sie sich für einen Moment und beginnen dann, auf der Stelle energievoll zu federn oder zu hüpfen. Strecken Sie dabei die Arme zur Decke, lachen Sie und ... rufen laut: „*Mir geht's gar nicht gut.*"

Kommen Sie allmählich wieder zur Ruhe und spüren noch einmal nach, was das mit Ihnen ausgemacht hat und wie sich Geist und Körper gegenseitig beeinflussen. Und wenn das so ist, wenn wir zum Beispiel an der Körperhaltung erkennen können, wie wir uns momentan fühlen – wenn also der Geist den Körper beeinflußt –, dann ließe sich ja auch das Umgekehrte kreieren. Dann können wir durch eine Änderung der Körperhaltung oder durch eine energievolle Bewegungsübung auch wieder mehr Frische und Lebendigkeit in unsere Gedanken- und Gefühlswelt hineinbringen – und unseren eigenen Zustand kreativ beeinflussen.

❓ *Wo und wann – in welcher Situation oder zu welcher Gelegenheit – kann Ihnen dieser Zusammenhang etwas nutzen? Und wie?*

An wen richtet sich dieses Buch?

Dieses Buch richtet sich an **Sie,** wenn Sie:
- selbst oder mit anderen zusammen Aufgaben effektiv lösen möchten,
- Lust haben, mehr zu entdecken, was Kreativität sein kann – an Ihnen selbst und mit anderen,
- Kreativität als Möglichkeit nutzen wollen, Ihr eigenes Potential zu erweitern,

weil es eine Fülle an Ideen für alltägliche Situationen und berufliche Gelegenheiten anbietet und übt. Als

Problemlöser und Innovator,
Manager und beruflich Engagierter,
Familienmitglied,
Trainer, Seminarleiter, Moderator,
Privatperson

können Sie sich aus dieser Schatzkiste von Ideen eigenverantwortlich Ihre eigenen Techniken und Spiele kombinieren und so Ihr ganz individuelles Programm erstellen. Wir laden Sie dazu ein, neugierig zu sein, mit uns gemeinsam diesen Königsweg Kreativität zu beschreiten und Ihre Kreativität mit Genuß und Leichtigkeit zu entdecken.

Wir möchten Sie dabei in der Sprache anreden, die Ihnen geläufig ist. Deshalb haben wir die englischen Fachbegriffe nur dort verwendet, wo sie sich als bekannter Bestandteil einer Kreativitätstechnik etabliert und bewährt haben. Bei Fragen schauen Sie doch einfach mal im **Glossar** nach.

Unser Buch richtet sich an alle Menschen, gleichermaßen an Frauen und Männer. Um der leichteren Lesbarkeit willen haben wir darauf verzichtet, hinter jedes „man" eine „/frau" zu setzen und hinter jeden Teilnehmer oder Leiter jeweils ein „In" oder „Innen". Wir laden alle Frauen respektvoll dazu ein, sich als Partner, als Gruppenmitglied, als Teilnehmer mit angesprochen zu fühlen und sich dieses Buch in ihrer Phantasie durch die weibliche Anrede zu vervollständigen.

Wie Sie dieses Buch für sich nutzen können

Zu Beginn des Buches finden Sie eine Abhandlung, die Sie wie eine gute Reisevorbereitung auf das einstimmen soll, was Sie erwartet. Wenn Sie sich auf einen Weg machen, kann es hilfreich sein, etwas über die Eigenheiten der Regionen zu erfahren, die Sie entdecken möchten; wenn Sie sie vor lauter „Fernweh" überspringen wollen, können Sie später immer noch dorthin zurückkommen. Unsere Entdeckungsreise beginnt im *Grundlagenteil* mit einem „Bericht" über die „Sitten und Gebräuche" der Kreativität und Ihres Gehirns – über all das, was Sie erwarten wird und was Ihnen unterwegs nützen kann. Wenn Sie es eilig haben, können Ihnen die **fettgedruckten Sätze** als Leitfaden zur Abkürzung dienlich sein.

Verfügen Sie nur über wenig Zeit, nutzen Sie den besonders gekennzeichneten **30-Minuten-Manager**. Er führt Sie schnell und kompetent durch dieses Buch.

Zu jedem Bereich des *Repertoire-* und des *Anwendungsteils* finden Sie eine kurze Einstimmung auf das Thema und eine Übersicht der zu diesem Gebiet gehörenden Inhaltsblöcke, so daß sie leicht und schnell zugänglich sind. Alle in den Inhaltsblöcken und in diesem Buch vorkommenden Kreativitätstechniken, Trainingsaufgaben, Spiele, Denkanstöße, Prozesse und Phantasiereisen sind im Anhang in einem unterteilten **Index** alphabetisch und mit Seitenzahl versehen aufgelistet.

Der *Repertoireteil* wird zusätzlich ergänzt durch drei Tafeln mit **Regeln**, die sich für diese kreative Fähigkeit, für diesen „Wegabschnitt" bewährt haben und die Sie als Anregung verstehen können, um Ihre eigenen Leitgedanken zu entwerfen.

Wenn Sie die wesentlichen Informationen auf einen Blick erfassen möchten, so orientieren Sie sich an unseren „**Gedanken-Landkarten**" (Mind Maps)

Über allen Themen finden Sie eine Kopfzeile, die Ihnen anzeigt, in welchem Kapitel und Unterkapitel Sie sich gerade befinden:

Die nächste Zeile ist dem Titel des jeweiligen Themas gewidmet:

Mind Mapping

Um den wesentlichen Aspekt deutlich zu machen, gibt es eine kleine Zeichnung.

Ziel: Hier finden Sie Anregungen, welche Ziele Sie hiermit erreichen können.

Weitere Anwendungsmöglichkeiten: Unter diesem Punkt haben wir Ziele, Möglichkeiten und Erfahrungen angeführt, wie wir diese Idee noch anwenden.

Problemlösung: Welche Art von Problemen oder Aufgabenstellungen sich mit diesem Thema am leichtesten lösen lassen.

Umfang: Empfohlene Angaben, mit welcher Zeitdauer Sie rechnen können, wenn Sie Aufgaben aus dieser kreativen Anwendung einsetzen.

Material: Hier finden Sie Angaben, welche Materialien sinnvoll sind. Für viele Aufgaben brauchen Sie Papier und Stifte. Wenn Sie die Übungen mit anderen zusammen durchführen, halten Sie ein Wandplakat oder ein großes Stück Packpapier und einige dicke Stifte bereit. Wir empfehlen Ihnen, sich ein Repertoire an phantasievollen und nützlichen Hilfsmitteln anzuschaffen, wie: Karten • freie Wandflächen • Hilfsmittel zur Visualisierung • Musik und Decken für die Phantasiereisen • „Kniffelmaterial" wie Streichhölzer, Münzen und Würfel • ein anregendes Spiel zur Auflockerung. Für einige Aufgaben benötigen Sie umfangreicheres Material; Angaben hierüber entnehmen Sie der jeweiligen Beschreibung.

Beschreibung: Ein Überblick über das Wesentliche eines Themas. Zur Einstimmung finden Sie darüber hinaus einen kleinen Leitgedanken.

Aufgaben: Hier finden Sie Kreativitätstechniken, Trainingsaufgaben, Spiele, Denkanstöße für Geist und Körper, Prozesse und Phantasiereisen.

Dabei beziehen sich die Angaben in Klammern bei jeder Übung auf:

Gruppengröße: Die Anzahl, die sich bewährt hat; die meisten Übungen können auch in kleineren oder größeren Kreisen durchgeführt werden:

einzeln: Techniken und Spiele, die alleine durchführbar sind.

mit Partner: die – zusätzliche – Partneranzahl für eine sinnvolle Umsetzung.

Dauer: Die angegebene Zeit ist ein Erfahrungswert, der abhängig von Aufgabenstellung, Zielsetzung, Gruppengröße und Motivation der Beteiligten ist.

Material: „s. Anleitung" heißt, daß Sie die Angaben im Text finden.

Münzkleeblatt (1.) (einzeln; 2-6 Min.; 4 Münzen)

Zeit für einen kleinen Denkanstoß. Legen Sie einmal 4 Münzen vor sich auf den Tisch und ordnen Sie diese so an, daß jede Münze alle anderen berührt.

Und noch ein weiteres Symbol finden Sie in diesem Buch. Es hat zu tun mit …

❓ *Fragen! Wie ist es auf einer spannenden Reise – befragen Sie ab und zu den Reiseleiter, wenn Sie etwas Interessantes wahrgenommen haben? Die Antworten sind ein Teil Ihrer „Reisemitbringsel", Ihrer Erlebnisse, die Sie während oder nach der Reise gewinnbringend nutzen können. Machen Sie an dieser Stelle jeweils eine kleine Pause und notieren Sie sich die Gedanken und Ideen dazu, die Ihnen als erstes in den Sinn kommen. Seien Sie Ihr persönlicher Reiseleiter!*

> Gleich noch eine Frage: Dieses Buch hier, ist das Ihr Buch? Wenn ja, beginnen Sie jetzt damit, auf die Ränder zu schreiben – ja, tun Sie es wirklich. Dieses Buch ist keine Heiligkeit – auch wenn wir das vielleicht einmal gelernt haben –, sondern ein Wegbegleiter. Und wie jeder Wegbegleiter wird es erst vollständig durch Ihre eigenen wertvollen Gedanken, Anmerkungen und Ideen. Lesen Sie aktiv, nutzen Sie die Ränder und Zwischenräume und schreiben Sie in dieses Buch. Vielleicht ist es auch etwas, was Sie noch nie gemacht haben: Ihr erster Schritt über eine Grenze. Ein Schritt, um einen neuen Horizont zu erleben. Wenn dem so ist, dann fangen Sie einfach jetzt damit an. Machen Sie etwas Neues. Sie werden merken, es wird Ihnen immer leichter fallen.

❓ *Was müßte alles passieren, damit dieses Buch Ihnen einen kreativen Anstoß bringt und für Sie zu einem wirklich eindrucksvollen Erlebnis wird?*

Tips für den Einsatz

 Kreativitätstechniken

Natürlich, „ein Kreativer braucht doch gar keine Hilfsmittel; er ist einfach kreativ"!?! Mag sein, daß ein einfallsreicher Mensch einfach kreativ ist, daß er von ganz allein Ideen sammelt und ausprobiert, solange, bis er „die Erleuchtung" hat. Praktischer ist es, wenn es auf diesem Weg Rüstzeug gibt, das seine Kreativität, sein kreatives Verhalten unterstützen und fördern kann. Dieses Rüstzeug setzt sich zusammen aus erprobten Methoden der systematischen Problemlösung und kreativen Ideenfindung, die sich aus allgemeinen Denkprinzipien ableiten.

Vergleichen Sie das einmal mit einem Werkzeugkasten. In früheren Zeiten, zu Beginn des maschinellen Zeitalters, mag es geniale Handwerker gegeben haben, die mit einem einzigen Werkzeug, einem Hammer, auskamen und alle anfallenden Arbeiten souverän damit bewältigen konnten. Und deswegen hat sich der Hammer auch als ein Standardwerkzeug etabliert. Heute sind wir froh, daß es den Hammer gibt, weil er uns immer noch bei einer ganzen Reihe von Arbeiten gute Dienste leistet. Allein, wenn wir nur den Hammer hätten, dann könnten wir viele Reparaturen entweder gar nicht ausführen oder würden alle anfallenden Aufgaben so behandeln, als wären sie ein Nagel. Und deswegen macht es Sinn, auf einen gut gefüllten Werkzeugkasten zurückgreifen zu können, weil die Aufgaben vielfältiger und komplexer geworden sind – und auch ein begnadeter Handwerker mit einem reichhaltigen Werkzeugsortiment besser dran ist und flexibler handeln kann. Im Anhang dieses Buches, auf Seite 307, finden Sie noch einmal das ganze „Sortiment" auf einen Blick, mit dem Sie systematisch Ideen produzieren können.

Kreativitätstechniken sind Problemlösungswerkzeuge, planende Methoden zur Erzeugung neuer Ideen. Sie ersetzen Kreativität zwar nicht, können sie jedoch vorbereiten, unterstützen und in hohem Maße anregen. Dergestalt sind diese Arbeitsmethoden ein Mittel zum Zweck, zur Anregung und Unterstützung kreativer Abläufe und Prozesse. Kein Erfolgsgarant, aber eine produktive Möglichkeit, Ihre Ideen zu stimulieren – Flughilfen für Geistesblitze, Leitlinien, um den Rahmen des eigenen Denkens zu erweitern. Es sind Spielregeln, die Sie jederzeit angleichen, verändern und erweitern können, ganz so, wie es das „Spiel" – also der kreative Prozeß – erfordert. Genau hierbei kann Ihnen dieses Buch zur Hand gehen: Beim Sammeln und Ausprobieren von vielfältigen, neuen und facettenreichen Ideen. Auf diese Weise können Sie Kreativität wirkungsvoll und zugleich spielerisch erlernen.

Wohlan, sind Sie nun bereit für den Königsweg Kreativität? Für eine wunderbare Reise zur Erforschung Ihrer persönlichen kreativen Kräfte und der vielleicht bedeutendsten Ressource des nächsten Jahrtausends. Wenn Sie Lust haben, können Sie Ihrer Phantasie freien Lauf lassen, Ihre eigenen Wege finden, Ihre eigenen Variationen ausdenken, mit all diesen Übungen spielen und sie auf Ihre Situationen, Bedürfnisse und Erfahrungen anwenden. Dies alles stellt eine Möglichkeit dar, mit diesem Buch umzugehen. Vielleicht sind Sie schon neugierig darauf, was Sie alles in diesem Buch wiederentdecken, neu beleben und neu entdecken können und wie Sie anschließend darangehen, dieses Potential erfolgreich zu nutzen. Dann beginnen Sie einfach damit – jetzt. Wir wünschen Ihnen dabei gutes Gelingen!

2. Kreativität – Mythos und Notwendigkeit

„Jedermann nimmt die Grenzen seines eigenen Horizontes
für die Grenzen der Welt." – Arthur Schopenhauer

❓ *Sind Sie eigentlich kreativ? Bitte kreuzen Sie an:*

   ☐ **Ja**   ☐ **Nein**

In einer Untersuchung, die in einem großen amerikanischen Unternehmen gemacht wurde, ergab die Auswertung folgendes Ergebnis: Die Mitarbeiter, die angaben, sie seien nicht kreativ, verhielten sich tatsächlich auch so – und diejenigen, die sich für kreativ hielten, taten alles, um diese Feststellung zu unterstützen. Manche Menschen, die sich nicht für kreativ halten, tun alles, um sich und ihre Umwelt in diesem Glauben zu belassen, ja sogar zu stärken. Sie schränken sich selbst durch die Wörter „kreativ" und „Kreativität" ein, weil sie glauben, daß Krea-

„ Also wenn nicht bald eine Weiche kommt,
dann sind wir aufgeschmissen."

tivität gleichzusetzen ist mit Genialität. Und daß nur große Persönlichkeiten wie vielleicht Albert Einstein, Leonardo da Vinci, Thomas Edison oder Pablo Picasso genial sind. Mag sein, daß diese Sterne am kreativen Himmel besonders hell leuchten, aber diesen und anderen Gallionsfiguren der Kreativität sind die Ideen auch nicht in den Schoß gefallen. Edisons Ausspruch, daß Genialität nur „zu 1 % Inspiration und zu 99 % Transpiration", also Fleiß und Ausdauer sei, verdeutlicht uns, was diese Genies eigentlich von anderen Sterblichen wesentlich unterscheidet: **Der Umstand, daß diese Menschen ihren kleinen Ideen Aufmerksamkeit schenken und sie zu großen heranwachsen lassen!** Sie glauben daran, daß …

- in einer kleinen Idee etwas absolut Wertvolles steckt;
- sie ihr zum Durchbruch verhelfen können;
- sie das Wagnis eingehen sollen, eingefahrene Gleise zu verlassen, um neue Zugänge auszuprobieren;
- sie fähig sind, diesen Prozeß, dieses Wachstum eintreten zu lassen.

❓ *Welches Kästchen haben Sie angekreuzt?*

Bei NEIN: Was hindert Sie daran, kreativ zu sein? Und was kann Sie darin unterstützen, mehr oder wieder Zugang zu Ihrer Kreativität zu finden? Was müßte eintreten? Was wünschen Sie sich dafür?

Bei JA: Was ist es, was Sie mit Hilfe dieses Buches steigern möchten? Worauf sind Sie neugierig? Was wünschen Sie sich, hier vorzufinden?

Kreativität, WAS ist das?

Was heißt eigentlich Kreativität? Wenn einem etwas einfällt, wenn man eine gute Idee hat, wenn man etwas anders macht als bisher und etwas Neues schafft. Kreativität ist wie ... „eine Drahtseilartistin im Zirkus des Lebens". Was wird nicht alles in sie hineingedacht, von ihr erwartet, erhofft. Sie schwankt zwischen „In-Vokabel" und geheimnisvoller Kraft. Sie vollführt eine Gratwanderung in luftiger Höhe zwischen viel gelobter Wunderformel, künstlerischer Spielerei und existentieller Notwendigkeit. Sie hat die menschliche Entwicklung beeinflußt, von der Herstellung der ersten Werkzeuge bis hin zur Erforschung ferner Welten. Lange galt sie als ein Phänomen, das man zwar beobachten, kaum aber beeinflussen könne – eigentlich logisch, daß bei einem schöpferischen Genie, einem Künstler etwa oder einem begnadeten Erfinder, jede Menge an brillanten Impulsen und Geistesblitzen eintreffen, aber doch nicht bei einem normalen Sterblichen.

Heute, ein paar Schritte weiter, melden die „kreativen Zeitungsblätter" zwei Nachrichten. Was uns euphorisch stimmt: Die elementaren geistigen Strukturen für Kreativität sind bei jedem Menschen bereits vorhanden. Was uns nachdenklich macht: Diese grundlegenden Denkstrukturen werden von uns Menschen unterschiedlich stark genutzt. Was bedeutet das für uns? Nun, das Gute daran ist, daß wir alle unsere Kreativität, die uns schon von Kindesbeinen an in die Wiege gelegt worden ist, daß wir diese Gabe vertiefen und ausbauen können. Jeder von uns, Sie und Wir. Werden Sie sich bewußt, daß sie in Ihnen schlummert und nur darauf wartet, neu oder wieder entdeckt, genutzt und gefördert zu werden.

❓ *Bevor Sie weiterlesen, eine kleine Aufgabe: Nehmen Sie sich bitte ein Blatt Papier und einen Stift und schreiben Sie 1 Minute lang spontan alles auf, was Ihnen zu dem Wort „Kreativität" einfällt, gleich ob Worte, Bilder, Skizzen oder was immer Ihnen in den Sinn kommt: Was verbinden Sie mit dem Begriff „Kreativität"? Bitte beginnen Sie jetzt.*

Nun, was haben Sie gefunden? An was denken Sie, wenn Sie das Wort Kreativität hören? Und an wen? Schauen Sie sich Ihre Ideen noch einmal an und überlegen Sie: Was ist für Sie kreativ und was fördert Kreativität? Was alles gehört für Sie dazu: Ein exzentrischer Erfinder, der mit *Mut* und *Ausdauer* an unkonventionellen Lösungsideen tüftelt • ein Künstler, der vor *Leidenschaft* übersprudelt • ein Kind, das mit *Lust* und *Hingabe* ein neues *Spiel* erfindet • ein Werbetexter, der voller *Konzentration Dinge vereinfachen* und seine *Ideen auf den Punkt bringen* kann • ein Zauberkünstler, der seine Vorstellung *strategisch plant* und mit *Spaß* gestaltet • ein Vereinsvorstand, der mit seinen Fähigkeiten der *Informationsverarbeitung* und des *vernetzten Denkens* die Freizeit vieler Menschen bereichert • eine Architektin, die *visionäres Denken* mit *kritischem Urteilsvermögen* verbindet • ein Manager, der mit *Problemsensibilität* und *Initiative* ein neues Produkt entwickelt • eine Kauffrau, die ihr Schaufenster *umstrukturiert* und mit einem Hauch von *Originalität* dekoriert • ein kühner Entdecker, der mit *Organisationstalent* und *Neugierde* anerkannte Grenzen in Frage stellt • eine Hausfrau, die mit *Phantasie* und *Spontaneität* einen neuen Salat kreiert • eine Erzieherin, die mit *Offenheit, Flexibilität* und *Konfliktfähigkeit* eine Gruppe von Kindern fasziniert • ein Mensch, der bei einer alltäglichen, unerwarteten Situation geschickt *improvisiert*.

All das und vieles mehr kann Kreativität sein. Der schöpferische Drang des Menschen, der sich ganz einer großen Aufgabe oder kleinen Idee verschrieben hat. Was davon hat **Sie** am stärksten angesprochen? Und wo haben Sie eher nein gesagt? Und genau dort, wo Sie vielleicht eher gezögert haben, was Ihnen unbekannt, fremd, nicht vertraut vorkommt, genau dort liegt Ihre Chance, am meisten zu lernen.

❓ *Was ist noch nicht so, wie Sie es gerne hätten? Wobei kann und soll Kreativität Sie unterstützen?*

Worum genau geht es eigentlich bei Kreativität? Von seinem lateinischen Ursprung „creare" her verweist das Wort „Kreativität" auf eine göttliche, lebensschaffende Kraft, die Wertvolles hervorbringt und gestaltet. Kreativität hat also etwas mit „Schöpfen" zu tun, mit eigener schöpferischer Initiative. Das umfaßt nicht nur

Neuschöpfungen, sondern auch die Art, mit vorgefundenen Elementen umzugehen, vorhandene Informationen umzustrukturieren und sie gewinnbringend zu vernetzen – und so neue Ansätze für eine Problembewältigung zu finden. Kreativität beinhaltet stets etwas Originelles, Einmaliges, heißt auch, etwas in einen neuen Zusammenhang zu stellen, und: Kreativität vollzieht sich vielfach im Spiel. Sie ist ein wesentlicher Aspekt der Intelligenz und doch entzieht sie sich so gern unserer Definitionslust. Denn wie können wir etwas in „alte" Worte packen, dessen Wesen es doch ist, neu oder einmalig oder intuitiv zu sein?

Manche Beschreibungen besagen, daß Kreativität „lediglich" eine innovative Art sei, Probleme zu lösen. Manche gehen von unkontrollierbaren, eruptiven Prozessen aus, die dem Unbewußten entspringen. Wissenschaftler meinen, daß sie die Funktion dessen ist, wie wir unsere neurologischen Strukturen benutzen, wie wir über etwas nachdenken und wie wir unsere gedanklichen Prozesse organisieren. Andere sprechen von einem grenzüberschreitenden Schöpfungsakt. Wieder andere gehen davon aus, daß Kreativität auch die Folge von systematischer und sorgfältiger Arbeit sein kann. Wenn es eine allgemeine Beschreibung dieses Begriffs gäbe, der sich – wie gesagt – so gern jeder Definition entzieht, dann vielleicht die:

> **Kreativität ist eine schöpferische Kraft, neue Ideen, Kompositionen oder Lösungen zu erschaffen, die ihrem Schöpfer vorher unbekannt waren oder Altes zu verknüpfen und in eine neue Form zu bringen. Sie ist zugleich eine Strategie zur Umweltbewältigung – *die* treibende Kraft der Evolution –, ein wesentlicher Aspekt unserer Intelligenz und ein natürliches Potential, das in jedem Menschen vorhanden ist. Und eines ist sie zuallererst: eine Einstellung; eine neugierige, forschende Geisteshaltung.**

❓ *Wann hatten Sie das letzte Mal eine kreative Idee – heute morgen, gestern, letzte Woche, letzten Monat, vergangenes Jahr? Worum handelte es sich? Was motiviert Sie, kreativ zu sein?*

🦎 Kreatives Koordinieren (einzeln; 3-5 Min.)

Körper und Geist vereinen heißt, Ihre Energien verbinden und „schlafende" Ressourcen Ihres Gehirns wecken, um ein gesteigertes Denk- und Empfindungsvermögen zu bekommen. Eine anspruchsvolle Übung, mit der Sie den Rhythmus Ihrer geistigen Funktionen und körperlichen Aktivitäten koordinieren – und die, wie alles, was Sie neu oder wieder lernen, vielleicht zu Beginn mit Staunen einhergeht: Legen Sie Ihre *linke* Hand auf Ihren Kopf und die *rechte* Hand auf den Bauch. Und dann beginnen Sie, mit Ihrer *linken* Hand flache Kreise zu beschreiben, während die *rechte* Hand gleichzeitig auf Ihren

Bauch klopft – und wenn Sie's raushaben dann wechseln, die *rechte* Hand reibt kreisend über dem Bauch und die *linke* Hand klopft auf den Kopf. Und dann tauschen Sie rasch beide Hände aus und beginnen, mit Ihrer *rechten* Hand auf dem Kopf zu kreisen und mit der *linken* auf den Bauch zu klopfen – und wenn's klappt, noch einmal wechseln, die *rechte* Hand klopft auf den Kopf, während die *linke* Hand auf dem Bauch kreist.

Und, wenn der Einstieg in die „Kreativität mit Kopf und Bauch" doch etwas ungewohnt ist und die Bewegungen noch nicht ganz so elegant ausfallen, dann hilft Ihnen ganz bestimmt das wichtigste kreative Prinzip: *Lächeln!*

„Fragen Sie nicht: »Was ist Kreativität?«, sondern fragen Sie:
»Wo ist Kreativität?«. " – Mihaly Csikszentmihalyi

WEN trifft der zündende Funke?

Wenn Kreativität etwas zu tun hat mit schaffen oder erschaffen, wo ist er denn, dieser „göttliche Funke"? Wer hat es nun, dieses schöpferische Denken? Diese Kraft, Dinge zu erträumen und diesen Drang, sie auch zu verwirklichen? Kreativität macht nicht Halt bei Malern, Bildhauern, Werbefachleuten oder Unternehmensberatern. Ob Manager oder Hausfrau, Wissenschaftler oder Heimwerker, wir alle brauchen und nutzen sie – und schätzen doch zugleich die, die sie uns in einer überragenden Weise vorleben. An welchen Menschen denken Sie, wenn Sie das Wort Kreativität hören? Wer verkörpert für Sie den Inbegriff von Kreativität? Ist es Galileo Galilei, Albert Einstein, Walt Disney, Leonardo da Vinci, Madame Curie, Wolfgang Amadeus Mozart, Bill Gates, Friedensreich Hundertwasser, Luigi Colani? Ist es ein Künstler, Musiker, Dichter? Oder eher ein Erfinder, Märchenerzähler, Manager? Ist es Ihr Kind; sind es **Wir** oder **Sie**?

❓ *Welche noch lebenden oder nicht mehr existenten Menschen sind auf eine Art kreativ, die Sie bewundern? Was genau bewundern Sie an diesen Vorbildern?*

Ideen hat jeder Mensch, sogar recht zahlreich; kreative Menschen sind dagegen von einem bestimmten Bereich besessen und verfügen meist über einige ganz faszinierende Eigenschaften. Welches sind die Geheimnisse, die schöpferische Menschen auszeichnen? Gibt es so etwas wie eine Charakteristik? Ist es, daß …

- in ihnen ein Feuer brennt und daß sie die Phantasie besitzen, sich ihr Ziel positiv vorzustellen?

- sie eine Leidenschaft entwickeln, mit Hingabe in ihrer Aufgabe aufgehen, ihrem Rhythmus nachgehen, sich faszinieren, begeistern lassen und eine fast kindliche Freude empfinden, ihre Ressourcen spielerisch ernst zu aktivieren?
- sie den Zauber in alltäglichen Dingen entdecken und ihre Neugier lebendig erhalten, um Geheimnissen auf die Spur zu kommen?
- sie nicht mit der erstbesten Idee zufrieden sind und Dinge in Frage stellen?
- sie Fehler und Rückschläge als Erfahrung begreifen auf dem Weg zum Ziel, das sie auf jeden Fall erreichen wollen; als eine Chance, sich zu verbessern?
- sie einen starken Wunsch nach Schönheit und Vollkommenheit entwickeln und zugleich aufmerksam, offen sind für Überraschungen?

❓ *Wovon lassen Sie sich begeistern? Was empfinden Sie als geradezu magisch anziehend? Und was weckt Ihre Neugier?*

Könnte das nicht bedeuten, daß Menschen wie Galileio Galilei und Walt Disney eigentlich über das gleiche Potential verfügen, wie alle anderen Menschen – und daß sie nur mehr Gelegenheiten nutzten, es zu entwickeln? Vielleicht weil sie von Kindesbeinen an von einer Menge günstiger Vorannahmen beeinflußt wurden? Oder hatten sie einfach mehr Glück? Mehr Glück, auf Ideen zu stoßen? Auf Menschen zu treffen, die sie in machtvoller Weise anregten? Mehr Glück, sich ihrer inneren Kraft bewußt zu sein, ihr inneres Genie zu erwecken? Oder war es „nur" so, daß sie zu persönlichen Höchstleistungen aufliefen, weil sie an sich glaubten?

Wie steht es mit Ihnen: Sind Sie sich Ihrer treibenden Kraft eigentlich bewußt? Schauen Sie sich einmal Ihr Alltagsleben genau an und Sie werden feststellen, daß Sie selbst schon eine ganze Reihe von guten Ideen hatten, ja Erfindungen gemacht haben. Kreativität ist etwas, das Sie ständig entwickeln und einsetzen. Manchmal kommt sie auch nur unter einem anderen Namen daher: Improvisationstalent, Schlagfertigkeit, Experimentierfreude, Lebenskünstler. Wenn Sie morgens frühstücken wollen und den Tisch decken und Sie stellen fest, daß der Tisch wackelt und Sie haben kein Werkzeug zur Hand und legen etwas so darunter, daß der Tisch gerade und fest steht und daß man nicht erkennen kann, daß da etwas nicht in Ordnung war – dann ist das kreativ. Der Punkt ist, daß viele Menschen so etwas nicht als originell ansehen und sich deshalb selbst nicht für kreativ halten. **Das Entscheidende an der Kreativität ist: das Finden von Alternativen.** Kreativ sein heißt, Wahlmöglichkeiten zu haben und zu nutzen – für eine Weiterentwicklung in Beruf, Alltag und Partnerschaft. Wenn ein guter Freund mit einem Problem zu Ihnen kommt und Sie helfen ihm, es zu lösen, dann ist das ebenso kreativ, als würden Sie einen Apparat entwickeln, der es Menschen möglich macht, zu fliegen.

Lassen Sie Ihre natürliche Kreativität fließen. Erlauben Sie sich, in allen Bereichen Ihres Lebens kreativ zu sein. Mit jeder Faser Ihres Körpers, Ihres Geistes und Ihrer Seele, mit Genuß und Bewußtsein.

❓ *In welchen Bereichen Ihres Lebens – Hobby, Arbeit, Partnerschaft, Umgang mit Menschen, Kunst, Musik, Handwerk, ... – kommt Ihre Kreativität zur Geltung? Wo konnten Sie Ihre kreativen Ideen bereits verwirklichen, wie z.B.: eine Feier, die Sie ausgerichtet haben, ein Projekt, das Sie entwickelt haben, ein Kochrezept, das Ihren Ideen entsprang, ...?*

> *„Das, was Menschen können,*
> *ist für sie meist so selbstverständlich,*
> *daß sie es nicht mehr bemerken."* – Ralph W. Emerson

WOZU ist Kreativität gut?

Schaffen Sie Wahlmöglichkeiten

Was umfaßt alles diese schöpferische Kraft? Kreativität heißt: die Würdigung der kleinen Idee, das Wertvolle im Alltäglichen sehen, Ja zum Unbekannten zu sagen, Tanz zwischen Struktur und Chaos, der Blick hinter den Horizont, über die erste richtige Antwort hinauszudenken. Das Gleiche wie alle anderen zu sehen, aber sich etwas anderes dabei zu denken. Schauen Sie sich einmal das nebenstehende Bild an und lesen dann erst weiter. Was können Sie erkennen?

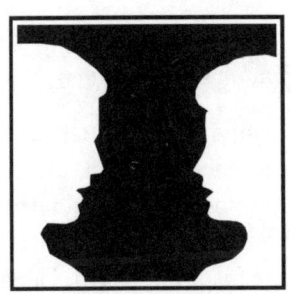

Wie war's, was haben Sie erkannt? Manche Menschen reagieren sofort: „Da sind doch eindeutig zwei Gesichter zu erkennen", andere entgegnen: „Ich habe zuerst eine Säule bemerkt." Unser Gehirn liebt die Eindeutigkeit und findet erst allmählich heraus, daß da vielleicht mehr ist; etwas anderes, ohne das das eine auch nicht da wäre. Wie das Schwarze im Bild nur durch das Weiße seine Form erhält – und umgekehrt. Gar nichts Sensationelles, Neues, aber doch ist etwas – mehr – da, was wir vorher noch nicht bemerkt haben. Oder haben Sie vielleicht noch etwas ganz anderes erkannt? Es geht nicht allein darum, etwas Brandneues, noch nie Dagewesenes zu erfinden. Neu kann auch bedeuten, daß Menschen Dinge tun, die sie vorher auch schon getan haben, die sie jedoch in einem neuen Zusammenhang, einer anderen Situation, auf eine neuartige Weise tun. Ein bedeutender Teil der

Kreativität besteht darin, das, was man in dem einen Zusammenhang kennt, in einen anderen Rahmen zu bringen. Es von einer anderen Seite her zu betrachten und ihm damit eine neue Wertigkeit zu verleihen, eine neue Landkarte zu entwerfen – und damit eine zusätzliche Alternative, eine neue Wahlmöglichkeit zu eröffnen. **Das Wesen der Kreativität ist es, Wahlmöglichkeiten zu schaffen.** Und dadurch, daß wir Alternativen zur Verfügung haben und daß wir uns unserer Wahlmöglichkeiten bewußt werden, auch ein Bewußtsein zu entwickeln für die Vielfalt und Schönheit im Leben. Dadurch entdecken wir unsere Kreativität.

❓ *Wie können Sie selbst jene Einfälle, die manchmal wie aus dem Nichts in Ihrem Kopf erscheinen, dazu bringen, dann aufzutauchen, wenn Sie sie wirklich dringend brauchen? Was tun Sie dazu, um sicherzustellen, daß Sie kreativ sein können, wenn dies notwendig ist?*

🦁 Wählerisch (2.) (einzeln; 5-10 Min.)

Wahlmöglichkeiten hängen auch von den Bezugssystemen ab, in denen Sie nach Lösungen suchen. Wie viele Antworten finden Sie für diese Aufgabe:
$1 + 1 = ?$

Finden Sie Lösungen

Kreativität ist immer dann im Spiel, wenn Sie eine neue Idee erzeugen, die in dieser gleichen Art – oder Komposition – vorher noch nicht da war. Dabei kann diese Idee ein plötzlicher Einfall, ein Gedankenblitz, eine Inspiration sein. Genauso gut kann sie aber auch als Folge eines kontinuierlichen Denkvorgangs entstanden sein. Betrachten Sie bitte einmal kurz die nebenstehende Zeichnung, beantworten Sie die Frage: „Was sehen Sie?" – und lesen dann erst weiter.

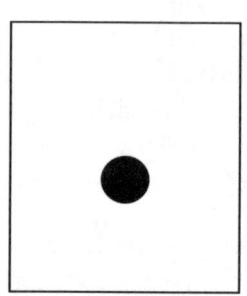

Nun, was ist das gewesen; was haben Sie herausgefunden? Ein Punkt. Richtig. So einfach kann manche Lösung sein. Und doch, vielleicht könnte es ja auch etwas anderes sein?! Wir Erwachsene sind häufig schon beruhigt, wenn wir eine richtige Lösung gefunden haben. Viele Bereiche unseres „öffentlichen Denkens" sind darauf ausgerichtet, auf jede Frage „die" eine richtige Antwort zu finden. So fällt es uns leicht, Dinge in „richtig/falsch" oder „schwarz/weiß" einzuteilen; das kann in manchen Situationen durchaus praktisch sein.

Was aber hat dieses eingleisige Denken häufig zur Folge? Daß wir uns bei der Suche nach neuen Ideen oft mit der erstbesten Antwort zufriedengeben. Diese „Lösung", die wir gefunden haben, dämpft oder blockiert den Drang weiterzusuchen. Die Chance, eine bessere oder vielleicht sogar **die** Lösung zu finden, ist dahin. Was glauben Sie, erkennen Kinder in dieser Zeichnung? Vielleicht eine Fliege, Sonnenfinsternis, Schatzkarte, Note, magische Quelle, einen Tintenfleck, Klingelknopf, oder ein Geldstück, ein schwarzes Loch in einer fernen Galaxie, ...

Wir alle haben gelernt – häufig in der Zeit zwischen unserem ersten und letzten Schultag –, konsequent zu denken und die erste richtige Antwort zu geben. Damit legen wir einen Teil unseres Vorstellungsvermögens „an der Garderobe ab" – unseres Potentials, nach mehr als nach einer richtigen Antwort zu forschen. Wir befinden uns auf dem besten Wege, in unsere eigene Intelligenzfalle zu tappen, weil es ein Merkmal von intelligenten Menschen ist, an dem ersten „richtigen" Resultat festzuhalten, um keine Zeit mehr für die Suche nach weiteren Lösungen zu vergeuden. Die wenigsten Menschen finden Probleme amüsant und wenn sie einem begegnen, suchen sie für gewöhnlich den ersten „Aus-Weg", den sie entdecken können – und verteidigen diese eine Idee oft bis auf's Äußerste.

Es ist vielen gewohnter, Probleme logisch zu lösen, anstatt Gelegenheiten und Variationen zu erkennen, die „gleich um die Ecke liegen". Die Gefahr dabei ist, wenn wir nur einen Standpunkt einnehmen, werden viele Dinge außerhalb unseres Blickwinkels liegen. Wenn wir glauben, es gäbe nur eine richtige Antwort, werden wir aufhören, weiterzusuchen, sobald wir eine gefunden haben. Haben wir nur eine Vorstellung, bleibt uns auch nur ein Weg offen, den wir gehen können. Und das in einer Welt, in der Flexibilität eine notwendige, vitale Eigenschaft ist.

> *„Nichts ist so gefährlich wie eine Idee,*
> *wenn es Ihre einzige ist. "* – Emil C. Alain, Philosoph

 **Hoch hinaus (3.)** (einzeln; 6-20 Min.; Papier, Stifte)

Wie können Sie mit Hilfe eines *Barometers* die Höhe eines Gebäudes messen? Wie viele Möglichkeiten finden Sie, und wie innovativ sind diese Einfälle? Nehmen Sie sich Zeit für die Antworten.

Die Welt um uns herum besteht aus Mehrdeutigkeiten; das Leben selbst ist unklar und mehrdeutig. In der kreativitätsfördernden Methode NLP – dem Neurolinguistischen Programmieren – weist die Vorannahme *Es gibt immer mindestens 3 Wahlmöglichkeiten* auf dieses Bewußtsein hin. Oft ist es erst die zweite, dritte oder fünfzehnte Antwort, die uns zu einer wirklich innovativen Lösung hinführt. Die es unserer Phantasie gestattet, sich zu entfalten – wie ein lohnenswertes Motiv, von dem ein guter Fotograf auch erst eine Vielzahl von Aufnahmen macht, um dann *die eine* auswählen zu können.

Daraus ergibt sich ein ganz wesentlicher Teil, wenn nicht sogar *der* Teil des kreativen Denkens: **Die Fähigkeit, über die erste „richtige" Antwort hinauszudenken und Mehrdeutigkeiten zu erkennen; die Suche nach der zweiten und nach der dritten Lösung!** Die Fähigkeit, zumindest zeitweise das auszuschalten, was wir wissen. Dieses sogenannte „Nicht-Wissen" ist ein hochkreativer Prozeß. Sobald wir sagen: „Ja, ich weiß was das ist", denken wir logisch, sparen Zeit und mobilisieren im Geist unsere innere „Landkarte" und Erfahrungswelt; wir gleichen das, was wir wahrnehmen, mit unseren Erfahrungswerten ab, und wenn wir die Kriterien für „ich weiß" antreffen, belassen wir es häufig dabei.

Kinder haben noch nicht so viele Landkarten; sie ahnen instinktiv, daß es noch mehr gibt, noch etwas Weiteres da sein muß! Können Sie auf etwas zugehen, von dem Sie glauben, daß Sie es kennen und es anschauen und sagen: „Nein, ich habe keine Ahnung, was das sein könnte"? Dann tun Sie es einmal jetzt. Das ist die Art von kindlicher Unbefangenheit, von freier Sicht, von forschender Neugier, die Ihnen die Chance bietet, neue Gebiete für Ihre „Landkarte", für Ihr Abbild von der Welt, zu „erobern" – und damit neue Landkarten zu entwickeln. Verkneifen Sie sich doch einfach die Frage: „Wie lautet *die* Antwort?" und fragen Sie statt dessen: *„Welche Antworten sind denkbar?"*

❓ *Welches sind zwei alltägliche erstaunliche Dinge, die Sie heute neu entdecken können?*

🦄 Doppelsinnigkeit (einzeln; 10-20 Min.)

Doppelsinnigkeit ist eine der kreativsten Quellen, die es überhaupt gibt – und Sie können sie als ein wertvolles Hilfsmittel pflegen. Eine Sache, ein Gegenstand, eine Person, eine Angelegenheit, die Sie nachhaltig dazu veranlaßt, nach mehr als einem Sinn zu suchen, um zu verstehen, worum es eigentlich geht. Welches könnte Ihre Quelle der Doppelsinnigkeit sein?

Haben Sie das schon mal erlebt: Sie stehen mitten in der Stadt und sehen am Himmel ... nur graue Wolken; Fazit: schlechtes Wetter. Doch bereits ein paar Meter weiter, in einer Häuserlücke, erkennen Sie, daß es eigentlich nur eine Wolke war – der Rest des Himmels erscheint hell und freundlich. Der Rahmen unseres Blickfeldes oder Denkens bestimmt die Ergebnisse, die wir erhalten.

Neun Punkte (4.) (einzeln; 3-8 Min.; Papier, Stifte)

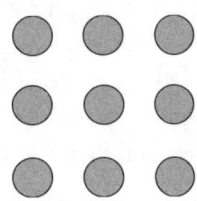

Übertragen Sie die nebenstehenden 9 Punkte auf eine Karte und verbinden sie mit Hilfe eines Stiftes, indem Sie 5 gerade Linien zeichnen, ohne abzusetzen. Ging das leicht? Gut, dann vergrößern Sie Ihr Potential und verbinden diese Punkte mit **4** geraden Linien in einem Zug, ohne abzusetzen.

Nun, was haben Sie gemacht. Überprüfen Sie einmal, welche Regeln Sie als gegeben angenommen haben, die Ihnen eine Lösung erschwerten – und worüber Sie sich hinwegsetzen mußten, um die Aufgabe erfüllen zu können. Genau das ist es, was Ihre Kreativität fördert: das Bewußtsein, wann es angebracht sein kann, sich in bekannten Bahnen zu bewegen und wann es sinnvoll sein kann, daß wir uns über eine bestehende Annahme, eine festgesetzte Regel hinwegsetzen – einen gewohnten Rahmen verlassen, Phantasie entwickeln, um ein Problem zu lösen und uns weiterzuentwickeln. Ron Ayers, Aerodynamik-Experte und der Konstrukteur des ersten Überschall-Autos, fragte nicht: „Warum geht es nicht?", sondern: „Wenn jemand verrückt genug wäre, auf Land die Schallmauer zu durchbrechen, wie müßte ein Auto beschaffen sein, das so etwas aushält?"

Wir haben gelernt Regeln zu befolgen; Belohnung und Bestrafung haben dazu geführt, daß sich manche Leitlinien wie eine Grenze fest in unserem Bewußtsein „verankert" haben. Dabei können Regeln durchaus sinnvoll sein. Etwa die Tatsache, daß wir im Straßenverkehr wissen, auf welcher Straßenseite wir zu fahren haben oder wo wir wann und wie lange parken dürfen. Daß sich unsere Uhren alle nach dem gleichen Takt zu richten haben. Oder daß ein Meter ein Meter ist und ein Kilo ein Kilo; zumindest hoffen wir das. Jeder Zweifel an einer solchen „Sicherheit" bedroht unsere Landkarte und läßt ein Warnsignal erscheinen: Achtung, Sie verlassen gerade regelgerechtes Gelände. Ähnliches kannten schon die mittelalterlichen Seefahrer, die auf ihren Karten die unbekannten Gebiete mit Drachen oder anderen Ungeheuern zierten, als Warnung vor dem Unbekannten.

Sicher hat es einmal eine Zeit gegeben, zu der jede Regel sinnvoll war – nämlich als sie aufgestellt wurde. Nur ändern sich die Zeiten und die ursprünglichen Gründe für das Aufstellen dieser Regeln sind vielleicht längst weggefallen, aber die Regeln bestehen weiterhin und wir befolgen Sie noch immer. Zum Beispiel gab es irgendwann einmal eine Zeit, in der Sie noch so jung waren, da durften Sie selbst bei grün nicht allein über die Ampel gehen. Heute können Sie eigenverantwortlich entscheiden, wann und wo Sie eine Straße überqueren – genauso, wie Sie entscheiden können, welche Regeln Sie befolgen möchten und welche nicht. Wenn sich Dinge ändern und neue Zusammenhänge deutlich werden, dann macht es wenig Sinn, die Probleme von heute nur mit den Gewohnheiten von gestern anzugehen. Es bietet sich vielmehr an, die eigenen kreativen Fähigkeiten einzusetzen, um neue Antworten zu finden. Voraussetzung dafür ist, die Grenzen alter Denkgewohnheiten und Sichtweisen zu überschreiten und einen neuen Weg einzuschlagen.

> *„Wenn Sie immer nur das tun, was Sie bisher getan haben,*
> *werden Sie auch immer nur das bekommen,*
> *was Sie bisher bekommen haben."* – Henry Ford

Wie viele von den Regeln, die Sie heute befolgen, sind ungeschriebene Regeln, gewohnte Rituale, ja manchmal richtige „Heilige Kühe", die nirgendwo schriftlich festgelegt sind? Die Ihnen vorschreiben, etwas „auf jeden Fall" und „nur so" zu tun und mit deren Einhaltung Sie sich die Möglichkeit nehmen, auf eine andere, effektivere Weise zu denken und vorzugehen? Regeln, Gewohnheiten, Rituale, die zum Beispiel Ihren Tagesablauf bestimmen. Wenn Sie für sich erkennen, daß beispielsweise in Ihrem Tagesablauf oder an Ihrem Arbeitsplatz eine Vielzahl solcher (selbstgesetzter) Regeln gelten, die einen festen Rahmen aufgespannt haben und denen Sie noch immer folgen, dann können Sie jetzt einmal feststellen, ob diese Regeln zur Wirksamkeit Ihres Denkens beitragen. Überprüfen Sie Ihre Rituale, Ihre liebgewonnenen Gewohnheiten regelmäßig. Stellen Sie sich die Frage, wie es zu dieser Idee, dieser Regel, zu diesem Ablauf oder Programm gekommen ist – und ob die Gründe, die dazu geführt haben, noch weiterhin bestehen. Wenn nicht, dann überwinden Sie diese Regel! Kreativität ist etwas gänzlich Individuelles und kann Ihnen helfen, Probleme effektiv zu lösen, wenn Sie bereit sind, dafür etwas zu tun. **Kreativität lebt von dem Vermögen, einen bestehenden (Denk-)Rahmen zu erweitern und zu verlassen.**

❓ *Welche überholte Regeln können Sie überwinden, um Ihre Kreativität zu unterstützen und zu fördern? Und wie können Sie das so tun, daß es für Ihre Umgebung akzeptabel ist?*

Gewohnheitswaschmaschine (einzeln; 3–8 Min.)

„Alles Neue beginnt mit Verwirrung." Überwinden Sie eine Ihrer eigenen, selbstverständlichsten Regeln und machen Sie einmal etwas Neues. Nehmen Sie sich irgendeine Verhaltensänderung vor, die Sie heute umsetzen werden und nehmen Sie wahr, wie sich dieser Lernprozeß für Sie gestaltet. Beispiele: Schuhe andersherum zubinden, Zähne mit der anderen Hand putzen, Ihr Portemonnaie einen Tag lang in der anderen Hosentasche tragen, auf dem Weg zur Arbeit eine Strecke laufen, die Sie sonst nur mit Auto kennen, ...

WIE funktioniert das?

Kreativität ist alltäglich

Kreativität selbst können Sie überall finden! Sie befindet sich in unserem Kopf, sie liegt uns im Blut, sie steckt in jeder Zelle unseres Denkens und unseres Seins, sie ist allgegenwärtig – hier, auf unserer Welt, im ganzen Universum. Es ist die alltägliche Kreativität, die meist nicht auffällt, die aber unser Leben ungemein erleichtert. Schärfen Sie Ihren Blick und entwickeln Sie ein Gefühl für die „selbstverständliche" Kreativität, die Sie umgibt; schauen Sie sich einmal um, und Sie werden feststellen, daß das meiste um Sie herum ein Produkt menschlicher Kreativität aus der Vergangenheit und der Gegenwart ist. Wie mögen ihre Erfinder wohl darauf gekommen sein: dieses Buch, das Sie gerade lesen, der Stuhl, auf dem Sie sitzen, Lampen, Telefon, Fernsehgerät, Computer, Musik, Flugzeug, die Uhr an der Wand oder am Handgelenk – eine Liste, die sich endlos fortsetzen ließe.

Die bedeutendsten Erfindungen unseres Jahrtausends wurden zunächst als Fiktion von Verrückten abgetan. Was bedeutet das für Sie: daß Tonnen von Stahl durch die Luft fliegen – oder eine Stimme tausende von Kilometern vom „Besitzer" entfernt aus einem Draht kommt – daß wir Dinge sehen, die tausendmal kleiner sind als ein Menschenhaar dick ist – daß wir nachts im hellen sitzen – daß ein Mensch seinen Fuß auf unseren Trabanten, den Mond gesetzt hat? All das war einmal ein Traum, entstanden im Kopf eines Menschen; ein Gedanke. Jeder dieser Gedanken hat einen Weg hinter sich, manchmal einen sehr langen. Und nun ist dieser Traum, dieser Gedanke, Realität. Greifbare Wirklichkeit, zur Selbstverständlichkeit geworden, einfach da. Hat dieser Umstand nicht etwas Faszinierendes, etwas Magisches an sich? Wie ist das möglich? Was bewirkt, daß dies möglich wird?

❓ *Wann waren Sie das letztemal von etwas „Selbstverständlichem" fasziniert? Und was war es?*

Kreativität beginnt früh

Kreativität ist eine Fähigkeit, die uns nach Meinung vieler Forscher wie auch Künstler und Genies in die Wiege gelegt wurde. Robert Dilts, ein amerikanischer Kreativitätsforscher, sagt: *„Jeder Mensch ist von Geburt aus kreativ."* Die Entwicklung von Kreativität ist eng mit Begriffen wie ganzheitlich, Spiel, Neugierde, Phantasie, originell, Einfallsreichtum, Lust, Inspiration, Vielfalt, Gedankenblitze verknüpft, und all diese Eigenschaften finden wir in einem Kind vereint. Sie hat dort ihren Ursprung, wo ein Kind beginnt, ausgehend von einer Idee sein Tun und Handeln selbst zu organisieren. Und das geschieht anfangs überwiegend im Spiel und in der Phantasie. Bereits um das dritte Lebensjahr erwacht im Kind die Phantasie, die Urquelle des Schöpferischen. Es beginnt Geschichten zu erzählen, Fabelwesen zu erfinden und entwickelt einen ganz einzigartigen Einfallsreichtum, sich im freien Spiel der Kreativität selbst zu entfalten. Es berichtet seiner Außenwelt von dem, was es innerlich erlebt, es drückt seine Gefühle, seine Empfindungen und Vorstellungen aus. Ein Stein in seiner Hand wird zum Raumschiff oder zum Kobold, eine Wolke am Himmel zum Schloß der Lüfte.

All dies ist ein Teil seiner Entwicklung und auch seiner psychischen Gesundheit. Phantasie und Vorstellungskraft sind die Grundlage für Lebensfreude und eine der Voraussetzungen, um Dinge und Ereignisse leichter miteinander in Beziehung setzen, sich leichter an Details erinnern und Realitätssinn und persönliche Unabhängigkeit entwickeln zu können. Wir Erwachsene haben diese Fähigkeiten oft etwas „schleifen" lassen, verfügen aber noch immer darüber. Zugleich erwacht häufig aus der ganz alltäglichen Routine heraus in uns der Wunsch, doch „wieder einmal kreativ" zu sein. **Kreative Menschen haben sich die Kreativität der Kindheit bewahrt.** Und die lebt häufig von Gegensätzen, wie etwa eine ausgeprägte Intelligenz gepaart mit einer kindlichen Naivität, eine Balance von „typisch" weiblichen und männlichen Eigenschaften, wie z.B. Sensibilität und Durchsetzungsvermögen.

❓ *Denken Sie einmal zurück: Was war das Kreativste, das Sie in Ihrer Kindheit getan haben?*
Was können Sie wohl von einem Kind lernen? Wie würde wohl ein Kind die Aufgabenstellung, die Sie beschäftigt, angehen? Finden Sie mindestens 3 Antworten auf diese Fragen.

„Das Staunen der Kindheit wiedergewinnen heißt,
eine Antriebskraft für erwachsene Gedanken zu sichern." – Charles Sherrington

Anläßlich einer Umfrage äußerten sich drei von vier Befragten, daß sie als Kind phantasiereich und voller origineller Einfälle waren. Die Frage, ob sie sich auch im Erwachsenenalter so einschätzen würden, bejahten nur noch etwas mehr als die Hälfte. Viele vermuteten sogar, daß sie durch die Anpassung an Normen und Regeln im Alter an Kreativität verlieren würden. Vielleicht haben Sie sich schon einmal selbst gefragt: Ist Kreativität eigentlich erlernbar, beeinflußbar? Kann man dieses schöpferische Denken, diese Neugierde, diese Lust, eingefahrene Gleise zu verlassen und Neuland zu entdecken, eigentlich erwerben, sich aneignen, entwikkeln – oder wiederentdecken? Darauf kann es nur eine Antwort geben: **Ja!** Auf jeden Fall!!! Kreativität kann, genau wie unser Gehirn, nicht verloren gehen; sie ist in uns, wir tragen sie ständig bei uns. Nur liegt sie manchmal brach und will zum Leben erweckt werden. Alle Fähigkeiten sind noch da – und viele neue sind hinzugekommen. Also, worauf warten Sie noch?

❓ *Wann ist für Sie der beste Zeitpunkt, um wieder kreativ zu sein?*

🦄 Die 3-Minuten-Pause (einzeln; 2-6 Min.)

Vielfach wird Kreativität aus der Spontaneität heraus geboren, dann, wenn wir Dinge und Ideen „aus dem Stand heraus" entspannt entwickeln und umsetzen. Bauen Sie geistige „Lockerungs-Übungen" in Ihren Wochenablauf ein, z.B. jeden Tag eine andere. Nehmen Sie sich jeweils 1 Minute Zeit und …

- erkennen Sie in einer Wolke am Himmel so viele Illusionen, Objekte und Handlungen wie möglich;
- sprechen Sie das Wort „Phantasie" in möglichst vielen unterschiedlichen Variationen aus (Stimme, Tonlage, Mimik, Gestik, Bewegung);
- zählen Sie von 1 beginnend so viele Primzahlen wie möglich auf;
- wählen Sie sich einen Gegenstand aus Ihrer Umgebung aus – wie z.B. einen Stuhl – und stellen über ihn mindestens 25 verschiedene Fragen;
- bringen Sie Ihre beiden Hände in so viele unterschiedlichen Positionen wie möglich;
- nehmen Sie sich einen Kugelschreiber, mit dem Sie so viele verschiedene Dinge wie möglich anstellen;
- betrachten Sie eine Büroklammer aus verschiedenen Blickwinkeln – aus den Augen eines Architekten, einer Hausfrau, eines Astronauten, eines Kindes, einer Ameise, … und probieren Sie praktisch aus, wie viele verschiedene Verwendungsmöglichkeiten für eine Büroklammer Sie entwikkeln können.

Bausteine der Kreativität – die 4 „P's"

Um Kreativität fördern zu können, ist es sinnvoll, diesen hochkomplexen Begriff in die Elemente zu unterteilen, die ihn beeinflussen. Vier Einflußbereiche, die sogenannten 4 P's, sind es im wesentlichen, die eine anwendungsorientierte Kreativität bestimmen:

➤ kreative **Person**
➤ kreativer **Prozeß**
➤ kreatives **Produkt**
➤ kreatives **Prozeßumfeld**

Die Balance zwischen diesen vier Elementen – diesen „Bausteinen" – entscheidet darüber, wie Sie Ihren Königsweg Kreativität gestalten und beschreiten.

➤ **Person:** Es sind immer Personen – und ihre individuellen kreativen Persönlichkeitsmerkmale, Fähigkeiten, Strategien und Einstellungen – die entscheiden, welche Art von Einfällen entstehen. Diese Eigenschaften und Denkweisen sind erlernbar und trainierbar; z.B. können Kreativitätstechniken einen Beitrag zur Kreativitätssteigerung leisten. Der kreative Problemlöser entwickelt häufig eine Art produktive Unruhe und ist ständig bemüht, neue Informationen und Erkenntnisse dem Bekannten gegenüberzustellen und neue Ideen zu säen. Er ist sich seines kreativen Potentials bewußt und setzt es ein.

➤ **Prozeß:** Bis zu seiner Vollendung legt jede Idee einen Weg zurück, an dessen Anfang häufig ein Problem oder ein Zustand steht, in dem etwas noch nicht so ist, wie es sein soll oder sein könnte. Um zu reifen, benötigt der kreative Prozeß Vorbereitungs- und Verarbeitungszeit. Bewußt ausgeübte Kreativitätstechniken können den kreativen Prozeß unterstützen.

➤ **Produkt:** Als Ergebnis einer schöpferischen Bemühung – eines Einzelnen oder eines Teams – entsteht immer ein Produkt. Dies können Ideen, Gegenstände, Handlungen oder Gestaltungen und Kompositionen sein. Dabei wird ein kreatives Produkt an drei – subjektiven – Faktoren gemessen:

1. Ist es originell oder enthält es zumindest neuartige Elemente?
2. Ist es für die Problemlösung relevant und sinnvoll?
3. Ist es – vom Umfeld – als wertvoll akzeptiert?

➤ **Prozeßumfeld:** Jede Art von Kreativität hängt in entscheidendem Maße von dem Umfeld ab, ob und wie sie sich entfalten kann und was alles auf sie einwirkt.

Angefangen von Atmosphäre, Arbeitsklima, Personen, Räumlichkeiten und Raumgestaltung über Hilfsmittel und Materialien bis hin zu Gruppeneinflüssen und gesellschaftlichen und kulturellen Normen und Werten unterliegt der kreative Reifeprozeß den vielfältigsten Einflüssen.

❓ *In welchen Bereichen Ihres Lebens würden Sie gerne mehr Kreativität ins Spiel bringen? Wo wären Sie gerne kreativer? Und wo vielleicht weniger?*

„Meine Lieblingsfarbe ist bunt." – Walter Gropius

WOFÜR können Sie es nutzen?

Und jetzt sind Sie am Zug. Was ist es, was Sie mit Kreativität anfangen möchten? Wenn Sie heute loslegen wollten, Ihre Kreativität zu fördern und einzusetzen, womit würden Sie beginnen? Möchten Sie ...

... eine Aufgabe innovativ lösen?

... Ihren Arbeitsplatz oder Ihre Arbeitssituation gestalten?

... die Antwort auf eine neue Frage finden?

... in Ihrem Beruf konkrete Konzepte entwerfen oder Projekte entwickeln?

... eine kreative Werbeaktion organisieren?

... einen Traum verwirklichen?

... ein Seminar oder Training gestalten?

... Beziehungen gestalten in Teams, Familie oder Partnerschaft?

... Ihre geistige Gesundheit fördern?

... spielerisch Ihre Fähigkeiten erweitern?

... einfach Zugang zu Ihrer Phantasie bekommen?

❓ *Welche Konsequenzen hat das, wenn Sie ab jetzt kreativ sind? Für wen?*

Wenn Sie durch dieses Buch das bekämen, was Sie bekommen wollten und wenn Ihre Kreativität dadurch erheblich verstärkt wird, was wäre dann?

❓ *Welche Vorteile erhoffen Sie sich aus einer Steigerung Ihrer Kreativität und woran könnten Sie erkennen, daß sich etwas geändert hat? Nehmen Sie sich einen Augenblick Zeit, um darüber nachzudenken und notieren Sie sich Ihre Antworten. Sie legen sich damit selbst einen Wegweiser an, wie Sie weiterhin mit diesem Buch und mit Ihrem unendlich großen Ideenpotential umgehen möchten. Bitte tun Sie das jetzt.*

_____

_____

_____

_____

_____

_____

_____

Bringen Sie's auf den Punkt:

Einst lebte in China ein berühmter ZEN-Meister, der wegen seiner Weisheit weithin bekannt war. Einem wißbegierigen Gelehrten, der ihn eines Tages besuchte, bot er nach alter Sitte eine Tasse Tee an. Doch noch während er die Zeremonie vorbereitete, begann der Gelehrte, ihn mit Fragen zu überschütten. Der Meister fuhr in Ruhe fort und goß den Tee ein, um die Tasse zu füllen – und er goß weiter, selbst als die Tasse schon überlief und der Tee auf den Boden floß. Auf die entsetzte Bemerkung des Gelehrten, daß die Tasse doch voll wäre, warum er denn weitergieße, entgegnete der weise Mann in Ruhe: „So voll wie diese Tasse hier ist auch Ihr Geist; er ist voll mit Vorannahmen und Meinungen. Wie aber soll ich in das Volle noch etwas hineingeben? Wenn Sie Neues wirklich erfahren wollen, müssen Sie zuerst bereit sein, die Leere willkommen zu heißen und Ihren Verstand zu öffnen. Sind Sie dazu bereit?"

In jedem Menschen weilt vielerlei von brillantem, bleibendem Wert, manches von einem Schöpfer. Neugier und Lust, etwas Neues zu schaffen und zu entdecken sind ein Urtrieb des Menschen. Jeder Mensch vollbringt kreative Akte. Und dieses Buch kann Ihnen dabei helfen, die Tür zu Ihrer Kreativität aufzuschließen, indem Sie Anregungen erhalten, wie Sie Ihre geistige „Geburtsausstattung" spielerisch entdecken und gewinnbringend einsetzen können. Wir laden Sie dazu ein, Ihren Geist zu öffnen und Ihr faszinierendes Potential an Kreativität, Neugier, Phantasie und Intuition, Erinnerungsvermögen, logischem Denken, Kombinationsgaben und Gestaltungsfähigkeiten zu erleben, zu aktivieren und zu erweitern. Über den Horizont hinaus. Begleiten Sie uns auf dem Königsweg Kreativität und entfachen Sie …

- den sprühenden Funken der Inspiration,
- die neugierige Macht der Fragen,
- das entscheidungsfreudige Credo des Umsetzens.

3. Kreative Personen –
Einsteins Erben als Wegbereiter

„Wir würden viel mehr Dinge zustande bringen,
wenn wir sie nicht für unmöglich hielten." – Christian Malesherbes

Abendstunde, Mondschein, Tagesausklang. Ein wunderschönes Kerzen-Dinner ist angerichtet, eine sanfte Musik klingt durch den Raum, warme behagliche Stimmung. Fehlt nur noch die herrlich duftende Speise, die gerade um die Ecke biegt – und mit einem kleinen Ausrutscher und dem „rettenden" Griff zum Tischtuch den Weg in die Unendlichkeit antritt. Oh je; zwei Stunden Kochkunst im Eimer. „Nun sei doch mal kreativ" tönt es, gar nicht mehr so taktvoll durch den Raum – und unser geistiger Motor dreht fast im roten Bereich. Doch, welch Wunder, lachend stellen wir fest: Der gute Rotwein ist heil geblieben. Voilà, Glück im Unglück, das Problem hat eine Wendung genommen. Der Abend ist gerettet.

Kreative Personen – im einen Moment gefeiert, im nächsten Moment wieder gefordert. Gefordert, ihr ganzes Potential einzusetzen und für immer neue Situationen möglichst elegante Strategien zu entwickeln und Alternativen zu finden, um diese Situationen zu retten, zu lösen, idealerweise zu erheben und zu „vergolden".

„Sei doch einfach mal kreativ", wer hat diese „nette" Aufforderung nicht schon einmal gehört. Tatsächlich bedarf es eines gewissen Selbstverständnisses, einer fließenden inneren Leichtigkeit, um auf das innere Potential zugreifen zu können und diesen Zustand der spielerischen Brillanz, der Lust und Experimentierfreude in sich herstellen zu können. Auf dem Weg dahin gibt es drei Faktoren, die jeden Menschen stark beeinflussen:

➤ kreative **Barrieren**: das, was uns noch zurückhält;
➤ kreative **Ressourcen**: das, worauf wir selbst zurückgreifen können;
➤ kreatives **Teampotential**: das, was uns unterstützt.

Von geistigen Sackgassen und anderen Mythen

Es gibt Menschen, die klagen: „Es ist immer wieder das, daß man sich selbst blockiert." Was hindert uns eigentlich daran, uns auf den Weg zu machen und kreativ zu sein?

In Zeiten, in denen wir „gut drauf" sind, ist es leicht, kreativ zu sein. Im Vollbesitz unserer geistigen Ressourcen und ausgestattet mit einem Übermaß an Zeit, Material und anderen Annehmlichkeiten finden viele Menschen leicht Zugang zu ihren Fähigkeiten. Was passiert aber, wenn die Kreativität blockiert ist? Was sich für den einen Menschen als eine notwendige Herausforderung präsentiert, wird für den anderem zum behindernden, ja sogar blockierenden Element. Was der eine als Chance versteht, nimmt ein anderer vielleicht als Hindernis wahr.

Als vor vielen Jahren zwei Verkäufer einer großen amerikanischen Firma, die Handschuhe herstellte, nach Alaska geschickt wurden, um ihre Produkte zu verkaufen, da erlebten sie zunächst ihr „blaues Wunder": keiner dort trug Handschuhe, weil die Menschen an die Umgebungstemperatur gewöhnt waren. Der eine Verkäufer kabelte nach einigen Tagen an seine Firma: „Hier kann mich niemand gebrauchen, kein Mensch trägt Handschuhe – stop – komme mit der nächsten Maschine zurück." Sein Kollege telegrafierte aus dem Nachbarort: „Es ist phantastisch – stop – schickt mir alles, was ihr bekommen könnt – stop – hier hat noch keiner Handschuhe!"

> **Kreativitätsbarrieren haben oft etwas zu tun mit eingefahrenen Mustern und Verhaltensweisen und nicht unbedingt mit realen Grenzen.**
>
> **Falten Sie einmal Ihre Hände so zusammen, wie Sie es gewohnt sind, so daß ein Daumen oben zu liegen kommt. Gut so. Und jetzt wechseln Sie, falten Sie Ihre Hände noch einmal, nur: andersherum, so daß alle Finger genau in der anderen Reihenfolge oben liegen und der ungewohnte Daumen obenauf liegt.**
>
> **Wie fühlt sich das an? Ungewohnt meist. Aber, bedeutet allein die Tatsache, daß es ungewohnt für Sie ist, eigentlich auch, daß es eine reale Grenze darstellt, über die Sie nicht hinweg könnten?**

Jeder von uns kennt genügend selbst errichtete Denkblockaden, „selfulfilling prophecies" oder abenteuerliche Vorstellungen, für die das Leben, die Politik, die Atomversuche, der Nachbar, der Andere, das Schicksal zuständig ist oder die halt eben so sind. „Das ist nicht mein Gebiet", „Ich kann nicht tanzen", „Ich hab einfach keine Stimme (fürs Singen)", „Also, Phantasie war noch nie meine starke Seite", „Das könnte ich niemals lernen" – all das sind Vorstellungen, Aussagen, „Wahrheiten", die uns davon abhalten, Dinge zu tun, die für uns eine wertvolle Erfahrung bereithalten können. Und an denen wir eine Menge Spaß hätten und wachsen könnten.

Nur verhält es sich so: Sobald wir einen erwünschten Zustand festlegen, den wir erreichen möchten, drücken wir gleichzeitig aus, daß wir diesen Zustand noch nicht erreicht haben und daß das, was wir haben, eigentlich nicht so wünschenswert ist. Sobald wir uns etwas vornehmen, schaffen wir zugleich ein Problem. Praktisch aus dem Nichts heraus eine Sackgasse. Das ist ein Grund, weshalb viele Menschen vor ihren eigenen Träumen zurückweichen; weil Sie ins Neue, ins Ungewisse führen und aufzeigen, daß die aktuelle Situation nicht zufriedenstellend ist.

Da ist es bequemer, einen eigenen Mythos anzulegen, der einem dann ans Herz wächst – z.B.: „Ich bin einfach nicht dafür geboren, Artikel zu schreiben." Der gehegt und gepflegt wird und für den wir uns auch noch Bestätigung abholen. Viele Menschen gehen Tag für Tag darauf zu, weil es für sie der bekannteste Pfad ist, der vermeintlich schnell und sicher zum Ziel führt – und landen in einer Sackgasse namens „Gewohnheit". Hier finden sich viele unserer Träume wieder und vieles von dem, was wir uns vorgenommen hatten. All das bewacht von einem solchen Mythos, der sich vom kleinen Pflänzchen bis zum undurchdringlichen Gestrüpp gemausert hat.

Was Sie tun können, um wieder auf einen freien Weg zu gelangen: Wachen Sie auf! **Kreativität ist ein Kind der Freiheit und der Erlaubnis, die eigenen „geistigen Sackgassen" zu verlassen und neue Wege zu erkunden!**

❓ *Wo in Ihrem Leben gibt es einen solchen persönlichen Mythos, den Sie verabschieden können? Und was wünschen Sie sich statt dessen?*

📜 Einen Mythos verabschieden (einzeln; 8-15 Min.)

1. Wählen Sie sich einen persönlichen Mythos, eine innere Denkblockade, einen Glaubenssatz aus, den Sie gerne verändern möchten, wie: „Ich kann nicht (X)!" X könnte z.B. sein: Phantasie entwickeln, Konzepte planen, Reden halten, verkaufen, malen, kreativ sein, … .

2. Nun stellen Sie sich die Frage: „Was wäre, wenn ich (*X*) doch könnte?" Machen Sie sich wirklich bewußt, was das für Sie bedeuten würde. Welche Auswirkungen hätte das? Schreiben Sie Ihre Antworten auf:
   - Was wären die drei *schlimmsten* Dinge, die passieren könnten, wenn Sie doch dazu imstande wären?
   - Was wären die drei *besten* Dinge, die Ihnen passieren könnten, wenn Sie doch dazu imstande wären?
3. Was müßte jemand anderes tun, um diese Fähigkeit, „genau (*X*) nicht zu können", zu haben und sie aufrecht zu erhalten? Überlegen Sie einmal, wie Sie jemanden instruieren müßten, damit er genau (*X*) *nicht* kann:
   - Wie müßte er sich verhalten?
   - Was müßte er glauben, über sich selbst, über andere?
4. Wie wäre es, so zu sein, daß Sie dazu imstande wären? Was könnten Sie tun, um sich diese Fähigkeit (*X*) anzueignen? Was wäre Ihr Gewinn?

Denkblockaden öffnen

Auch von außen können uns Denkblockaden begegnen, mit denen wir unterschiedlich umgehen. Vielleicht kennen Sie selbst Menschen aus Ihrem Umfeld, die beispielsweise Zeitknappheit als eine absolute Denkblockade empfinden. Die geradezu wie paralysiert wirken, wenn sie zeitlich unter Druck geraten – im Gegensatz zu anderen, die unter einer gewissen Zeitnot zur Hochform auflaufen und manchmal erst „auf den letzten Drücker" ihre Reserven mobilisieren. **Erkennen Sie Ihre Denkblockaden und entwickeln Sie geeignete Strategien, um diese Barrieren zu durchbrechen und zu nutzen.** Jeder Mensch kann eine Reihe von Denkblockaden benennen, die seine geistigen Höhenflüge unterbrechen, äußere wie innere.

Beispiele: Zeitdruck, fehlendes Material, einengende Strukturen und Vorgaben, Routine, Konkurrenzdenken, Streß, Killerphrasen, starres Denken, vorgefaßte Meinungen, Aufgeben, Überforderung, fehlender Mut oder fehlende Erlaubnis, Scheu vor Kritik, Erschöpfung, Unsicherheit, fehlende Erlaubnis, alte Muster, Angst vor Mißerfolg, fehlende Motivation, unklare Ziele, Bequemlichkeit, … .

Wenn Sie Ihre eigene Kreativität wirksam fördern möchten, machen Sie sich bewußt, was genau Sie als Hindernis wahrnehmen und wie Sie damit umgehen, wenn es auftritt? Beantworten Sie dazu bitte die folgende Aufgabe und lesen erst dann weiter, wenn Sie wirklich Klarheit gewonnen haben, welches Ihre „Stolpersteine" sind und was Sie tun können, um damit umzugehen.

Nehmen Sie sich bitte ein Blatt Papier und 10 Minuten Zeit und schreiben Sie einmal auf, was Ihrer Kreativität im Wege steht, Sie blockiert und welche Art von Denkblockaden Sie kennen:

- *Welches Umfeld hindert Sie daran, Ihre Kreativität zu entfalten?*
- *Mit welchem äußeren Verhalten von sich selbst sind Sie noch nicht zufrieden? Welche Ihrer Fähigkeiten sind noch nicht so entwickelt, was haben Sie noch nicht so gelernt, wie Sie es gerne möchten?*
- *Gibt es unpassende Werte oder Glaubenssätze über sich oder über andere – wie z.B. „Sicherheit", „Ich bin nicht kreativ", „Dafür fehlt mir die Phantasie" –, die Ihre Kreativität hemmen?*
- *Fehlt Ihnen manchmal der Zugang zu Ihrer eigenen Energie?*

Schreiben Sie dann für jeden notierten Punkt 3 Ideen auf, was Sie dafür tun können, um genau hierfür ein Repertoire zur Verfügung zu haben, wie Sie ihn vorwegnehmen oder darauf reagieren oder damit umgehen können. Bitte tun Sie das jetzt, bevor Sie weiterlesen.

Blockaden auflösen (einzeln; 8-15 Min.)

Kennen Sie das auch: Es gibt Menschen, die sich in dem einen Rahmen – z.B. einer beruflichen Situation – wie blockiert fühlen, während sie z.B. in ihrem Hobby im Vollbesitz ihrer Ressourcen sind. Sie äußern sich häufig so: „Das ist doch ganz was anderes; das ist ja nur ein Hobby. Das macht ja auch Spaß." Was aber genau macht etwas zu einem Hobby, zu einer Freude?

Wählen Sie einmal eine beliebige Situation aus, in der Sie selbst ganz selbstverständlich kreativ sind, und in der Sie Zugriff auf Ihre Ressourcen haben. Stellen Sie sich diese Situation wirklich vor und machen Sie sich bewußt:

- *Was genau tun Sie, damit Ihnen das, was Sie tun, Freude bereitet?*
- *Was macht es aus, daß Sie Zugang zu Ihren Ressourcen haben?*
- *Welche innere Einstellung löst ganz von alleine alle Denkblockaden auf?*
- *Was tun Sie, wenn Sie Ihre Ziele nicht zu Ihrer Zufriedenheit erreichen?*

Nennen Sie anschließend bitte kurz Ihre Telefonnummer rückwärts.

Dann finden Sie eine Situation, in der Sie sich eher blockiert fühlen. Übertragen Sie in Gedanken nun das, was Sie als positiv erkannt haben, in die unangenehme Situation und nehmen wahr, was Sie hier verändern können. Um eine effektive Strategie übertragen zu können, sind manchmal Veränderungen notwendig; entscheidend ist das Bewußtsein: Was Sie in dem einen Rahmen zur Verfügung haben, können Sie auch in einem anderen nutzen!

Barrieren, Stufen, Chancen

„Es ist ein großes Glück, wenn wir den Hindernissen, aus denen wir lernen können, möglichst früh begegnen." – Winston Churchill

Jede Denkblockade, jede Kreativitätsbarriere, birgt die potentielle Möglichkeit in sich, uns zu behindern – angefangen von einer Beeinflussung durch unsere Umwelt bis hin zu der eigenen emotionalen Sperre. In jeder Form von Beeinflussung steckt aber zugleich auch eine Gelegenheit. Eine Chance nämlich, für einen Moment innezuhalten und uns unserer eigenen Situation bewußt zu werden. Wo wir stehen, was uns behindert und: was wir noch gebrauchen können. Damit kann eine solche Barriere schließlich eine Stufe, eine Herausforderung sein, die auf eine vielleicht höchst ungewöhnliche und zugleich doch nachhaltige Weise einen positiven Beitrag zu unserer persönlichen Entwicklung leistet. Entwickeln Sie auch hier das Format eines Forschers und entdecken Sie, welchen Gewinn Sie aus einer Kreativitätsbarriere ziehen können.

Kreativitätsbarriere	→	Chancen
Umgebung behindert	→	• Freiraum für Kreativität schaffen • Improvisationstalent entfalten
Erwartungsdruck	→	• positive, wertfreie Atmosphäre aufbauen • Entspannungstechniken nutzen
Zeitnot	→	• fragen: „ Was ist in der zur Verfügung stehenden Zeit machbar?"
starre, unflexible Vorgehensweise	→	• Repertoire an Kreativitätstechniken erweitern • Vorteile des Alten und des Neuen aufzeigen und kombinieren
mangelnde Kritikfähigkeit	→	• Feedback und Meinungen von vielen Seiten holen
„ Regeln müssen eingehalten werden"	→	• fragen: „ *Welche* Regeln würden den Prozeß fördern?" • Regeln gemeinsam vereinbaren
„ Wir dürfen keine Fehler machen"	→	• Fehler als natürliche Begleiterscheinung des kreativen Denkens tolerieren und als Chance zur Verbesserung anerkennen (lernen, um Erfolg zu haben) • fragen: „ Was an dem letzten Fehler bringt uns auf eine neue Spur?"
Hemmende Glaubenssätze, wie: „ Ich bin nicht kreativ"	→	• Gegenbeispiele finden: „ Wann oder wobei war ich schon kreativ?" • kreative Leistungen anerkennen und würdigen • fragen: „ Wie wäre es, wenn ich es wäre?" • spielerische Kompetenz fördern
Ziellosigkeit	→	• gemeinsame Vision entwickeln • Innovationsfreude entwickeln

Welche Barriere, die Sie kennen, kann für Sie eine Stufe zum Erfolg sein? Wie kann das Ihr Denken anregen und Ihnen einen wertvollen Hinweis geben, kreativ zu sein? Wie kann eine Sackgasse für Sie der Motor werden, um innere Kräfte freizusetzen?

Rückblende (einzeln; 8–20 Min.; Papier, Stifte)

Tun Sie einmal so, als ob Sie Ihr Ziel bereits erreicht hätten. Treten Sie in die „Zukunft" ein und blicken Sie von dort aus auf Ihre Vergangenheit, die Gegenwart. Lassen Sie sich von der Zukunft aus zeigen, was Ihre ersten konkreten Schritte waren, die Sie getan haben, um Ihr Ziel zu erreichen. Ob es, wenn Sie so zurückblicken, sinnvollere Maßnahmen gegeben hätte oder ob Sie es wieder genauso machen würden. Vielleicht erkennen Sie im Rückblick noch einige Ressourcen, die hilfreich gewesen wären. Notieren Sie all Ihre Erkenntnisse aus der Zukunft für Ihre Gegenwart und legen Sie Ihren ersten konkreten Schritt fest, den Sie für Ihr Ziel gehen werden.

Killerphrasen als Denkanstöße

Das, wovor sich manche Menschen am meisten fürchten, wenn sie eine neue Idee äußern, sind die sogenannten Killerphrasen. Diese stellen eine besondere Form der Kreativitätsbarrieren dar und sind ein wirkungsvolles Instrument der Rhetorik; Äußerungen, Bemerkungen, Sätze, die ein kunstvoll und mit Phantasie errichtetes Gedankenbauwerk auf einen Schlag zum Einstürzen bringen können. Mit einer kurzen, treffsicheren Kritikäußerung einen vermeintlich unproduktiven Gedankengang abkürzen, um Zeit oder Energie oder Kosten zu sparen, ist eigentlich eine gutgemeinte Absicht. Dabei sind sie häufig auch noch „wahr"; Sätze wie: „Dafür haben wir kein Geld", oder: „Das haben wir noch nie so gemacht" sind oft nachweislich belegbar. Selten allerdings ist Gegenstand der Betrachtung, daß genau das der Grund dafür sein könnte, daß eben noch nie ein durchschlagender Erfolg erzielt wurde. Zutreffend oder nur so dahingesagt, erschüttern Sie doch so manchen „Ideenschmied" bis ins tiefste Mark, lassen ihn an der eigenen Idee oder manchmal sogar an den eigenen Fähigkeiten zweifeln – und veranlassen ihn nicht selten dazu, zum Gegenangriff überzugehen. Ein Gefecht mit ungewissem Ausgang scheint vorbestimmt. Das, was beide Seiten einsparen wollten, wie Zeit, Energie, Kosten, geht oft doppelt und dreifach drauf, ganz zu schweigen von den langfristigen Auswirkungen einer solchen konfliktträchtigen Situation.

Killerphrasen können spontan „aus dem Munde gerutscht" – und damit sogar humorvoll und nett gemeint – oder absichtlich eingestreut sein. Allen Arten gemeinsam ist, daß sie eine bremsende Wirkung beim „Empfänger" auslösen, die im harmlosesten Fall nicht bedacht oder im Extremfall gewollt ist. Noch schlimmer wird es, wenn sie in unachtsamer Weise nicht nur die Idee, sondern den Ideengeber persönlich angreifen und ihm Rechtfertigungen abverlangen oder schlicht den Mut oder die Lust nehmen, weitere innovative Ideen zu entwickeln.

„Nichts ist leichter, als bei anderen Fehler zu entdecken; zum Meckern braucht man weder Talent noch Verstand oder Charakter." – Robert West

Frei nach dem destruktiven Motto: „Es genügt nicht nur, keine Ideen zu haben; man muß auch fähig sein, sie auszudrücken", fliegen so die unterschiedlichsten Killerphrasen durch den Äther. Erkennen Sie welche:

Das haben wir noch nie so gemacht – Das war schon immer so – Wissenschaftliche Erkenntnisse haben gezeigt – Dafür haben wir kein Geld – Wenn das so einfach wäre, wäre ganz bestimmt schon früher jemand darauf gekommen – Als fähiger Manager müssen Sie zugeben, … – Haben Sie in diesem Feld eigentlich Erfahrung – Wenn das alle machen würden – Interessante Einstellung, haben Sie eigentlich studiert – Es ist doch bekanntlich so, daß … – Dazu fehlt uns die Zeit – Wer von uns ist denn nur darauf gekommen – Meine Kunden wollen das nicht – Das müssen wir erst mal überprüfen – Das widerspricht unserer Politik – Das gehört doch jetzt nicht hierher – Haben Sie das ernsthaft ganz durchdacht – Das ist zu (altmodisch, neumodisch, einfach, kompliziert, ausgefallen, …) – Das ist bei uns nicht üblich – Damit sollte sich ein Ausschuß befassen – Ich sehe keinen Zusammenhang – Das haben wir alles schon versucht – Namhafte Fachleute sehen das aber ganz anders – Dazu bin ich zu dumm (ja, auch das gibt es: innere Killerphrasen) – Das funktioniert nie – Es gibt Erfahrungen, die muß man nicht selbst machen – Das ist nicht unser Gebiet.

Welchen Zweck aber haben Killerphrasen, welche Möglichkeiten stecken in ihnen und wie lassen sie sich gezielt erkennen? Wie können wir ihnen begegnen? **Killerphrasen sind Denkanstöße**; nicht mehr und nicht weniger! Als solche haben sie durchaus ihre Berechtigung und enthalten wertvolle Anregungen. Nur daß sie meist Schwierigkeiten mit dem „Timing", dem gegenseitigen Verständnis oder der Formulierung haben – also zur Unzeit eingestreut oder mit negativen Gefühlen belegt werden. Viele Killerphrasen oder frühzeitige Kritikansätze sind ein Zeichen von Unsicherheit und entstehen aus dem alten Glauben heraus: „Wer A sagt, muß auch B sagen", das heißt: Wenn wir erst einmal eine verrückte Idee laufenlassen, wird sie hinterher keiner mehr stoppen können. Dem steht entgegen:

„Wer A sagt, muß noch lange nicht B sagen;
es könnte nämlich sein, daß er erkannt hat,
daß A falsch war." – Bertolt Brecht

Es gehört also auch Courage, erst einmal abzuwarten und das Bewußtsein dazu, daß eine Idee nicht allein deshalb zwingend umgesetzt werden muß, nur weil sie geäußert wurde. Das erfordert von allen Beteiligten kreativen Mut und gegenseitige Wertschätzung gegenüber der inneren Befindlichkeit des anderen. Seitens des „Empfängers", daß diese Angst tatsächlich beim „Absender" vorhanden ist. Seitens des „Absenders", daß ein frühzeitig abgeblockter Einfall vielleicht dazu führt, daß aus Angst vor Zurückweisung gar keine Ideen mehr geäußert werden, also einem weiteren Vorgehen die Nahrung fehlt. Nehmen beide Seiten aufmerksam wahr, daß der andere einen wirklich wertvollen Beitrag auf dem Weg zu einer gemeinsamen Lösung bereithält, können sie ihre unterschiedlichen Ressourcen konstruktiv und zielgerichtet einsetzen, um gemeinsam zu einer Lösung zu gelangen.

Falls Sie weiteren Killerphrasen begegnen, beherzigen Sie die vier Anregungen:

1. Trennen Sie die Zeit der Ideenfindung klar und für alle eindeutig von der Zeit der Bewertung und Kritik.

2. Bestehen Sie wertschätzend aber bestimmt auf Einhaltung der Regeln und Zeitvereinbarungen. Gegebenenfalls vergeben Sie „Killerpunkte". Das sind sichtbar angebrachte Klebepunkte, mit denen der Absender einer Killerphrase „ausgezeichnet" wird.

3. Hinterfragen Sie in einer späteren Phase durch „W-Fragen" den Hintergrund. Verstehen Sie jede Killerphrase als Hilfestellung und fragen Sie sich oder den „Absender": „Wohin kann diese Anregung unser Denken führen?"

4. Nehmen Sie eine wertschätzende Grundeinstellung ein und würdigen Sie die Killerphrase und ihre positive Absicht als wichtigen Beitrag, dem in der nachfolgenden Phase der Ideenbewertung eine ganz wesentliche Rolle zukommt.

? *Welche weiteren Möglichkeiten finden Sie, um Killerphrasen sinnvoll in einen kreativen Ablauf miteinzubeziehen?*

🐌 Den inneren Kritiker wertschätzen (einzeln; 8-15 Min.)

Den inneren Kritiker zum Verbündeten zu haben, ist ein machtvoller Weg, Denkblockaden aufzulösen und Zugang zu kreativen Stärken zu erhalten. Bevor Sie diese Übung durchführen, erinnern Sie sich bitte an eine *angenehme Situation*, in der Sie sich ganz selbstverständlich gut gefühlt haben. Lassen Sie für diesen *Ressourcenmoment* ein Symbol kommen, wie z.B. ein Bild, ein Wort oder ein angenehmes Gefühl. Stellen Sie sicher, daß Sie sich an dieses Symbol erinnern können, wenn Sie es im weiteren Übungsverlauf brauchen. Bitte tun Sie das jetzt und lesen dann erst nach der Linie weiter!

Wenn Sie eine solche Situation und ein Symbol haben, machen Sie bitte einen *Platzwechsel*. Stellen oder setzen Sie sich an einen anderen Ort.

1. Erinnern Sie sich nun an eine Situation, in der sich Ihr innerer Kritiker gemeldet und Sie blockiert hat – etwa in Form einer inneren Stimme, wie: „Das kannst du nicht." Holen Sie sich diese Situation noch einmal ganz in Ihre Gedanken.

2. Machen Sie sich bewußt: Wie meldet sich Ihr innerer Kritiker? Was sagt er zu Ihnen, was äußert er?

3. Nehmen Sie sich dann Zeit und überlegen Sie: Was ist seine positive Absicht *für Sie*? Was will er im Grunde genommen für Sie erreichen? Will er Sie vor etwas schützen oder bewahren? Finden Sie mindestens 3 Ideen, was seine positive Absicht *für Sie* sein könnte.

4. Sammeln Sie nun Ideen dafür: Was braucht Ihr innerer Kritiker in dieser Situation, um Sie zu unterstützen? Um seine positive Absicht weiter zu erfüllen *und* die Situation zu bejahen? Finden Sie mindestens 3 Punkte.

5. Fragen Sie Ihren inneren Kritiker, ob er einverstanden ist, wenn Sie diese Punkte in nächster Zeit ausprobieren. Hören Sie nach innen hinein, was Ihnen Ihre innere Stimme sagt.

Stehen Sie anschließend auf und strecken sich einmal ganz lang zur Decke, bewegen Sie sich und denken an Ihre ressourcenvolle Situation.

> *„Vorwürfe sind schlecht formulierte Wünsche."*
> – Martin Haberzettl, Psychologe

Ur-Instinkt Streß

Manche Menschen empfinden Kreativitätsbarrieren als störenden Streß, der den Gedankenfluß prompt unterbricht. Streß blockiert die
Schaltstellen im Gehirn und beeinträchtigt zugleich die Wahrnehmung. Einst war dieser Ur-
Instinkt als Schutzreaktion des Körpers ausgelegt, um im Falle einer lebensbedrohenden Situation das bewußte Denken auszuschalten
und blitzschnell durch Flucht oder Verteidigung reagieren zu können. Im Übermaß oder
ungünstigen Moment aktiviert, kann dieser
Körperreflex heute die kreativen Ressourcen

> Eine wirkungsvolle Möglichkeit, sich zu
> entspannen, ist die Bauchatmung. Sie
> beruhigt das vegetative Nervensystem und
> stellt einen wohltuenden Ausgleich zu
> Streßbelastungen dar.
>
> Setzen, stellen oder legen Sie sich hin und
> legen Sie Ihre Hände locker auf Ihren Bauch.
> Atmen Sie ruhig und gleichmäßig durch und
> achten Sie beim Einatmen darauf, daß sich
> Ihr Bauch nach außen aufwölbt – und beim
> Ausatmen wieder locker nach innen geht.
> Genießen Sie bewußt 3-5 Minuten dieses
> Atmen „durch den Bauch".

stillegen und unser Gehirn praktisch außer Betrieb setzen. Wie das geht? Indem
das „Reptiliengehirn", unser ältester Gehirnteil, auf eine vermeintliche Bedrohung
hin ein Signal aussendet, das eine Hormonausschüttung zur Folge hat. Diese
Hormone behindern im Gehirn die Einprägung neuer Informationen sowie die
Verknüpfung mit vorhandenen. Folgerung: **Eine wichtige Voraussetzung für
Kreativität ist ein energievoll-entspannter Zustand.** Was können Sie nun tun, wenn
Sie in eine Situation geraten, in der es heißer hergeht, als Ihnen lieb ist?

- Verändern Sie die *auslösenden Bedingungen,* die Art und Anzahl der Reize;
- Verändern Sie Ihre *Reaktion auf äußere Einflüsse,* erhöhen Sie Ihre Reiztoleranz
  – z.B. durch Entspannungstechniken für Körper, Atem und Geist.

> Verfügen Sie über ein *hohes Aktivierungspotential* und schätzen einen ruhigen Ausgleich (Regulation) - oder
> besitzen Sie ein *schwach-verstärkendes Nervensystem* und brauchen Aufregung (Aktivierung)?
>
> Eine Sofort-Übung für Menschen mit *hohem Aktivierungspotential:* Legen Sie Ihre Finger rechts und links an
> Ihre Schläfen und führen für einige Minuten mit leichtem Druck sanfte kreisende Bewegungen aus.
>
> Menschen mit einem *schwach-verstärkenden Nervensystem* kommen mit der Übung „Ich bin top fit" auf S.
> 82 leicht in Gang.

❓ *Was können Sie in Streßsituationen tun, um Zugang zu Ihren inneren Ressourcen zu erhalten? Finden Sie mindestens drei konkrete Punkte:*

Ressourcen als Energiequelle

„Was hinter uns liegt und was vor uns liegt, ist relativ unbedeutend, verglichen mit dem, was in uns liegt." – Oliver W. Holmes

Haben Sie nicht auch schon mal die Erfahrung gemacht, daß es leichter ist kreativ zu sein, wenn Sie gut drauf sind? Daß „es" einfach mehr und besser fließt, wenn Sie ein inneres Hochgefühl spüren und sich in einem guten Zustand befinden. Kreativität hat viel zu tun mit dem eigenen guten Zustand. Das ist die Verfassung, in der wir uns wirklich wohlfühlen und leistungsfähig sind, in der wir vollkommen selbstverständlich auf all unsere Ressourcen und Talente zugreifen können, spielerisch leicht mit Ideen jonglieren. Ein Zustand, in dem alles was wir tun effektiv und zugleich elegant geschieht. Ein Zustand von innerer und äußerer Brillanz. Um kreativ zu sein, ist es förderlich, daß wir uns in einen Geistes- und Körperzustand versetzen können, in dem wir fähig sind, Alternativen zu entwickeln. Wie aber geht das? Wie gelangen wir in genau diese Verfassung, in unseren eigenen Ressourcezustand?

❓ *Was können Sie unternehmen, damit das, was Sie tun, Ihnen mehr Spaß macht?*

Manche Menschen bemühen dafür nur externe Hilfsmittel, um in einen guten Zustand zu gelangen. Ja, sie sind förmlich darauf angewiesen, daß beispielsweise die Sonne scheint oder die Straßenbahn pünktlich kommt und zur Hauptverkehrszeit obendrein auch noch leer ist. Trifft das nicht zu, verlagern sie die Verantwortung für ihren Zustand nach außen, „es sind halt die Umstände", und „wenn die nicht so *wären*, dann *wäre* ich ja auch besser drauf". Situationen, die uns von außen beeinflussen, kennen wir alle; der Unterschied besteht darin, daß manche Menschen die Verantwortung nach außen verlagern und sich mit ihrer Wahrnehmung hauptsächlich darauf einrichten, daß es gerade nicht so gut läuft und warum das so ist. Sie bleiben mit ihren Gedanken blockiert, im Problem behaftet.

Kreative Menschen hingegen erkennen äußere Umstände an, sie verändern ihren Focus, sie ändern die Fassung, die Richtung ihrer Fragen: **„Was brauche ich jetzt, um in einen besseren Zustand zu gelangen?"** und: **„Was kann ich selbst dazu tun, um mich in einen guten Zustand zu versetzen?"** Sie glauben an ihre Fähigkeiten. Sie aktivieren ihr kreatives Potential selbst und sind in der Lage, eigenverantwortlich ihren inneren Zustand zu beeinflussen. Sie sehen ihre Kreativität häufig als etwas Selbstverständliches an, und: Es ist wahr! Ein wichtiger Glaubenssatz, den kreative Menschen immer wieder äußern ist: „Nur wer sich kreativ fühlt, wird auch kreativ wahrnehmen, denken und handeln!" Weil unser Unbewußtes viel Energie dafür aufwendet, um zu beweisen, daß wir Recht haben,

haben wir es selbst in der Hand, unseren Focus auf das zu lenken, wofür wir unterstützende Beweise finden wollen.

🦁 Kreative Haltung (einzeln; 8-15 Min.)

Welches ist eigentlich Ihre „kreative Körperhaltung"? Die Haltung, in der Sie sich wohl fühlen und in der Ihre Ideen fließen? Welche Bewegung gehört für Sie dazu? Nehmen Sie diese Position jetzt einmal assoziiert ein, vor dem Spiegel oder frei im Raum und verändern Sie diese solange, bis Sie wirklich spüren, wie Ihnen diese Haltung und Gestik Zugang zu Ihren kreativen Energien verschafft.

❓ *Lassen Sie Ihren Gedanken einmal freien Lauf und machen Sie sich wirklich bewußt: Wo haben Sie eigentlich Ihre besten Einfälle? Welches sind die Tätigkeiten, Situationen, Ereignisse, Lebensbereiche, in denen Sie Ihre Ideen bekommen, wie z.B.: beim Parkspaziergang, wenn Sie Musik hören, unter der Dusche? Schreiben Sie Ihre „Favoriten" auf oder machen Sie sich kleine Skizzen oder Bilder in die Rahmen hier unten dazu.*

Vom „Haha" zum „Aha"

Kreativen Menschen begegnet häufig die Frage: „Wie kommst du denn jetzt darauf?" Ihr Geist kann ebenso gut logisch-schrittweise wie sprunghaft-intuitiv denken und in vielen Situationen Ideen entwickeln. Oft wie nebenbei, in einem Gespräch mit Freunden, bei einem Glas Wein, bei einem Spaziergang. Dann, wenn Sie „nicht ernst" sind. Wenn *Notwendigkeit* manchmal auch als „Mutter der Kreativität" bezeichnet wird, so hat sie doch zwei „Taufpaten", zwei Geburtshelfer, zwei ganz wesentliche und inspirierende Eigenschaften: *Spiel* und *Humor*.

Spielen ist wie eine Erlaubnis, die Wirklichkeit neu zu erfinden. Eine Einladung, Muster für unser Leben auszuprobieren und zu entwickeln und ein Weg, die Welt um uns herum neu zu inszenieren. So können wir erkennen, was funktioniert und wo es noch hakt und diese Erfahrung nutzen, um mit geistigen Stolpersteinen Fußball zu spielen und neue Ideen zu erzeugen. „Realistische" Dinge, wie feststehende Regeln, Vorannahmen, Fehler und Irrtümer haben hier einen weit geringeren Stellenwert als in unserem alltäglichen Leben.

Im Spiel können wir neue Verwendungszwecke für Vertrautes entdecken und entweder gewinnen – oder wenn wir nicht gewinnen, dann lernen wir. Damit läßt es sich doch gut leben. Die Angst mancher Menschen, daß Spielen eine seltsame Zeitverschwendung sei, weil im Spielen ja keine greifbaren Ergebnisse produziert werden, gipfelt häufig in der Aufforderung: „Hör auf zu spielen und komm endlich zur Sache." Erst wenn sie die bereichernde, befruchtende Wirkung des Spiels in einer aktivierenden Atmosphäre einmal selbst erfahren haben und was alles der Begriff Spiel beinhalten kann, erkennen Sie häufig die Gemeinsamkeiten und Chancen, die in diesem „absichtslosen Nichtstun" verborgen liegen. Nebenbei: Viele der größten Erkenntnisse, die jemals gemacht wurden, haben einen sehr seltsamen Eindruck hinterlassen, als sie das Licht der Welt erblickt haben.

Knotenknüpfen (paarweise; 5-10 Min.; je 1 Schnur, 2-3 m lang)

Auf wie viele verschiedene originelle Arten können Sie an einer 2-3 Meter langen Schnur Knoten knüpfen? Veranstalten Sie allein oder mit Ihrem Partner ein kleines Wettknüpfen. Wenn Sie anschließend die Knoten wieder gemeinsam auflösen, überlegen Sie einmal, welche Aufgabe Sie demnächst auf die gleiche spielerische Art und Weise angehen können.

Noch etwas findet seinen Ausdruck häufig im Spiel: der *Humor*. Lachen lockert unser Denken auf, hilft uns in großen Sprüngen über manche Befangenheit und Barriere hinweg und schafft eine Atmosphäre, in der wir kreativ sein können und dürfen. Ein Witz etwa fordert in selbstverständlicher, frecher Art die Regeln des Alltags heraus, setzt festgefahrene Ansichten in neue Zusammenhänge, bietet Doppeldeutigkeiten und parodiert bekannte „Tatsachen". Wenn Sie genau das auf ein Problem übertragen, vor dem Sie gerade stehen, können Sie plötzlich neue Zugänge dazubekommen. Wenn es in der „Welt des Witzes" geht, warum dann nicht auch in einer zu lösenden Situation. Obendrein fördert Lachen die Atmung und bringt Ihrem Gehirn dadurch mehr Sauerstoff. Das muß nicht bedeuten, daß Lachen und Humor die Pflicht haben, Ihr Problem zu lösen – aber beides kann

Ihren Gedankenfluß anregen, Sie in einen energievolleren Zustand versetzen und Ihnen Spaß machen. Und Spaß ist eine machtvolle Ressource und Triebkraft.

❓ *Was war eigentlich das Lustigste, was Ihnen im vergangenen Jahr passiert ist? Welche Erfahrung haben Sie daraus gewonnen? Und wie fühlt sich „Humor" für Sie an, wo in Ihrem Körper können Sie „Humor" spüren?*

Das „Aha" erleben manche angesichts eines zündenden Einfalls genauso spontan und zugleich erregend wie das „Heureka", das Archimedes einst in der Badewanne ausstieß, als er einen genialen Gedankenblitz hatte. Dieses „Aha" ist eng verbunden mit dem „Haha", das Ihre Gedanken auflockert und anregt. Nutzen Sie diese beiden „Triebfedern" der Kreativität, um Ihren Gedanken auf die Sprünge zu helfen und Ihre eigene Motivation zu erhöhen. Spielen Sie mit einem anstehenden Problem – und finden Sie einige Punkte daran, die so komisch sind, daß Sie darüber lachen müssen. So steigern Sie Ihre eigene Motivation, wie Sie mit Situationen, Problemen oder Aufgaben umgehen können.

❓ *Wie können Sie Ihre „das muß ich-Fälle" in „ich kann es kaum erwarten-Möglichkeiten" umwandeln?*

🦁 Vorstellungskraft (5.) (einzeln; 3-6 Min.)

Da Sie jetzt ja bereits auf dem Weg zum Profi sind, setzen Sie Ihre geistigen Ressourcen ein: Was ist noch gleich die Hälfte von **8**?

Nun, Spielen und Humor waren zwei Ihrer kreativen Eigenschaften, Ihrer natürlichen Ressourcen. Was ist sonst noch da, das Ihre Kreativität fördert? **Das, was kreative Menschen auszeichnet ist, daß sie darum wissen, wie sie Zugang zu einem wirklich guten inneren Zustand bekommen** und welche Verhaltensweisen, Zustände, inneren Glaubenssätze und Regeln es gibt, die sie dabei unterstützen können.

❓ *Was alles kann **Ihre Kreativität** fördern? Was kann Sie darin unterstützen, wenn Sie ein Ziel kreativ erreichen wollen, eine Einstellung zu entwickeln, wie: „Und egal was passiert, ich werde das erreichen!"? Schreiben Sie einmal alles nieder, was Ihr kreatives Denken und Handeln ermöglicht, unterstützt und bereichert und Sie in einen ressourcevollen Zustand versetzt; all das, was Ihnen zu den Aufgaben auf der folgenden Seite durch den Kopf geht.*

🏮 Ressourcenebenen (einzeln; 3-6 Min.)

Wo: *Welches Umfeld trägt dazu bei und hilft Ihnen, Ihre Kreativität zu entfalten?* Woher erfahren Sie viele und wertvolle Anregungen und auch Rückhalt? Wann und wo haben Sie eine optimale Umgebung schon einmal erlebt? (Orte, Einrichtungsgegenstände, Menschen, Tiere, Pflanzen, Freizeitaktivitäten, andere Dinge wie z.B. Temperatur, Luft, ..., die förderlich sind oder beflügeln; was sonst noch?)

Was: *Mit welchem äußeren Verhalten von sich selbst im Zusammenhang mit Kreativität sind Sie bereits zufrieden?* (In welchen Situationen verhalten Sie sich so kreativ, wie Sie es gerne möchten; wann reagieren Sie so? Was tun Sie so gut, wie Sie es sich wünschen?)

Wie: *Welche Fähigkeiten und Fertigkeiten sind bereits da, die Ihre Kreativität unterstützen?* (Was haben Sie schon so gelernt, wie Sie es gerne möchten? Welche Fähigkeiten sind bei Ihnen bereits manchmal oder häufig oder immer gut ausgeprägt; was ist schon gut entwickelt?)

Warum: *Gibt es unterstützende (günstige, aktuelle, beflügelnde) Werte, die Ihre Kreativität fördern?* (Welche inneren Werte sind gut für Ihre kreative Entwicklung? Wenn Sie kreativ sind, fragen Sie sich: Was bestärkt Sie darin, so zu denken, zu fühlen oder sich so zu verhalten?)

Wer: *Welche unterstützenden Glaubenssätze bezüglich Kreativität haben Sie über sich und andere?* (Was denken Sie von sich selbst bezüglich Kreativität, was ist Ihre kreative Identität; sammeln Sie diese fördernden Regeln und unterstützenden Glaubenssätze, die oft mit „Ich kann ...", „Ich darf ...", „Ich bin ..." beginnen. Welche Überzeugungen können Ihnen helfen, ein kreativer Mensch zu werden? Was denken Sie von anderen bezüglich Kreativität, und was denken Sie von der Gesellschaft und der Arbeitswelt bezüglich Kreativität? Sammeln Sie auch hierfür Aussagen?)

Wofür: *Wie erleben Sie Kreativität? Dieses energetisierende kreative Glücksgefühl, den Quellzustand? Wie fühlt sich das an?* (In welchen Situationen und bei welchen Tätigkeiten haben Sie das Gefühl, an eine Art innerer Kraftquelle angeschlossen zu sein? Wann fließt es einfach wie von selbst, ganz selbstverständlich, spielerisch leicht? Wie ist das; welche positive Energie speist diesen kreativen Zustand; welche befreienden Daseins-Zustände kennen Sie noch?)

Wenn Sie Ihre kreativen Ressourcen wirklich intensiv ergründen wollen, stellen Sie sich bei allem, was Sie gerne tun und was Sie gut tun, die Frage: *Welche Ressourcen setze ich ein, damit das, was ich gerade tue, wirklich so gut gelingt?* Selbst bei einfachen Tätigkeiten, wie beim Anrichten eines Salates oder dem Ausfüllen einer Steuererklärung, kann eine bewußte Antwort Ihnen Hinweise auf Ihre Ressourcen liefern und Ihre effizienten Strategien und Qualitäten verdeutlichen.

Erinnern Sie sich noch: Kreativität beginnt in den kleinen Dingen, beginnt wie ein Samenkorn zu wachsen und kann sich, wenn ihr im Kleinen Beachtung geschenkt wird, zu einer faszinierenden Größe emporschwingen. Von diesen Qualitäten, die Ihnen im Kleinen ganz selbstverständlich zur Verfügung standen, können Sie sicher sein, daß Sie sie tatsächlich zur Verfügung haben; und vielleicht fällt Ihnen auch eine Situation ein, in der Sie diese Stärke bislang noch wenig oder gar nicht genutzt haben und in der Sie sie gewinnbringend einsetzen könnten.

❓ Und dann legen Sie das Buch für einen Moment zur Seite und beschäftigen Sie sich ganz konkret mit der Frage: *„Was sind meine kreativen Eigenschaften / positiven Eigenschaften, die mir wirklich nutzen?"* *Beschäftigen Sie sich solange mit dieser Frage, wie Ihnen das Nachdenken darüber interessant erscheint, bevor Sie sich dann wieder dem Buch zuwenden. Die folgende Liste können Sie während des Lesens wie auch im Alltag immer wieder einmal hervorholen und ergänzen.*

Ich kann … _____

Wo setze ich diese Eigenschaft ein? _____

Was nützt sie mir? _____

Wo könnte ich diese Eigenschaft noch einsetzen? _____

Wo habe ich diese Eigenschaft noch nie eingesetzt? _____

Von Inbegriffen und Leitbildern

Viele Menschen orientieren sich gern an großen Leitbildern, Idolen, Lehrmeistern oder Modellen. Dabei hält sich gerade im Reich der Kreativität hartnäckig eine Legende, nämlich daß kreative Menschen immer und überall kreativ sein müssen, egal in welchem Bereich, was immer Sie auch tun. Dagegen steht die Realität. Es gibt keine Veranlassung, auf allen Gebieten kreativ sein zu müssen.

Große Leuchtfiguren, wie Albert Einstein (und seine schulischen und häuslichen „Leistungen") oder Wolfgang Amadeus Mozart (und sein „Geschick", mit Geld umzugehen), die zum Inbegriff von Kreativität wurden, haben uns vorgelebt, daß sie nur auf einem begrenzten Gebiet kreativ waren und ihre Ressourcen zu bündeln verstanden. In vielen anderen Bereichen waren sie absolut durchschnittlich. Kreativität zeichnet sich durch eine bestimmte Geisteshaltung aus, die in manchen Bereichen mehr, in anderen wieder weniger angeregt und inspiriert wird. Das hat viel zu tun mit Erziehung, ganzheitlicher Entwicklung, Erfahrungsschatz und vielen weiteren inneren und äußeren Einflüssen.

Kreative Denkfähigkeiten sind jedem Menschen eigen und äußern sich manchmal in kleinen, vermeintlich unscheinbaren „Nischen" des täglichen Daseins. Alle Menschen, wirklich jeder von uns, Sie und wir, besitzen ein enormes Potential an schöpferischer Energie – *das* Fundament für kreatives Denken und Handeln. Um diese Ressourcen zu nutzen, reichen oft schon kleine Schritte aus. Machen Sie sich einmal bewußt: In welchen Bereichen sind Sie selbst eigentlich Modell? Wo blitzen Ihre Brillanzen und Qualitäten auf? Es sind häufig die Bereiche unseres Lebens, die uns als so selbstverständlich erscheinen, daß wir meinen, das sei doch überhaupt nicht der Rede wert.

Ist es doch!

Beginnen Sie heute damit, Ihre Stärken bewußt wahrzunehmen und zu würdigen, daß Sie selbst bereits ein Leitbild sind. Daß andere Menschen schon seit langer Zeit Dinge von Ihnen übernommen haben und Sie nachahmen. Darin nachahmen, wie Sie etwas auf eine ganz bestimmte Art machen, Ihre speziellen Fähigkeiten, Einstellungen, oder auch darin, wie Sie die Welt auf eine ganz bestimmte, einzigartige Weise wahrnehmen.

❓ *Welche Art von Leitbild sind Sie? Was sind Ihre Begabungen? Was sind die Dinge, die Sie schon ganz selbstverständlich, spielerisch leicht ausführen und die andere von Ihnen lernen und als Bereicherung mitnehmen können? Finden Sie mindestens drei Antworten:*

Kreativität ist ein immerwährender Prozeß, ein Kreislauf; ein Weg, der Sie zu immer neuen Überraschungen führen wird. Sie selbst haben es in der Hand, wie Sie diesen Weg beschreiten. Ob Sie Ihre Aufmerksamkeit auf die Barrieren legen, die Ihnen entgegenstehen – oder ob Sie sich Ihrer ganzen Energien, Ihrer Qualitäten, Ihrer Brillanzen bewußt sind und sie nutzen und bündeln, um sich ein Ziel zu setzen und dieses Ziel auch wirklich zu erreichen. Wenn Sie Ihre natürlichen Ressourcen bewußt wahrnehmen und aktivieren, dann schaffen Sie so etwas wie Ihr persönliches „Kreativitätskapital", auf das Sie jederzeit zurückgreifen können. Damit können Sie Ihren Königsweg Kreativität eigenverantwortlich kreieren und gestalten.

Nutzen Sie die folgenden Anregungen als „Energiequelle". Als Angebote, von denen Sie die auswählen können, die Sie wirklich unterstützen. Mit deren Hilfe Sie Ihre Denkblockaden überwinden und sich selbst in einen kreativen Zustand versetzen. Manche Übungen können Sie ausführen, selbst während Sie dieses Buch lesen. Führen Sie sie Schritt für Schritt aus und wenn Sie fertig sind, legen Sie das Buch zur Seite und tun Sie für kurze Zeit etwas anderes. Wenn Sie sich dann erneut dem Buch zuwenden, werden Sie bemerken, wie schnell Sie wieder in den gleichen Zustand der Konzentration und Aufmerksamkeit zurückkehren können, in dem Sie waren, bevor Sie das Buch weggelegt haben.

❓ *Welches waren eigentlich die beiden besten Ideen, die Sie gestern gehabt haben? Auf welche haben Sie mit einer Handlung reagiert? Wenn Sie sich morgen die gleiche Frage stellen, was werden Sie darauf antworten?*

Ressourcen

Ziel:
Zugang zu inneren Stärken bekommen

Weitere Anwendungsmöglichkeiten:
Eigene Qualitäten wahrnehmen, Selbstwert, kreative Aktivierung

Problemlösung:
Kreativblockaden

Umfang:
Akuter Zugang zu gutem Zustand; 10-30 Min.

Material:
Papier, Stifte, Flipchart, Musik

> *„Man kann dem Menschen nichts lehren,*
> *man kann ihm nur helfen,*
> *es in sich selbst zu finden."* – Galileio Galilei

Aufgaben:

 Neun Punkte, Part 2 (6.) (einzeln; 3-8 Min.; Papier, Stifte)

Übertragen Sie diese nebenstehenden 9 Punkte auf eine Karte und verbinden sie mit Hilfe eines Stiftes, indem Sie nur **3** gerade Linien zeichnen, ohne abzusetzen.

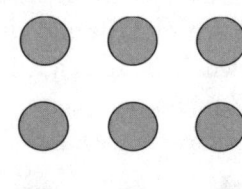

Sie erinnern sich noch: Wir vergrößern meist dann unser geistiges Potential, wenn wir – vermeintliche – Gedankenrahmen überwinden.

 Kreativitätsbarometer (einzeln; 10-20 Min.; Papier, Stifte)

Wenn Sie jemand fragen würde: „Wie hoch ist im Moment Ihr Kreativitätsquotient?", was würden Sie jetzt antworten? Wenn Sie im Vollbesitz Ihrer kreativen Kräfte wären und Ihre Kreativität würde gerade nur so fließen, dann wäre Ihr Kreativitätsquotient 100; wenn Sie sich derzeit für völlig abgeschnitten von Ihren kreativen Kräften und Fähigkeiten halten, dann läge er bei 0. Spüren Sie einen Moment nach und schreiben Sie dann Ihren Kreativitätsquotient auf ein Blatt Papier. Und dann überlegen Sie einmal und schreiben all das auf:

- was zu Ihrer Einschätzung und zu Ihrem Gefühl geführt hat;
- und was alles positiv dazu beigetragen hat, daß Ihr Kreativitätsquotient diese Höhe erreicht hat;
- und auch, was Sie noch gebrauchen können, um noch mehr in Verbindung zu Ihren kreativen Seiten zu kommen und was Sie selbst dazu beitragen können, um diese Kräfte zu wecken und zu nutzen.

⏰ **Geistige Nahrung** (einzeln; 2-12 Min.; Papier, Stifte)

Wenn Sie etwas geistige Nahrung gebrauchen können -vielleicht einen kleinen geistigen „Gesundheitshappen" zwischendurch, dann können Sie die folgenden Anregungen dazu nutzen. Beginnen Sie einfach mit einer Idee, die Ihnen leichtfällt – und steigern Sie sich von Tag zu Tag, indem Sie: ein Rätsel lösen ◇ eine Pantomime vorführen ◇ eine angenehme Situation visualisieren ◇ eine neue Sprache lernen ◇ mal wieder in die Oper gehen ◇ einem Kind 10 Minuten Ihrer Zeit widmen ◇ einen Werbefilm auf seine Strategie hin untersuchen ◇ sich selbst in einen guten Zustand versetzen ◇ eine Geschichte erzählen ◇ mit Ölkreide malen ◇ das eigene Badezimmer umgestalten ◇ die Regeln eines Gesellschaftsspiels verändern ◇ mit dem Blick auf eine Kerzenflamme meditieren ◇ für Toastbrote ein Werbegedicht verfassen ◇ eine Zeichensprache entwickeln ◇ einen anderen in einen guten Zustand versetzen ◇ kleine Knobelrunden mit Freunden durchführen ◇ das Universum mit einem Kaugummi vergleichen ◇ Sprache in Körperbewegung umsetzen ◇ Regeln in Frage stellen ◇ einen phantasievollen Liebesbrief schreiben ◇ jede Woche eine neue Denksportaufgabe erfahren ◇ einer Phantasiereise folgen ◇ ein kleines Geschenk basteln ◇ ein Puzzle legen ◇ aus den Wolken am Himmel Gebilde erkennen ◇ jeden Tag etwas genau andersherum machen.

🦅 **Bewußte Fähigkeiten** (paarweise; je 15-20 Min.)

Nehmen Sie sich einen Moment Zeit und finden drei Fähigkeiten, die Sie besitzen und die Ihnen nützlich für Kreativität sein können. Machen Sie sich eine Liste und wählen Sie aus dem Pool Ihrer Fähigkeiten drei aus, unabhängig davon, ob andere Ihnen diese Fähigkeiten zuschreiben oder sie für angemessen erachten. Es kommt nur auf Ihr eigenes Gefühl an, darauf, was Sie als wertvoll, als herausragend, als wirkliche Qualität begreifen.

Setzen Sie sich mit einem Partner zusammen und tauschen Sie sich gegenseitig aus, indem Sie etwa 10 Minuten Zeit haben, Ihre Fähigkeiten vorzustellen; mit all dem, was Ihnen wichtig erscheint, Ihrem Partner vorstellen, mit all dem, was es für Sie bedeutet und wo und wie Sie diese Qualitäten einsetzen. Und dann wechseln Sie und lassen Ihren Partner erzählen, was seine Fähigkeiten sind. Tauschen Sie sich anschließend darüber aus, was das mit Ihnen ausgemacht hat und was Sie von Ihrem Partner mitnehmen konnten.

Ressourcentransfer (einzeln; 12-20 Min.)

Kennen Sie das auch: Eine Situation oder eine Begebenheit, in der Sie die eine oder andere Sache ganz leicht bewältigt haben; wo etwas von ganz allein lief, ganz selbstverständlich, spielerisch leicht. Machen Sie sich eine solche Situation mit all Ihren Sinnen noch einmal bewußt und holen sie ins Gedächtnis zurück – was Sie sehen – und hören – und fühlen.

Machen Sie sich bewußt: Was war das Besondere an dieser Situation, welche äußeren Bedingungen gab es da, welche Fähigkeiten, welche Einstellung, was von dem, was Ihre Qualitäten ausmacht, war da, einfach natürlich da.

Und dann übertragen Sie diese Fähigkeiten, Haltung, Einstellungen, Glaubenssätze und was noch für Sie dazugehört, was ganz wichtig ist, daß es da ist, in eine gewünschte Situation in der Zukunft.

Ankern (einzeln; 15-20 Min.)

Wenn ein Schiff in einem Hafen anlegt und der Aufenthalt für die Passagiere ganz besonders angenehm war, dann ist dieses Fleckchen Erde in den Gedanken der Menschen positiv „geankert". Ankern meint die Verknüpfung eines äußeren oder auch eines inneren Reizes mit einem inneren Gefühlszustand, kurz: die Auslösung einer Erinnerung. Alles, was uns an eine bereits erlebte Situation oder Stimmung erinnert und an ein dazugehörendes Gefühl. Bereits dem Pawlowschen Hund lief jedesmal das Wasser im Munde zusammen, wenn er eine Glocke hörte, weil sie ihn an das Futter erinnerte, das er anfangs gleichzeitig bekam. Es ist die kreative Fähigkeit unseres Gehirns, Verbindungen zwischen scheinbar unzusammenhängenden Ereignissen herzustellen.

Ähnlich geht es uns im täglichen Leben mit einer großen Anzahl von bewußten oder unbewußten Ankern auf allen Ebenen und in allen Lebensbereichen – wie z.B. *visuelle Anker* in Form von Urlaubsfotos, Andenken, der erste Schnee, Verkehrszeichen – *auditive Anker* in Form von Lieblingsmelodien, Werbetexten, Musik, bestimmten Stimmen – *kinästhetische Anker* in Form von Berührungen, bestimmten Bewegungen oder Gestiken, ein Händedruck – *Geruchs-* und *Geschmacksanker*, die bei vielen Menschen am intensivsten wirken, wie etwa: der Geruch des Morgenkaffees, ein angenehmes Parfüm, Orangen- oder Zimtduft, etc..

Ziel beim Ankern ist es, Verknüpfungen zu früher erlebten, positiven Gefühlen herzustellen und diese Gefühle wieder abrufen zu können. So kann die persönliche Gefühlswelt bereichert und die eigene Lebensqualität verbessert werden. Dabei reagiert jeder Mensch anders beim „Setzen" und beim „Wekken" von Ankern. Gestalten Sie Ihre eigenen Erfahrungen, welche Anker bei Ihnen wirken, wie oft und wie lange und wie intensiv sie gesetzt werden, und beachten Sie als unterstützende Anregung dabei:

1. Wählen Sie einen eindeutigen Anker – der einfach wiederholbar ist – für eine bestimmte gewünschte Ressource, um die unterschiedlichen Zustände auch sauber auseinanderhalten zu können. *Beispiel:*
   Eine bestimmte Körperbewegung oder eine Berührung am Ohr.

2. Je assoziierter, kongruenter Sie sich in dem erwünschten Zustand befinden – mit all Ihren Sinnen ihn wirklich ganzheitlich erleben –, desto wirkungsvoller wird der Anker später sein. *Beispiel:*
   Sie wollen ein Gefühl von **Kompetenz** ankern.
   Erinnern Sie sich zuerst an eine Situation, in der Sie sich wirklich kompetent gefühlt haben. Nehmen Sie diese Situation noch einmal mit all Ihren Sinnen wahr – was Sie sehen – und hören – und fühlen.

3. Setzen Sie den Reiz auf dem Höhepunkt des erwünschten Zustandes, um ein Höchstmaß an innerer Energie nutzen zu können. *Beispiel:*
   Wenn Sie den Zustand wieder vollständig positiv erleben, setzen Sie den Anker, den Sie vorher ausgewählt haben. Wiederholen Sie die Schritte 2. und 3. einige Male, bis Ihr neuer Anker Sie wirkungsvoll an den erwünschten Zustand erinnert.

⏰ Ankerliste (einzeln; 10-20 Min.; Papier, Stifte)

Welches sind die Anker, die Sie bereits nutzen – bewußt oder unbewußt? Machen Sie sich einmal eine Liste von all den Dingen, Situationen, Menschen, …, die Sie in einen kreativen Zustand versetzen – und auch andersherum, von all dem, was Sie eher blockiert. Und dann überlegen Sie, wie Sie das, was Sie behindert, abbauen und loslassen können – und das, was Sie unterstützt, fördern, um noch mehr von dem zu erleben, was Ihnen wirklich gut tut und Ihre inneren Ressourcen weckt.

✺ Kreis der Ressourcen (einzeln; 10-20 Min.; Papier, Stifte)

Mit dieser Übung können Sie Zugang zu Ihren eigenen Stärken und Fähigkeiten finden und diese Qualitäten verankern und wieder abrufbar gestalten.

1. Stellen Sie sich eine Situation vor, in der Sie wirklich kreativ waren und in der Sie Ihre Kreativität vollständig wahrgenommen haben, ganz selbstverständlich, spielerisch leicht, mit Genuß kreativ waren. Stellen Sie sich die Situation mit all Ihren Sinnen vor: Was Sie sehen? Was Sie hören? Und was Sie fühlen? Und wo in Ihrem Körper Sie das wahrnehmen können.

2. Sobald die Bilder, Geräusche und Gefühle präsent sind, stellen Sie sich einen Kreis vor sich auf dem Boden vor – einen Kreis in Ihrer Lieblingsfarbe.

3. Zusätzlich sagen Sie sich innerlich ein „Zauberwort" – einen motivierenden Begriff oder ein Wort, das auf Sie einen ganz besonderen Reiz ausübt und dessen Klang Sie wie von allein motiviert.

4. Und wenn Sie all das kreiert haben, dann holen Sie tief Luft und steigen in den Kreis hinein – wirklich einen Schritt nach vorn machen und mit einem tiefen Atemzug hineintreten – und vielleicht noch eine Körperbewegung, eine Gestik dazukommen lassen, die Sie darin unterstützen kann.

5. Stehen Sie in dem Kreis aus Ihrer Farbe und intensivieren Sie die Erinnerungen an die tolle Situation – und hören Sie das „Zauberwort" – und genießen Sie das Gefühl Ihrer Kreativität.

6. Und dann treten Sie wieder aus dem Kreis heraus und wiederholen das noch zweimal: mit einem tiefen Atemzug und Ihrem „Zauberwort" und der Erinnerung an diese Situation in Ihren Farbkreis eintreten, wenn dieses Gefühl vollständig da ist – und es genießen.

7. Überlegen Sie sich abschließend, wo und wann in Ihrem Alltag Sie diesen Kreis wieder nutzen könnten, um Zugang zu diesem kreativen Gefühl zu erhalten.

✺ Ressourcenpool (einzeln; 10-15 Min.; Papier, Stifte)

Aus welchem Ressourcenpool schöpfen Sie eigentlich in Ihrer täglichen Umgebung – und welche Ressourcen nutzen Sie wirklich, um sich in einen guten Zustand zu versetzen?

Haben Sie einen Ressourcenplatz geankert, z.B. einen besonderen Ort oder Platz im Raum, stehen, sitzen, …; z.B. Poster an der Wand, suggestive Kraft von Bildern oder einem ganz besonders kraftvollen Erinnerungsgegenstand, … . Machen Sie sich einmal bewußt, was alles schon da ist in Ihrem Alltag, das Ihnen Kraft und Unterstützung geben kann. Und auch, was Sie selbst noch dazu tun können, um es neu oder wieder zu installieren.

🐚 Räume positiv verändern (einzeln; 20-30 Min.; Papier, Stifte)

Setzen Sie sich bequem auf Ihren Stuhl und schließen Sie, wenn Sie möchten die Augen. Begeben Sie sich in Gedanken an Ihren Arbeitsplatz und lassen Sie ihn vor Ihrem inneren Auge erscheinen. Sehen Sie sich alles ganz genau an, die Gegenstände, die Farben, das Licht. Was von dem, was Sie sehen, löst in Ihnen angenehme Erinnerungen oder Gefühle aus? Was unterstützt Sie? Betrachten Sie den Raum noch einmal, jetzt mit dem Focus auf alles, was Ihnen eher unangenehme Gefühle bereitet und Sie behindert. Notieren Sie anschließend, was Ihnen aufgefallen ist.

Schließen Sie ein zweites Mal die Augen und gehen Sie in Gedanken wieder zu Ihrem Arbeitsplatz. Stellen Sie jetzt fest, was sich angenehm und unangenehm anfühlt, wenn Sie es berühren. Wie bequem ist der Stuhl, auf dem Sie sitzen? Notieren Sie wieder, was Ihnen bewußt geworden ist.

Wiederholen Sie diesen Prozeß auch mit Geräuschen und Gerüchen und ergänzen Sie in Gedanken alles, was für Sie von Bedeutung ist.

Abschließend gehen Sie noch einmal Ihre Notizen durch, was Ihnen angenehm aufgefallen ist und was Sie eher behindert. Und dann entscheiden, was dableiben soll und was loszulassen ist; und auch, was noch neu dazukommen soll, um Ihre Arbeitsumgebung zu bereichern.

🐚 Natürliche Anker (paarweise; je 15-25 Min.)

Natürliche Anker sind eigene, innere Anker, die jeder Mensch bereits vielfältig in sich hat. Das kann z.B. eine bestimmte Körperhaltung – Ressourcehaltung – sein oder eine bestimmte Bewegung oder Gestik oder Mimik, die einen urplötzlich in einen angenehmen, energievollen oder entspannten Zustand versetzt. Beispiel: Die berühmte geballte Faust von Boris Becker.

1. Machen Sie sich zuerst bewußt, welches Gefühl Sie gern ankern möchten; ist es ein Gefühl von Sicherheit oder Leichtigkeit, soll es der leichte Eindruck von Phantasie sein oder ein energievolles Hochgefühl?

2. Und dann stellen Sie sich aufrecht und frei im Raum hin und denken Sie an eine Zeit, eine Situation, als Sie vor diesem Gefühl nur so sprühten und das Bewußtsein hatten, das zu tun, was immer Sie wollten. Versetzen Sie sich in die gleich energievolle Körperhaltung und Physiologie wie damals; stellen Sie sich so hin, wie Sie gestanden haben, als Sie im Vollbesitz Ihrer kreativen Ressourcen waren, atmen Sie genauso, achten Sie auf die Stellung Ihres Kopfes, Ihre Mimik, auf alles, was für Sie dazugehört. Und dann schildern Sie Ihrem Partner genau – mit all Ihren Sinnen –, was Sie in dieser Situation gesehen … und gehört … und gefühlt haben – und was das Einzigartige, das wirklich Faszinierende daran war. So konkret und energievoll wie möglich.

   Wenn Sie sich an eine solche Erfahrung nicht erinnern können, überlegen Sie, wie ein solcher Zustand sein könnte. Tun Sie so „als ob" und versetzen Sie sich in eine solche Haltung, als wenn Sie genau wüßten, wie ein solcher Zustand sich anfühlen würde; als wenn es das Selbstverständlichste auf dieser Welt wäre. Atmen Sie so, wie Sie es tun würden, gehen Sie vollständig hinein in diesen Zustand und spüren Sie die verborgenen physischen und geistigen Ressourcen, die Sie besitzen.

3. Ihr Partner kann dieses Erlebnis durch Nachfragen noch vertiefen und achtet bei all dem, was Sie erzählen, genau auf Ihre Körpersprache, Ihre Körperhaltung und Gestik; insbesondere dann, wenn Ihr Partner wahrnimmt, daß Sie die Kraft, die von dieser Situation ausgeht, spüren. Diese Bewegungen sind *natürliche Anker*, Reaktionen unseres Körpers, in denen gleichsam die Energie dieses Augenblicks gespeichert – verankert – ist und die im umgekehrten Fall diese Energie auch wieder zu einem anderen Zeitpunkt auslösen und abrufen können. Zusätzlich kann ein Symbol die Ankerwirkung noch verstärken – wie z.B. ein Gegenstand oder auch ein Wort, ein „Zauberwort" –, das für Sie das Einmalige dieser Situation wiedergibt und das Sie sich jetzt auswählen können.

4. Lassen Sie sich anschließend von Ihrem Partner erzählen, welche natürlichen Anker er bei Ihnen wahrgenommen hat und probieren Sie diese Haltung und Gestiken gleich noch einmal aus, um Zugang zu Ihren Ressourcen zu erhalten. Und dann überlegen Sie einmal, in welchen alltäglichen Situationen Sie gern einen Zugang zu Ihren gewaltigen physischen und geistigen Ressourcen gebrauchen können und wie Sie Ihre natürlichen Anker genau dort abrufen und einsetzen können.

☼ Mentaler Schnappschuß (einzeln; 5-12 Min.; Papier, Stifte)

Erinnern Sie sich der letzten Situation, in der Sie mit Erfolg kreativ waren und machen Sie einen „mentalen Schnappschuß": Was daran hat Sie vorwärts gebracht? Welchen Fortschritt haben Sie gemacht?

☼ Kreatives Stichwort (einzeln; 5-12 Min.)

Schauen Sie sich einmal um, was es in Ihrer aktuellen Umgebung gibt, das Sie als Auslöser für einen kreativen Zustand oder Gedankenprozeß – oder für den Zustand, der für Sie angenehm ist – nutzen können.

🐚 Ort der Phantasie (einzeln; 15-20 Min.; Musik)

Nehmen Sie für sich eine entspannte Haltung ein und schließen Sie Ihre Augen. Die folgenden 10 Minuten können Sie ganz für sich genießen und, indem Sie Ihren Atem spüren, sich einfach und entspannt von der Stimme Ihres vertrauten Partners oder eines guten Freundes mitnehmen lassen:
„Stell Dir vor, daß Du nach einer größeren Anstrengung – oder längeren Reise – etwas Ruhe brauchst – und Erholung. – Und nun kannst Du es Dir auf Deinem Platz bequem machen – so bequem, wie es für Dich jetzt stimmt – und während Du so dasitzt oder daliegst, kannst Du Deinen Atem wahrnehmen – wie er durch Deinen Körper fließt – fast, wie eine Welle – die Dich mitnimmt – sanft – und gleichmäßig. – Und Du kannst Deine Gedanken fließen lassen – reisen – an jeden beliebigen Ort der Welt – oder darüber hinaus – an Orte, die nur in Deiner Phantasie existieren – vielleicht ins Land der Feen und Zauberer – oder nach Phantasien – oder ins Schlaraffenland – oder zum Mittelpunkt der Erde – oder wo immer es für Dich stimmt – kannst Du einmal in Gedanken sein – jetzt ! – und es Dir an diesem Ort bequem machen ...
Und dann nimm einmal wahr, was Du dort sehen kannst – was alles da ist – und auch, welche Farben Du erkennen kannst – vielleicht ist auch ein Licht da – ein Licht in Deiner ganz speziellen Farbe – und was kannst Du hören dort – Geräusche, Töne, Klänge – und wie fühlt es sich an dort, an diesem Ort – wie ist die Temperatur – was alles macht diesen Ort so angenehm – und vielleicht gibt es sogar einen Geruch dazu – oder einen Geschmack – einfach wahrnehmen, was alles dazugehört für Dich. ...
Und dann laß für diesen Ort Deiner Phantasie, an dem Du Dich so richtig wohlfühlen kannst, einmal ein Symbol kommen – vielleicht einen Gegen-

stand oder ein Wort – oder eine Farbe – oder ein Gefühl – ein Symbol, das Dich ganz an diesen Ort erinnern kann ...

Und dann, in Deinem eigenen Tempo, kannst Du Dich jetzt von diesem Ort Deiner Phantasie verabschieden – und in dem Bewußtsein, daß Du an diesen Ort zurückkehren kannst, wann immer es für Dich stimmt – wann immer Du es gebrauchen kannst – kannst Du jetzt mit Deiner Aufmerksamkeit wieder hier, in diesen Raum kommen. Nimm wahr, wie Dein Atem durch einen Körper fließt – und Du bei jedem Einatmen schon ein bißchen mehr Frische hineinholst – und vielleicht auch schon eine Bewegung kommen läßt, ein Räkeln oder ein Strecken – oder ein Gähnen – ganz frisch und wach wieder hier bist – und schon neugierig darauf sein kannst, wo und wann Du diese Qualitäten von Deinem Ort der Phantasie nutzen kannst."

Kurzform: „... – Träum Dich an den Ort, der für Dich jetzt gerade richtig ist – und mach es Dir dort bequem – und Du kannst Dich dort ausruhen – erholen – und es genießen – Ruhe, Geborgenheit, Frieden – die Phantasie."

☃ Ich bin top fit (einzeln; 2-5 Min.)

Aufrecht hinstellen und einmal tief durchatmen. Und dann bücken, mit beiden Händen gleichzeitig gegen die Waden klopfen und laut rufen „*Ich*". Dann etwas aufrichten, mit beiden Händen von vorn auf die Oberschenkel klatschen und rufen „*bin*". Und dann weiter aufrichten und mit beiden Händen auf die Brust klopfen und rufen „*top*". Und dann bis in die Zehenspitzen hinein strecken und die Arme ganz hoch bringen und rufen „*fit*". Und dann wiederholen – und von mal zu mal schneller werden, immer schneller – und irgendwann dann einmal lachend beenden.

Kreativitätsteam: Eins + Eins = Viel mehr

Das kreative Arbeiten in Teams ist eine besondere Situation. Sie bietet durch Ihre Doppeldeutigkeit einen beträchtlichen Anlaß für Kreativitätsbarrieren, Killerphrasen und gefühlsbetonte „Seitenprozesse", genauso aber auch einen reichen Nährboden für Chancen, Ressourcenaustausch und Bereicherung. Dabei ist die Teamleistung wie geschaffen, um durch die gegenseitige Anregung mannigfaltige Ideen zu produzieren. Es bedarf jedoch einigen Geschicks, um Teams sinnvoll zusammenzustellen und die in ihnen vorhandenen Ressourcen so einzusetzen, daß sich die Beteiligten nicht gegenseitig behindern, sondern in ihren Fähigkeiten ergänzen und unterstützen.

Wie ist das ideale Kreativitätsteam beschaffen?

➤ Es setzt sich aus *4-8 Teilnehmern* zusammen,

➤ die ein guter Rapport und eine gemeinsame *Vision* verbindet,

➤ ist *fachlich gemischt* und beinhaltet auch *Generalisten*.

➤ Alle Beteiligten unterstützen eine *gelöste Atmosphäre*,

➤ geprägt von *Akzeptanz, Freiwilligkeit* und *Motivation*.

➤ Es vereinigt in sich *alle kreativen Vorlieben und Fähigkeiten* - das heißt, daß einige Teammitglieder ihre Stärken im Entwickeln von phantastischen Einfällen haben – andere können Ideen sehr präzise hinterfragen – und dritte schließlich haben ein Händchen fürs praktische Umsetzen.

➤ Dafür stehen ein eigener *Raum*, eine geeignete *Umgebung*

➤ und die notwendigen *Arbeitsmaterialien* - wie Wandplakate, Karten, Papier, Stifte, freie Flächen – zur Verfügung.

➤ Ein *Moderator* oder *Schriftführer* als Fachmann für die Methode leitet den Prozeß

➤ und gewährleistet *das vollständige Sichtbarmachen* (Visualisieren) aller Ideen,

➤ sowie die *Einhaltung der Regeln*, die sich das Team selbst gegeben hat.

In der Praxis werden demgegenüber Abstriche notwendig sein, um den realen Anforderungen Rechnung zu tragen. Je näher Sie diesen idealen Bedingungen jedoch kommen, um so ertragreicher wird der Gedankenaustausch im Team sein. Welchen Nutzen und welche Vorteile können Sie nun erwarten, wenn Sie auf diese Weise gemeinsam mit Ihrem Team auf einen Weg gehen, um für eine anstehende Aufgabe Lösungen zu finden:

Denkanstöße • Vielfalt des Meinungsaustausches • großer Ideenpool • gegenseitige Anregung und Bereicherung • erhöhte Motivation, die zu stärkeren Aktivitäten führt • Synergie-Effekt: Vernetzung vorhandener Ressourcen durch Assoziieren von Gedanken • Wir-Gefühl und Teamgeist • Förderung der Flexibilität, weil aufgabenbezogene Teams leichter zu bilden sind als starre Organisationseinheiten • Engagement.

❓ *Bei welcher anstehenden Aufgabe versprechen Sie sich einen Vorteil, wenn Sie hierfür ein Team zusammenstellen? Welchen Nutzen haben Sie davon?*

Um diese Vorzüge erreichen und genießen zu können, hat es sich als hilfreich erwiesen, einige *Glaubenssätze* oder *Spielregeln* miteinander abzuklären und gemeinsam zu installieren. *Wie* möchten Sie Ihre Zusammenarbeit so gestalten, daß sie für alle Beteiligten gemeinsame, wie auch persönliche Früchte trägt? Die folgenden Beispiele können Ihnen hierfür als Anregung dienen.

- Die Gesamtleistung einer Gruppe ist größer als die Summe der Einzelideen.
- Kreativ sein heißt, Andersartigkeiten anerkennen, Qualitäten würdigen und nutzen, um zu einem gemeinsamen Ziel zu gelangen.
- Alle sind gleichberechtigt.
- Das WIR der Gruppe und das ICH der einzelnen Persönlichkeiten sind gleichermaßen von Bedeutung. Nur wenn sich der einzelne mit seinen Ideen und Gefühlen wahrgenommen und anerkannt weiß, wird er seine Energie in den gemeinsamen Prozeß investieren.
- Fehler machen ist erlaubt. Jeder Fehler, den ein Gruppenmitglied gemacht hat, kann die ganze Gruppe in ihrem Prozeß weiterbringen.
- Experimentierphasen – in denen das Team sich mit dem Einsatz von Kreativitätstechniken vertraut machen und Sie trainieren kann – steigern die methodische Kompetenz.

Zwei Tips noch:
- Wenn Sie bei der Bearbeitung einer Aufgabe erwarten, daß eventuell Spannungen in Ihrem Team auftreten, dann wählen Sie zu Beginn eher *schriftliche Ideenfindungsverfahren* aus, um eine gewisse Anonymität sicherzustellen.
- Wenn Sie nach einer „Anlaufphase" erstmals ernstmachen, beginnen Sie mit einer *überschaubaren, festumrissenen Aufgabe,* um ein positives Einsatzfeld für Kreativitätstechniken zu schaffen. So können Sie in Ihrem Team rasch die vorhandenen Stärken bewußtmachen und es zu höheren Anforderungen motivieren.

Kontakt aufnehmen in Teams

Ziel:
Kennenlernen, Kontaktaufnahme

Weitere Anwendungsmöglichkeiten:
In Resonanz kommen, Aktivierung,
Wahrnehmungsfähigkeiten schulen

Problemlösung:
Ausschließliche Sachorientierung

Umfang:
10-30 Min., in der Startphase

Material:
Papier, Stifte, Karten

> Fügen Sie hier bitte ein Bild Ihres Teams ein!

> *„Es sind die Unterschiede, die Vielfalt bedeuten. Erst wenn Ihr die
> Unterschiede fördert, fördert Ihr auch das Leben."* – Leopold v. Ranke

Beschreibung:
Was Sie auch immer mit einem Team erreichen, welche Aufgabe Sie auch immer
angehen und lösen möchten, beginnen Sie stets mit dem Anfang! „Das ist doch
selbstverständlich", werden Sie jetzt vielleicht sagen. Und doch, wie oft erleben wir
es im Alltag oder im Beruf, daß ein Team kaum zusammengerufen, schon loslegen
soll – ohne jede Form der Kontaktaufnahme, des geistigen Aufwärmens, des
„Miteinanderwarmwerdens". Die Basis aber für ein gemeinsames Ideenfeuerwerk
ist, sich in einer gelösten Atmosphäre kennengelernt und akzeptiert zu haben. Legen
Sie diese Grundlage für Gemeinsamkeit und Nähe, für Vertrauen und Miteinander.
Für diesen wichtigen Bereich finden Sie hier acht Aufgaben. Wählen Sie sich *eine*
davon aus, um Ihr Team auf allen Ebenen miteinander bekannt und vertraut zu
machen. Bringen Sie Gedanken und Körper in Bewegung.

Aufgaben:

 Seemansgarn (7.) (einzeln; 2-6 Min.)

Als ein Frachtschiff in einem Hafen vor Anker lag, legte sich der Koch um zwölf Uhr in seiner Koje schlafen. Zu dieser Zeit stand das Wasser sechs Meter unter dem Bullauge. Die einsetzende Flut steigt aber um einen Meter pro Stunde. Wie lange dauert es, bis das Wasser das Bullauge erreicht hat?

☼ **Neugierige Streifen** (3-15 Partner; 15-20 Min.; s. Anleitung)

Jeder Teilnehmer legt eine Karte vor sich hochkant wie einen Streifen auf den Tisch und trägt untereinander 6 Buchstaben ein; diese Buchstaben sind die Anfangsbuchstaben folgender Fragen: Nennen Sie … *1) Ihren Vornamen, 2) Ihren Wohnort, 3) ein Hobby, 4) eine persönliche Stärke oder eine positive Eigenschaft, 5) eine Lieblingsspeise oder ein Lieblingsgetränk, 6) ein kulturelles Ereignis, das Sie interessiert hat (Buchtitel, Autor, Filmname, Musiktitel, Interpret, Reise, etc.).* Dann heftet sich jeder seine Karte an die Kleidung und macht sich auf, in 10 Minuten die Rätsel der anderen zu lösen. Hierzu dürfen allerdings nur Fragen gestellt werden, die mit JA oder mit NEIN zu beantworten sind. Nach jeder gelösten Antwort trennen sich die Partner wieder, so daß ein häufiger Wechsel immer wieder neue Fragen aufwirft.

☼ **Raumbegegnungen** (5-19 Partner; 8-15 Min.)

Um möglichst viele unterschiedliche Kontakte zu fördern, lassen Sie Ihre Teilnehmer sich einmal frei durch den Raum bewegen und geben von Zeit zu Zeit kleine Aufgaben hinein, wie z.B.: Finden Sie sich in Gruppen nach Postleitzahlen zusammen • Bilden Sie schweigend einen geschlossenen Kreis, der nach Geburtsmonaten geordnet ist – und innerhalb der Monate auch noch nach Geburtstagen • Stellen Sie sich in einer Raumdiagonale nach einem bestimmten Kriterium auf, z.B. nach Alter oder Schuhgröße oder Anzahl der Urlaubstage im Jahr • … .

Zwischendrin, wenn sich kleinere Gruppen zusammengefunden haben, können Sie auch eine Fragestellung in den Raum geben, über die sich jeder Teilnehmer mit einem Partner kurz austauschen soll, wie z.B.: *Was hätten Sie gemacht, wenn Sie heute nicht hier wären? • An wen erinnert Sie Ihr Partner? • Was sind Ihre Vorlieben und Hobbys? • Was vermuten Sie, das Ihr Partner wirklich gut kann? • Was macht Sie selbst zu einem wirklich guten Freund? • Was erwarten Sie hier?* Nach jeweils etwa einer Minute geben Sie ein Zeichen, so daß die Paare wissen, daß jetzt der andere dran ist; beim zweiten Zeichen verabschieden sich die Paare dann wieder voneinander.

☀ Drei Lose (5-19 Partner; 18-25 Min.; Karten, Stifte)

Jeder Mitspieler hat 5 Minuten Zeit, insgesamt 3 Karten als „Lose" vorzubereiten, d.h. zu vorgegebenen Fragen jeweils ein Wort oder ein Bild auf die Karten zu zeichnen; allerdings ohne den eigenen Namen darauf zu vermerken. Fragen können beispielsweise sein: *ein Hobby* • *eine Vorstellung von dem folgenden Themenfeld / der folgenden Aufgabenstellung* • *eine persönliche Stärke.* Alle Lose werden eingesammelt; dann zieht sich jeder 3 fremde (!) Lose. Nun haben alle 10 Minuten Zeit, die „Autoren" ihrer Lose ausfindig zu machen und möglichst viel über sie zu erfahren. Nach einer anschließenden Vorstellungsrunde können Sie auch gemeinsam aus allen Losen eine Gruppencollage erstellen.

☀ Fünf Interviews (4-19 Partner; 30-40 Min.; Papier, Stifte)

Alle bewegen sich frei durch den ganzen Raum. In einem Zeitraum von 10 Minuten soll jeder Mitspieler 4-5 Interviews mit verschiedenen Gruppenmitgliedern durchführen. Danach hat jeder noch einmal 10 Minuten Zeit, aus den gewonnenen Informationen eine originelle Zeitungsseite zu gestalten. Anschließend erhält die ganze Gruppe 10 Minuten, um aus allen Seiten eine gemeinsame Zeitung herzustellen und eine gemeinsame Überschrift zu finden.

☀ Namenskreis (3-19 Partner; 10-20 Min.)

Alle Mitspieler stellen sich nach einer vorangegangenen Kennenlernaktion in einem großen Kreis zusammen. Der erste beginnt, indem er ein Gruppenmitglied vorstellt, das er zuvor kennengelernt hat; dabei nennt er dessen Namen und gibt in nur *einem Satz* oder sogar nur in *einem Wort* das wieder, was ihn an diesem Teilnehmer am meisten fasziniert hat. Der Genannte tritt einen kleinen Schritt in den Kreis hinein und bleibt dort stehen. Im schnellen Wechsel sorgt die ganze Gruppe nun dafür, daß jeder aus dem Kreis genau einmal vorgestellt wird.

☀ Persönliche Requisite (3-9 Partner; 25-45 Min.; s. Anleitung)

Jeder Teilnehmer wählt sich einen Gegenstand aus dem gesamten Raum, Haus oder sogar der Natur aus und stellt sich und seine persönlichen Eigenschaften – evtl. Walt-Disney-Rolle – mit Hilfe dieser Requisite einem Partner oder direkt der Gruppe vor. Anschließend stellt jeder seinen Partner mit seinem Symbol der Gruppe vor.

☀ Shake Hands (5-15 Partner; 6-12 Min.)

Alle Gruppenmitglieder überlegen sich, wie oft sie jedem, dem sie begegnen, die Hand schütteln wollen (1-5x). Nun gilt es, wortlos herauszufinden, wer von den anderen die Hände ebenso häufig schüttelt, wie Sie selbst. Freuen Sie sich, ein paar Gleichgesinnte erkannt zu haben und finden Sie sich dann zu Kleingruppen zusammen.

🦁 Augenkontakt (3-12 Partner; 6-12 Min.)

Im Kreis stehen und mit einem beliebigen Mitspieler Augenkontakt aufnehmen. Daraufhin wortlos, in der eigenen Art die Plätze wechseln und dabei den Augenkontakt aufrechterhalten. Auf dem neuen Platz ankommen, nur mit den Augen voneinander verabschieden und wieder einen neuen Kontakt finden. Immer darauf achten, daß es für alle Beteiligten stimmt.

4. Eine Nachricht vom Gehirn

*„Der Kopf ist rund, damit das Denken
die Richtung ändern kann. "* – Francis Picabia

Um Kreativität gleichsam von innen her begreifen zu können, laden wir Sie auf eine Entdeckungsreise durch unser Encephalon ein – „das im Kopf Befindliche", so lautet der wissenschaftliche Ausdruck für das Gehirn. Dieses Bündels aus grauen Zellen, dieses unfaßbaren Teiles von uns, der durch die Macht seiner Gedanken die außergewöhnlichsten Leistungen vollbringt. Der bis zu entferntesten Galaxien und Sternen, bis zum Anfang unserer Welt und ins Innerste der Materie vorgedrungen ist. Der Sagen und Märchen entstehen läßt, der Gefühle wie Humor und Trauer, Langeweile und Abenteuerlust hervorbringt. In dessen Tiefen die Pyramiden von Gizeh erbaut, die Mona Lisa gemalt und die Bibel geschrieben wurden. Der uns kleine schmuddelige Papiere als wertvoll begreifen läßt und der roten Lichtern in kleinen Kästen eine ganz andere Bedeutung zuweist als grünen. Der ergriffene Gefühle in uns weckt, wenn wir in dunklen Räumen einem Zelluloid-Streifen folgen, durch den Licht fällt. Der uns immer wieder zum Horizont unseres Bewußtseins und darüber hinaus treibt.

Das menschliche Gehirn ist eines der erstaunlichsten Phänomene, das wir kennen. Es ist eine faszinierende und zugleich rätselhafte Konstruktion, etwas Einmaliges und Kostbares. Wunderbar organisiert und zugleich doch ein verblüffend unordentliches Netzwerk aus Strukturen und Bedeutungen. Eine knapp 3 Pfund schwere grau-weiße Masse aus unseren Ur-Baustoffen Kohlehydrat, Eiweiß und Fett. Ein Gebilde, das so weich ist wie eine reife Honigmelone und dessen Oberfläche so runzelig und zerfurcht anmutet wie die Schale einer Walnuß. Das aus einem weitverzweigten Netz einiger Milliarden Nervenzellen besteht, durch die unentwegt elektrische Signale und Impulse fließen. **Das Gehirn überwacht unsere lebensnotwendigen Systeme, verarbeitet unsere Sinnesreize, speichert unsere Erinnerungen, Eindrücke und Gefühle, steuert unsere Bewegungen und bildet mit diesem unvorstellbar großen Repertoire die Grundlage für die Faszination Kreativität.**

Dabei haben sich seine Geheimnisse in ihrer Komplexität bislang nur zu einem kleinen Teil offenbart. Was wir wissen ist, daß unser Gehirn der Ort ist, an dem sich Kreativität abspielt. Sozusagen der Motor, der Antrieb, die Triebkraft der *kreativen Person.* Was aber genau passiert dort? Wie ist dieser geheimnisvolle Ort aufgebaut? Um die Frage zu beantworten, wo Kreativität ihren Ursprung nimmt und wie wir sie selbst beeinflussen können, kann es hilfreich sein, sich einige Kenntnisse über den Aufbau und die Arbeitsweise des menschlichen Gehirns anzueignen. Deshalb möchten wir Sie mit einigen grundlegenden und interessanten Erkenntnissen der Gehirnforschung bekannt machen, die uns Hinweise auf die (neuro-)biologischen Grundlagen der Kreativität geben. Eine Bemerkung zum Einstieg: Um die Hintergründe verständlich zu halten, sind die theoretischen Grundlagen meist erleichtert dargestellt; für vollständigere Informationen empfehlen wir Ihnen die im Anhang aufgeführte Literatur. **Dieses Modell bietet uns eine wertvolle Vorstellung davon, wie das Gehirn aufgebaut ist und funktioniert und was wir gezielt tun und verändern können, um unsere Kreativität anzuregen.**

Der Schlüssel der Weisheit wiegt nur 3 Pfund

Der Schlüssel zu all den geheimnisvollen Phänomenen wie Phantasie, Logik, Neugier, Spieltrieb und Kreativität, ebenso wie zu vielen anderen Emotionen, Gefühlen und Fähigkeiten, bis hin zu den innovativsten Leistungen des Menschen, beruht auf elektrochemischer Energie in unseren Gehirnzellen und liegt verborgen im Inneren unseres Kopfes: in einem Netzwerk aus (grauen) *Nervenzellen*, deren Zahl auf etwa 100 Milliarden geschätzt wird und die ihrerseits durch (weiße) *Gliazellen* gestützt und ernährt werden. Neueren Forschungen zufolge unterstützen die Gliazellen auch maßgeblich die Denkprozesse.

Die Nervenzelle selbst nennt sich *Neuron,* eine Art lebendiger Chip, der das Basiselement all unserer Denkleistungen und Gehirnprozesse bildet. Er besteht aus einem *Zellkörper* und mehreren impulsleitenden *Nervenfasern* (Axon), die von ihm ausgehen – ähnlich dem Mittelpunkt eines runden Fallschirms, von dem aus sich die Nähte nach allen Seiten hin erstrecken. Durch diese Nervenfasern wird die „Sprache" unseres Gehirns übertragen, ein gigantisches Schauspiel an elektrischen Impulsen, die als Signale

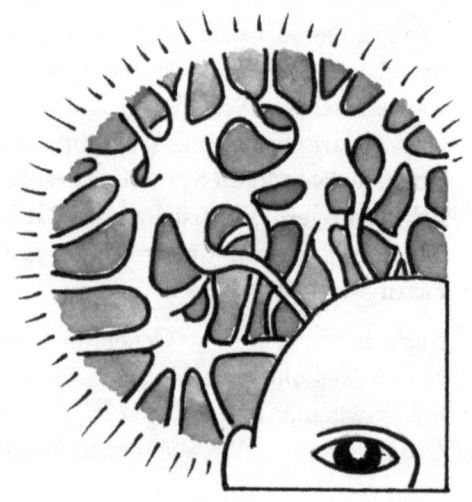

ausgesendet werden. In unzähligen Schaltstellen – den Verbindungen zwischen den Nervenfasern, auch *Synapsen* genannt – lösen diese elektrischen Impulse eine Reaktion aus. Diese Reaktion aktiviert ihrerseits als chemische Überträgersubstanzen sogenannte *Neurotransmitter*, die diese Signale an den Synapsen übertragen – und damit Informationen weitergeben.

Was geschieht also bei Denkaktivitäten: **Im kreativen Zustand wandern eine Vielzahl von chemischen Botenstoffen umher, die die Nervenimpulse, die verschiedenen Gehirnströme und Gedankengänge optimal weiterleiten.** So entsteht ein enorm komplexes Netzwerk aus Informationsleitungen und -verbindungen. Übrigens: Neurotransmitter werden aus Eiweißstoffen hergestellt, die über die Nahrung aufgenommen werden. Eine ausgewogene und vielseitige Ernährung – mit vielen Vitaminen und Mineralstoffen – fördert daher in ganz außerordentlichem Maße die chemischen Prozesse und somit unsere geistige Aktivität.

🐚 Energieströme (einzeln; 5-10 Min.)

Treten Sie in Gedanken eine Reise in das Innerste Ihres Gehirns an und betrachten Sie einmal – ausgehend von der nebenstehenden Abbildung – dieses faszinierende Netzwerk aus miteinander verbundenen Nervenzellen – ein Netzwerk mit feinen und feinsten Verbindungen – wie ein feines Netz von Ästen und Zweigen – oder wie die Adern eines Blattes. Und dann stellen Sie sich vor, wie dieses filigrane Gebilde anfängt zu leuchten – in einem hellen, für Sie angenehmen, energiereichen Licht – vielleicht beständig, oder auch blinkend – einem Licht – in einer ganz speziellen Farbe – und mit diesem Leuchten können Sie auch einen Ton wahrnehmen – sanft und aktivierend – und Sie können wahrnehmen, wie Energie fließt – ein bunter, vielfältiger und lebendiger Energiefluß zwischen all den Nervenzellen – entspannend und belebend zugleich – Ihre kreative Energie, die Sie spüren und genießen können.

Zeitlos jung

Neueren neurophysiologischen Erkenntnissen zufolge ist unser Gehirn, was die zahlenmäßige Ausprägung der Nervenzellen angeht, bereits bei der Geburt bis wenige Wochen danach komplett. Pro Sekunde haben sich im Mutterleib bis zu 4000 Nervenzellen ausgeprägt. Das Säuglingsgehirn, nur etwa 350 Gramm leicht, enthält also bereits die meisten Neuronen des Erwachsenengehirns. Das heißt, daß wir alle noch immer genau dieselben Zellen benutzen, die wir schon als Säugling entwickelt haben. Was einem Schutzmechanismus des Gehirns gleichkommt: Würden sich Gehirnzellen ähnlich weiter vermehren und im selben Maße wieder absterben wie beispielsweise Hautzellen, dann würde zugleich auch alles in ihnen gespeicherte Wissen unwiderruflich verlorengehen.

Im weiteren Entwicklungsverlauf verbinden sich die Nervenzellen des Gehirns „nur noch" untereinander, während der Mensch Erfahrungen, Wissen und schließlich auch Erinnerungen sammelt. Nervenfasern, Nervenverbindungen und Gliazellen wachsen und vernetzen sich – solange wir lernen. Bis schließlich etwa 100 Billionen Nervenverbindungen zu einem hochkomplexen Gebilde verwoben sind. Und falls Sie's interessiert: Wenn Sie bei einem vollvernetzten Gehirn alle Nervenenden aneinanderreihen würden, ergäbe sich die 25fache Entfernung Erde-Mond.

Weit bis ins Erwachsenenalter hinein entstehen also neue „Verdrahtungen" zwischen beanspruchten Nervenzellen. Das ist die Art und Weise, wie das Gehirn plastisch auf Umweltreize zu reagieren vermag. **Bei jedem neuen Denk- und Lernvorgang vermehren sich die Synapsen und knüpfen so eine immer dichtere und effektivere Netzstruktur zur Übertragung von Informationen.**

Voraussetzung ist allerdings, daß die vorhandenen Synapsen wirklich benutzt und die eigenen geistigen Fähigkeiten in Anspruch genommen werden: durch Neugier, Aufgeschlossenheit und die Verknüpfung von Bekanntem mit Neuem. Dafür sind die ersten Lebensjahre die eindrucksvollsten. Das frühkindliche Nervensystem ist noch offen für vielfältige Eindrücke, Erfahrungen und prägende Erlebnisse, eine Voraussetzung für die optimale Vernetzung der Nervenbahnen. Gerade bei Kindern entfacht sich vielfach ein ungehindertes Feuerwerk im Kopf, begünstigt durch das regellose Spielen, Ausprobieren, Phantasieren und neugierige Erkunden. Aus diesem Grunde können wir sagen, daß unsere kreativste Phase wahrscheinlich die Zeit zwischen dem 2. und 5. Lebensjahr ist. Dann nämlich, wenn wir all das lernen, was wir brauchen, um diese Welt grundlegend begreifen und in dieser Welt überleben zu können. Genau diese Informationen sind denn auch tief in unserem

Unbewußten verankert und bilden die Grundlage für unsere individuelle „Landkarte", so wie wir die Welt um uns herum wahrnehmen und einschätzen.

Die Gehirnforschung geht heute davon aus, daß bei einem gesunden Lebenswandel bis zum Alter von etwa 75 Jahren noch etwa 92 % der Gehirnsubstanz vorhanden ist. Das berüchtigte „Absterben" der „grauen Zellen" findet also allgemein kaum und in einigen Hirnregionen – wie z.B. den Wahrnehmungs- und Denkzentren – gar nicht statt. Sowohl die biologische Integrität des Gehirns wie auch seine kognitiven Fähigkeiten bleiben weitestgehend erhalten. Wird das Gehirn gefordert, etwa durch geistige Anstrengung und Lernen, dann bilden sich bis ins hohe Alter zahlreiche neue Verbindungen, und die Leistungsfähigkeit kann enorm angekurbelt werden. Aber auch nur dann. Das bedeutet: Zwar verlangsamt sich im Alter die Fähigkeit, auf gespeicherte Informationen zugreifen zu können, dagegen verfügt das ältere Gehirn über eine beträchtlich größere Anzahl und Auswahl an abrufbereiten Daten. Das deutet daraufhin, daß schöpferische Leistungen häufiger in jüngeren Jahren anzutreffen sind, wenn die „Vernetzungs-Landkarte" über noch nicht so viele „festverdrahtete" Funktionen verfügt. In älteren Jahren betont dagegen das gesammelte Quantum an Erfahrungen die Fähigkeiten zur Kombination und Vernetzung stärker.

Wird das gesunde Gehirn aber unterfordert, zehren die Jahre in fast allen Hirnregionen an dem Geflecht der feinen Nervenverästelungen. Dieser Prozeß, der etwa durch eintönige Beschäftigung begünstigt wird, kann bereits ab dem 25. Lebensjahr einsetzen. So wird die „Kommunikation" zwischen einzelnen Hirnteilen erschwert und kann Folgeschäden, wie etwa eine stark verlangsamte Reaktion, nach sich ziehen. Auch andere, im Alter selbst beim gesunden Gehirn nachlassende Funktionen können mit gezieltem Training in Schwung gehalten werden. Eine Methode hierzu ist unter dem Namen „Gehirn-Jogging" bekannt geworden. **Ein vielfältiges und abwechslungsreiches Training für Geist und Körper fordert und fördert zugleich das Gehirn und läßt neue Nervenverbindungen reifen.**

Wichtig dabei ist vor allem, das Gehirn immer wieder mit Unbekanntem und Ungewohntem zu konfrontieren, es sinnvoll kreativen Reizen und Anregungen auszusetzen. So werden nicht nur einzelne Gehirnareale mobilisiert, sondern auch benachbarte Hirnbereiche in ein Netzwerk eingebunden. Die Gehirnleistung wächst sprunghaft. Auch die körperliche Bewegung hat darauf Einfluß. Neben einer vermehrten Gehirndurchblutung und Sauerstoffzufuhr produziert körperliches Training auch Wirkstoffe und Hormone, die durch die Blutbahn verteilt werden und die der Funktion des Gehirns zugute kommen.

🦁 Hand und Fuß (einzeln; 3-6 Min.)

Auf geht's, fordern Sie Ihr Gehirn gleich einmal heraus. Stellen Sie sich aufrecht im Raum hin und heben einen Fuß hoch; stützen Sie sich einfach an einer Wand oder einem Tisch ab. Beginnen Sie, indem Sie gleichzeitig Ihren rechten Fuß und Ihre rechte Hand synchron drehen, schön langsam und ausführlich – einige Male zusammen im Uhrzeigersinn – und dann zusammen gegen den Uhrzeigersinn. Dann wechseln Sie und gönnen auch der anderen Körperhälfte diese Bewegung, also den linken Fuß zusammen mit der linken Hand drehen – einige Male im und einige Male gegen den Uhrzeigersinn. Hat das geklappt? Gut, dann auf zu Höherem. Wählen Sie nochmals Ihren rechten Fuß und die rechte Hand und beginnen Sie wieder, beide synchron in eine Richtung zu drehen – und jetzt wechseln Sie bitte für *einen* von beiden Körperteilen die Richtung und drehen den Fuß *gegen* die Hand oder umgekehrt. Gönnen Sie Ihrem Gehirn einen Moment der Verblüffung und legen Sie die Grundlage für einige Dutzend neuer Nervenverbindungen. Wie war's? Wenn es funktioniert hat: herzlichen Glückwunsch! Wenn es noch arbeitet: bleiben Sie am Ball! Sie wissen doch, Kreativität wird gefördert durch spielerische Ausdauer – und manchmal durch einen kleinen Tip: Wählen Sie zum Schluß einen Fuß, z.B. den rechten, und die *gegenüberliegende* Hand und drehen Sie beide sofort gegeneinander. ... So schnell kann der Erfolg sich einstellen.

Von Jahrmillionen und Epochen

Unser Gehirn, dieses „Organ für abstraktes Denken", wird von vielen gerne als Einheit angesehen. In Wirklichkeit besteht es sowohl anatomisch wie auch funktionell aus mehreren Funktionsbereichen, die miteinander verbunden sind. Gleich drei Gehirne besitzt der Mensch in unserem vereinfachten Modell und wir nehmen heute an, daß in ihnen ganz verschiedene und unvereinbare Arten von Wissen gespeichert sind. Jeder dieser drei Gehirnareale ist ein eigenes Organ und ent-

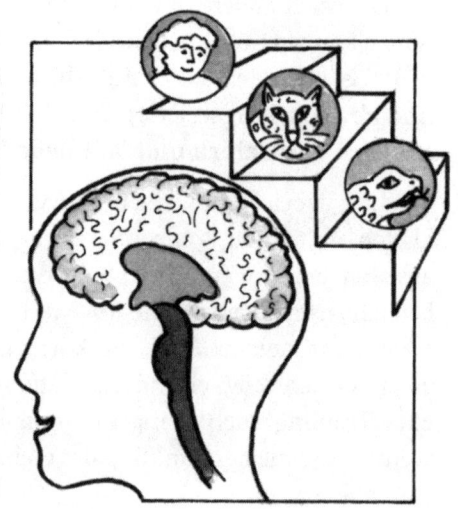

wicklungsgeschichtlich unzählige Generationen von den anderen entfernt. Der Mensch ist im Kreislauf der Natur ein recht junges Geschöpf auf diesem Planeten und beinhaltet – aus psychologischer Sicht – eine Verbindung von drei sehr verschiedenen Mentalitäten:

➤ **Stammhirn:** Zuständig für lebenserhaltende Funktionen
➤ **Limbisches System:** Zentrum der Emotionen
➤ **Großhirn:** Sitz des bewußten Denkens

⚅ Geistige Realität (einzeln; 3-7 Min.; 1 Spiegel)

Machen Sie bitte jetzt eine Pause und werfen Sie einen Blick in den Spiegel. Während Sie sich dort einmal Ihren Kopf anschauen, stellen Sie sich Ihr Gehirn vor, das innerhalb Ihres Schädels liegt – mit all Ihrer Konzentration. Machen Sie sich ein Bild davon und fahren Sie mit Ihrer Hand über den Kopf, um ein Gefühl dafür zu bekommen, daß der Motor Ihrer Kreativität nicht nur auf dem Papier beschrieben wird, sondern wirklich existiert. Wann immer ein bestimmter Bereich des Gehirns hier angesprochen wird, lokalisieren Sie ihn im Spiegel und mit Ihrer Hand die Stelle an Ihrem Kopf. Führen Sie diese Übung bitte wirklich einmal aus – jetzt. Sie können diese Verbindung zwischen den geschriebenen Worten und Ihrer eigenen kreativen Wirklichkeit immer dann aufnehmen, wenn Sie Ihr Gehirn aktivieren wollen.

Der älteste Teil hat sich vor etwa 500 Millionen Jahren entwickelt, zu einer Zeit, als Reptilien die Erde bevölkerten. Dieses **Stammhirn** – oder auch *Hirnstamm* – ist das obere Ende des Rückenmarks und kann als dessen Verlängerung angesehen werden. Beide zusammen bilden das zentrale Nervensystem, das mit allen Körperteilen verbunden ist. Es entspricht der Entwicklungsstufe eines vollständig ausgebildeten Reptilien-Gehirns und sorgt für unser Überleben, indem es die vitalen Funktionen wie Atmung, Herzschlag, Nahrungsaufnahme, Stoffwechsel und Verdauung kontrolliert. So erfüllt es unsere Ur-Bedürfnisse. Es ist sozusagen mit biologischen Grund-Verhaltensmustern – unserer „Software" von Jahrmillionen – vorprogrammiert und reagiert starr, instinktiv und automatisch. Für neue Informationen ist dort nur sehr wenig Platz. Ohne das *Reptilien-Gehirn* könnte der Mensch nicht überleben. Viele unserer Verhaltensweisen zeigen, daß hier lebenswichtige Muster aus der Saurierzeit lebendig geblieben sind. Wie etwa: das territoriale Verhalten, das Bewachen und Verteidigen „eigener" Distanzzonen, das Bewahren von Werten wie Sicherheit, Gewohnheit und Routine. In lebensgefährlichen – echten oder eingebildeten – Situationen neigen wir dazu, in diesen Bereich

„umzuschalten". Leider gibt es in der heutigen Zeit immer wieder Situationen, die dieses „Umschalten" begünstigen. Bereits eine einfache „Killerphrase" kann Streß, ein Gefühl der Bedrohung auslösen – und so bewirken, daß das überlegte Handeln durch instinktives „sich wehren müssen" ersetzt wird.

Der erdgeschichtlich betrachtet „mittelalterliche" Gehirnteil ist das **Limbische System**, eine Gruppe von ringförmig miteinander verbundenen Strukturen im Mittelpunkt des Gehirns. Es hat sich etwa vor 100-200 Millionen Jahren entwickelt und wird häufig auch das *„Säugetiergehirn"* genannt, weil es bei den Säugetieren am höchsten entwickelt ist. Oftmals wird es als Steuerungsorgan oder emotionales Gehirn bezeichnet und steht für Gefühle, Aggression, Motivation, Aufmerksamkeit und sexuelle Aktivität. Es ist der „Sitz unserer Gefühle und Triebe". Von hier werden das autonome Nervensystem aktiviert und erste Informationsspeicherungen ermöglicht. Damit steigert es gleichzeitig auch die Unabhängigkeit von eingebauten biologischen Programmen und bereichert die unveränderbaren Verhaltensprogramme des Stammhirns durch seine flexiblen Strukturen – es ist lernfähig.

Der **Neocortex** (Neuhirn), die sogenannte *Großhirnrinde*, ist der entwicklungsgeschichtlich jüngste Teil des Gehirns und entwickelte sich bei den höheren Säugetieren vor etwa 50 Millionen Jahren. Er entstand aus dem Limbischen System und beheimatet die höheren geistigen Funktionen, wie: Planung, Informationsspeicherung, vorausschauendes Denken, Abstraktionsvermögen, Sprechfähigkeiten und Ich-Bewußtsein. Er ist jener Teil des Gehirns, der uns von anderen Säugetieren am stärksten unterscheidet. Denn er kommt bei den Menschen so einzigartig ausgeprägt vor, daß er stark genug ist, die für das Überleben der Art unverzichtbaren Instinkte zu kontrollieren. Der Befehl, in „heißen" Situationen „cool" zu reagieren, kommt aus dem Neocortex. Er liegt direkt unter der Schädeldecke und bedeckt und überlagert als stark gefalteter Anteil mit einer Fläche von etwa einem halben Quadratmeter die übrigen Gehirnareale. Dank seiner ungeheuren Komplexität ermöglicht er erst das reflektierende Denken, das Hinausgehen über unsere Erbanlagen, um unsere eigene Umwelt zu erschaffen. Obwohl die Großhirnrinde nur knapp ein Viertel des gesamten Gehirnvolumens ausmacht, enthält sie etwa 75 % der Nervenzellen.

Diese überdimensionale Ausprägung hat für uns Menschen noch etwas zur Folge: Wir haben einen geringeren Teil an biologischen Programmen mit auf den Weg bekommen, aber ein Höchstmaß an Lernfähigkeit. Die Nachbarschaft von Limbischem System und Großhirn führt zu einem wertvollen Zusammenspiel von Gefühl und Vernunft: Emotionen beleben und motivieren das Denken, während gleichzeitig das Großhirn eine gewisse Kontrolle ausübt und Perspektiven eröffnet.

Diese drei Gehirne sind eigenständige Organe, die ihr Zusammenwirken oft nur mit Widersprüchen erfüllen. Daraus läßt sich die unverwechselbare Individualität jedes Menschen, aber auch so manche Komplikation im menschlichen Verhalten erklären. Die immer stärkere Betonung des Großhirns ist erklärbar durch die Evolution und die Verschiebung der Lebensbedingungen. Alle Lebewesen haben auf die Umwelt und ihre Veränderungen, auf neue Situationen, reagiert. Um das effektiv bewerkstelligen zu können, benötigten die höher entwickelten Lebewesen – die Säugetiere – das, was wir auch in der Kreativität als Notwendigkeit und zugleich als brillanten Gewinn erachten: Wahlmöglichkeiten. Gerade deswegen brauchen sich diese drei Teile gegenseitig, wie die drei Teile eines Motors. **Jedes unserer drei Gehirne steuert seine ganz einzigartigen Qualitäten bei zu einer Einheit, in der sich diese Stärken in einer faszinierenden Weise ergänzen und bereichern und gemeinsam kreativ sein können und Geistesblitze hervorbringen.**

Die vier Milliarden Jahre dauernde Entwicklung des modernen Menschen ist nichts anderes als eine fortwährende Kette ungezählter Geistesblitze. Von der urzeitlichen Kreatur, vom zögerlichen Verteidiger der eigenen Höhle hin zum Eroberer des Weltraums, von den ersten Sprachversuchen bis hin zur globalen Vernetzung über Internet, vom Gebrauch des Faustkeils bis hin zum Laserskalpell in der Medizin – weiter kam immer, wer mehr und reichhaltigere Wahlmöglichkeiten hatte zu reagieren. Das Gebot: je weniger körpereigene Waffen zur Verteidigung oder Hilfen zur Flucht vorhanden waren, desto komplexere Reaktionen im Nervensystem wurden zum Ausgleich notwendig. So wurde unser bewußt steuerndes und lernendes Gehirn zum wichtigsten Organ für den Kampf um's Überleben und hat sich zu eben jener gewaltigen Größe entwickelt.

Zu einer Kapazität, von der viele Gehirnforscher sagen, daß wir nur einen Bruchteil davon wirklich einsetzen und daß es in Zukunft weniger um die Frage der Erweiterung, als vielmehr um die Frage der kreativen Ausnutzung geht. Vera F. Birkenbihl, eine Pionierin für gehirngerechtes Lernen in Deutschland, prägte den Begriff vom „Gehirn-Benutzer". Was in diesem Zusammenhang bedeutet: **Jeder „Gehirn-Besitzer" ist auch ein potentieller „Gehirn-Benutzer" – wenn er nur weiß, wie!**

❓ *Welchen praktischen Nutzen können Sie aus diesen Informationen gewinnen, um Ihr kreatives Potential noch stärker auszuschöpfen?*

Die Gehirnhemisphären: Einmaliger Nutzen – zweifacher Gewinn

„Um klar zu sehen,
genügt oft ein Wechsel der Blickrichtung." – Antoine de Saint-Exupery

Das Großhirn also als alleiniger Sitz unserer Lern-, Sprech- und Denkfähigkeiten – ist das der „heilige Gral", das einzige, was Kreativität ausmacht? Nun, bevor Sie weiterlesen, sehen Sie sich einmal die folgende Aufgabe an und setzen sie bitte in die Tat um.

Selbsttest

Bitte stellen Sie aus Ihrem Umfeld – z.B. Arbeitsplatz oder Haushalt – die folgenden Materialien bereit: 1 Tempotaschentuch; 1 Teelicht (Kerze); 1 Stift; 1 Kieselstein *oder* 1 kleinen Putzschwamm aus Stahlwolle *oder* 1 Bürolocher – keine weiteren Dinge oder Gegenstände. Sie haben nun 5 Minuten Zeit, um daraus ein Fortbewegungsmittel zu gestalten. Bitte beginnen Sie damit jetzt.

Stellen Sie das Ergebnis bitte zur Seite – wir kommen gleich darauf zurück – und widmen sich der folgenden Frage: Haben Sie einmal eine Walnuß von oben betrachtet? Dann wissen Sie, daß sie nicht nur zerfurcht ist, sondern auch einen Eindruck von einer „geteilten Gesamtheit" vermittelt. Zwei Hälften treten deutlich hervor. **Genauso ist auch unser Großhirn anatomisch betrachtet in zwei spiegelbildliche Hälften geteilt, die sogenannten** *Hemisphären*, **die durch einen Spalt voneinander getrennt sind.** Verbunden sind diese beiden Teile durch eine dichte Anzahl von Nervenverbindungen, dem „Balken", oder auch *corpus callosum*. Über diese „Brücke" treten sie miteinander in Kontakt. Die Nervenbahnen verlaufen überkreuz, so daß die linke Hemisphäre mit der rechten Körperhälfte verbunden ist und diese steuert und umgekehrt.

🦄 Geistige Realität (einzeln; 3-7 Min.; 1 Spiegel)

Erinnern Sie sich an diese Übung? Sie sind ihr auf Seite 95 schon begegnet. Blättern Sie noch einmal zurück und führen Sie diese Übung jetzt für die beiden Hemisphären aus – mit all Ihrer Aufmerksamkeit. Stellen Sie sich Ihre beiden Gehirnhälften wirklich vor und fahren Sie mit Ihrer Hand über den Kopf, um ein Gefühl dafür zu bekommen, daß sie tatsächlich existieren. Lokalisieren Sie im Spiegel und mit Ihrer Hand diese beiden Stellen des Großhirns an Ihrem Kopf. Führen Sie diese Übung bitte jetzt wirklich aus.

Im Jahr 1981 bekam Roger Sperry den Nobelpreis in Medizin für seine Theorie, daß zwischen beiden Hälften tiefgreifende funktionale Unterschiede bestehen und daß jede der beiden Gehirnhälften auf verschiedene Denkprozesse spezialisiert ist. Sperry zufolge ist die linke Gehirnhälfte zuständig für das rationale, logisch-analytische, detailgetreue Denken, während der rechten Gehirnhälfte Eigenschaften wie Phantasie, Intuition und Ganzheit zugesprochen werden – angemerkt sei allerdings, daß Sperrys Untersuchungen nur

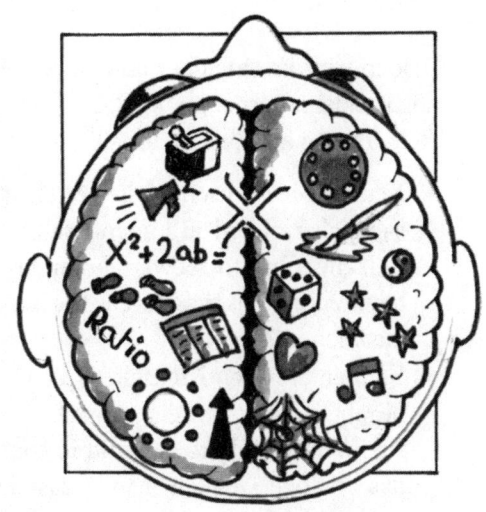

Rechtshänder in unserem westlichen Kulturkreis betrafen. Seitdem tauchen immer wieder die Bezeichnungen „Linkshirnler" und „Rechtshirnler" für unterschiedliche Denkstile auf. Sie bringen zum Ausdruck, daß manche Menschen sich bei der Bewältigung von Aufgaben eher linkslastig verhalten – also strukturierter, logikorientierter, rationaler. Andere dagegen zeigen eher Rechtslastigkeiten – scheinen also vermehrt intuitiv, phantasievoll, emotional. So kam es auch, daß die Fähigkeit der Kreativität früher verstärkt der rechten Gehirnhälfte zugeschrieben wurde.

Linke Hälfte	Rechte Hälfte
Logik	Phantasie
Struktur, Ordnung	Chaos, unvernünftig
Ratio	Gefühl, Emotionen
Details	Ganzheit
Analyse	Synthese
digital	analog („ fuzzy logic")
linear	vernetzt
kontrollierend	spontan
Sprache	Musik, Rhythmus
Zahlen	Räumliches Vorstellungs-
Mathematik	vermögen, Formen
bewertend	intuitiv
schwarz-weiß	Farben
Fakten	Kunst, künstlerisch
Reihenfolge	Muster

Obgleich diese Theorie in ihrer Absolutheit immer wieder angezweifelt worden ist, bietet sich diese Unterscheidung doch als eine hilfreiche und wegweisende Metapher dafür an, aus welch unterschiedlichen Anteilen sich Kreativität zusammensetzt. Neuere Forschungen, u.a. von Peter Russell, weisen zwar noch auf eine gewisse Spezialisierung der Hemisphären hin. Sie deuten jedoch auch an, daß jede Hälfte über eine Vielzahl an Gehirnregionen und somit über das volle Potential verfügt. Fällt die eine aus, so kann die andere ihre Aufgabe mit übernehmen.

Tatsache ist, daß jeder Mensch über beide Hälften und damit auch über die gesamte Bandbreite an Fähigkeiten beider Gehirnhälften verfügt.

Jedoch tritt die eine oder andere Arbeitsfunktion in bestimmten Situationen oder sogar überdauernd im Verlauf eines Lebens mehr in den Vordergrund. Diese Behauptung können Sie für sich selbst nachprüfen.

- Kennen Sie Menschen, die verstärkt zu der logikorientierten Seite tendieren, die sachlich-rational argumentieren, strukturiert Details bearbeiten können und sich eher objektiv, bewertend und realistisch verhalten? Die das digitale Denken bevorzugen, das sich durch eine höhere Detailtreue, Perfektion und Genauigkeit auszeichnet?
- Kennen Sie auch Menschen, die eher zur anderen Seite neigen: die phantasie-begabt, intuitiv, vielleicht sogar etwas chaotisch durchs Leben wandeln, neugie-rig ihrem Gefühl folgen und in ganzheitlichen Zusammenhängen denken? Die das analoge Denken lieben, das sich durch eine größere Allgemeingültigkeit auszeichnet?

Selbsttestauflösung: Hemisphärendominanz

Wie steht es mit Ihnen selbst? Was waren eigentlich *Ihre ersten Gedanken*, die Ihnen durch den Kopf gingen, als Sie ein Fortbewegungsmittel bauen sollten – und es vielleicht wirklich getan haben.

- Waren es eher rationale, sachlich begründbare Gedanken wie: „Wie soll das denn gehen – das kann ja gar nicht funktionieren – da fehlen mir einfach noch Materialien – wie groß ist eigentlich das Taschentuch – hat das schon mal einer geschafft – welchen Zweck hat denn das Ganze – also, wenn ich da schrittweise vorgehen würde – ..."?
- Oder kamen Ihnen eher Impulse wie: „Oh ja, eine tolle Aufgabe, das wird eine Wahnsinns-Erfindung – also, wenn ich noch einen kleinen Motor hätte, das wär' echt phantastisch – 'n paar Farbstifte bräuchte ich schon noch, für das Design hinterher – ich hab gerade ein Marsauto konstruiert – ich hätte da eine ganz andere Idee, was man daraus machen kann – ..."?

Herzlichen Glückwunsch zu dem Resultat Ihrer Kreativität! Wofür immer Sie sich auch entschieden haben, es ist Ihr kreatives Produkt. Das Ergebnis Ihrer gedankli-chen Aktivitäten. Stellen Sie es an einen Platz, an dem es Sie immer wieder einmal daran erinnern kann, daß Sie ein gewaltiges Potential Ihr eigen nennen. Über dieses Potential können Sie bei jeder Aufgabe vollständig verfügen, wenn Sie nur möchten. Wollen Sie's noch genauer wissen, wo Ihre geistigen Schwerpunkte liegen? Dann lösen Sie bitte die beiden nachfolgenden Aufgaben.

⚜ Welche ist es (8.) (einzeln; 3-8 Min.)

Wie lautet die nächste Zahl in der folgenden Reihe: 4 9 25 49 121 ?

⚜ Viele Beine (9.) (einzeln; 3-8 Min.)

Schauen Sie sich einmal die folgenden, kursiv gedruckten Zeilen an und erzählen Sie den Text (nach Birkenbihl) dann auswendig weiter: *Ein Zweibein sitzt auf einem Dreibein und hält in der Hand ein Einbein. Da kommt ein Vierbein daher und nimmt dem Zweibein auf dem Dreibein das Einbein weg. Da nimmt das Zweibein das Dreibein und wirft es nach dem Vierbein.*
Wie lange brauchten Sie, bis Sie den Satz auswendig konnten und wie oft haben Sie ihn wiederholen müssen?

Welche ist Ihnen leichter gefallen? Welcher Art des Denkens haben Sie – zumindest bei dieser Aufgabe – den Vorzug gegeben? Wir alle haben unterschiedliche Vorlieben im Denken und Verhalten, und sie prägen Gewohnheiten, Aufnahmevermögen und nicht zuletzt auch unsere Ergebnisse. **Wir nutzen immer beide Gehirnhälften, jedoch in einem individuell sehr unterschiedlichen Ausmaß.**

Wohlgemerkt: Es geht hier nicht um richtig oder falsch – schwarz oder weiß – besser oder schlechter. Vielmehr geht es darum, in welcher Situation wir welche Art des Denkens bevorzugen. Wenn wir das für uns erkannt haben, dann können wir entscheiden: Ist diese Denkweise in der Situation angemessen und hilfreich? Unterstützt sie das, was wir gerade erreichen wollen – oder ist sie eher unangemessen? Zweckmäßig oder unzweckmäßig? Genutzt oder brachliegend? Auf diese Weise gewinnt die zweite Vorannahme des NLP *„Jeder Mensch hat seine eigene, unverwechselbare Landkarte von der Welt"* eine große Bedeutung.

In unserer abendländischen Kultur bleibt die linke Gehirnhälfte dominant. Sie wird in unserer, durch einen regelmäßigen Rhythmus geprägten Umwelt viel stärker eingesetzt und gefordert. Dies gilt für viele Abläufe unseres beruflichen Alltags, genau wie für unser schulisches Bildungssystem. Wie viele Denksysteme baut es auf der Logik der alten Griechen auf, wo dem bewertenden Denken eine gewisse Vormachtstellung zukommt. Das führt dazu, daß Problemlösungen häufig „linkshirnig" gesucht werden, frei nach dem Motto: „Was sich bisher bewährt hat, wird uns auch diesmal weiterbringen." Aber wir können lernen, die rechte Gehirnhälfte zu fördern und unterstützend einzusetzen, um unser volles Potential ausschöpfen zu können. Und um aus zwei „Einzelspielern" ein Team zu formen.

Wie kann diese „Teamarbeit" zustandekommen? Nun, in der linken Gehirnhälfte erscheint ein Begriff zuerst als Wort, als sprachlicher Ausdruck, der dann in der rechten Hälfte ein Bild, also eine visuelle Vorstellung, auslöst. **Wenn Sie es schaffen, die Stärken beider Hemisphären zu vereinen zu einem Prozeß, vollständiger zu arbeiten, dann steigen Sie vom Gehirn-Besitzer zum Gehirn-Benutzer auf.**

Wollen Sie Ihr Denken ganzheitlich anregen? Dann fragen Sie sich: …

Was können Sie als vorwiegend rational denkender Mensch einmal wagen:	Was können Sie als vorwiegend intuitiv denkender Mensch einmal wagen:
• ins Blaue fahren • Jonglieren lernen • Zähne mit links putzen • Blindekuh spielen • ein Märchen lesen • eine Bildergeschichte erfinden • die Decke Ihrer Wohnung dekorieren • einen Liebesfilm im Kino sehen • ein Musikinstrument spielen • einem Tagtraum nachhängen und ihn einem Freund erzählen • Lücken in den eigenen Zeitplan einbauen • wieder mal mit einem Kind spielen	• eine Prioritätenliste erstellen • ein Mathematikbuch lesen • eine Sprache mit einem Cassetten-Programm lernen • Ihren Schreibtisch aufräumen • Ihren nächsten Einkauf mit einer Checkliste planen • Jemandem eine schlüssige Erklärung des Begriffs „Struktur" geben • die Gebrauchsanweisung für einen Computer studieren • einen Zeitplan minutiös einhalten • eine Wegbeschreibung Schritt für Schritt erklären • 1 Woche lang Ihre Ausgaben kontrollieren • 10 Artikel, die Sie in einer Tageszeitung lesen, von 1-6 (Schulnoten) bewerten
Bei Ihrer nächsten Ideensuche *5 Min.* lang die Ideen aufschreiben, die Sie nie machen würden, weil sie: verrückt sind, gegen geltendes Recht verstoßen, absolut unlogisch oder ohnehin nicht machbar wären.	Bei Ihrer nächsten Ideensuche *nach 5 Min.* alle Ideen, die Sie bis dahin gefunden haben: a) ordnen/strukturieren, b) mit Fakten unterlegen c) auf Schwachstellen „filzen": Was stört Sie am meisten?

Tragen Sie das eigene Gehirn nicht nur spazieren, sondern lassen es vollständig, in *einem* Prozeß zusammenarbeiten. Ihr Gewinn: Sie erwerben ein Höchstmaß an „Gehirn-Kompetenz" und lernen, dieses phänomenale Organ optimal und wirkungsvoll zu nutzen. Auch hier wieder mag Ihnen *die* Triebkraft der Kreativität zugute kommen: *Neugierde.* Neugierig wahrnehmen, welche Möglichkeiten sich gerade dadurch anbieten, daß wir die Qualitäten der weniger genutzten Gehirnhälfte fördern und beide Hälften wie ein Team zusammenwirken lassen. Erst eine solche Vernetzung der beiden Hemisphären aktiviert das gesamte Potential und damit eine riesige Kapazität. Eine Kreativitätstechnik übrigens, die genau diese Vernetzung in einzigartiger und wirkungsvoller Weise nutzt, ist das Mind Mapping.

❓ *Welche Vorlieben im Denken kennen Sie bei sich selbst? Und was können Sie tun, um Ihre brachliegende Gehirnhälfte, um das Denken, das Ihnen vielleicht ungewohnter vorkommt, zu fördern und zu fordern?*

Wie es gewesen sein könnte

Unser Gehirn selbst ist ein offenes System, das in einem dynamischen – und rasanten – Austausch mit unserer Umwelt steht. Es ist heute bereits anders strukturiert als noch vor wenigen Jahrtausenden – menschheitsgeschichtlich ein Hauch von Zeit. Ja, selbst in kürzesten Zeitabständen paßt sich unser Gehirn enorm schnell an die Reizumwelt an: Eine deutsche Forschungsstudie, die alle 5 Jahre vorgenommen wird, besagt, daß bereits Mitte der achtziger Jahre bei den untersuchten Personen eine deutliche Veränderung in den Wahrnehmungsfähigkeiten auffiel. Grund: immer mehr Informationen müssen gleichzeitig und schneller verarbeitet werden als noch in den siebziger Jahren – dafür werden feinere Wahrnehmungen aus unserem Bewußtsein herausgefiltert.

So erscheint es auch als natürlich, daß gerade auf dem Gebiet der Gehirnforschung immer neue, aufsehenerregende Entdeckungen gemacht und Theorien aufgestellt werden. Eine davon, die Theorie von der „bikameralen Psyche" von Julian Jaynes besagt, daß sich in der Hemisphären-Entwicklung eine jüngere Entwicklung des Gehirns widerspiegelt. Bis vor etwa 3.000 Jahren bestand das Bewußtsein des Menschen – genauer gesagt das Großhirn – aus zwei Kammern, die Informationen unterschiedlich verarbeiteten und die auch nicht unmittelbar miteinander vernetzt waren. Das hatte zur Folge, daß die vom rechten Teil intuitiv verarbeiteten Signale in den linken Teil geschickt wurden, wo sie als Botschaft bewußt wahrgenommen und umgesetzt wurden.

Vergleichen läßt sich dies mit einer Art akustischer Halluzination, wie sie auch bei Schizophrenen auftauchen kann. Da keine nachvollziehbare Verbindung zwischen den beiden Gehirnteilen existierte, wurden also diese Signale wahrgenommen – insbesondere in angespannten Phasen, die wir heute als „Streß" bezeichnen würden – und als höhere Eingebung interpretiert. So folgte der frühgeschichtliche Mensch den leitenden „Botschaften" seiner rechten Gehirnhälfte, und da er nicht ermessen konnte, woher diese seltsamen Stimmen kamen, schob er die Verantwortung dafür höheren Wesen, Göttern oder Dämonen, als wegweisende Befehle zu.

In vielen alten Schriften, wie beispielsweise in der Ilias von Homer oder der Bibel, war häufig von solchen übermenschlichen Stimmen die Rede. Ein Phänomen, das sich nachweisen läßt: Versuchspersonen, bei denen bestimmte Zentren im Gehirn elektrisch leicht gereizt wurden, hörten tatsächlich Stimmen. Auch in Phasen der Übermüdung oder einer starken emotionalen Anspannung lassen sich ähnliche Erscheinungen wahrnehmen. Interessant ist, daß genau in jener Zeit die großen Religionen entstanden und bis auf den heutigen Tag nachwirken. Vermutet wird, daß erst der Übergang hin zur visuell orientierten Wahrnehmung eine gewisse räumliche und zeitliche Distanz zu etwas Erlebtem schafft – erst einmal nachdenken können, um Dinge dann auszuführen.

Von da an wuchs das Gehirn zu einer Einheit zusammen, zu einem Wechselspiel zwischen Intuition und Intelligenz – bis hin zu unserem heutigen Denken mit seiner wechselseitigen Ausrichtung und einer dominierenden linken Gehirnhälfte. Vielleicht war dies der wichtigste Schritt hin zur Entwicklung eines eigenverantwortlichen menschlichen Bewußtseins. Interessanterweise bestätigen Forschungsergebnisse, daß in genau jener Zeit der Wechsel vieler großen „Schriftkulturen" erfolgte, von der „von rechts nach links-Schrift" hin zu unserer gebräuchlichen „von links nach rechts-Schrift". Auch dies läßt auf eine Veränderung der Hirndominanz schließen.

Warum wir dieses Beispiel anführen? Weil es zeigt, daß sich um die Fähigkeiten und Funktionen unseres kreativen Motors viele interessante Modelle, Theorien, Erkenntnisse und Entdeckungen ranken. Alle können etwas dazu beitragen, unser Gehirn, dieses hochspezialisierte Wunderwerk, in seiner Einzigartigkeit und Vielfalt zu erfassen und zu bewundern. So können wir uns bewußt werden, daß wir vielleicht erst am Anfang stehen, es auch zu begreifen und für unsere Zwecke zu nutzen.

❓ *Welche Nebenbeschäftigung, welches Hobby, könnten Sie pflegen, um Ihr Gehirn ganzheitlich anzuregen und so kreativer zu werden?*

Bei allen „heißen" Diskussionen, die die Hemisphärenforschung ausgelöst hat, ist eines aber ganz sicher: Kreativität zählt zu den komplexesten neuronalen Funktionen überhaupt. **Originelle Einfälle sind in den seltensten Fällen das Produkt einer Gehirnhälfte, sondern entstehen nur dann, wenn beide Gehirnhälften und alle Denkregionen optimal zusammenarbeiten.** Vernetzung und Kooperation sind die Zauberworte der Effektivität. Erst die harmonische Aktivierung und das Zusammenspiel zwischen diesen beiden hochkarätigen Spezialisten ergibt ganzheitliche funkensprühende und systematische Kreativität. Vergleichen sie es mit einer guten HiFi-Anlage: Ein wunderbares Konzert hört sich auf ihr bereits im Mono-Ton durchaus annehmbar an. Ihre vollendete Leistungsfähigkeit wird sie jedoch erst unter Beweis stellen, wenn sie ihr volles Potential auszuschöpfen vermag, im Stereo-Ton-Verfahren. Wecken Sie daher die meisterlichen Klänge Ihrer beiden Hemisphären und aktivieren Sie Ihre bevorzugten *und* Ihre seltener zum Einsatz kommenden Denkstile und -richtungen.

Manchmal bedarf es vielleicht nur einer Veränderung unserer Biochemie – ein heißes Bad, ein sonnenumfluteter Spaziergang, eine mitreißende Musik im Radio, eine kulinarische Köstlichkeit oder ein anregendes Parfüm –, damit die beiden Hälften unseres Gehirns miteinander schwingen und zu einem plötzlichen Gedankenblitz kommen. Wie etwa bei Archimedes, dessen bereits erwähntes „Heureka" ihm in einer heißen Badewanne über die Lippen kam, oder wie bei August Kekule, der in einem Traumerlebnis vor dem knisternden Kaminfeuer die chemische Formel des Benzolrings „erfand". Die Magie eines Augenblickes nutzen, in dem beide Gehirnhälften miteinander in Resonanz treten und so etwas wirklich Kreatives entstehen läßt.

❓ *Machen Sie eine Pause von 10 Minuten und notieren Sie sich in einer Ihnen vertrauten Art: Welche Erkenntnisse können Sie für sich aus dem Hemisphären-Modell gewinnen? Was ist Ihnen bewußt geworden? Was können Sie tun, um Ihr beidseitiges, vollständiges Gehirnpotential zu wecken und zu nutzen? Diese Übung ist für den weiteren Umgang mit diesem Buch von großer Bedeutung; wenn Sie die enorme Kapazität Ihres Gehirns wirklich effektiv einsetzen möchten, machen Sie sich diese Notizen bitte jetzt.*

Das Gedächtnis: Speicher und Füllhorn

„Zu wirklichem Wachstum gehört es,
dem Menschen das Staunen beizubringen." – Aldous Huxley

Die Möglichkeiten unseres Gehirns sind nahezu unbegrenzt, soviel können wir bereits erahnen. Vollständig einsatzfähig wird aber dieses Wunderwerk der Natur erst dann, wenn wir bei der Suche nach einer Idee auch wirklich „aus dem Vollen" schöpfen können. Schöpfen können aus unseren Erfahrungen, aus unseren Erinnerungen, aus all dem, was wir schon einmal entdeckt, erlebt, gespeichert haben.

William Shakespeare hat das Gedächtnis einmal den „Wächter des Gehirns genannt". Alles was uns ausmacht – Sprache, Denken, Grundwissen, Identität, Kultur – beruht auf der Fähigkeit, Erinnerungen zu speichern und abzurufen. Es ist jedem heute bekannten Computer überlegen und kann zu einem wahren Hochleistungsorgan trainiert werden. Wenn es aber streikt, fehlen uns meist mehr als nur ein paar Einzelheiten, sondern auch Verknüpfungsmöglichkeiten. Bei scheinbar einfachsten Aufgaben reagiert es launisch, weigert sich, Telefonnummern wieder herauszugeben, läßt uns Hausschlüssel und Brillen suchen – und in entspanntem Zustand, wie „aus heiterem Himmel" wieder daran erinnern. Wer hätte es nicht gerne, ein besseres Gedächtnis? Genau diese Fähigkeit der Informationssammlung macht es gleichsam als „Treibstoff" für die Kreativität interessant.

Kreativität und Gedächtnis sind unauflösbar miteinander verwoben, wie ein phantastisches, immer sprudelndes Füllhorn. Unsere gesamten Erfahrungen und die bewußte und unbewußte Reflexion dieser Erfahrungen stellen einen einzigartigen Schatz dar, auf dem sich alle Kreativität begründet – sei sie nun forschender, wissenschaftlicher oder künstlerischer Natur. Eine einzige Erinnerung, beispielsweise an eine Orange, weckt eine unglaubliche Vielzahl von Assoziationen, die real oder auch „nur" erdacht sein können. Wie aber funktioniert dieses gigantische Speicherwerk? Was sind eigentlich Erinnerungen? Wie und warum speichern und vergessen wir Informationen und Gedanken? Das Wissen um dieses machtvolle Geheimnis und seine faszinierenden Prozesse, wie wir unsere kreativen Kräfte nutzen können, beschäftigt Menschen bereits seit Jahrtausenden. Dabei interessiert die Gedächtnisforscher heutzutage vor allem dreierlei:

➤ **Wie gelangen Eindrücke und Informationen in unser Gedächtnis?**
➤ **Wie werden Informationen im Gedächtnis gespeichert und behalten?**
➤ **Wie werden Informationen aus dem Gedächtnis wieder abgerufen?**

Nürnberger Trichter

Jede Sekunde wird unser Gehirn mit etwa 100.000 Informationen „versorgt", oder eher: bombardiert. Würden wir auf eine solche Menge an Meldungen eingehen, bräche unser Nervensystem zusammen. Und doch erleben wir die Welt nicht als ein Chaos von Einzelheiten und Details, sondern als Ganzes. Erst die Verbindung aller Reize durch unsere Sinne, das Zusammenspiel von Erinnerungen, Erfahrungen, Ahnungen und Gefühlen läßt in uns ein Gesamtbild der Welt, läßt Gedanken und Bewußtsein entstehen. Daher braucht unser Gehirn ein Filtersystem, um eingehende Reize vorzusortieren und die Menge an unerheblichen Informationen, die wir von außen aufnehmen, zu verringern. Wie aber geschieht das? Wie nimmt unser Gehirn eigentlich die Außenwelt wahr?

Drei Stationen müssen Informationen und Eindrücke im wesentlichen auf Ihrem Weg hin zu einer immerwährenden Speicherung passieren, ehe sie zu einer Erinnerung werden und damit bewußt oder unbewußt abrufbar sind:

➤ **Sensorisches System:** Hier werden die Eindrücke durch unsere Sinne aus der Außenwelt aufgenommen. Dabei hat jeder Mensch unterschiedliche Vorlieben; einer sieht eher visuelle Signale, ein anderer spricht mehr auf auditive Botschaften an, dritte wiederum öffnen sich eher gefühlsmäßigen Reizen.

➤ **Limbisches System:** Diese tief im inneren des Gehirns liegende Empfangshalle sorgt dafür, daß eingehende Informationen zwischengespeichert und dann sinnvoll verteilt werden. Dies geschieht in einem kleinen Teil des limbischen Systems, der *Hippocampus* genannt wird und der für das Speichern von Informationen, also für das Lernen allgemein, von Bedeutung ist. Er ermöglicht einem Organismus, aus Erfahrungen zu lernen und erhöht so die Unabhängigkeit von den eingebauten Bio-Programmen des Stammhirns. Da Sie bereits wissen, daß diese Hirnregion auch das „emotionale" Gehirn genannt wird, können Sie vielleicht jetzt schon erahnen, daß Lernen, Behalten und Erinnern um so leichter geht, je stärker es an Gefühle gekoppelt ist.

➤ **Großhirnrinde:** Wie in einer großen Bibliothek sind hier die Gedächtnisinhalte auf verschiedene Areale verteilt und im Langzeitgedächtnis gespeichert. Dabei können die einzelnen Informationen bei verschiedenen Menschen durchaus unterschiedlich abgelegt werden.

Bevor Sie mit dieser Aufgabe (nach F. Vester) beginnen, decken Sie bitte den zweiten Teil unter der Linie jetzt zu. Betrachten Sie einmal die nebenstehenden Buchstaben 30 Sekunden lang und merken Sie sich ihre Anordnung. Dann decken Sie die Buchstaben ab und decken schrittweise die folgenden Aufgaben auf.

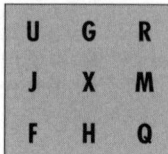

1. Notieren Sie alle Buchstaben noch einmal aus Ihrem Gedächtnis in der richtigen Anordnung.
2. Decken Sie dieses Bild ebenfalls wieder zu und erinnern Sie sich daran, welche Buchstaben die beiden Diagonalen bildeten und notieren das.
3. Und nun erinnern Sie sich bitte einmal, **wie** Sie sich erinnerten:
   - Haben Sie sich das ganze visuell, mit einer bildlichen Vorstellung abgespeichert?
   - Oder hatten Sie eher eine akustische Erinnerung, innerlich gesprochen?
   - Oder war es eher ein Gefühl, haben Sie es begriffen?
   - Haben Sie das Ganze behalten – oder eher unterteilt, zergliedert?

Diese Übung kann Ihnen wertvolle Hinweise darüber liefern, wie Ihre bevorzugte Strategie beim Abspeichern von Informationen ist.

Sensorisches System

Das erste „Gedächtnis-System", die erste Stufe, ist das sogenannte **sensorische System**, unsere 5 Sinneskanäle. Sie sind unsere Verbindung mit der Außenwelt – das, was wir wahrnehmen und wie wir etwas wahrnehmen. Jeder Gedanke, den wir haben, ist immer eine Repräsentation – eine Funktion von sensitiven Informationen über die Welt, die durch fünf Türen (Repräsentationssysteme) in unser Gehirn gelangen:

Das sensorische System der Sinneswahrnehmung

Sinn	Rezeptor
visuell	Auge
auditiv	Ohr
kinästhetisch – taktil – kinästhetisch – vestibulär	verschiedene: – Haut – Muskelspindeln – Innenohr
olfaktorisch	Nase
gustatorisch	Zunge

das Auge erkennt das Licht und zerlegt es weiter in Farben, Formen und Bewegungen • das Ohr den Schall, Geräusche, Töne und Klänge • die Haut liefert die Tastempfindung (taktil) und den Temperatursinn, Muskeln und ihre „Organe", die sogenannten Rezeptoren oder Muskelspindeln, liefern Wärme- und Festigkeitseinteilungen (kinästhetisch), das Innenohr vermittelt das Gleichgewichtsgefühl (vestibulär) • die Nase den Geruch • der Mund und die Zunge den Geschmack. Diese „VAKOG"-Informationen tragen dazu bei, daß wir uns im Geiste (innen) unsere eigene „Landkarte" entwickeln. Quasi unser persönliches Abbild von dem, was wir über die Welt (außen) wahrnehmen. So bilden das sensorische System und die Sinnesschärfe die Grundlagen für unsere persönlichen Einstellungen, Meinungen und Überzeugungen, die ihrerseits unser Denken und Verhalten steuern.

„Genial sein heißt eigentlich nur, die Wahrnehmungsfähigkeit
in einer ungewöhnlichen Weise nutzen." – William James

Die Nutzung dieser Eingangskanäle ist bei den meisten Menschen unterschiedlich stark ausgeprägt (Submodalitäten) und darüber hinaus auch abhängig von äußeren Faktoren, wie z.B. Bildung, Erziehung, Kulturkreis, oder auch von der Zeit, in der wir leben. Heutzutage muß das Gehirn in der Regel mehr Informationen gleichzeitig aufnehmen und verarbeiten, die aber zugleich auf weniger Sinneskanälen angeboten werden. Bei unseren stammesgeschichtlichen Vorfahren waren dagegen eher die „instinktiven", tieferen, Sinneskanäle wie der Geruchs- und Geschmackssinn zum Zwecke des Überlebens gefragt und dementsprechend alle Sinnessysteme umfassender – multisensorischer – ausgeprägt.

Neuere Forschungen besagen, daß die Menschen des Computerzeitalters zwar rationellere und logischere Fähigkeiten entwickeln, daß aber die Sinnes-Sensibilisierung nachläßt. Schneller denken und weniger empfinden verändert das Gehirn sowohl funktional – es paßt sich den Bedingungen an – wie auch strukturell. Viele Informationen werden an andere Bereiche im Gehirn geleitet und dort auch verarbeitet als in jüngeren Zeiten der Großhirnentwicklung. Daraus läßt sich als Forderung ableiten: **Je umfangreicher eine Information an unser Gehirn gelangt, je mehr Wahrnehmungskanäle an der Informationsaufnahme beteiligt sind, desto größer ist die Chance, daß diese Information mit vorhandenen verknüpft werden kann. So gewinnt sie an Bedeutung, wird vom Gehirn für „speicherwürdig" befunden und weitergeleitet.** „Mehrkanal-Input" ist gefragt.

❓ *Welches Sinnessystem ist bei Ihnen besonders ausgeprägt? Und wie können Sie die anderen Sinne gezielt in Ihre Wahrnehmung miteinbeziehen?*

Erinnerungsfilter

Die Wissenschaftler unterscheiden nicht ein Gedächtnis, sondern gleich mehrere Erinnerungszentren. Alle wahrgenommenen Informationen müssen drei „Erinnerungsfilter" durchreisen, ehe sie sich dauerhaft im Gedächtnis verewigen. Dabei sortiert unser Gedächtnis danach, was am stärksten auf uns wirkt und genau auf unserer persönlichen, individuellen „Wellenlänge" schwingt.

1. Das **Ultrakurzzeitgedächtnis** (UZG): Es kann in der Regel 7 ± 2 Informationen aufnehmen und bis zu 20 Sekunden lang auf elektrischem Wege (als Schwingung) speichern; es wird auch „sensorisches Gedächtnis" genannt.

2. Das **Kurzzeitgedächtnis** (KZG): Oft auch als „Arbeitsgedächtnis" bezeichnet, kann es Inhalte deutlich länger mental behandeln, ist aber auch auf 7 ± 2 Informationseinheiten beschränkt. Bis zu 20 Minuten lang können die Informationen biochemisch gespeichert und durch Wiederholung und emotionale Beteiligung als bedeutsam für die Weiterleitung eingestuft werden. Einfache Merkregel: Informationen werden dann am besten behalten, wenn sie mit positiven Erlebnissen verbunden sind.

3. Das **Langzeitgedächtnis** (LZG): Hier findet eine feststoffliche, das heißt unbegrenzte Speicherung in den Gehirnzellen der Großhirnrinde statt. Nach dem derzeitigen Stand der Gehirnforschung geschieht das durch die Bildung neuer Nervenverbindungen und die Einlagerung von Eiweißkörpern innerhalb des Neurons; so wird eine „Gedächtnisspur" angelegt.

Der wichtigste, weil erste Filter der gemeinsamen Informationsverarbeitung, ist das **Ultrakurzzeitgedächtnis** (UZG), eine Art Momentangedächtnis. Es übernimmt die wahnwitzige Aufgabe, als Wahrnehmungsfilter die „Spreu vom Weizen zu trennen" und behält bis zu 20 Sekunden lang 7 ± 2 unabhängige Informationseinheiten. Mit etwas Training kann dieser Wert leicht auf 10 bis 12 erhöht werden. Diese neuen Informationen aus der Außenwelt treffen auf bereits vorhandene Erinnerungen aus dem Langzeitgedächtnis. Dabei genügen schon kleine Störungen – wie etwa ein überraschendes akustisches Signal, Streß, Schmerz, Reizüberflutung –, um die Aufmerksamkeit abzulenken und das gerade Aufgenommene aus dem „Arbeitsspeicher" wieder zu löschen. Doch auch ohne irritierende Einflüsse verschwindet das meiste nach wenigen Sekunden im Nichts – eine wichtige Schutzfunktion vor Daten-und Reizüberflutung. Folgende Eigenschaften ergeben sich daraus:

1. Das UZG hat nur ein sehr begrenztes Fassungsvermögen für Informationen. Ist es „besetzt", dann schließt es sich und nimmt keine weiteren Informationen mehr auf.

2. Das UZG braucht eine gewisse Zeit, um die Bedeutung von eingehenden Informationen zu überprüfen. Diese Zeitspanne kann von Sekundenbruchteilen bis hin zu einigen Sekunden reichen. In dieser Zeit werden keine weiteren Informationen bewußt angenommen.

3. Nur besonders hervorgehobene Informationen können diese „Filter" passieren. Sie gelangen jeweils auf die nächste Ebene, wenn die Information innerhalb der ersten 20 Sekunden wieder abgerufen oder mit bereits vorhandenen Erinnerungen verknüpft wird.

4. Spricht eine, durch eine Sinneswahrnehmung ankommende Information unsere Ur-Instinkte an, wie z.B. Flucht oder Schutz, so gelangt sie unter Umgehung des bewußten Denkens sofort an andere Stellen. Dort kann sie beispielsweise einen lebenswichtigen Reflex auslösen.

🦁 Hätten Sie's gewußt (paarweise; 10-15 Min.; 1 Stoppuhr)

Ein kleiner Gedächtnistest (nach F. Vester) für die Merkfähigkeiten Ihres Ultrakurzzeitgedächtnisses: Lesen Sie Ihrem Partner 5 Begriffe zügig (ohne Zwischenpausen), laut und deutlich vor – wie z.B.: Speiche – Welle – Radio – Baum – Stift. Nach einer Pause von genau 3 Sekunden lassen Sie sich von ihm die Wörter wiederholen, die er noch behalten hat; in der Regel werden es alle 5 Begriffe sein. Nun wiederholen Sie diese Übung mit den folgenden Wortreihen und verlängern die Pause bei jeder Reihe um exakt 5 Sekunden. So lange, bis Ihr Partner sich nicht mehr an alle 5 Begriffe erinnern kann.

Wichtig: Um den Testcharakter dieser Aufgabe zu betonen – und zu verhindern, daß die Wörter vorzeitig aus dem UZG wieder abgerufen werden – lassen Sie Ihren Partner bitte unmittelbar (!) bei Pausenbeginn Zahlen aufsagen und zwar von 99 an in ungeraden Zahlen laut rückwärts zählen.

Beispiele für Wortreihen sind:

Katze	Heft	Strauch	Anzug	Balkon
Würfel	Buch	Klinke	Hose	Becher
Papier	Ball	Teppich	Strauch	Schrank
Stein	Vogel	Wand	Herbst	Bier
Seil	Regen	Puppe	Geld	Dose

Nur wenn dem Inhalt also eine besondere Bedeutung zukommt, wird aus der elektrischen Reizung eine elektrochemische Reaktion, die eine langfristige Veränderung im Nervennetz bewirkt. Die Information geht jetzt ins **Kurzzeitgedächtnis** (KZG) über und kann von dort aus weitergeleitet werden, um auf Abruf verfüg- und vernetzbar zu sein. Unwichtige Informationen werden dagegen sofort wieder gelöscht. **So wird unser Kurzzeitgedächtnis nicht nur zum Zwischenlager für Informationen, hier spielt sich vielmehr unser gesamtes bewußtes Erleben ab.**

Was kann diesen Prozeß des Hervorhebens nun unterstützen? *Öfteres Aktivieren der „Schaltungen" durch Wiederholen • vom Bekannten zum Unbekannten • Verknüpfen neuer Muster und Lerninhalte mit starken Gefühlen und Motiven • die Bildung von Assoziationen mit schon fest verankerten Informationen, Verknüpfen mit Bekanntem deutlich machen • Ziele bewußt machen: wofür • Reduktion auf das Wesentliche und das Wesentliche mit Bedeutung versehen • Pausen • ganzheitliches Lernen mit Körper und Geist, Informationen erleben lassen • ressourcevoller, aufnahmebereiter Zustand beim Lernen • alle Sinne beteiligen • Erfolgserlebnisse vermitteln.*

Besonders der entspannten Informationsaufnahme kommt eine große Bedeutung zu, da in einem Zustand erhöhter Erregung (Streß) der Körper Hormone freisetzt, die absichtlich unsere Schaltstellen im Gehirn blockieren. Dieser Reflex ist eigentlich als Schutzmechanismus gedacht, um das bewußte (langsamere) Denken zu umgehen und innerhalb kürzester Zeit handlungsfähig zu sein. Er stellt demnach hohe Anforderungen an die Gestaltung unseres Umfelds wie auch an die persönliche Fähigkeit zur Streßbewältigung, die trainierbar ist.

🦁 Assoziationen stapeln (paarweise; 10-15 Min.; 1 Stoppuhr)

Mit dieser Übung können Sie die Wirkung von Gedankenverknüpfungen auf das Gedächtnis Ihres Partners testen.

1. Zeigen Sie ihm zunächst 6 Begriffe, die Sie auf Karten aufgeschrieben haben – insgesamt 30 Sekunden lang –, wobei Sie jeden Begriff **einmal** vorlesen: *Selbstbewußtsein – Kommunikationstraining – Menschenführung – Begeisterungsfähigkeit - Gedächtnisleistung – Streßbewältigung.*
Nach diesen 30 Sekunden geben Sie ihm für weitere 30 Sekunden einfache Kopfrechenaufgaben, die er lösen muß. Dann erhält er 1 Minute Zeit, die Begriffe wieder aufzuschreiben. Für jeden *wörtlich erinnerten* Begriff in der *richtigen Reihenfolge* erhält er 1 Punkt.

2. Nun erzählen Sie ihm ohne jede Form der Visualisierung eine kurze Geschichte, und geben ihm dabei 6 Details an, die er sich wörtlich merken soll. Erzählen Sie die Geschichte mit einer entsprechenden **Gestik, wiederholen** Sie einige Ausführungen mehrfach, **verknüpfen** Sie die Details miteinander und **aktivieren** Sie immer wieder den Zugang zu den unterschiedlichen **Sinnen** und **Gefühlen**, auch indem Sie Fragen einbauen, wie: „Kannst du dir das vorstellen?"

Die Geschichte: „Stell dir einmal einen großen schwarzen Felsen vor, einen mächtigen großen *schwarzen Felsen*, der 1. Begriff – und dann schau einmal genauer hin, dort blinkt etwas Weißes, es ist ein *menschliches Gebiß*; in dem Felsen – der 2. Begriff – und dort, Achtung, nimm mal wahr, wer dort gerade durch die Tür reinkommt, es ist Herbert von Karajan, ohne sein Gebiß. Weil, das steckt ja in dem schwarzen Felsen – *Herbert von Karajan*, der 3. Begriff – und aus der Tasche zieht er, nein, keinen Taktstock, sondern eine *Silvesterrakete* – der 4. Begriff – und sie steigt auf und steigt und steigt – und zerplatzt – und was kommt daraus hervor – ein menschliches Gehirn, so etwas glibberig, mit Adern – *menschliches Gehirn*, der 5. Begriff – und noch während das Gehirn sinkt, peng, schlägt plötzlich der Blitz ein – *Blitz*, der 6. Begriff."

Und wieder für etwa 30 Sekunden kopfrechnen lassen und dann in 1 Minute alle Begriffe notieren. Für jeden wörtlich richtigen Begriff in der richtigen Reihenfolge gibt es wieder 1 Punkt.

3. Sammeln Sie nun gemeinsam Antworten auf die Frage: „Was alles hat das Behalten und Erinnern begünstigt?" Überlegen Sie einmal, wie Sie diese Lernprozesse in Ihrem Beruf oder Alltag nutzen können.

4. Dann nehmen Sie wahr, ob Ihr Partner – vielleicht mit ein wenig Hilfestellung von Ihnen – die ersten mit den zweiten 6 Begriffen zusammenbringen kann, ob er eine Verbindung erkennt.

Die im **Langzeitgedächtnis** (LZG) gespeicherten Wahrnehmungen, die die Sinnesorgane geliefert haben, sind meist eine Kombination aus vielfältigen und *multisensorischen* Mustern, eine komplexe Verknüpfung und Sortierung. Das LZG speichert feststofflich, das heißt unbegrenzt – was noch lange nicht bedeutet, daß alle Informationen sofort wieder zugänglich wären. Ohne ein wirkungsvolles Suchschema gibt es keine Erinnerung. Diese Eigenschaft macht es nützlich, neue Informationen fest an bereits bestehende Strukturen anzuhängen, sie sinnvoll miteinander zu verknüpfen und zu verankern. Wenn sich das Gehirn etwas merkt, geschieht das, indem es mit Hilfe von Gehirnzellen und Nervenverbindungen eine

„Gedächtnisspur" anlegt. Nervenenden verbinden sich, um elektrische und chemische Botschaften auszutauschen, Eiweißkörper lagern sich innerhalb des Neurons ein, neue Informationen fügen sich in vorhandene ein, es entsteht eine einzigartige Vernetzung. Sind diese Verbindungen erst einmal gelegt und zusammengewachsen, bleiben Sie bis ins hohe Alter einsatzbereit. Denken Sie etwa an ein Beispiel wie Schwimmen: Haben Sie es einmal gelernt, können Sie dieses „Programm" immer wieder abrufen, selbst wenn Sie es jahrelang nicht in Anspruch genommen haben.

Dagegen wird das Aufnahmevermögen beim stundenlangen Lernen ähnlicher Begriffe leicht überfordert. Es können sogenannte „Unschärfe-Informationsspuren" auftreten, die das Abspeichern erschweren. Um das Gedächtnis davor zu bewahren, gönnen Sie Ihrem Gehirn immer wieder einmal eine Lernpause oder wechselnde Phasen mit unterschiedlichen geistigen und körperlichen Anforderungen.

Wie die Speicherung letztlich stattfindet, darüber gibt es verschiedene Theorien. Aufgrund von Untersuchungsergebnissen geht die Wissenschaft mittlerweile von unterschiedlichen „Gedächtnistypen" aus, die auch in unterschiedlicher Weise dem Alterungsprozeß unterliegen:

➤ Das *„fluide"* Gedächtnis: hier werden neue Informationen aufgenommen und mit älteren verknüpft. Es ist ab dem Alter von etwa 60 Jahren empfindlicher gegen Störungen.

➤ Das *„kristalline"* Gedächtnis: hier sind die erworbenen Kenntnisse und der Sprachschatz enthalten. Dieser Gedächtnistyp scheint dagegen vollständig leistungsfähig zu bleiben.

Noch etwas kann Informationen einen hohen Stellenwert im LZG einräumen: Wenn die „Primärinformation" an eine „Sekundärassoziation" anknüpft. Was bedeutet das? Eine Information wird dann um so selbstverständlicher behalten, wenn gleichzeitig mit ihrer Aufnahme als angenehm empfundene Begleitumstände vorhanden waren, wie etwa Umfeld, Atmosphäre, Musik. Solchermaßen „geankert" – erinnern Sie sich an das „Ankern"? Im Ressourcen-Kapitel war's – läßt sich eine Information weitaus besser und vielfältiger wieder abrufen. Eine einprägsame Grundregel lautet: **Wir behalten dann am besten, wenn die aufgenommenen Informationen mit Gefühlen, vorzugsweise mit positiven Erlebnissen, verbunden sind.**

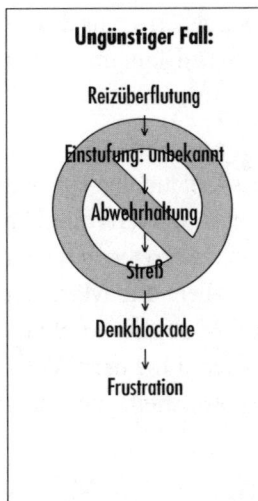

Ungünstiger Fall:

Reizüberflutung
↓
Einstufung: unbekannt
↓
Abwehrhaltung
↓
Streß
↓
Denkblockade
↓
Frustration

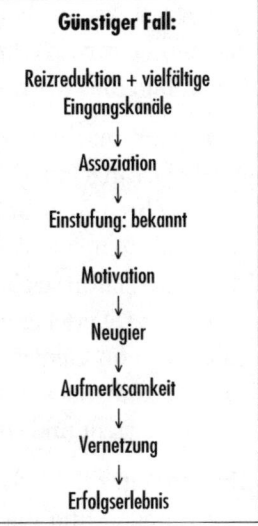

Günstiger Fall:

Reizreduktion + vielfältige Eingangskanäle
↓
Assoziation
↓
Einstufung: bekannt
↓
Motivation
↓
Neugier
↓
Aufmerksamkeit
↓
Vernetzung
↓
Erfolgserlebnis

Jeder Gedanke und jede Erinnerung ist also immer ein Programm von vielen gemeinsam und gleichzeitig aktivierten Nervenzellen, das wiederum mit anderen Programmen in anderen Gehirnregionen in Verbindung tritt. Sie haben es in der Hand, welchen Weg Sie dabei einschlagen und wie erfolgreich Sie dabei vorgehen. Wie werden Sie die unglaublichen Fähigkeiten Ihres Speicherwerkes nutzen?

„Das Gedächtnis ist ein Netz – zieht man es aus dem Bach,
so ist es voller Fische, aber tausend Liter Wasser sind durchgelaufen,
ohne hängenzubleiben." – Oliver W. Holmes

Unter dem Bewußtsein

Von all den Informationen, die uns erreichen, nehmen wir nur eine vergleichsweise geringe Anzahl bewußt wahr. Diesen Filtermechanismus haben viele schon einmal dann erleben können, wenn beispielsweise bei einem Verkehrsunfall die unterschiedlichsten „richtigen" Aussagen aufeinandertreffen. Realität ist jedoch, daß uns weit mehr Informationen erreichen, als wir bewußt wahrnehmen – wir können jemand z.B. „nicht riechen" oder: „Ich habe so eine Ahnung". Das sind Aussagen, die eine unbewußte Handschrift tragen. Anderen Menschen ergeht es so, daß Sie morgens zu einer bestimmten Zeit aufstehen müssen und vergessen haben, den Wecker zu stellen und dennoch, wie von einer inneren Uhr erinnert, pünktlich wach werden.

Alle Informationen, die wir aufnehmen, gelangen ins Unbewußte – auch Unterbewußtes, Intuition oder Instinkt genannt –, wo sie dann zwar vorhanden, aber nicht willkürlich abrufbar sind. Dieser sagenumwobene Teil unseres Gedächtnisses, dem sogar viele Manager vertrauen, wenn sie allein mit Logik nicht mehr weiterkommen, den viele Gehirnforscher in der rechten Gehirnhälfte vermuten, verarbeitet einen Großteil unserer Wahrnehmungen. Er hat viel mehr Eindrücke gespeichert, als uns bewußt ist. Manche Neurowissenschaftler gehen sogar davon aus, daß über 80 % unserer Gehirnaktivitäten den unbewußten Denkaktivitäten dienen und daß wir nur die Spitze eines Eisbergs kennen und nutzen.

Bemerkbar macht sich dieses gewaltige Potential immer dann, wenn wir eine plötzliche Eingebung, einen schöpferischen Geistesblitz in uns aufleuchten spüren. Das macht unser Unbewußtes für die Kreativität nützlich und wertvoll. Die Möglichkeiten, mit dieser „unbemerkten Kraft" direkt in Kontakt zu treten, besitzen Menschen schon seit Tausenden von Jahren: in Geschichten, Fabeln und Märchen verbanden sie erlebte und erfundene Handlungen, Bilder und Metaphern miteinander, die von Generation zu Generation weitergegeben wurden. Eine tiefe Weisheit, die weit über das logische Begreifen hinausgeht. Eine Weisheit, die unser Gehirn versteht und sinnesspezifisch übersetzen kann.

Übrigens ein Effekt, den wir uns heute in Phantasiereisen, Trancen, dem Milton-Sprachmodell und manchen Übungen des Mentalen Trainings nutzbar machen: unbewußte, intuitive Signale beeinflussen unser Denken und unsere Handlungen. Deswegen erlangt es auch für die Kreativität eine so große Bedeutung, daß wir zur Erreichung eines Zieles oder einer Lösung wirklich all unsere bewußten und unbewußten Programme aktivieren und die dort innewohnenden, gespeicherten Ressourcen und Erinnerungen nutzen.

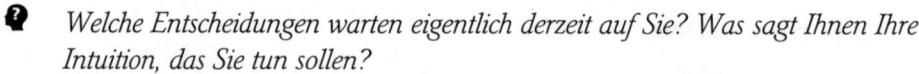 *Welche Entscheidungen warten eigentlich derzeit auf Sie? Was sagt Ihnen Ihre Intuition, das Sie tun sollen?*

🦄 Innere Weisheit (einzeln; 3-6 Min.)

Vertrauen Sie einmal auf Ihr Gefühl, Ihre Intuition:
- Schätzen Sie die aktuelle Uhrzeit – und sehen Sie dann erst auf Ihre Uhr.
- Wie warm ist es wohl gerade in Ihrem Raum? Und draußen?
- In welcher Richtung liegt Osten?
- Wieviel wiegen Sie?
- Schätzen Sie das Alter eines Bekannten – und fragen die Person dann erst (höflich!).

NLP – Die Struktur der Magie

„Jeder Mensch ist kreativ; den meisten
fehlt es nur an der Methode.“ – Edward de Bono, Kreativitätsforscher

Eine Methode, die uns hilft, die Funktionsweise des Gehirns besser zu verstehen, ist das NLP, das Neurolinguistische Programmieren. In den siebziger Jahren von John GRINDER und Richard BANDLER in Amerika entwickelt, stellt das NLP ein wirkungsvolles Kommunikations- und Wahrnehmungsmodell dar, das eine Vielfalt an kreativen Veränderungs- und persönlichen Entwicklungsmöglichkeiten anbietet. Heute findet es einen weiten Verbreitungskreis bis hin zu Werbung, Kreativitätsentwicklung und Managementtraining. Dabei meint:

N *Neuro*: Jede Art von Kontakt mit unserer Umwelt geschieht über unsere Sinne und setzt sich dann in Form von *neurologischen Prozessen* in unserem Gehirn fort. An allen Vorgängen ist das Nervensystem beteiligt.

L *Linguistisch*: All das, was sich in unserem Gehirn abspielt, alle intern verarbeiteten Informationen, drücken sich durch unsere *Sprache* aus. Wie wir uns äußern, sowohl verbal wie auch nonverbal, welche Worte wir wählen, alles was wir mitteilen, ist eng verknüpft mit unseren internen Prozessen.

P *Programmieren*: Alle Erfahrungen, die wir im Laufe des Lebens machen – z.B. durch Erziehung, Erlebnisse, Einstellungen –, werden durch biochemische Prozesse nervlich verknüpft und gespeichert. Diese bewußten oder unbewußten Verknüpfungen und Muster prägen uns wie *Programme*; sie können günstig, förderlich oder ungünstig sein und: wir selbst können sie – auch durch unsere Sprache – eigenverantwortlich beeinflussen und verändern.

Die Effektivität des NLP beruht darauf, daß es Denk- und Handlungsstrategien von Menschen zugänglich macht, die auf einem bestimmten Gebiet sehr erfolgreich sind oder waren. So stellt es kompetente „Werkzeuge“ zur Verfügung, um ...

• in der kreativen Arbeit und in der Kommunikation mit sich selbst und mit anderen mehr Handlungsspielraum zur Verfügung zu haben;

• die individuellen Wahrnehmungsfähigkeiten zu verfeinern;

• die inneren Programme positiv zu beeinflussen und sich selbst in einen guten Zustand zu versetzen.

Auf diese Weise läßt sich ein leichter und effizienter Zugang zu den eigenen Potentialen und Fähigkeiten herstellen. NLP selbst versteht sich als ein Modell; anders als bei einer Theorie ist das Kriterium nicht, daß eine Auffassung „wahr“ ist, sondern daß sie praktikabel ist und daß sie nützt. Die Auffassungen des NLP – auch *Vorannahmen* genannt – unterstützen kreatives Denken in zielorientierter Weise.

Eine dieser Vorannahmen lautet: Je größer unsere *Flexibilität* ist, desto größer ist die Wahrscheinlichkeit, das gewünschte Ergebnis zu erzielen. Das bedeutet, wenn wir uns in irgendeiner Situation befinden, in der sich scheinbar nur eine Lösung anbietet, dann ist es gut zu wissen, daß noch mindestens zwei weitere Lösungen nur darauf warten, entdeckt zu werden. Auf diese Weise werden wir kreativ, indem wir in uns einen Grundzustand der Neugierde installieren.

Es gibt immer mindestens 3 Wahlmöglichkeiten.

Eine weitere Vorannahme ist es, daß alles, was wir erleben und *wahrnehmen,* subjektiv ist. Das heißt, was ich glaube, hat Auswirkungen auf mich und auf das, *was* ich erlebe und *wie* ich es wahrnehme und erlebe. Es kann mich behindern oder unterstützen. Wenn wir unsere Umwelt, das, was gerade geschieht, als wahr und als wirklich verstehen und zugleich begreifen, daß dies „nur" unsere ganz persönliche, individuelle und momentane Wirklichkeit ist, dann entwickeln wir ein tiefes Verständnis, eine Anerkennung für Subjektivität. Wir erkennen, daß sich je der Mensch auf diese Weise seine eigene Vorstellung von der Welt kreiert – sein individuelles Bild, seine eigene *Landkarte,* sein Modell – und daß dies für ihn handlungsleitend ist. So haben wir es selbst in der Hand, unseren Focus zu lenken und unsere Gedanken, unser Erleben und damit auch unseren inneren Zustand zu gestalten. Wenn wir das akzeptieren und auch respektieren können, dann sind wir bei einem kreativen Prozeß in der Lage, gemeinsam von dieser Vielfalt zu profitieren.

Jeder Mensch hat seine eigene unverwechselbare Landkarte von der Welt.

Jeder Mensch verfügt bereits über alle inneren *Fähigkeiten,* die er braucht, um eine Aufgabe zu lösen. Es mag allerdings sein, daß er aktuell oder überdauernd noch keinen Zugang zu diesem Potential findet. Insbesondere für das kreative Denken und Handeln ist es von herausragender Bedeutung, genau diesen Zugang wieder zu entdecken.

Du hast alle Ressourcen, die du brauchst, bereits in dir.

NLP zeigt uns, wie Wahrnehmung, Nervensystem, Sprache und „Gehirnprogramme" eines Menschen sich gegenseitig beeinflussen und dadurch Einstellungen, Verhalten und die Kommunikation mit sich selbst und anderen entscheidend bestimmt werden – Elemente, die in der Kreativität von beeindruckendem Nutzen sind. Es ist kein Patentrezept, sondern ein Wegweiser hin zu dem Zustand, in dem Kreativität passieren kann, hin zu unseren bewußten und unbewußten Ressourcen und Qualitäten – und obendrein ein respektvoller und erfolgreicher Zugang zu unseren individuellen kreativen Fähigkeiten und Vorgehensweisen. Ein Schlüssel, uns selbst mehr Wahlmöglichkeiten im Denken, Fühlen, Erleben und Handeln zu verschaffen. Eine phantastische Chance, sein Leben eigenverantwortlich zu gestalten, neugierig Erfahrungen zu sammeln und die eigenen Talente zu entdecken.

Ganzheitliches Feuerwerk

Einfälle, Intuitionen, gestalterisches Denken entstehen aus fest gespeicherten und miteinander vernetzten Informationen. All diese Informationen können, gleichsam aus sich selbst heraus, vollkommen neue Informationsmuster, Sinngedanken und damit schöpferische Ideen erzeugen. Kreativität bedeutet also, möglichst viele dieser gespeicherten Informationen aus ganz unterschiedlichen Bereichen und Denkrichtungen zusammenzubringen. **Je vielfältiger die Eindrücke sind, die wir speichern, desto mehr Gedankenverbindungen entstehen und desto größer ist die Chance, aus diesem Wechselspiel heraus neue Ideen zu kreieren.**

Es ist so, als wenn Sie bei einer Urlaubsreise möglichst viel erleben und für alle Fälle gerüstet sein wollen: wenn Sie nur einen großen Geldschein dabei haben, wird Ihnen manches auf einem Markt vielleicht verwehrt bleiben. Haben Sie dagegen Geld in vielfältiger Stückelung, sind Sie für alle Gelegenheiten gewappnet. Auch Sie können mit dem Gehirn, das Sie besitzen, Ihre Kreativität entfalten. Nutzen Sie die unglaublichen Denkfähigkeiten dieses Wunderwerks, indem Sie eingefahrene Gleise verlassen und neugierig, abseits der vertrauten Strukturen, neue, wenig beachtete Wege beschreiten. Wenn Sie es richtig pflegen und benutzen, ist Ihr ganzheitliches Gehirn ein Feuerwerk von Interaktionen zwischen rechter und linker Hemisphäre, gefühls- und vernunftbetonten Gehirnteilen, allen fünf Sinnen, zwischen Vielfalt, Intuition und Struktur – zwischen Reichtum und Natürlichkeit. Zwischen Geistesblitzen und Erfahrungen. Ihr einzigartiger „Reiseproviant" für Ihren persönlichen Königsweg Kreativität.

❷   *Wie können Sie dieses Feuerwerk Ihrer Kreativität entzünden?*

5. Kreative Prozesse –
vom alten Hut zum neuen Outfit

„Probleme sind
auf dem Kopf stehende Ziele. " – Anthony Robbins

Das Gehirn, verstanden als Sitz unseres schöpferischen Denkens, als Ursprung unserer Schaffenskraft. Als mächtiges Reservoir für Kreativität – als Motor und als Treibstoff zugleich. Wie aber gelingt es unserer Kreativität, aus einem flüchtigen Gedankenblitz ein Ergebnis hervorzubringen? Wie verläuft der Weg, an dessen Anfang ein elektrischer Impuls in unserem „Ideenspeicher Gehirn" steht und der wahre Wunderwerke und Höchstleistungen hervorbringt? Wie gestaltet sich eigentlich der kreative Prozeß? Um von einem alten Hut zu einem neuen Outfit zu kommen, sind variantenreiche Denkvorgänge notwendig, spielen unterschiedlichste geistige Aktivitäten eine Rolle. Inspiration und Phantasie sind ebenso gefragt wie sachliches Analysieren und Bewerten, Informationen werden sowohl logisch wie auch intuitiv verarbeitet, Ausführen und Denken wechseln sich ab, beide Gehirnhälften kommen zum Einsatz. Anstehende Probleme lassen sich dann am besten lösen, wenn die richtige Strategie zum richtigen Zeitpunkt eingesetzt wird und, wie ein Meilenstein am Wegrand, den kreativen Prozeß begleitet und ihm immer wieder neue richtungweisende Anstöße gibt.

Am Anfang war das Feuer

Wenn wir im Alltag von Kreativität sprechen, meinen wir zum einen die Fähigkeit, neue Ideen als Reaktion auf Probleme oder Bedürfnisse hervorzubringen. Unter „Problem" verstehen wir einen Zustand, in dem etwas noch nicht so ist, wie wir es gerne hätten oder es uns wünschen würden. Wenn Sie sich etwas ganz Bestimmtes vorgenommen haben und es keine Abweichung gibt zwischen dem Punkt, an dem Sie gerade stehen und dem Punkt, zu dem Sie hinwollen, dann gibt es auch kein Problem. Ist es eine kleine Abweichung, die beide Orte voneinander trennt, dann ergibt sich daraus ein kleines Problem – und ist die Abweichung groß, dann haben Sie ein großes Problem. So gesehen bezieht sich ein guter Teil der Kreativität darauf, irgendeine Art von „Abweichung" zu lösen. Das kann in jedem Bereich unseres Lebens sein. Beispielsweise ein zeitlicher Engpaß im Beruf, ein zu erstellender Artikel für eine Vereinszeitung, ein neues Produkt, das auf den Markt kommen soll, genauso wie fehlende Ideen für das nächste Geburtstagsgeschenk oder eine private zwischenmenschliche Situation, die dringend einer Klärung bedarf. **Ein Problem bezeichnet also einen momentanen unerwünschten Zustand, der verändert, möglichst verbessert, werden soll.** Um Kreativität praktisch zu begreifen, ist es daher am leichtesten, den kreativen Prozeß mit einem Problemlösungsprozeß zu vergleichen. Beides verlangt gleichermaßen und individuell danach, eine neue Strategie zu entwickeln und anzuwenden. Das Erkennen und Lösen eines Problems sowie die Realisierung der Problemlösung sind wesentlicher Bestandteil einer zielgerichteten Kreativität. Wenn Sie möchten, können Sie für sich den Begriff „Problem" auch benennen als „Thema" oder „Aufgabenstellung".

Problemlösungen verhalten sich so ein bißchen wie ein Startläufer beim Staffellauf. Er brennt vor Energie, ist Feuer und Flamme für seine Aufgabe und sieht auch noch die erste Gerade nach dem Startschuß – nicht aber das Ziel, ja noch nicht einmal, was hinter der nächsten Kurve kommt. Er weiß nur, daß es günstig ist, dem Verlauf der Bahn zu folgen, wie einem roten Faden. Genauso bietet sich bei praktischen Problemen ein systematisches Vorgehen als Leitfaden an, um das „Zielband", die angestrebte Ideallösung, auch wirklich zu erreichen. Die „Startbahn" wird dabei vorgegeben durch das exakte Formulieren des Problems und das Benennen der Aufgabe. Dies ermöglicht uns, die Art des Problems zu erkennen, dem wir gegenüberstehen und erleichtert die Wahl einer geeigneten Kreativitätstechnik.

Für die Praxis ergibt sich daraus eine grundlegende Frage: *Welche Art von Problemen gibt es eigentlich?* Der klassische Problemlösungsprozeß unterscheidet im wesentlichen fünf Problemgruppen, in den zwei Kategorien *„schlecht strukturiert"* und *„gut strukturiert"*. Die Herangehensweise ist in diesen beiden Fällen grundsätzlich verschieden; allerdings überschneiden sich die Aufgabenstellungen in der Praxis recht häufig. Wofür das wichtig ist? Nun, es macht sicher einen großen Unterschied aus, ob Sie …

- für eine Aufgabe neuartige Ideen finden wollen – so lösen Sie ein *„schlecht strukturiertes Problem"* –, oder ob Sie
- eine Aufgabe, zu der bereits viele Faktoren bekannt sind, auf dem schnellsten und kürzesten Wege erfüllen möchten – so lösen Sie ein eher *„gut strukturiertes Problem"*.

Bei den *„schlecht strukturierten Problemen"* sind in der Regel wenig Problemelemente und Gesetzmäßigkeiten bekannt und dementsprechend viele alternative Lösungen denkbar. Sie zählen zum dankbarsten Aufgabenfeld für die „klassischen, intuitiven Kreativitätstechniken". Die angeführten Technikbeispiele finden Sie beschrieben im

Kapitel 8 „Kreative Arbeitstechniken" und Kapitel 10 „Anwendungsfelder". Um sie schnell aufzufinden, schlagen Sie einfach im Index nach.

- *Suchprobleme:*
  Die Suche von Alternativen/Lösungen anhand vorgegebener Suchkriterien.
  Beispiel: Was ließe sich mit einem Ziegelstein anstellen (mindestens 30 Ideen)?
  Geeignete Kreativitätstechniken (z.B.): alle „Brain"-Techniken wie Brainstorming, Attribut-Listing, Mind Mapping.

- *Konstellationsprobleme:*
  Vorhandenes Wissen aus problemfremden Bereichen übertragen und an neue Gegebenheiten anpassen, so daß eine neue System-Struktur entsteht, die dem Sollzustand gleicht.
  Beispiel: Wie kann eine neuartige Lampenhalterung beschaffen sein?
  Geeignete Kreativitätstechniken (z.B.): Kopfstand-Technik, Synektik, Mind Mapping, TILMAG, Brainstorming.

- *Analyseproblem:*
  Hier geht es darum, eine Problemstruktur herauszuarbeiten und Strukturen, Elemente und Beziehungen zwischen den Elementen aufzuzeigen.
  Beispiel: Welche Funktion soll der neue Arbeitstisch erfüllen (z.B. Multifunktionalität, Haltbarkeit, ...)?
  Geeignete Kreativitätstechniken (z.B.): Mind Mapping, Problemstrukturierung.

Bei den *„gut strukturierten Problemen"* sind meist die Kriterien, Variablen und gesetzmäßigen Zusammenhänge bekannt. Sie lassen sich eher systematisch-analytisch lösen:

- *Auswahlprobleme:*
  Hier geht es darum, Alternativen auf ihren Nutzen hin für ein bestimmtes Ziel zu unterscheiden. Die Bewertungskriterien werden vom Ziel abgeleitet.
  Beispiel: Welches von den zur Auswahl stehenden Autos eignet sich im Hinblick auf Wirschaftlichkeit und Kosten optimal für uns?
  Geeignete Kreativitätstechniken (z.B.): Entscheidungsliste, (Mind Mapping).

- *Konsequenzprobleme:*
  Hier wird eine Aufgabe gelöst durch logisches Befolgen bestimmter Gesetzmäßigkeiten und bekannter Strukturen, die als gegeben vorauszusetzen sind.
  Beispiel: Wie groß ist der Aufwand, wenn wir Fremdfirmen mit dem Prospektdruck beauftragen? Höherer „Wirkungsgrad": Eigenleistung oder Fremdfirma?
  Geeignete Kreativitätstechniken (z.B.): Gedankenfelder, Potential-Analyse.

Sprechen wir in einem Problemlösungsprozeß von *Aufgaben*, meinen wir lösbare Zielsetzungen – die dann zu *Problemen* werden, wenn am Start oder im weiteren Verlauf ein zu überwindendes Hindernis auftritt. Das wiederum macht daraus eine Chance: **Ein Problem ist der Punkt, an dem wir veranlaßt sind, in eine andere Richtung zu denken und unsere kreativen Ressourcen zu aktivieren, um einen neuen Weg zu finden.** Ein Anlaß, den Rahmen unseres bisherigen Denkens zu verlassen, mehr als eine Lösung zu finden und neue Alternativen zu entwickeln. Probleme sind das Feuer des kreativen Prozesses, das, was ihn entfacht und was ihn am Leben erhält. Darin genau liegt auch die Gelegenheit, weil sie unser Denken aufrütteln und neue, unbekannte, spannende Aspekte für uns bereithalten.

❓ *An welchem Problem arbeiten Sie gerade, das davon profitieren würde, wenn Sie das Spannende daran einmal in den Mittelpunkt Ihrer Neugierde rücken? Welchen Aspekt hat vielleicht noch nie jemand vor Ihnen bemerkt oder so in Frage gestellt?*

Der Glanz der Kehrseite

Es gibt noch eine zweite Seite, eine andere Herangehensweise an Kreativität und die finden wir häufig bei Künstlern und Designern wieder. Die gedankliche Begrenzung der gewaltigen Ressource „Kreativität" auf eine reine Problemlösung nämlich birgt einen Nebeneffekt in sich. Der Focus bleibt häufig auf die alte Situation begrenzt – „wie löse ich das *Problem*"? Das kann eine gedankliche Einengung zur Folge haben, aus der bestenfalls eine Veränderung hervorgeht, nicht aber etwas wirklich Neues. Problemlösen allein ist (noch) nicht kreativ.

🦁 Gehirnwürfel (10.) (einzeln; 2-5 Min.; 1 Würfel)

Stellen Sie sich in Gedanken einen Würfel vor – oder nehmen Sie einen in die Hand und sagen Sie spontan: Wieviel Seiten hat so ein Würfel?

Um etwas wirklich Neues zu erschaffen, muß man sich vom Problem lösen. Das geht am leichtesten, wenn wir ein *Ziel* vor Augen haben, etwas, wo wir hinwollen – erst dann entsteht etwas Neues. Und dieses Ziel muß eine absolute Anziehungskraft auf uns ausüben, uns inspirieren und uns so begeistern, daß wir unsere Wünsche nach außen bringen. Wichtig also: **Der Anfang muß stark sein!**

> *„Neues erschafft man dann, wenn man etwas genug liebt,*
> *um es in's Leben zu bringen. "* – Robert Fritz

Der kreative Prozeß als Landkarte

> *„Ordnung ist für eine Idee wie ein kunstvolles Weinglas,*
> *das einen herrlichen Wein erst richtig zur Geltung bringt.*
> *Was wäre der kostbarste Wein ohne das Glas?"* – Otto Hahn

Am Anfang des kreativen Prozesses steht also oft ein Problem in den Startlöchern, das darauf wartet, möglichst rasch sein Ziel zu erreichen. Auf dem Weg dahin durchläuft es verschiedene Stadien. Bevor eine gute Idee heranreift, entwickelt und kombiniert unser Gehirn eine Vielzahl von Impulsen und gespeicherten Daten aus unserer Erfahrungswelt. Jeder neue Impuls braucht einige Zeit, bis er mit den bisherigen Erfahrungen vernetzt wird, bis die Idee also „reift" und Früchte trägt.

Das wichtigste auf diesem Weg, um schließlich die Ernte auch einfahren zu können, ist das Bewußtsein: **Der kreative Prozeß setzt sich aus verschiedenen Stadien zusammen. Um die „Reifestufen" sinnvoll aufeinander folgen zu lassen, ist es zweckmäßig, diese Wegabschnitte, die Phasen des kreativen Prozesses, klar und eindeutig zu trennen.** Auf diese Weise entsteht eine „Landkarte", welche Phase an welche Stelle gehört, weil sie genau dort Sinn macht. Erst dadurch erfährt eine Aufgabenstellung Schritt für Schritt die Art der Aufmerksamkeit, die sie benötigt, um schließlich von einem handfesten Ergebnis gekrönt zu werden.

So facettenreich wie der Begriff Kreativität selbst ist, so verschiedenartige Phasen-Modelle finden sich auch in der Literatur wieder. Dabei hat jede Einteilung leicht den Nachteil, willkürlich zu wirken – zugleich aber auch den Vorteil, eine Thematik griffig und übersichtlich darzustellen. Und dies war uns wichtig. Wir haben uns deswegen für eine Ordnungsstruktur entschieden, die die Elemente der bekanntesten Modelle vereint und den kreativen Prozeß als das beschreibt, was er tatsächlich ist: einen Weg, dessen einzelne Elemente ganzheitlich ineinander übergehen, 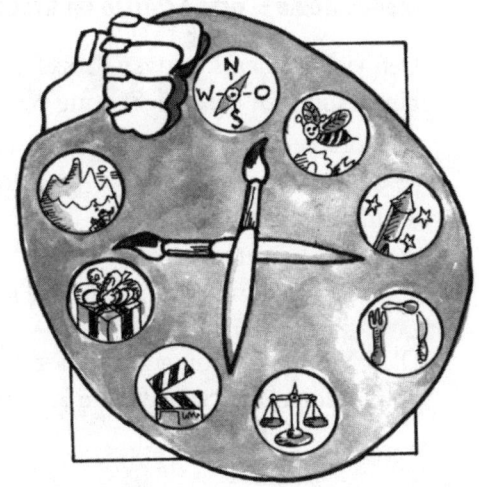 wie die Farben einer Künstlerpalette. Dabei markiert das Ende oft wieder den Anfang eines neuen Prozesses – wie ein sich erneuernder Kreislauf.

Stellen Sie sich einmal vor: Was würde wohl passieren, wenn alle an einem kreativen Prozeß Beteiligten nur die vorgebrachten Ideen kritisieren und „zerpflük-ken" würden? Oder wenn alle sofort loslegen wollen, ohne jeden Plan und Absprache? Oder wenn nur phantasiert würde, mit einem Realitätsgehalt gleich Null, und niemand wäre für eine Entscheidung und Umsetzung zuständig?

Um dem zuvorzukommen, wechseln sich unterschiedliche Denkstile und -richtungen in einem ganz bestimmten Rhythmus ab, ergänzen sich Phasen der Ordnung und Struktur mit Phasen des Chaos und Einfallsreichtums. So stabilisieren sie sich immer wieder und tragen zu einer Einheit bei. Dies läßt das ganze Potential unseres Gehirns wirkungsvoll zum Einsatz kommen und mit seinen vielfältigen Qualitäten glänzen.

Obgleich es durchaus zum Überspringen oder zu einem mehrmaligen Durchlaufen bestimmter Phasen kommen kann, erfüllt doch jeder Schritt seinen ganz einmaligen und wesentlichen Sinn und macht eines deutlich: **Erfolgreiches Ideenmanagement bedarf der ganzen Vielfalt der komplexen Struktur „Kreativität" in einer vereinfachten Form, in der die unterschiedlichen Denkstile ihre Wirkung frei entfalten und sich gegenseitig ergänzen können.**

Meilensteine – acht Schritte im kreativen Prozeß

Den eigentlichen kreativen Prozeß können wir in drei Hauptphasen unterteilen, hinzu kommen die zwei Schritte der Vor- und Nachbereitung:

➤ Vorbereitung   Was ist die Aufgabe und wo will ich hin?
➤ **Ideen finden**   Wie fördere ich meinen Einfallsreichtum?
➤ **Ideen strukturieren**   Wie optimiere ich gefundene Ideen?
➤ **Ideen umsetzen**   Wie führe ich aufbereitete Ideen aus?
➤ Nachbereitung   Wie lade ich meine kreativen Energien auf?

Die Hauptphasen untergliedern sich in jeweils zwei Denkschritte. Im einzelnen kommt folgenden Schritten im kreativen Prozeß entscheidende Bedeutung zu:

➤ **Vorbereitung:**

1. **Präparation:** Aus der Unzufriedenheit mit einem aktuellen Zustand oder der bestehenden Situation heraus wird ein Problem erkannt, das Ziel definiert und werden die entsprechenden Fragestellungen und Kriterien festgelegt. Diese Initial-Phase aller Innovationsprozesse nimmt einen herausragenden Stellenwert ein, weil sie die Richtung des gesamten Prozesses bestimmt und damit auch den Grundstein für die spätere Lösung legt.

   ❓ *Welcher Unterschied besteht zwischen dem gegenwärtigen und dem angestrebten Zustand bei einer Aufgabe, die Sie zur Zeit bearbeiten?*

➤ **Ideen finden:**

2. **Inkubation (Anregung):** Um Ideen zu finden, entfernt sich die träumerische Phase zunächst einmal vom Problem, um auf Umwegen damit umzugehen. Einen Überblick verschaffen, sich inspirieren lassen, Ideen sammeln und ausbrüten, Regeln brechen, in spielerischen Bahnen denken, beide Gehirnhälften aktivieren, ungewöhnliche Verbindungen knüpfen – alles das sind die wesentlichen Merkmale. Es ist wie das Schürfen nach Diamanten: wenn Sie dort Ausschau halten, wo alle suchen, werden Sie erschöpfte Lagerstätten antreffen. Um fündig zu werden, müssen Sie ausgetretene Pfade verlassen, wie ein Fährtensucher neue Wege betreten und „Ideen-Quellen" zum Sprudeln bringen. Entwickeln Sie die Einstellung eines erfolgreichen Forschers, eines Entdeckers, eines Erneuerers; entwickeln Sie die Gewißheit: Wohin Sie auch gehen, warten Ideen auf ihre Entdeckung! Ihre einzige Aufgabe ist es, sie zu finden.

   ❓ *Wo schürfen Sie nach Ideen? Welcher Rahmen regt Ihr Denken an?*

3. **Illumination (Erleuchtung):** Einfälle entwickeln, Geistesblitze aufleuchten lassen, spontanen Gedankensprüngen Raum lassen, Intuition fördern und „querdenken" – hier geht es darum, die eigenen schöpferischen Kräfte zu wecken und Aha-Erlebnisse freizusetzen. Das gesammelte Material hat sich vernetzt und zu neuen Kompositionen verknüpft – und plötzlich steht eine Idee im Raum, überraschend, „zufällig", intuitiv, „aus dem Bauch heraus". Es ist die Phase, die sich nicht erzwingen läßt, die Geduld braucht, bis sich der vorhandene Fundus an Gedanken vernetzt hat. Das Erleben dieser Phase ist wie ein Geschenk – und gibt oft den Ausschlag darüber, daß sich jemand als kreativ bezeichnet. Dabei ist es „nur" eine Phase im kreativen Prozeß, wenngleich auch häufig die knisterndste, zündendste. Die, die am genialsten empfunden wird und die ein wahres Glücksgefühl bei dem erzeugt, der sie erleben durfte. Da kann es

von Nutzen sein, wenn Sie einen kleinen „Ideen-Block" mit sich führen, um die Momente, in denen Sie denken: „Genau das ist es!" festhalten und verwerten zu können. Zünden Sie Ihr Ideen-Feuerwerk!

❓ *Welche intuitiven Erlebnisse kennen Sie aus Ihrem Alltag, bei denen Sie zurecht Ihrem Gefühl vertraut haben? Was kann Ihre Intuition unterstützen (Personen, Orte, ...)?*

➤ Ideen strukturieren:

4. Elaboration (Strukturierung): In der ordnenden Phase ändern Sie die Denkrichtung. Hier werden die gefundenen Ideen zuerst systematisch, anhand der festgelegten Kriterien, sortiert und nach Ähnlichkeiten, Gemeinsamkeiten und Unterschieden strukturiert. So wird die Anzahl der Möglichkeiten überschaubar eingegrenzt.

❓ *An welcher Aufgabe arbeiten Sie gerade, der es nutzen könnte, wenn Sie Ihre Ideen einmal gruppieren und kombinieren?*

5. Verifikation (Prüfung): Die geordneten Ideen werden hinterfragt und anhand der festgelegten Fragestellung auf ihre Brauchbarkeit und ihre Konsequenzen hin bewertet. Ziel: Herausfiltern von entwicklungsfähigen und konkret realisierbaren Lösungsansätzen. Dabei ist alles erlaubt und gewünscht, was einer Idee zur Verbesserung verhelfen kann: zielgerichtet kritisch hinterfragen, Feedback einholen, Lösungsalternativen systematisch vergleichen und eingrenzen, trennen von Hirngespinsten und Machbarem, verändern, verbessern, verfeinern und abwägen. Eine günstige Voraussetzung für diese Phase ist es, viele Ideen zu haben, um die unbrauchbaren auszusortieren und die realistischen herausfiltern zu können.

❓ *Was können Sie an einem laufenden Projekt ausstreichen oder vereinfachen, um es besser zu machen?*

➤ Ideen umsetzen:

6. Realisation (Ausführung): Die Handlungsphase entwickelt aus den vorhandenen Lösungsansätzen ein konkretes Ergebnis. Der Entwurf einer Handlungsstrategie, die produktive Realisierung einer Lösung und die praktische Nutzung der Neuerung stehen dabei im Vordergrund, wenn die Startklappe fällt.

❓ *Was und wie genau sind Ihre nächsten Schritte, bis die Idee, die gerade ansteht, vollständig in die Tat umgesetzt ist?*

7. **Präsentation (Verkauf):** Andere von den Ergebnissen überzeugen und die eigene Idee verkaufen, ist ein Schritt nach „außen", um das Einmalige und Wertvolle wie ein Geschenk zur Geltung zu bringen. Es lohnt sich, den Nutzen hervorzuheben und für die eigene Idee zu werben. So kann ein betreutes Projekt erfolgreich zum Abschluß gebracht werden.

> ❓ *Wie können Sie andere von Ihrer Idee überzeugen und begeistern?*
> *Wie gewinnen Sie Partner für die Verwirklichung?*

➤ *Nachbereitung:*

8. **Abrundung:** Auf dem Gipfel des Erfolges, wenn der kreative Prozeß (fast) vollendet ist, dann verbleibt eines noch zur Nachbereitung: der Intuition noch einmal ihren Raum geben und das Ergebnis und den Prozeß und die Beteiligten zu würdigen und zu feiern. Ja, es sich gönnen, die eigenen kreativen Energien wieder aufzuladen, um das, was Sie geschaffen haben, wirklich zu genießen.

> ❓ *Wie haben Sie es gelernt, sich zu entspannen?*

Es gibt also eine Vielfalt von Operationen, die auf diesem Weg eine Rolle spielen. **Der kreative Prozeß erfordert es, flexibel zwischen verschiedenen Denkrichtungen zu wechseln.** Roger von Oech nennt es das *harte* und das *weiche Denken*, andere Autoren sprechen vom *konvergenten* (planmäßig, gleichgerichtet) und *divergenten* (offen, spielerisch, unterschiedlich) *Denken*, Vera F. Birkenbihl zieht Vergleiche zu „männlichen" Fähigkeiten oder eher „weiblichen Komponenten", Edward de Bono schließlich erwähnt das *vertikale* (standardisiert vorwärts gerichtete) und das *laterale* (assoziativ seitwärts gerichtete) *Denken*. Manche nennen es Struktur und Chaos, wieder andere sagen kritischer Geist und Phantasie – und manch einer zitiert die linke und die rechte Gehirnhemisphäre.

Es ist so, als wenn Sie einen Schatz suchen: Manchmal ist es sinnvoll, an einem bekannten Platz ein tiefes Loch auszuheben oder ein vorhandenes Loch zu vertiefen – ein anderes Mal ist es hilfreich, mehrere Löcher zu graben, um fündig zu werden. Jede Qualität für sich ist ein wertvoller und notwendiger Bestandteil des *Gesamtprozesses*: Zunächst wissen, was wir wollen • oder im Falle eines Problems auch, was nicht • und bereits am Ausgangspunkt die „richtigen" Fragen stellen • Anschließend Ideen frei und vielfältig sammeln und wie eine Rakete steigen lassen • und sie erst dann, wenn überhaupt etwas da ist, nach Verwertbarem ordnen, kritisch filtern und konstruktiv hinterfragen • Schließlich ein Produkt konkret gestalten und verkaufen • und das Ergebnis feiern.

❓ *Das nachfolgende Raster beschreibt exemplarisch, wie Sie das Wissen um den kreativen Prozeß für alltägliche Situationen handlungsbezogen nutzen können. Finden Sie ein eigenes Beispiel und beschreiben Sie in Stichworten, wie Sie Ihren kreativen Prozeß gestalten.*

Kreativer Prozeß	Beispiel 1: Entwickeln einer Werbekampagne	Beispiel 2: Ausrichten einer Jubiläumsfeier	Eigenes Beispiel:
1. Vorbereitung	Zielgruppe, Thema, Bedarf festlegen	Art + Zielgruppe festlegen	
2. Inspiration	Anregungen sammeln (Markt)	Gestaltungsideen sammeln	
3. Erleuchtung	zündende Ideen am story-board notieren	Höhepunkte sprühen lassen	
4. Strukturierung	Kampagne thematisch unterteilen	erste Reihenfolge zusammenstellen	
5. Prüfung	sich in den Kunden hinein- versetzen und auswählen	sich in die Teilnehmer versetzen	
6. Ausführung	Aktion komplett fertigstellen	vorbereitende Maßnahmen ausführen	
7. Verkauf	Kunden begeistert überzeugen	Helfer überzeugen	
8. Abrundung	stolz mit Zeitung frühstücken	Stimmung auf der Feier genießen	

Von Irrtümern und Umwegen

> *„Wenn nicht das eine oder andere Mal etwas fehlschlägt, ist das ein Zeichen dafür, daß Sie nichts wirklich Innovatives tun!"* – Woody Allen

Wichtig ist es folglich zu wissen, in welcher Phase wir uns gerade befinden und welche Art des Denkens, welche Fähigkeiten in dieser Phase sinnvoll und gewinn- bringend sind – um dann diese Phasen sowohl zeitlich wie auch organisatorisch wirklich auseinanderzuhalten. Beispielsweise ist das analytische Kritisieren eine Fähigkeit, eine wirkliche Qualität, die für den kreativen Prozeß von herausragender Bedeutung ist – wenn sie zur rechten Zeit eingesetzt wird. Zu früh favorisiertes logisches Denken dagegen kann den kreativen Prozeß kurzschließen und die

Chancen verringern, aus Fehlern und Irrtümern zu lernen. **In der Schöpfungs-phase einer Idee sind Irrtümer zumindest ein absolut wichtiges „Nebenpro-dukt", weil sie uns wertvolle Erkenntnisse über unsere Richtung und notwendige Richtungsänderungen liefern.**

Irrtümer sind wie Umwege – sie erweitern die Ortskenntnis. Wir sind nicht mehr in der Schule, wo es hieß: „1 Irrtum = 1 Fehler" und „Fehler bedeutet schlecht". Im Stadium des Erfinders ist ein Irrtum gleich ein Versuch. Thomas Edison hatte mehr als 1.500 fehlgeschlagene Versuche hinter sich, bevor er „den richtigen" Zugang zur „Erleuchtung", der Glühbirne fand. Wie würde wohl unser Leben heute ohne ihn aussehen? Ein Irrtum ist ein untrügliches Zeichen dafür, daß wir im Begriff sind, ausgetretene Pfade zu verlassen – und er ist ein Anstoß dafür, anders zu denken, ein Sprungbrett für einen neuen Zugang zu der Aufgabe. Auch darin ist uns die Natur, wie so oft, ein Vorbild: Wo wären wir heute, wenn es nicht irgendwann einmal Variationen, Versuche, Entwicklungssprünge – „Fehler" – der ersten Einzeller gegeben hätte? Wenn das Gehirn nicht eine phänomenale Evolu-tion hinter sich hätte?

❓ *Was war Ihr letzter kreativer Irrtum? Was konnten Sie daraus lernen?*

Regeln und andere Richtschnüre

Jeder Weg ist nur so erfolgreich, wie die Landkarte, die ihm zugrunde liegt – und jede Landkarte ist nur so effektiv, wie Sie verstehen, damit umzugehen. Wollen Sie die einzelnen Phasen des kreativen Prozesses fruchtbar nutzen, ist es sinnvoll, gewisse Leitlinien oder Regeln einzuführen, die die Nützlichkeit des jeweiligen Wegabschnitts hervorheben und unterstreichen. **Regeln unterstützen den krea-tiven Prozeß, die Arbeitsweise in seinen unterschiedlichen Phasen und die Kooperationsfähigkeit von allen am Prozeß Beteiligten.**

Ein Beispiel für eine Regel:

> **Je mehr und je ungewöhnlichere Ideen, desto besser!**

In der Phase der *Ideenfindung* ist diese Regel Gold wert, gilt es doch, zunächst einmal möglichst viele Ideen zu entwickeln. Dahinter steht die Vorannahme: *„Es ist leichter, aus einer »verrückten« Idee hinterher einen annehmbaren Vorschlag zu entwickeln, als aus einer langweiligen Idee überhaupt etwas herauszuholen!"* Kommen in einem

Brainstorming keine stürmischen Ideenfeuerwerke und „komischen" Einfälle, ist das häufig ein Zeichen dafür, daß sich die Teilnehmer bereits selbst zensieren und einschränken. Es gilt, den kreativen Prozeß durch die Wahl geeigneter Regeln zu aktivieren und im Gang zu halten. **Regeln beziehen sich nicht auf Inhalte, sondern immer nur auf Methode und Vorgehensweise.** Dabei benutzt jede Phase ihre eigene Landkarte und stellt aus diesem Grund auch ihre eigenen Anforderungen an Regeln. Geht es darum, ...

> **Ideen zu finden,** ist es günstig, den freien Gedankenfluß zu erlauben;
> **Ideen zu strukturieren,** ist es günstig, die sachliche Kritik anzuregen;
> **Ideen umzusetzen,** ist es günstig, das tatkräftige Handeln zu fördern.

Wichtig dabei: Führen Sie die Regeln, die für Ihren kreativen Prozeß gelten sollen, situationsgerecht und einfühlsam ein. Verständigen Sie sich gemeinsam darüber mit all denen, die an diesem Prozeß beteiligt sind. Auch die Überwachung erfolgt gemeinsam, wobei auf „Regelverstöße" wertschätzend, kreativ, aber bestimmt aufmerksam gemacht wird – wie beispielsweise durch die sichtbare Vergabe von „Killerpunkten" (Klebepunkte) an „vorlaute Kritiker" während einer Ideensammelphase.

Regeln sind Angebote – nicht mehr und nicht weniger. Und das kann bedeuten: Wenn es nötig ist, wenn es Ihren kreativen Prozeß wirksam fördert, dann verändern Sie zusammen Ihre Regeln – auch im Sport werden Regeln immer wieder überprüft und angepaßt. Oder verhalten Sie sich wie Alexander der Große, der den gordischen Knoten mit einem Schwerthieb zerteilte: brechen Sie sie gemeinsam! Regeln sind nicht von Göttern gemacht, sondern von Menschen. Daher gilt es immer wieder, Regeln mit eigenen Erfahrungen zu unterlegen und dahingehend zu überprüfen, ob sie noch zweckmäßig, nützlich und angemessen sind.

Im Kapitel 8, „Kreative Arbeitstechniken für Träumer, Denker und Handelnde", finden Sie jeweils einen entsprechenden Vorschlag, den Sie nutzen und an Ihre Gegebenheiten anpassen können. Denken Sie daran: **Regeln müssen vereinbart worden sein.** Sind sie nicht vereinbart, gelten sie nicht! Und: Regeln sind Beiwerk! Dazu da, um Ihre Kreativität fließen zu lassen und sicherzustellen, daß Sie den Weg, auf dem Sie sich bewegen, auch wirklich so benutzen können, wie Sie es sich vorstellen. So, daß Sie auf effektivste Weise Ihre kreativen Qualitäten einsetzen können und zu Ihrem Ziel gelangen.

❓ *Welches sind Ihre Regeln, die Ihre Kreativität unterstützen? Welche Regeln möchten Sie lieber verwerfen? Was möchten Sie statt dessen?*

Wegzehrung

Der kreative Prozeß ist ein facettenreicher Weg von alten Hüten hin zu etwas Neuem, Innovativem – hin zu einem neuen Outfit. Das erfordert in verschiedenen Phasen unterschiedliche Denk- und Handlungsweisen – und nutzt und aktiviert unterschiedliche Fähigkeiten unseres Gehirns. Jede Wanderung ist immer so erfolgreich, wie die „Ausrüstung" und die Wegzehrung, die wir mitnehmen. Zugleich ist sie aber auch davon abhängig, wie wir diese Ausrüstung einzusetzen und unsere Wegzehrung einzuteilen verstehen. Können Sie sich noch an das Hemisphären-Modell erinnern? Daran, daß unsere beiden Gehirnhälften hochkarätige Spezialisten sind, bestimmte „Arbeitsaufträge" zu übernehmen. Wenn es nun das Ziel ist, das Potential unseres Gehirns möglichst ganzheitlich zu nutzen und dienstbar zu machen, dann stehen die einzelnen kreativen Phasen und Schritte wie Meilensteine auf diesem Weg, etwas wirklich Einmaliges hervorzubringen und zu vollenden. Jeder Meilenstein weist seine eigene Beschaffenheit auf. **Der kreative Prozeß braucht und nutzt die Qualitäten beider Gehirnhälften.** *Welche* Ihrer Fähigkeiten können Sie am zweckmäßigsten *wann* einsetzen, um diesen Weg erfolgreich zu meistern?

❓ (11.) *Stellen Sie sich doch einmal vor, welche Gehirnhälfte in welcher kreativen Phase ihren „großen Auftritt" hat und ergänzen Sie die untenstehende Tabelle.*

Kreative Phasen	Hemisphäre	Aufgabe
Vorbereitung		Problem definieren + Ziel benennen
Inspiration		Kreatives Sammeln
Erleuchtung		Geniales Funkeln
Strukturierung		Vorschläge ordnen
Bewertung		Praktisches filtern
Ausführung		Strategisch handeln
Verkauf		Engagiert überzeugen
Abrundung		Kontrollieren + Feiern

❓ *Welche Erkenntnisse können Sie aus diesem Kapitel für Ihre eigene Arbeitsweise gewinnen? Und wie können Sie Ihre Fähigkeiten in einzelnen Phasen weiter ausbauen und in anderen Phasen steigern und ergänzen, um Ihre Kreativität wirklich ganzheitlich einzusetzen und abzurunden?*

6. Walt-Disney-Kreativitätsmodell – die Power-Kreativitäts-Strategie

„Was fängt der Anfänger mit drei Farben in seinem Malkasten an,
und was macht der Meister daraus !" – Leonardo da Vinci

Unterschiedliche Phasen im kreativen Prozeß verlangen unterschiedliche Ausprägungen im Denken und Vorgehen. Die ganze Vielfalt unseres Gehirnpotentials ist gefragt. Je gezielter wir nun auf diesem Weg die verschiedenartigen Denkstrategien unserer beiden Gehirnhemisphären einsetzen, desto wirkungsvoller kommen ihre speziellen Eigenschaften und Talente zur Geltung. Entwickeln Sie Ihre kreative Kompetenz, um Ideen zu finden, zu strukturieren und umzusetzen. In diesem Kapitel finden Sie dafür eine *Power-Kreativitäts-Strategie*, die genau diese drei Qualitäten auf einzigartige Weise miteinander kombiniert.

Selbsttest	
Betrachten Sie bitte einmal das nebenstehende Bild für eine halbe Minute. Dieser Tisch entstammt einer neueren Möbeldesignkollektion. Bevor Sie weiterlesen, schließen Sie für einen Moment das Buch und überlegen Sie, was Ihnen zu diesem Bild einfällt. Nehmen Sie sich wirklich die Zeit, diesen Tisch wahrzunehmen und notieren Sie Ihre ersten drei Gedanken dazu – jetzt.	

❓ *Was waren Ihre ersten drei Gedanken, als Sie diesen Tisch gesehen haben?*

    1. _____

    2. _____

    3. _____

Halten Sie Ihre Ideen hier fest, wir kommen gleich darauf zurück.

Um die acht Schritte des kreativen Prozesses praxisgerecht im Alltag anwenden zu können, ist es günstig, die dahinterliegenden Fähigkeiten zu erkennen, die jeweils zum Einsatz kommen. Dazu bedienen wir uns einer ebenso einfachen wie genialen Kreativitätsstrategie, die die wesentlichen Schritte in ihrer einzigartigen Weise zusammenfaßt. Gleichzeitig verdeutlicht sie auf elegante Weise, welche Eigenschaften und Vorgehensweisen eigentlich in diesem Ablauf enthalten sind.

Das zugrundeliegende Modell heißt *Walt-Disney-Kreativitätsmodell*. Es wurde benannt nach Walt Disney, dem Erfinder von Mickey Mouse, Donald und Dagobert Duck, dem Urvater von Daniel Düsentrieb und Susi und Strolch. Walt Disney hat unzählige Menschen zum Lachen gebracht und ihnen mit seinen Filmen und Erzählungen gleichsam eine Eintrittskarte in das Reich der Phantasie geschenkt. Seine Stärke war es, eine charismatische Kreativität zu verbinden mit einem erfolgreichen Geschäftssinn und der intuitiven Fähigkeit, zu wissen wie seine „Kunden" dachten, worüber sie lachten und was sie gern sahen. Dies erhob ihn zu einem Genie der Unterhaltungsbranche. Viele Menschen halten ihn deshalb für einen der kreativsten und genialsten Köpfe unseres Jahrhunderts. Das war die eine Seite.

Er hat auch seine Mitarbeiter überrascht, täglich auf's Neue – das war die andere Seite. Von Walt Disney wird berichtet, daß seine Mitarbeiter noch zu Beginn einer Arbeitssitzung oder eines Projektes eigentlich nie genau wußten, welche „Person" heute durch die Tür in den Raum trat. Es gab drei Walts.

Manchmal liebte er es, in den phantastischsten Visionen von einem neuen Projekt zu träumen; jeder mögliche oder unmögliche Einfall war willkommen. Zu anderen Zeiten dagegen kritisierte er jede vorgebrachte Idee unerbittlich bis ins kleinste Detail, verkörperte den Spielverderber und fragte danach, wie wohl der Zuschauer darauf reagieren würde. An weiteren Tagen, wenn er schon mit hochgekrempelten Ärmeln das Büro betrat, wollte er ganz konkrete Maßnahmen zur Umsetzung eines Projektes angehen.

Für eine geplante Produktion durchlief er jede Phase mehrfach und solange, bis jeder Persönlichkeitsteil in ihm mit der Lösung zufrieden war und zustimmen konnte. Dann erst war er von dem Erfolg seines Projektes überzeugt. **Diese drei Fähigkeiten des Träumens, des Denkens und des Handelns sind es, die den Königsweg Kreativität auszeichnen.** In ihm integrieren sich drei, von ihrem Wesen her gegensätzliche Strategien:

	Intention	Orientierung
➤ **Träumer** – visionärer Teil: träumt, entwickelt Ideen; phantasievoll „Ich hätte da eine Idee, ich möchte gerne ... ." **Was** *wäre möglich?*	Vision	Zukunft
➤ **Denker** – konzeptioneller Teil: wägt ab, fordert Informationen, kritisiert, hinterfragt; analytisch „Was steckt dahinter; was könnte ich ändern/verbessern?" **Warum** *geht das so, warum nicht anders?*	Logik	Vergangenheit
➤ **Handelnder** – produzierender Teil: führt aus, setzt um; praktisch „Ich würde das so tun; da müßten wir ... machen." **Wie** *setze ich es um?*	Aktion	Gegenwart

Jede Medaille hat drei Seiten

Vielleicht kennen Sie das: Manche Menschen beispielsweise entwickeln die phantastischsten Einfälle – tun sich dagegen mit der handfesten Umsetzung schwer. Andere wiederum finden bei jedem Einfall exakt den „wunden Punkt" und sprechen ihn auch konkret aus – brauchen aber immer eine vorgefertigte Idee. Dritte würden am liebsten sofort in die Hände spucken und loslegen – und merken manchmal erst spät, daß ihnen eigentlich eine gewisse Planung noch gefehlt hat.

Manche zeichnen sich durch eine mitreißende Begeisterung aus, andere eher durch das stille Wirken im Hintergrund. Manch einer hat als Kind eine wahre Hingabe entwickelt, seinen Illusionen nachzugehen, um im späteren Berufsalltag mehr den analytischen Seiten Raum zu lassen.

Träumen, Denken, Handeln – all diese Qualitäten und ihre besonderen Merkmale finden sich auch in jedem von uns wieder, mal mehr, mal weniger. Mal bewußt entwickelt und eingesetzt – etwa im Beruf –, mal eher unbewußt ausgelebt – etwa im Hobby – und manchmal sogar selbst staunend zur Kenntnis genommen – etwa in einer ungewohnten Situation, in einem neuen Rahmen.

Herausgefunden, wie sich diese drei wesentlichen kreativen Anteile in einem einzigartig effektiven Modell vereinigen lassen, hat dies Robert Dilts, ein innovativer Kreativitätsforscher und Kommunikationsexperte. Er hat es sich zur Aufgabe gemacht, die Strategien brillanter Persönlichkeiten zu erkennen und anderen Menschen zugänglich zu machen: Strategien und Fähigkeiten, die bereits in jedem von uns schlummern und die ein Teil unserer eigenen Persönlichkeit sind. Die nur darauf warten, wieder entdeckt und belebt, gefördert und genutzt zu werden, um sich frei entfalten und wachsen zu können. **Jeder Mensch verfügt von Natur aus über die drei wesentlichen Persönlichkeitsanteile, die den kreativen Prozeß ausmachen, wenngleich er sie auch unterschiedlich ausgeprägt hat oder bevorzugt.** Jeder hat in bestimmten Bereichen seine ganz persönlichen Stärken und in anderen Bereichen wiederum noch ausbaufähiges Potential.

Für die Behandlung einer Aufgabenstellung ist es sehr hilfreich zu wissen, wo man sich gerade befindet, sowohl von der Ausprägung einer kreativen Fähigkeit her, wie auch von deren zeitlichen Einsatz. Dies gilt gleichermaßen für Einzelpersönlichkeiten wie für Teamprozesse. Vergleichen Sie es beispielsweise mit der Sportart „Triathlon": Wenn

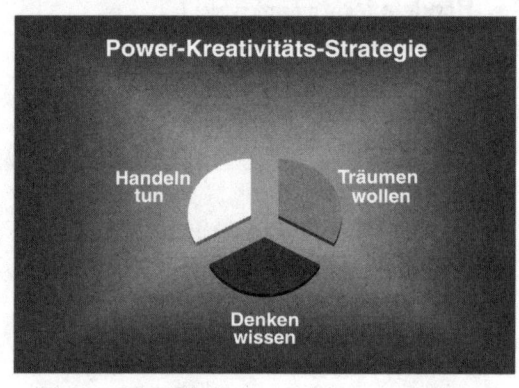

Sie mit der 1. Disziplin, dem Schwimmen, beginnen, ist es günstig, nicht mit einem Fahrrad am Start zu stehen, sondern bereits mit Badekappe und Schwimmbrille ausgerüstet zu sein – also zu wissen, in welcher Phase man sich befindet, um sich genau hierauf einstellen zu können und die gewünschten Ergebnisse zu erzielen.

Welche Reihenfolge Sie wählen, richtet sich nach Ihren organisatorischen Möglichkeiten. Wenn Sie nach diesem Modell vorgehen, steht der Träumer meist am Anfang des Prozesses, der weitere Ablauf kann frei gewählt oder verändert und auch mehrfach wiederholt werden. Wichtig: **Beenden Sie einen Prozeß erst dann, wenn Sie selbst in allen Teilen - oder wenn bei Teamaufgaben alle Beteiligten - mit dem Ergebnis zufrieden sind.**

„Betrachte einmal die Dinge von einer anderen Seite, als Du sie bisher sahst; denn das heißt, ein neues Leben zu beginnen." – Marc Aurel

☼ **Drei Qualitäten** (einzeln; 12-20 Min.; Papier, Stifte)

Wählen Sie sich einmal ein beliebiges Thema aus – wie z.B.: eine Fernseh-werbung, einen Rotwein, ein Gemälde von Hundertwasser, ein Sofa, eine CD – und lassen Sie nacheinander Ihre kreativen Anteile „in Kontakt damit treten":

- Wenn Sie ein *Träumer* wären, was würden Sie sich wünschen in bezug auf Ihr gewähltes Thema? Was wäre neu, wen würde es ansprechen und was würde Ihnen gefallen?
- Wenn Sie ein *Kritiker* wären, nach welchen Kriterien würden Sie die Qualität beurteilen? Welche Faktoren würden Sie berücksichtigen und welche Fragen würden Sie stellen?
- Wenn Sie ein *Handelnder* wären, welche Entscheidungen würden Sie dann treffen und was wären Ihre ersten drei Schritte, mit denen Sie losgehen würden und diese Sachen realisieren? Und woher würden Sie sich Unter-stützung holen oder wem würden Sie diese Sache anbieten?
Und dann noch einmal nachspüren, ob ein Teil noch weitere Bedürfnisse oder Fragen hat oder ob es so für alle stimmt.

Dann beantworten Sie sich einmal die folgenden Fragen: Wobei haben Sie sich am wohlsten gefühlt? Welcher Teil war Ihnen am vertrautesten? Und welcher war Ihnen unbekannt, fremd, neu? Und was können Sie für sich und für die anstehenden Prozesse, in denen Sie Ihre Kreativität nutzen wollen, lernen? Nehmen Sie sich noch eine „Stille Minute" und würdigen Sie, daß jeder Teil von seinem Verständnis her das Beste zu diesem Thema für Sie beigetragen hat und daß alle Teile wichtig sind, um Ihre Kreativität zu entfalten.

Drei Könige

Die Aufgabe des **Träumers** – oder auch Ideengebers oder Visionärs – ist es, viele mögliche und unmögliche Ideen zu produzieren und phantastische Visionen und Zielorientierungen zu entwickeln. Er kümmert sich um das Wünschenswerte und jongliert oft spielerisch mit den Elementen einer Aufgabe. Seine offene und losgelöste Geisteshaltung ist typisch für die „Geburtsphase" einer Idee – er braucht Zeit und Raum, um seinen Gedanken Flügel zu verleihen.

Dem **Denker** – auch Kritiker genannt – obliegt die Aufgabe des Ordnens und des Bewertens. Er prüft genau, ob ein Vorhaben sinnvoll ist und das kreative Produkt etwas taugt, wie es verbessert werden kann. Indem er auf Einwände eingeht, kommt seinen analytischen Fähigkeiten eine wichtige Bedeutung im kreativen Kreislauf zu, um einem Traum zur Reife zu verhelfen. Den Kritiker zu überzeugen heißt, daß eine Idee gute Chancen auf Bestand hat. Formuliert er seine Kritik sachlich als Fragen, so kann er zu einem weisen, unterstützenden Ratgeber werden.

Der **Handelnde** – auch als Realist bezeichnet – handelt. Er setzt Ideen in die Tat um, entwickelt Handlungsstrategien und gestaltet trotz Unterbrechungen, Ablenkungen und Blockaden ein kreatives handfestes Produkt. Mit seinen Stärken, die in der Aktion begründet liegen, rundet er den kreativen Prozeß ab, gewinnt Mitstreiter für die Umsetzung – und manifestiert einen Traum.

Im *erweiterten* Walt-Disney-Kreativitätsmodell gibt es noch eine 4. Position, die sich **Beobachter-Position** (oder auch „Meta-Position") nennt. Ihre Aufgabe ist es, auf die Einhaltung der Regeln und des Prozeßverlaufs zu achten und das „WIE" der Zusammenarbeit in den Mittelpunkt zu rücken. Diese Position tritt quasi dissoziiert einen Schritt aus dem Prozeß heraus und erfordert ganz eigenständige Qualitäten wie Dissoziationsvermögen, Reflexionsfähigkeit und Überblick. In einem kreativen Prozeß ist es hilfreich, eine besondere räumliche Position real zu installieren, die sich von den anderen Positionen unterscheidet, um an diesem Ort über den Prozeß nachdenken zu können, ohne in ihn verwickelt zu sein. Von hier aus lassen sich am leichtesten die positiven Absichten der anderen drei erkennen.

Drei spezielle Arbeitstechniken für die Strategien *Träumen, Denken, Handeln*:

Als ob (einzeln; 8-20 Min.; Papier, Stift)

Mit dieser effektiven *Träumertechnik* können Sie innovative Ergebnisse erzielen. Indem Sie mit einer „so tun als ob"-Vorannahme Ihre Gedanken phantasievoll öffnen, setzen Sie neue Energien frei. Wenn Sie bei einer konkreten Aufgabenstellung mit „leerem Kopf" dastehen oder eine Blockade haben, dann erweitern Sie den Rahmen Ihres bisherigen Denkens. Tun Sie so „als ob", indem Sie fragen: *„Wie wäre es, wenn genau diese Bedingungen gar nicht mehr gelten oder schon längst erfüllt wären? Wie würde es weitergehen, wenn ich schon eine gute Idee gehabt hätte, was müßte ich jetzt als nächstes machen?"*

Sprungbrett (einzeln; 8-20 Min.; Papier, Stift)

Eine wirkungsvolle und konstruktive *Denkertechnik*, mit deren Hilfe Sie eine vorliegende Idee schnell und zielgerichtet hinterfragen. Sie geht davon aus, daß in *jeder* Idee etwas Wertvolles enthalten ist – und daß es Ihre Aufgabe und Kunst ist, das zu erkennen. Anstatt also auf eine Idee zu reagieren: *„Das ist nicht praktisch"*, ist es nützlicher zu sagen: „Ich bin aber mal gespannt, wohin *das* unser Denken führen wird." Wählen Sie sich eine konkrete Idee aus, die Sie gesammelt oder entwickelt haben und mit der Sie noch nicht zufrieden sind und beantworten Sie die Frage: *„Wofür kann mir diese Idee als Sprungbrett dienen? Was daran müßte ich noch verändern oder verbessern, damit sie genau meiner Zielvorstellung entspricht?"*

Die ersten 3 Schritte (einzeln; 8-20 Min.; Papier, Stift)

Nutzen Sie die Zielstrebigkeit dieser *Handlungstechnik* für Ihre Aufgaben. Wählen Sie sich eine konkrete Idee aus, die zur Umsetzung ansteht und legen Sie fest: *„Was konkret werden meine ersten 3 Schritte sein, die ich in Richtung auf mein Ziel angehen werde? Und bis wann werde ich sie erfüllt haben?"* Wählen Sie 3 Schritte aus, die Sie wirklich konkret und real umsetzen werden. Die Sie Ihrem Ziel tatsächlich näherbringen und die in einem für Sie überschaubaren Zeitrahmen liegen. Schreiben Sie diese 3 Schritte auf und treffen Sie dann eine Entscheidung: *„Mit welchem dieser Schritte beginne ich – noch heute(!)?"* Gehen Sie dann los und tun es.

Erinnern Sie sich noch an die kleine Aufgabe vom Anfang dieses Kapitels? Was war eigentlich Ihre erste gedankliche Reaktion, als Sie den ungewöhnlichen Tisch gesehen hatten? Blättern Sie noch einmal zurück und vergleichen Sie Ihre ersten drei Gedanken mit den folgenden Vorschlägen:

- Menschen, deren bevorzugte Strategie das *Träumen* ist, sehen oft das Faszinierende, das Reizvolle in den Dingen: „Das ist ja ein interessantes Design – sieht ja witzig aus, da läßt sich bestimmt was draus machen – der kommt bestimmt aus einem Science Fiction-Film – wenn man den umdrehen würde, wäre das eine phantastische Rutschbahn – ... .“

- Kritische *Denker* äußern sich häufig, indem sie die Situation in Frage stellen: „Der ist aber unpraktisch – das kann ja gar nicht funktionieren – wie soll das denn gehen – also normgerecht ist der nicht – welchen Zweck soll der denn haben – da müßte sich vieles dran ändern – ... .“

- Tatkräftige *Handelnde* begreifen die Situation meist als Chance: „Na bitte, da ist ja der Gartentisch, der mir noch gefehlt hat – wieviel Zeit habe ich dafür, etwas daraus zu machen – na klar, das geht doch ganz einfach zu vollenden – also je nachdem, wo der steht, kann ich den prächtig nutzen – ... .“

Welche Denkstrategie hat sich bei Ihnen – bezogen auf diese Aufgabe – am stärksten geäußert? Bitte kreuzen Sie an:

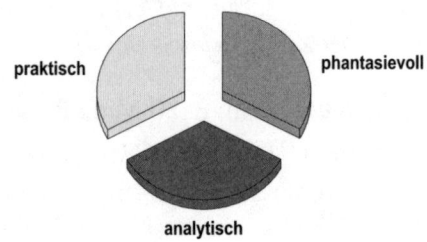

Diesen einfachen Test können Sie mit vielen anderen Aufgaben wiederholen. Gehen Sie dazu eine Aufgabe an und halten nach kurzer Zeit inne. Machen Sie sich bewußt, was Ihre ersten Gedanken waren, als Sie an die Aufgabe herangegangen sind. Sie merken es schon: Es geht hier nicht um ein „richtig“ oder „falsch“, sondern einzig und allein darum, welches *Ihre* Strategie, *Ihre* Denk- und Herangehensweise war – und ob Sie diese Denkweise häufiger favorisieren. **Jede dieser drei Denkstrategien ist ein Ausdruck dessen, was sich zu einem bestimmten Zeitpunkt in Ihrem Geist abspielt.** Wenn Sie etwas für sich wahrgenommen haben, dann können Sie einmal überlegen:

❓ *1. Welche der drei kreativen „Rollen", welche dieser Strategien ist bereits gut entwickelt und Ihnen am vertrautesten?*
2. Welche ist Ihnen von ihrem Wesen her eher fremd? Was bedeutet das für Sie?

	Träumen	Denken	Handeln
Was stört Sie an dieser Strategie/„Rolle"?			
Welche Vorteile könnte diese Strategie/„Rolle" bereithalten?			

3. Was können Sie dazu tun, um die Vorteile und Qualitäten mehr zu erfahren und für sich selbst zu nutzen und zu integrieren?

Jeder von uns trägt einen Träumer, einen Denker und einen Handelnden in sich – dies stützt auch die NLP-Vorannahme *„Du hast alle Ressourcen, die Du brauchst, bereits in Dir".* Doch leider liegen die Anteile zeitweise miteinander in Konflikt. Manche machen sich sogar recht häufig ihre Kompetenz streitig. Beispielsweise der Kritiker, der nicht nur den Traum, die Idee, sondern gleich auch noch den Träumer mit kritisiert: „Wer ist denn nur auf diesen Einfall gekommen? Das ist ja keine besonders kluge Idee." Oder der Handelnde, der jede Idee oder Frage schon im Ansatz unterbricht und ungeduldig loslegen will. Häufig ist es hier die Beobachter-Position, die unfruchtbare Diskussionen beendet und mit dem Blick auf ein Ergebnis den Prozeß und die Beteiligten wieder „in's freie Wasser" leitet.

Wenn alle Positionen sich erst einmal bewußt sind, welche Verantwortung der eigene und welche Bedeutung der andere Part hat, welche einzigartige Qualität in diesen Kreislauf als wesentlicher Bestandteil mit hineinkommt, dann erst bietet sich die Gelegenheit, diese Unterschiedlichkeit zu würdigen und als notwendige, ja, als wirklich einmalige Bereicherung wahrzunehmen und willkommen zu heißen. Im Bewußtsein, daß es drei Seiten braucht, damit aus einer visionären Idee etwas wirklich Praktisches entstehen kann. Auf diese Weise lassen sich alle drei Qualitäten in den kreativen Prozeß, genauso wie in die eigene Persönlichkeit integrieren.

❓ *Wie haben Sie es gelernt, die Ansichten und Meinungen anderer in Ihre Überlegungen miteinzubeziehen?*

Königliche Momente (einzeln; 15–45 Min.; Papier, Stift)

In jedem Menschen ruhen viele kreativen Anteile, offen ausgelebt oder eher verborgen. Wenn Sie Ihre drei kreativen Qualitäten der Power-Kreativitäts-Strategie fördern möchten, machen Sie sich für jede Qualität getrennt bewußt, wie genau sie sich bei Ihnen äußert. Nehmen Sie sich dazu Zeit und schreiben Sie zunächst für Ihre kreative Qualität *Träumen*, dann für das *Denken* und dann für das *Handeln* jeweils drei Situationen auf, ...

... in denen Sie innovativ waren und vor Ideenreichtum gesprüht haben:	... in denen Sie etwas gut strukturiert und sicher beurteilt haben:	... in denen Sie entscheidungsfreudig und erfolgreich gehandelt haben:
1.	1.	1.
2.	2.	2.
3.	3.	3.

Notieren Sie dann – für jede Qualität separat – die Gemeinsamkeiten aus den drei Erfahrungen (1.–3.).

Träumen	*Denken*	*Handeln*
Was glaube ich in diesem Moment über meinen Ideenreichtum?	Was glaube ich in diesem Moment über meine Kritikfähigkeit?	Was glaube ich in dem Moment über meine Handlungsfähigkeit?
Wie sehe, höre, fühle ich?	*Wie* sehe, höre, fühle ich?	*Wie* sehe, höre, fühle ich?
Welche Körperhaltung (Gestik, Mimik) nehme ich ein?	Welche Körperhaltung (Gestik, Mimik) nehme ich ein?	Welche Körperhaltung (Gestik, Mimik) nehme ich ein?

Welche Folgerungen können Sie für sich treffen? Notieren Sie die für Sie wesentlichen Anregungen und aktivieren Sie ...

... Ihren phantasievollen Ideenreichtum	... Ihre konstruktive Kritikfähigkeit	... Ihre tatkräftige Handlungsfähigkeit

Kronjuwelen der Kreativität

Für den gesamten Wirkungskreis der Kreativität bietet das Walt-Disney-Kreativitätsmodell gleich mehrere Vorzüge und einen dreifachen, unschätzbaren Nutzen. Diese Vorteile erheben es zu einer ebenso einfach anwendbaren wie einzigartigen Methode. Zu einer wirklichen *Power-Kreativitäts-Strategie:*

1. Es vereinfacht die Schritte des *kreativen Prozesses* und gibt Ihnen einen wertvollen Hinweis darüber, in welcher Phase Sie sich gerade befinden und welche Qualität Sie genau dort gewinnbringend und sinnvoll einsetzen können. Damit bündelt es Ressourcen.

2. Es kann Ihnen persönlich aufzeigen, wo sich Ihre individuellen kreativen Stärken und Präferenzen befinden, welche Qualitäten noch ausbaufähig sind und was Sie noch als Bereicherung für sich selbst in Ihre *Persönlichkeit* integrieren können. Damit dient es der persönlichen Weiterentwicklung.

3. Es gibt Ihnen einen einzigartigen Anhaltspunkt für die Arbeit in Teams – welche Qualitäten in Ihrem *Team* vertreten sind. So lassen sich die vorhandenen Potentiale effektiv einsetzen oder sinnvoll ergänzen.

Walt Disney selbst war sich ganz genau bewußt darüber, in welchem Stadium eines Projektes er sich befand. Er setzte seine Strategien absolut systematisch ein, um eine Entwicklung gezielt voranzutreiben. Ja, er ging sogar noch einen Schritt weiter und verlangte: **Um die drei Zustände des kreativen Kreislaufs voneinander zu trennen, ist es hilfreich, eigene Zeiträume, besser noch separate Orte für die jeweiligen Qualitäten zu schaffen.**

Für die *Traumphase* eines Projektes richtete er einen eigenen „Story-Raum" ein. Hier wurden neue brillante Ideen geboren – dagegen war jede Form von Kritik verboten. Für die *Kritikerphase* wechselte er den Ort – in dem „Kritikerraum" durfte jede Idee ohne Ansehen der Person bewertet, hinterfragt und kritisiert werden;

dahinter steckte der Glaubenssatz, daß alles durch Nachfragen noch verbessert werden kann. Für die *Handelndenphase* stand ein volleingerichtetes Büro bereit, in dem alles vorhanden war, um Ideen realistisches Leben einzuhauchen.

Dieser Prozeß fand meist im Team statt, um die vorhandenen Potentiale zu vernetzen und zu nutzen – in einer Atmosphäre, in der jeder um den Nutzen des anderen wußte. So gab er seinen Mitarbeitern und seinen Projektteams die Gelegenheit, an bestimmten Orten jeweils ganz charakteristische Denkprozesse zu aktivieren. **Für das Gehirn entsteht dadurch ein roter Faden und es weiß, in welcher Umgebung und welchem Zeitraum es welche charakteristische Qualität und Denkstrategie einsetzen kann.**

Die Verbindung mit einem bestimmten Platz erleichtert das Erinnern an eine Qualität also ganz wesentlich. Das ist der Weg, wie ein Prozeß an Klarheit, gegenseitiger Wertschätzung, Akzeptanz und konzentrierter Energie gewinnt.

> *Was können Sie tun, um sich in Ihrem Büro oder zuhause drei Orte oder Bereiche für die unterschiedlichen Anforderungen einzurichten? Welche Umgebung, Ausstattung und Personen fördern welche Ihrer Denkstrategien?*

Denkstrategie	Umgebung	Ausstattung	Personen
Träumen			
Denken			
Handeln			

Erfolgsstrategien entfalten

Um Fähigkeiten wirkungsvoll entfalten zu können, ist es für normale Anwender wie für Profis im gleichen Maße sinnvoll, die unterschiedlichen Denkstrategien eindeutig zu trennen – auch wenn Fortgeschrittene häufig mit der ihnen eigenen, effizienten und sicheren Schnelligkeit die drei Qualitäten verbinden. Wie so oft, gilt auch hier: **Sie werden eleganter durch Üben!**

Finden Sie Ihren Weg, Ihre persönliche Brillanz, um Ihre Ideen reifen zu lassen. Eine gute Hilfe dabei mag Ihnen der *Separator* sein, mit dem Sie die einzelnen Phasen klar und eindeutig trennen können. Carlos Castaneda, ein Philosoph, hat einmal gesagt: „Wenn Du in einer Situation feststeckst und nicht weißt, wie Du da herauskommen sollst, dann bedenke folgendes: *Alles, was anders ist, ist gut!*"

Separator (einzeln; 1-10 Min.)

Als Separator bezeichnen wir die einfachste und zugleich wirkungsvollste Unterbrechung des augenblicklichen Zustandes mit dem Ziel, in einen anderen gewünschten Zustand zu gelangen – z.B. in einen positiveren Energiezustand – oder bereit zu sein für eine andere kreative Phase. Zugrunde liegt die Erkenntnis, daß etwa eine Veränderung der Körperhaltung einhergeht mit einer Veränderung Ihrer Gehirnaktivität – Sie kommen auf andere Gedanken. Das kann durch die berühmte Kaffeepause geschehen • den Gang zum Fenster, um es zu öffnen • eine Körper- oder Bewegungsübung • durch das Händewaschen auf der Toilette • oder indem Sie einfach aufstehen und einmal um Ihren Stuhl herumlaufen • oder Ihre Telefonnummer rückwärts aufsagen. Welchen Separator könnten Sie erfolgreich nutzen, um sich in einen anderen Zustand zu versetzen und Situationen eine positive Wendung zu geben?

Wenn Sie eine Fähigkeit in eine wirkliche Erfolgsstrategie wandeln möchten, greifen Sie auf die Unterstützung anderer Personen zurück. Ihr Vorteil dabei: Sie öffnen Ihren Focus und nehmen aufmerksam wahr, wer in Ihrer Umgebung schon ganz selbstverständlich über die Stärken verfügt, die Sie nutzen möchten.

Energieaustausch (1-14 Partner; 12-25 Min.; Karten)

Schaffen Sie sich eine unterstützende Energie für diejenigen Ihrer kreativen Anteile und Qualitäten, die noch ausbaufähig sind (nach Bernd Isert).

1. Markieren Sie auf dem Boden die drei Walt-Disney-Positionen *Träumer*, *Denker* und *Handelnder* mit Hilfe jeweils einer Karte.

2. Steigen Sie nacheinander in jede Position / Rolle ein. Spüren Sie hinein, ob Sie die jeweilige Qualität bereits vollständig zur Verfügung haben oder ob Ihnen in einer dieser Positionen noch etwas fehlt. Manchmal kann es Ihnen dabei helfen, sich an eine konkrete Situation zu erinnern.

3. Wenn Sie in einer Position noch etwas gebrauchen können, finden Sie jemand aus Ihrem Umfeld, der diese Qualität für Sie verkörpert. Schauen Sie sich bewußt um und fragen Sie sich z.B.: „ *Welche Person hier hat etwas in sich, was meinem Träumer gut tun könnte?*" Nehmen Sie mit dieser Person Kontakt auf und sagen Sie ihr, welche ihrer Fähigkeit Sie gerne integrieren würden und ob sie dazu bereit wäre.

4. Nehmen Sie auf Ihre Weise diese Qualität auf – z.B. durch einen tiefen Blickkontakt mit dieser Person, durch ein Schlüsselwort, was diese Person ausspricht, durch einen intensiven Händedruck, ...

5. Um die Qualität auf den bewußten und unbewußten Ebenen zu integrieren, bitten Sie die Person um einen persönlichen Gegenstand, den Sie für einen Tag behalten und danach wieder zurückgeben. Auf diese Weise findet ein gegenseitiger Energieaustausch statt – durch Bereicherung und Bewußtmachung: Sie gewinnen eine neue Ressource (die zugleich bei dem „Absender" verbleibt) – und Ihr „Modell" gewinnt ein Bewußtsein über seine (ihm selbst vielleicht noch unbekannten) Stärken.

Das Walt-Disney-Kreativitätsmodell, diese faszinierende Strategie, ist nur eine Metapher für das geordnete Zusammenspiel von unterschiedlichen Denkstilen – ein Konstrukt, eine Vereinbarung. Es entspringt dem amerikanischen Pragmatismus, dem es weniger darauf ankommt, ob etwas „wahr", bewiesen ist, sondern vielmehr, ob es angemessen, zweckmäßig ist und funktioniert. Und: Es funktioniert tatsächlich! Es ist ein eindrucksvolles Vorbild dafür, wie vom Wesen her ganz unterschiedliche Fähigkeiten individuell und zugleich harmonisch zusammenwirken und erst gemeinsam etwas wirklich Innovatives ergeben. Ein Modell dafür, wie Sie die Tatsache selbstverständlich und kooperativ nutzen können, daß jeder Mensch seine Landkarte von der Welt, sein eigenes Bild von der Wirklichkeit, seine individuellen Stärken und einmaligen Eigenschaften hat. Wie Sie diese Verschiedenartigkeit, die Individualität, als wertvolle Chance begreifen können, aus der Einzigartiges entstehen kann – ein Königsweg Kreativität für Ihre Ideen.

Und dafür finden Sie im weiteren Verlauf spezifische Hilfsmittel und Werkzeuge, mit deren Hilfe Sie Ihr Potential in allen Phasen wecken, bereichern und kompetent nutzen können. Wohlan, Sie haben es sicherlich gemerkt: Sie sind schon gut auf dem Weg. Auf dem Weg zu Ihrer persönlichen kreativen Kompetenz!

Walt-Disney-Techniken

Ziel:
Ideen finden, hinterfragen und in Lösungen umsetzen, Nutzen einer brillanten Strategie

Weitere Anwendungsmöglichkeiten:
Aktivierung der persönlichen Ressourcen, Teamentwicklung, Rollenverständnis und -wechsel

Problemlösung:
Reduktion des kreativen Prozesses nur auf einzelne Eigenschaften

Umfang:
12 Min. bis 1-Tages-Kompaktform

Material:
Papier, Stifte, Flipchart

„Wenn sich Gegensätze ergänzen, ist alles harmonisch." – Lao-Tse

Beschreibung:
Das Walt-Disney-Kreativitätsmodell bezeichnet ein grundlegendes Design für persönliche Kreativitätsstrategien und Teamrollen. Es bezieht in einzigartiger Weise die Wesensmerkmale unterschiedlicher Kreativitätsphasen mit ein und führt die Qualitäten *Träumen*, *Denken* und *Handeln* innovativ und sinnvoll zusammen. Als Ideenfindungs-, Persönlichkeitsentwicklungs- oder als Teamprozeß durchgeführt, kombiniert es unterschiedliche Blickwinkel, Meinungen, Standpunkte und Strategien. Die vielfältigen Aufgaben und Übungen haben gemeinsam, daß sie die 3 Positionen sauber voneinander trennen und an verschiedenen zeitlichen oder räumlichen Stellen „ankern", um dort ihre Wirkung effektiv zu entfalten. So ergänzen sich visionäre, analytische und praktische Fähigkeiten wie Facetten zu einem ganzheitlich kunstvollen und zugleich handfesten Mosaik. Welcher dieser Qualitäten könnten Sie bei Ihrer nächsten Aufgabenstellung einmal mehr Raum geben, um etwas wirklich Innovatives zu erschaffen?

Aufgaben:

🦄 Aus drei mach acht (12.) (einzeln; 3-8 Min.; Papier, Stifte)

Teilen Sie einen runden Kuchen mit nur 3 Schnitten in 8 gleiche Stücke auf – z.B. um Ihr Kreativitätsteam zu versorgen.

🦄 Über alle Grenzen (13.) (einzeln; 3-10 Min.: Papier, Stifte)

Zeichnen Sie ein Viereck auf ein Blatt Papier und zergliedern Sie es anschließend mit einer einzigen (!) geraden Linie in *drei* Teile. Dabei soll das Papier ganz bleiben.

✋ Drei Stühle (einzeln; 12-25 Min.; 3 Stühle, Papier, Stifte)

Wenn Sie für eine vorgegebene Aufgabenstellung umfassend Informationen sammeln wollen, eignet sich die Technik der „drei Stühle" (nach Dilts) hierzu.

1. Visualisieren Sie für sich Ihre Aufgabenstellung und stellen Sie drei Stühle im Raum oder um einen Tisch herum bereit.
2. Steigen Sie auf dem Stuhl des *Träumers* ein und betrachten Sie Ihr Thema aus seinen Augen und mit seiner Lust, etwas Neues zu kreieren. Spielen Sie mit vielen Möglichkeiten und Unmöglichkeiten und entwickeln Sie phantastische Einfälle.
3. Wechseln Sie auf den Stuhl des *Denkers* und lauschen Sie Ihrer inneren Stimme und den Erfahrungen, die Ihnen zu diesem Thema einfallen. Unterziehen Sie Ihre Ideen einer genauen Prüfung und hinterfragen Sie sie.
4. Gehen Sie weiter und geben Sie auf dem dritten Stuhl den Gefühlen des *Handelnden* Raum für konkrete Lösungen. Entwickeln Sie zweckmäßige, praxisorientierte Maßnahmen.
5. Wechseln Sie sooft Sie möchten, bis Sie auf jeder Position mit Ihrem Ergebnis zufrieden sind. Schließen Sie die Aufgabe dann auf dem Stuhl des Handelnden ab.

⏰ Orte der Kreativität (einzeln; 5-60 Min.)

Finden Sie in Ihrer Umgebung – an Ihrem Arbeitsplatz oder bei sich zu Hause – für die drei kreativen Qualitäten Träumen, Denken und Handeln drei verschiedene Orte oder Plätze. Diese sollen dem Wesen dieser Rolle, dieser Aufgabe, entsprechen und für Sie eine eindeutige Verbindung zu der jeweiligen Qualität aufweisen.

🐚 Walt-Disney-Rondell (paarweise; je 20-30 Min.; Karten, Stifte)

Mit dieser Übung (nach Dilts) können Sie selbst die kreativen Fähigkeiten der einzelnen Strategien wahrnehmen und ihre besondere Wertigkeit für eine konkrete Aufgabenstellung erkennen. Ein Partner kann sie unterstützen.

1. A wählt sich ein Thema oder eine Aufgabe, die er bearbeiten will.
2. Dann sucht sich A im Raum 4 verschiedene Positionen: je einen Platz für Träumer, Denker/Kritiker, Handelnder und neutraler Beobachter und markiert diese Positionen jeweils mit einer farbigen Karte.
3. B läßt A nacheinander auf jeder Position eine Situation erinnern, in der A genau diese besondere Qualität und Fähigkeit schon einmal in herausragender Weise hatte und führt A mit allen Sinnen in die jeweilige Rolle hinein – was er sehen – hören – fühlen kann.
4. Auf der 4. Position, die einen dissoziierten Überblick über die anderen drei bietet, überprüft A, wie der Anteil der Positionen ist, ihr Abstand und ihre Beziehung zueinander – ggf. sind Veränderungen möglich.
5. B unterstützt nun A, für ein konkretes Ziel …

    … in der *Träumerposition* Ideen zu entwickeln: Was will A erreichen? Was wäre ideal? Was ist für A besonders attraktiv?

    … in der *Denker-/Kritikerposition* die Ideen zu beleuchten und zu hinterfragen: Was kann an diesen Ideen verbessert werden? Wo ist Kritik angebracht? Was ist noch zu berücksichtigen?

    … in der *Handelndenposition* Umsetzungsformen zu entwickeln: Wie genau kann das umgesetzt werden? In welchen Schritten und in welcher Reihenfolge muß vorgegangen werden?

    … in der *Beobachterposition* die Gedankengänge und Entwicklungen der vorhergehenden Positionen noch einmal wahrzunehmen und quasi „von außen" Revue passieren zu lassen.
6. A durchläuft solange die 4 Positionen, bis er in allen Positionen zufrieden ist und Informationen und Lösungsansätze gesammelt hat.
7. Wenn A anschließend seine Erinnerungen notieren will, kann ihn B dabei unterstützen – ggf. durch Mitschreiben bereits im Schritt 5.

☀ Drei Farben (1-7 Partner; 6-15 Min.; Papier, Stifte)

Erklären Sie Ihrem Partner einmal anhand von drei Bildern, was …

*   eine Zwickmühle ist,
*   was Ebbe und Flut sind
*   wie das Spiel Dame mit seinen Spielregeln geht.

🖐 **Teamrondell** (3 Partner; 30-60 Min.; Wandplakat, Stifte)

Wenn eine Gruppe zusammen eine Aufgabenstellung zu bearbeiten hat, unterstützt das Teamrondell Sie dabei, sich einen umfassenden Eindruck von dem Thema zu verschaffen.

1. Legen Sie Ihre Aufgabenstellung fest.
2. Verteilen Sie die kreativen Positionen so, daß jedes Teammitglied eine Rolle innehat, also zur gleichen Zeit je ein Träumer, Denker, Handelnder und Beobachter existieren. Dabei ist die Beobachter-Position jeweils für die Einhaltung des Zeitrahmens, der Rollen, eventueller Regeln und der Ergebnissicherung zuständig; hierzu kann z.B. ein Wandplakat in einen Kreis mit drei großen Feldern unterteilt werden, um alle Ideen, Fragen und Handlungsanweisungen aufzunehmen.
3. Beginnen Sie, indem die Beobachter-Position die Aufgabe noch einmal benennt und dann jedes Teammitglied nur aus seiner Rolle heraus, mit den ganz speziellen Qualitäten der Rolle, und von seinem Platz aus, seinen Teil dazu beiträgt, die Aufgabe zu bearbeiten.
4. Nach etwa 5-8 Minuten wechseln Sie Ihre Plätze im Uhrzeigersinn, indem jeder aufsteht und so einen Separator macht. Dann begibt sich jeder an einen neuen Platz mit einer neuen Strategie und versetzt sich in diese Rolle. Die Beobachter-Position „läutet" den Arbeitsbeginn ein. Das wird so oft wiederholt, bis jeder einmal in jeder Rolle war.

Diese Technik läßt sich auch gut in einer größeren Gruppe durchführen. Hierbei werden dann 3 Kleingruppen gebildet, die die unterschiedlichen Positionen gleichzeitig einnehmen und von einem Moderator – der Beobachter-Position – durch den Prozeß begleitet werden.

🖐 **Freie Brillanz** (3-9 Partner; 30-60 Min.; Papier, Stifte)

Wenn ein Team eine Lösung finden will, können die 3 Positionen auch auf alle Mitglieder verteilt werden (nach Isert). So gibt es eine Gruppe, die träumt und Ideen entwickelt, eine Gruppe, die die Ideen hinterfragt und Verbesserungen anregt, und eine Gruppe, die die konkrete Umsetzung angeht. Eine ausgewogene Verteilung der 3 Rollen hilft, die Balance zu bewahren. Die Zuordnung zu den Rollen kann so erfolgen, daß diejenigen eine Position einnehmen, die sich hierin für besonders brillant halten; dabei ist eine Umbesetzung jederzeit möglich, muß aber benannt werden. So können die Qualitäten der Gruppe optimal genutzt werden. Wenn ein Teilnehmer die Beobachter-Position übernimmt, erleichtert das die Einhaltung der Regeln.

🌀 Gebündelte Qualitäten (2-7 Partner; 30-45 Min.; s. Anleitung)

Bei dieser Technik (nach Dilts) bearbeitet eine Gruppe eine Aufgabenstellung so, daß die gesamte Gruppe *zusammen* alle 3 Positionen des Walt-Disney-Kreativitätsmodells durchläuft und ihr Potential vernetzt.

1. Wählen Sie ein Thema aus, an dem Sie arbeiten wollen; das kann eine Problemsituation sein, für die Sie noch keine Lösungsstrategie haben oder eine Idee oder ein Wunsch.

2. Installieren Sie die drei Positionen Träumer, Denker und Handelnder als Zustände und markieren Sie sie, indem Sie Bodenanker (Karten) auslegen. Nun gehen Sie mit allen zusammen auf jede Position und lassen jeweils eine persönliche Erinnerung kommen, wann der jeweilige Zustand schon einmal besonders erfolgreich erlebt wurde. Die einzelnen Positionen werden durch einen Separator sauber getrennt.

3. Installieren Sie eine Beobachter-Position und finden Sie hierfür einen besonderen Platz im Raum, der einen dissoziierten Überblick über die anderen Positionen bietet. Überprüfen Sie auch, ob der Abstand der Positionen eine eindeutige Trennung der Zustände ermöglicht oder was Sie hier noch verändern können.

4. Nun können Sie die drei Qualitäten für Ihr konkretes Ziel nutzen. Steigen Sie zuerst auf der *Träumerposition* ein und sammeln Sie 8-10 Minuten lang so viele Ideen wie möglich. – Separator –

5. Wechseln Sie – auch tatsächlich räumlich – Ihre Position und hinterfragen Sie 8-10 Minuten lang auf der *Denkerposition* hemmungslos alles, was Sie zuvor erträumt hatten; verbessern Sie Ihre Ideen. – Separator –

6. Wechseln und 8-10 Minuten lang auf der *Handelndenposition* konkrete Schritte festlegen – was zu tun ist, wer es tut, bis wann. – Separator –

7. Gehen Sie abschließend auf die Beobachter-Position und überprüfen Sie, ob die einzelnen Positionen deutlich voneinander getrennt waren.

8. Dann durchläuft das Team die einzelnen Positionen nochmals in kürzerer Zeit, um überall wahrzunehmen, ob die Qualitäten und auch Bedürfnisse der drei Positionen vollständig berücksichtigt sind.

9. Zum Abschluß kann die ganze Gruppe in einem Energiekreis noch einmal alle Qualitäten vereinigen. Dazu bilden alle einen Kreis und fassen sich an den Händen. Die Gruppe dreht sich dann im Uhrzeigersinn und alle durchlaufen, immer schneller werdend, die drei Positionen und integrieren die vorhandenen Qualitäten – bis die Energien in einem kleinen Kreis in der Mitte dann zur Ruhe kommen und jeder für sich noch einen Moment nachschwingen kann.

⬠ Turm der Vielfalt (beliebig; 15-25 Min.; Papier, Stifte, Musik)

Nehmen Sie eine angenehme Position ein; im Sitzen – oder sogar im Liegen – bequem machen. Und während Sie der Musik lauschen, können Sie schon wahrnehmen, wie Ihr Atem ruhiger und gleichmäßiger wird und Sie diese Zeit der Entspannung genießen können. Und Sie können sich auf eine Phantasiereise begeben: *eine Reise in das Land der Burgen und Schlösser.*

In ein Land voller Natürlichkeit und Vielfalt – voller Geheimnisse und Schätze – neugierig betreten und schon von Ferne wahrnehmen, wie viele Burgen und Schlösser auf Sie warten – kleine und große – ältere, die schon von den Ereignissen der Jahrhunderte künden – und gut erhaltene und prachtvoll geschmückte. Eine besonders schöne Burg öffnet ihre Türen und lädt Sie ein, in das Innere einzutreten – ein großer, imposanter Turm thront über allem – und Sie können eine alte Holztreppe emporsteigen.

Auf jeder Etage gibt es ein Fenster – mit einem anderen Ausblick auf die Umgebung – und lädt Sie ein, für einen Moment zu verweilen. Und mit einer Frage, mit Ihrer Aufgabenstellung, steigen Sie hinauf – und auf jeder Stufe verweilen und wahrnehmen, was da ist – für Ihr Thema:

- Das 1. Fenster öffnet den Blick für den *Träumer* ... und dann neugierig weiter –
- Das 2. Fenster läßt die Stimmung des *Denkers* anklingen ... und nachdenklich weiter –
- Das 3. Fenster läßt dem Handelnden Raum, sich zu entfalten ... und entschlußfreudig höher steigen –

Schließlich, ganz oben in der Spitze, gibt es ein viertes Fenster; von hier aus können Sie – mit etwas Abstand – die Vorteile wie auch die „weißen Flecken" aller 3 Positionen wahrnehmen, übersehen, und Ressourcen in die einzelnen Rollen geben. Und dann, im eigenen Tempo wieder hinabsteigen – und an jedem Fenster die Ressourcen mithineingeben – und wieder weitergehen – bis ganz hinunter – und vor dem Turm auf den Burghof treten – und auf einer Bank einen Moment ausruhen. Und dann erwachen Sie ganz allmählich – in Ihrem Tempo wieder hier, in diesen Raum zurückkommen, wie nach einem Traum. Finden Sie eine Bewegung, die Sie wieder ganz hierhin zurückbringt – und wenn Sie möchten, können Sie das, was Sie erfahren haben, jetzt für sich aufschreiben.

⬠ Nackenschmeicheln (einzeln; 3-6 Min.)

Im bequemen Stehen oder Sitzen tief durchatmen und die Schultern entspannen. Mit geschlossenen Augen den Kopf leicht nach vorn neigen und locker hängenlassen. Und dann beginnen, den Kopf leicht hin und her zu rollen, von einer Schulter zur anderen, behutsam im eigenen Rhythmus. Bei jeder verspannten Stelle für einen Moment verweilen und entspannen, mit der Nase kleine und ruhige Hin-und-her-Bewegungen machen und tief durchatmen.

Reisefertig

„Handele stets so, daß du die Anzahl
deiner Möglichkeiten vergrößerst.“ – Heinz v. Foerster

Kreativität ist eine Qualität unserer ganzen Persönlichkeit und ihres Wechselspieles mit der Welt. Kreativer Esprit ist jedem Menschen eigen, wenngleich auch manchmal brachliegend, ungenutzt. Je mehr wir dieses „Denkfeld" bestellen, unser Repertoire an kreativen Methoden erweitern und uns als innovative und originelle Denker begreifen, desto einfallsreicher scheinen wir zu werden. Es hat den Eindruck, als könnten wir selbst unsere ureigensten kreativen Impulse stimulieren und schöpferischen Ressourcen anzapfen.

Um unsere Phantasie (wieder-)zu beleben und verborgene Fähigkeiten zu trainieren, gibt es viele Wege. Wer nichts versucht, dem wird auch nichts mißlingen, allerdings auch nichts gelingen – wir schließen die Möglichkeit des Gelingens aus. Darum: Gehen Sie jetzt los und entdecken Sie Ihren Königsweg Kreativität! Geben Sie Ihren kreativen Denkfähigkeiten eine Chance und nutzen Sie auf natürliche Weise das ganze Potential Ihrer vorhandenen Kreativität. Drei essentielle Punkte werden Ihnen auf dem Weg zum erfolgreichen Ideenmanagement helfen, um vom Gehirn-Besitzer zum Gehirn-Benutzer aufzusteigen, nämlich wenn Sie …

* Ihre Einzigartigkeit und Neugier wirklich wertschätzen!
* die Ideen und Meinungen anderer als Bereicherung anerkennen!
* in der Lage sind, frei und ausgiebig aus dem vollen Schatz Ihrer Erfahrung schöpfen zu können!

Das in diesem Buch vorgestellte Modell und das vielfältige Repertoire dienen als Grundlage für berufliche und alltägliche Erneuerungen. Wählen Sie aus unserem Menü die Angebote aus, die Ihnen gefallen und die Sie unterstützen. Und wenn Sie ein besonders gutes gefunden haben, mit dem Sie am liebsten all Ihre Probleme lösen und all Ihre Ideen finden würden: Lassen Sie es los! Es bleibt Ihnen ja auf jeden Fall erhalten. Denn wer weiß: vielleicht war es ja erst Ihre erste Lösung? Wenn Sie Lust haben eine Brücke zu bauen, hin zu einem spielerisch leichten und effektiven Umgang mit Veränderungen, dann befreien Sie die magischen Kräfte Ihrer Kreativität und mobilisieren Sie jetzt Ihren wertvollsten „Rohstoff": Ihr geistiges Potential. Viel Erfolg auf diesem Weg!

„Das alles wird nicht in den ersten hundert Tagen vollendet werden.
Es wird weder in den ersten tausend Tagen, noch während dieser Regierungsperiode
vollendet werden, vielleicht nicht einmal während unserer Lebenszeit.
Aber lassen Sie uns damit beginnen.“ – John F. Kennedy

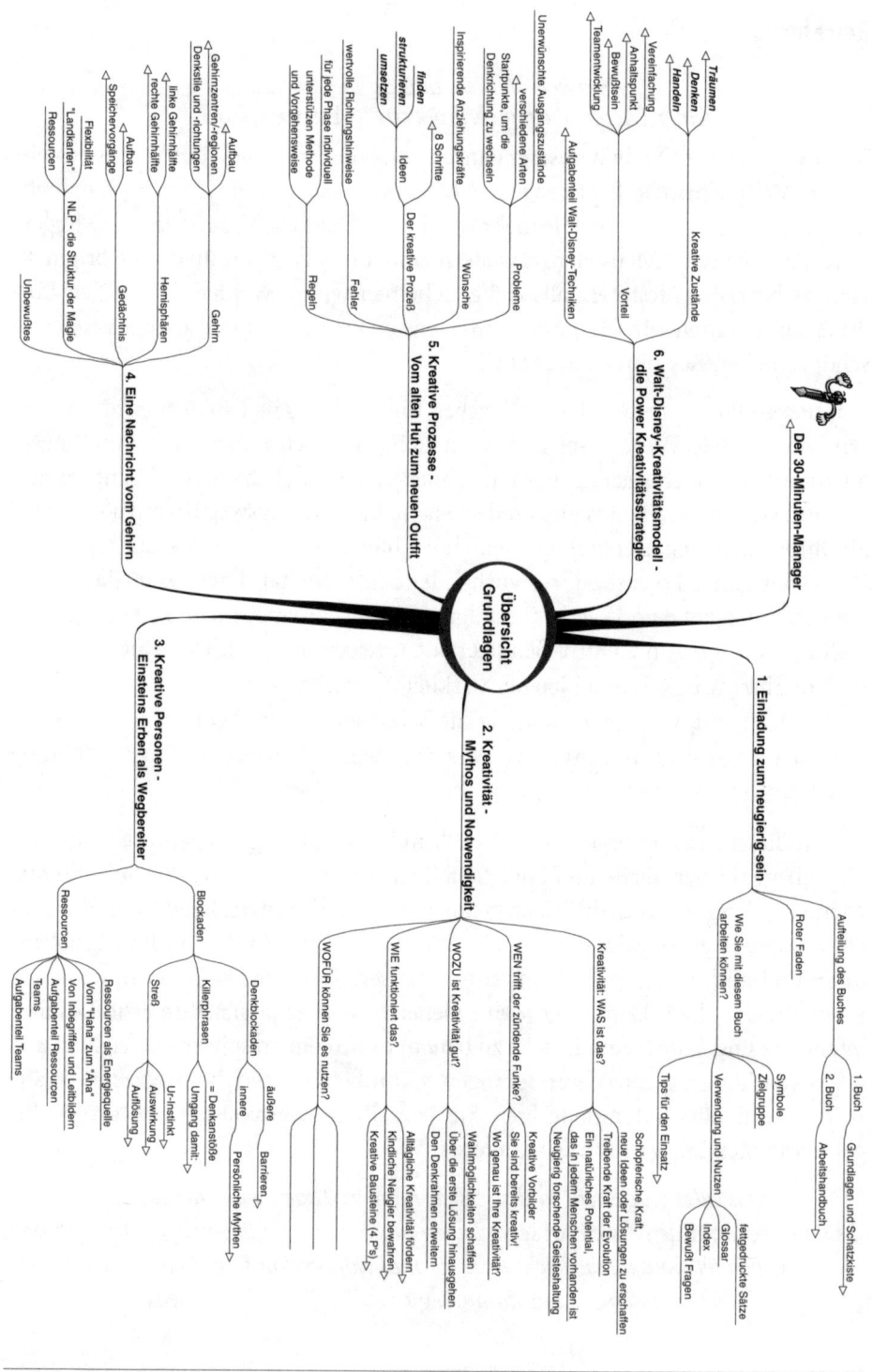

Der 30-Minuten-Manager

Übersicht Grundlagen

1. Einladung zum neugierig-sein

Wie Sie mit diesem Buch arbeiten können?

- Roter Faden
- Aufteilung des Buches
  - 1. Buch — Grundlagen und Schatzkiste
  - 2. Buch — Arbeitshandbuch
- Symbole
- Zielgruppe
- Verwendung und Nutzen
  - fettgedruckte Sätze
  - Glossar
  - Index
  - Bewußt Fragen
- Tips für den Einsatz

2. Kreativität - Mythos und Notwendigkeit

- Kreativität: WAS ist das?
  - Schöpferische Kraft, neue Ideen oder Lösungen zu erschaffen
  - Treibende Kraft der Evolution
  - Ein natürliches Potential, das in jedem Menschen vorhanden ist
  - Neugierig forschende Geisteshaltung
- WEN trifft der zündende Funke?
  - Kreative Vorbilder
  - Sie sind bereits kreativ!
  - Wo genau ist Ihre Kreativität?
- WOZU ist Kreativität gut?
  - Wahlmöglichkeiten schaffen
  - Über die erste Lösung hinausgehen
  - Den Denkrahmen erweitern
- WIE funktioniert das?
  - Alltägliche Kreativität fördern
  - Kindliche Neugier bewahren
  - Kreative Bausteine (4 P's)
- WOFÜR können Sie es nutzen?

3. Kreative Personen - Einsteins Erben als Wegbereiter

- Ressourcen
  - Ressourcen als Energiequelle
  - Vom "Haha" zum "Aha"
  - Von Inbegriffen und Leitbildern
  - Aufgabenteil Ressourcen
  - Teams
  - Aufgabenteil Teams
- Blockaden
  - Killerphrasen
  - Streß
    - Ur-Instinkt
    - Auswirkung
    - Auflösung
  - Denkblockaden
    - = Denkanstöße
    - Umgang damit
    - äußere
    - innere — Persönliche Mythen
    - Barrieren

4. Eine Nachricht vom Gehirn

- Gehirn
  - Aufbau
  - Gehirnzentren/-regionen
  - Denkstile und -richtungen
- Hemisphären
  - linke Gehirnhälfte
  - rechte Gehirnhälfte
- Gedächtnis
  - Aufbau
  - Speichervorgänge
  - Flexibilität
  - "Landkarten"
  - NLP - die Struktur der Magie
- Ressourcen
- Unbewußtes

5. Kreative Prozesse - Vom alten Hut zum neuen Outfit

- Der kreative Prozeß
  - 8 Schritte
  - Ideen
  - Fehler
  - Regeln
- wertvolle Richtungshinweise für jede Phase individuell unterstützen Methode und Vorgehensweise
- **finden**
- **strukturieren**
- **umsetzen**

6. Walt-Disney-Kreativitätsmodell - die Power Kreativitätsstrategie

- Aufgabenteil Walt-Disney-Techniken
  - Vorteil
- Kreative Zustände
  - Unerwünschte Ausgangszustände
  - verschiedene Arten
  - Startpunkte, um die Denkrichtung zu wechseln
  - Inspirierende Anziehungskräfte
    - Wünsche
    - Probleme
- **Träumen**
- **Denken**
- **Handeln**
  - Vereinfachung
  - Anhaltspunkt
  - Bewußtsein
  - Teamentwicklung

7. Wohin des Weges – ein Ziel formulieren

„Auch die längste Reise und der unbekannteste Weg
beginnen mit dem ersten Schritt." – chinesisch

In der ersten Phase des kreativen Prozesses geht es darum, die Route abzustecken. Dieser Schritt dient wie bei jeder Reise dazu, die notwendigen Vorbereitungen zu treffen, damit wir uns um so eleganter auf den Weg machen können. Wir erhalten eine Vorstellung davon, wo die Reise eigentlich hingehen soll, wie lange sie ungefähr dauert und was uns am Ende erwartet. Das macht Sinn, ist es doch recht angenehm, wenn wir beispielsweise im herbstlichen Kanada aus dem Flugzeug steigen und feststellen, daß es gut war, den Koffer mit den leichten Hemden und den Bermudashorts zuhause gelassen und statt dessen an die wärmeren Pullover und eine wetterfeste Jacke gedacht zu haben. Genauso macht es eben auch Sinn zu wissen, wo wir hin möchten und welche Ressourcen wir dafür einsetzen. Und wie wir genau dafür das phantastische Kapital unseres Gehirns nutzen und anzapfen können. Geboren aus Wünschen, aus Träumen oder aus Notwendigkeiten heraus taucht das Bedürfnis nach einem Ziel auf. Vielleicht am Anfang noch nicht ganz klar, manchmal noch undeutlich umrissen, eher wie ein Traum, dem wir eine Frist gesetzt haben. Und so unterscheiden sich Ziele auch, es gibt langfristige und kurzfristige, Ziele in bestimmten Bereichen (etwa Berufsziele, private Ziele, Lebensziele), Gesamtziele (das, was wir zum Ende hin erreicht haben wollen), Teilziele und auch parallele Ziele, die wir gleichzeitig anstreben können.

❓ *In welchen Bereichen Ihres Lebens ist es für Sie sinnvoll, sich Ziele zu setzen? Welches ist der Bereich, der für Sie als erstes ansteht? Und welchen Gewinn haben Sie davon, sich genau hier ein Ziel vorzunehmen? Was versprechen Sie sich davon?*

Was und wohin möchten Sie überhaupt? Wobei soll Ihnen Kreativität zur Hand gehen? Um in irgendeiner Sache Erfolg zu haben, müssen sich Kraft und Energie und Aufmerksamkeit in eine bestimmte Richtung bewegen – hin zu einem Ziel. **Ein Ziel ist ein Filter, um Ihre Aufmerksamkeit genau in die Richtung zu lenken, wohin Sie wollen!** Dabei verhält es sich so wie bei der Fahrt mit einem wunderschönen Auto. Wenn Sie die Fahrt wirklich genießen wollen, werden Sie beim Fahren tunlichst nach vorn schauen, dahin, wo Sie hin möchten – und die Fahrt nicht so bestreiten, daß Sie nur nach hinten, in den Rückspiegel blicken. Wie ein Entdecker, ein Forscher, der auch noch nicht ganz genau weiß, wie der Weg verlaufen wird und genau deswegen seine ganze Aufmerksamkeit nach vorn richtet, weil er eine feste Vorstellung davon hat, wonach er sucht und was sein Reiseziel ist. Genau das ist der Weg, …

- ausgehend von einem Startpunkt, einem gegenwärtigen, unerwünschten Anfangszustand (*weg von*) loszugehen,
- um einen erwünschten Zustand (*hin zu*) zu erreichen und
- die dazwischenliegenden Barrieren zu überwinden, die diese Veränderung im Moment noch verhindern.

❓ *Wohin möchten Sie und was wollen Sie am Ende dieses Weges, dieses Prozesses erreicht haben? Können Sie Ihr Ziel in einem Satz umreißen? Können Sie ein Bild, eine Karte davon anfertigen? Ist dieses Ziel für Sie erstrebenswert?*

Die Chance, eine Idee zu entwickeln und zur Vollendung reifen zu lassen wird um so größer, je bewußter wir uns dessen sind, was wir eigentlich erreichen wollen. Um ein Ziel anzustreben und zu erreichen, ist es wichtig, sich schon vorher in den Zielerfolg hineinversetzen zu können, ihn gedanklich – mental – vorwegzunehmen. Wir geben also unserem „geistigen Motor" ein Programm ein, damit es die Erreichung des Zieles organisieren kann. Je gehirngerechter wir das tun, um so mehr focussieren wir unsere Energie auf dieses Ziel. Indem wir dazu alle Sinne ausnutzen, ermöglichen wir unserem Gehirn eine ganzheitliche Wahrnehmung und Repräsentation. Der erste Schritt dazu ist die sprachliche – besser noch die schriftliche – Formulierung des **erwünschten Zielzustandes** und das Bewußtsein: Woran genau erkennen Sie, daß Sie Ihr Ziel *erreicht haben*, was genau macht Ihren Erfolg wahr? So *konkret, „wohlgeformt"* und *sinnesspezifisch* formulieren, daß Sie Ihre bewußten und unbewußten Denkaktivitäten vollständig auf dieses Ziel ausrichten. Das ist die Voraussetzung für den Erfolg – und Ihr Leitfaden bei der Suche nach Lösungen.

❓ *Woran merken Sie, daß Sie da sind? Was ist für Sie der Beweis, daß Sie Ihr Ziel tatsächlich erreicht haben? Was genau nehmen Sie wahr?*

Nun gibt es auch Unterschiede in der Art, *wie* Sie losgehen. Kennen Sie Ihre Ziel*richtung*? Es gibt Menschen, die perfekt wissen, was sie nicht wollen. Ihre Gedanken und ihre Energie bleiben bei dem Problem und sie richten ihre inneren Progamme darauf aus, ein negatives Ergebnis zu vermeiden; sie drehen sich im Kreise. Unser Gehirn behandelt jedoch eine Negation ganz anders als erwünscht. Glauben Sie nicht? Denken Sie doch bitte für einen Moment ganz intensiv nicht an einen *rosa Elefanten*. Sie wissen schon, so einen … Hat's geklappt? Natürlich nicht, oder doch? Wenn ja, wie haben Sie es gemacht? Haben Sie vielleicht an einen roten

Dackel gedacht? Oder an eine grüne Schildkröte? Wie auch immer, unser Gehirn braucht eine Menge Konzentration dafür, um an etwas „nicht" zu denken. Es muß zuerst eine Vorstellung von dem entwickeln, was es eigentlich nicht soll, um überhaupt zu wissen, wovon es weg muß – erst dann kann es diese Vorstellung tilgen. Dies bedarf eines bewußten Denkprozesses, einer Aufmerksamkeit. Bei allen Nichtformulierungen kreiert das Gehirn zuerst das, was Sie nicht wollen. Und all die Bilder, die wir in uns herstellen, sind für uns handlungsleitend. Das ist wie mit den Verkehrsschildern: Erst muß der Gegenstand des Verbots aufgemalt sein (Überholvorgang) und dann ist er durchgestrichen, also: Verbot. Eine Energie, die wir viel effektiver verwenden könnten, indem wir gleich an den positiven, er-wünschten Zielzustand denken. An das, was wir eigentlich wollen.

Unsere ganze Sprache ist voll von Negationen, von Wörtern wie „nicht", „kein", „un-" und „weniger". *Beispiele*: „Ich möchte weniger Streß haben bei meiner Arbeit" (Angestellter), „Bitte nicht die Tür zwischen der Jungen- und Mädchenumkleide öffnen" (im Schwimmbad), „Faß nicht die Herdplatte an" (Mutter zu ihrem Kind), „Wenn du doch nur nicht immer so rücksichtslos wärst" (Ehepartner). Ganz oft ist es so: wenn Menschen die Kontrolle über etwas verlieren, daß sie sich genau auf das fixieren, was sie um jeden Preis verhindern wollen. **Sie bewegen sich immer auf das zu, Sie erreichen immer genau das, worauf Sie Ihre Aufmerksamkeit richten.** Es macht beispielsweise für einen Turmspringer einen gewaltigen Unter-schied aus, wo er seinen Focus hinlenkt. Ob er „auf gar keinen Fall hart auf dem Wasser aufprallen darf und Verletzungen vermeiden will" – oder ob er sein Denken und sein Handeln darauf ausrichtet, „den Sprung elegant auszuführen und sauber und leicht einzutauchen". Sprechen Sie selbst diese beiden Sätze einmal laut aus und Sie werden den Unterschied wahrnehmen. Und das bedeutet, daß es Ihre eigene Entscheidung ist, ob Sie sich darauf konzentrieren, wie Sie von einem Problem wegkommen oder darauf, wie Sie Ihr zukünftiges Ziel erreichen.

> *„Sie können die potentiellen Impulse vor sich gar nicht sehen, auch wenn Sie doppelt so scharf auf das schauen, was hinter Ihnen liegt."* – Luigi Colani

Wenn Sie Ihre Aufmerksamkeit wechseln und auf etwas anderes lenken, ändert sich die Richtung meist nicht sofort. Es dauert eine gewisse Zeit, bis unser neuer Horizont auch zu neuen Erfahrungen führt. Was bedeutet das? **Je eher und je konkreter Sie sich auf das konzentrieren, was Sie wirklich wollen, desto eher führt dieser neue Focus auch zu neuen Erfahrungen und zu Lösungen.** Manchmal kann es auf diesem Weg hilfreich sein, wenn Sie Ihr Ziel in eine Zielfrage umformulieren – z.B.: *„Wie kann ich erreichen, daß ....?"*. So geben Sie Ihrem Gehirn gleichsam den Auftrag, Antworten und Lösungen hierfür zu finden. Ist das eine Garantie für einen schnellen Durchbruch? Wohl nicht, aber es erhöht Ihre Chancen beträchtlich und verschafft Ihnen eine klare, deutliche und aussagekräftige Vorstellung davon, wie Sie Ihre Energien einsetzen können.

❓ *Kennen Sie Ihre Zielrichtung: Wissen Sie nicht nur, was Sie nicht wollen, sondern wissen Sie auch, was statt dessen? Orientieren Sie Ihre inneren Programme darauf, daß Sie Ihren gewünschten Zustand erreichen und wenden Sie Ihre Energie für das auf, was Sie wirklich wollen.*

Wann ist ein Ziel denn nun *wohlgeformt?* Es ist dann wohlgeformt, wenn Sie bereits durch die Zielformulierung eine motivierende Energie und Lust in sich freisetzen, die Sie befähigt, genau dieses Ziel wirklich zu erreichen. Wenn Sie Ihr Ziel *in einem Satz* konkret und attraktiv so ausdrücken, daß Sie selbst nachts noch in schlaftrunkenem Zustand darüber Auskunft geben können und sagen: *„Ja, das ist genau das, was ich will!"* Hierfür bietet sich die Technik des Zielrahmens an, mit der Sie Ihr Ziel so beschreiben und formulieren, daß es ...
... Ihre Wünsche konkretisiert und Ihre Kreativität beflügelt,
... Ihre Prioritäten beeinflußt und Ihre Entscheidungen vorantreibt,
... Ihre Wahrnehmung und Aufmerksamkeit focussiert,
... die „richtigen", aktivierenden Fragen in Ihnen auslöst,
... Sie zum realen Handeln motiviert,
... Sie zu einem attraktiven Erfolg führt,
... überprüfbar wird – bei einem eigenen Ziel durch Sie selbst und bei einem Teamziel durch jeden Beteiligten.

Ein Ziel wohlgeformt formulieren heißt, eine Entscheidung zu treffen; eine Entscheidung über das, was Sie in Zukunft erreicht haben wollen. Dabei sind Ziele selbst noch keine Maßnahmen! Ein Ziel fragt nach dem **WAS** – *Was will ich erreichen? Was für einen Endzustand strebe ich an?* –, während eine Maßnahme nach dem **WIE** fragt: Wie komme ich dahin? Wie kann ich Unterstützung und Hilfsmittel nutzen und organisieren?

❓ *Können Sie sich vorstellen, daß Sie Ihr Ziel erreichen?*

Nutzen Sie die Chance, Ihren ganz persönlichen kreativen Prozeß zu gestalten, indem Sie sich in dieser Startphase, in der Vorbereitung für etwas Neues, bewußt werden, welches Ziel Sie eigentlich mit Hilfe dieses Buches verfolgen. Wobei Ihnen das, was Sie auf Ihrem Weg finden, helfen kann und was Sie überhaupt finden möchten. Und was Sie hier noch unterstützen kann, Ihre Ressourcen zu wecken und vollständig für das einzusetzen, was Sie erreichen möchten.

Zielrahmen

Ziel:
Ziele wohlgeformt formulieren

Weitere Anwendungsmöglichkeiten:
Informationssammlung, Richtung
festlegen, Entscheidung treffen

Problemlösung:
Problemausrichtung

Umfang:
10-40 Min. zu Aufgabenbeginn

Material:
Papier, Stifte, Flipchart

*„Sich ein Ziel zu setzen ist eine Denkübung, die das
natürliche Erfolgssystem in Ihnen aktiviert.“* – Walter D. Staples

Beschreibung:
Wenn Sie losgehen und etwas erreichen wollen, kann es günstig sein, die Richtung
zu kennen, wo Sie hin wollen. Um einen Wunsch in die Tat umzusetzen, lohnt es
sich, daraus ein Ziel zu machen und es so zu formulieren, daß Sie Ihr Denken darauf
ausrichten, es auch zu erreichen. Das ist das Vorgehen, all Ihre Ressourcen und
unbewußten Programme für dieses Ziel zu aktivieren. Der Zielrahmen ist ein
definiertes Format, um einen angestrebten Zielzustand im voraus überprüfen zu
können. Beginnen Sie damit, indem Sie sich ein Ziel auswählen, etwas, was Sie –
mit diesem Buch beispielsweise – erreichen wollen. Dann formulieren Sie dieses
Ziel nach den Wohlgeformtheitskriterien so, daß es wirklich attraktiv ist und daß
Sie Lust haben, dafür aktiv etwas zu tun. Beginnen Sie damit jetzt.

1. Je kürzer dieses Ziel **in einem Satz** formuliert ist, desto größer die Chance, sich
   daran zu erinnern und es zu tun. Nennen Sie Ihr Ziel klar und deutlich.
   - ➤ **Positiv:** Formulieren Sie Ihr Ziel positiv, also kein „kein" und nicht Nicht-
     formulierungen, sondern genau das, was Sie haben wollen! Also, nicht:
     „Nicht an Rot denken" *sondern:* „An Blau denken! Oder an Silber".

➤ **Eigenverantwortlich:** Das Ziel sollte aktiv *aus eigener Kraft erreichbar* sein, in Ihrer Kontrolle, und sich nicht auf die Handlung anderer Leute beziehen, sondern darauf, was Sie selbst tun können, um Ihr Ziel zu erreichen. Beginnen Sie Ihren Zielsatz mit: „*Ich ...*".

➤ **Konkret:** Formulieren Sie Ihr Ziel *konkret in der Gegenwart*, um in Ihrem Gehirn eine Wirkung auszulösen, so als ob das Ziel unmittelbar bevorsteht. Also nicht in der Zukunft: „Ich werde, ich könnte, ich will ..."; alle Möglichkeitsformen sollten unterbleiben, sondern formulieren Sie Ihr Ziel in der Gegenwart: „Ich habe ..., ich bin ..., ich mache ..., ich spüre ... " Sie können das daran erkennen, daß in der Regel nur noch *ein Verb* in Ihrem Zielsatz enthalten ist, das, was Sie wirklich tun.

2. Bestimmen Sie den **Kontext** (Rahmen):
Wann, wo, mit wem möchten Sie dieses Ziel erreichen? Je genauer Sie beschreiben, wann, wo und mit wem Sie dieses Ziel erreichen möchten, um so natürlicher, konkreter können Sie Ihr Ziel vorwegnehmen und überprüfen.

3. Sichern Sie die **Evidenz** (Gewißheit):
Woran werden Sie genau erkennen, daß Sie Ihr Ziel erreicht haben? Beschreiben Sie mit all Ihren fünf Sinnen, was Sie sehen ... hören ... fühlen ... und auch riechen und schmecken können. Wie einen vollständigen Tonfilm erleben, was es für Sie wahr macht, daß Ihr Ziel in Erfüllung gegangen ist?

4. Machen Sie den **Werte-Check** (ethischer Rahmen):
Paßt das Ziel zu Ihren Werten? Können Sie damit angenehm leben?

5. Integrieren Sie den **Ökologiecheck** (sozialer Rahmen):
Wie wirkt sich das sozial aus, wenn Sie Ihr Ziel erreichen, auf Ihre Umgebung? Welche Konsequenzen hat das, für Sie selbst, für Ihre Beziehung, für andere Beteiligte, für die Umwelt? Welchen Preis müßten Sie dafür bezahlen? Können und wollen Sie diese Konsequenzen tragen?
Wenn Ihr bester Freund so wäre, wäre das für *Sie* angenehm?

6. Erkennen Sie die **Positive Absicht**:
Welchen Vorteil bietet Ihnen das alte Verhalten, der alte Zustand; was ist die tieferliegende positive Absicht Ihrer Bemühungen oder der jetzigen Situation, welche guten Gründe gibt es? Was davon möchten Sie in Ihrem neuen Ziel sicherstellen und wie können Sie diesen Vorteil für sich integrieren?

7. Treffen Sie eine **Entscheidung**: *Ja, das will ich!*
An dieser Stelle sollte ein begeistertes und lustbetontes **JA** kommen. Wenn hier oder bei einem vorigen Schritt ein innerer Einwand, wie: „Nein, das ist es noch nicht, was ich will" kommt, dann können Sie Ihr Ziel so verändern und angleichen, bis Sie wirklich energievoll JA sagen: *JA, ich tue es!*

Wie lautet Ihr Zielsatz? Was ist Ihr Ziel, was Sie mit Hilfe dieses Buches erreichen wollen?

Aufgaben:

Eine Linie (14.) (einzeln; 4–8 Min.; Papier, Stifte)

Zeichnen Sie die folgende Figur mit einer einzigen Linie, ohne den Stift vom Papier abzusetzen. Dabei darf jede Linie nur einmal gezogen werden.

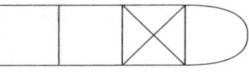

Wegweiser (einzeln; 2-10 Min.; Papier, Stifte)

Drei Fragen, die Ihnen ebenso einfach wie wirkungsvoll Ihren momentanen Stand und Ihre Richtung aufzeigen und begreiflich machen können. Dies gilt für Sie allein genauso, wie für eine Gruppe oder ein Team.

1. **Was genau ist Ihr Ziel? Wo wollen Sie hin? Was wollen Sie?**
   Beschreiben Sie es positiv, eigenverantwortlich und konkret.

2. **Woran merken Sie, daß Sie es erreicht haben? Wie werden Sie Ihren Erfolg empfinden?**
   Beschreiben Sie es mit all Ihren Sinnen, genau und anziehend.

3. **Was tun Sie, um es zu erreichen?**
   Machen Sie sich bewußt, was Sie wirklich schon tun.

4. **Was hindert Sie im Moment noch daran, es jetzt schon zu haben?**
   Benennen Sie konkret das, was Sie noch zurückhält.

5. **Welche Ressourcen haben Sie schon dafür?**
   Erinnern Sie sich daran, was Sie bereits zur Verfügung haben.

Sie können sich diese fünf wegweisenden Fragen in jeder Situation stellen, in der Sie etwas in Ihrem Leben erreichen oder verändern wollen. Geben Sie sich eine Antwort darauf, so spontan oder so ausführlich, daß Sie diesen Wegweiser wirklich für Ihre Richtung nutzen können.

🦁 Zielstrebig (15.) (einzeln; 3-8 Min.; Streichhölzer)

Entfernen Sie aus der nebenstehenden Figur 4 Streichhölzer, so daß insgesamt nur 6 Quadrate übrigbleiben. Es ist dabei gleich, welche Größe die einzelnen Quadrate haben.

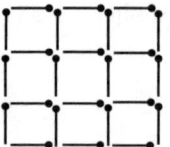

⏰ Vom Wunsch zum Ziel (einzeln; 25-40 Min.; Papier, Stifte)

Wenn Ihnen die Formulierung eines konkreten Zieles noch zu früh erscheint, setzen Sie einen Schritt vorher an.

1. Erstellen Sie eine Liste Ihrer Wünsche: Was wäre ideal, wenn es das in Ihrem Leben gäbe? Was bräuchten Sie, um sich rundum wohl zu fühlen? Ganz ungeordnet sammeln.

2. Unterteilen Sie Ihre Wünsche in die Bereiche:
   a) *Beruf / Arbeit;*
   b) *Beziehungen / Partnerschaft;*
   c) *Ich selbst / Entwicklung / eigenes ganzheitliches Wohlbefinden.*
   Diese Einteilung kann Ihnen einen ersten Überblick liefern, wie sich Ihre Wünsche auf diese wesentlichen Bereiche in Ihrem Leben verteilen, ob sie ausgeglichen sind oder ob Schwerpunkte entstehen.

3. Sortieren Sie Ihre Wünsche in diesen Bereichen nach Zeiträumen:
   ➤ *kurzfristig*   ➤ *mittelfristig*   ➤ *langfristig*
   Dabei definieren Sie die Bedeutung dieser Zeiträume selbst und nehmen Sie auch wieder wahr, wie hier die Verteilung ist; ob sie ausbalanciert ist oder welche Unterschiede es gibt.

4. Finden Sie die Gründe, die es gibt, um etwas für das Erreichen Ihrer Wünsche zu tun.

5. Markieren Sie spontan den Wunsch, den Sie innerhalb der nächsten 4 Wochen verwirklicht haben wollen und formulieren Sie daraus schriftlich einen wohlgeformten Zielrahmen. Legen Sie einen Termin fest.

6. Treffen Sie jeden Tag drei machtvolle Entscheidungen, indem Sie entscheiden:
   • *worauf Sie Ihre Aufmerksamkeit richten,*
   • *was das für Sie bedeutet,*
   • *was Sie konkret tun.*

⏰ Einmal täglich (einzeln; 8–15 Min.)

Setzen Sie sich wenigstens einmal täglich hin und denken Sie über Ihr Ziel nach. Wie es ist, wenn Sie dieses Ziel erreichen, mit all Ihren Sinnen erleben, beteiligt sind und die Freude und den Genuß wirklich spüren.

🐎 Bogenschütze (einzeln; 4–8 Min.)

Aufrecht hinstellen mit leicht gebeugten Knien und in der Ferne ein gedachtes Ziel anvisieren; mit allen Sinnen vollständig eintauchen in das Zielbild, wirklich vorstellen, daß Ihr Ziel sich da vorne, vor Ihnen befindet. Und dann wie ein Bogenschütze einen imaginären Bogen heben und einen Pfeil auflegen, einen Pfeil, der die eigene Entschlossenheit und Motivation darstellt. Im eigenen Tempo langsam den Pfeil auf das Ziel ausrichten und den Bogen spannen und dann, wenn die Energie vollständig da ist, den Pfeil fliegen lassen und wahrnehmen, wie er dem Ziel entgegenfliegt und das Ziel erreicht und trifft, ganz selbstverständlich, energievoll und zugleich spielerisch leicht.

8. Kreative Arbeitstechniken für Träumer, Denker, Handelnde

Welche Kreativitätstechniken helfen, auf noch ungenutzte Felder des Gehirns zu stoßen?

Denkstrategie	Kreativitätstechnik	Seite	Nutzen	Kreativphase
Träumer	Brainstorming	170	Stürmisches mündliches Ideensammeln	Ideen finden
	Brainwriting	170	Ruhiges schriftliches Ideensammeln	
	Mind Mapping	171	Einfälle und Geistesblitze bildlich vernetzen	
	Kopfstand-Technik	171	Innovativ und phantasievoll denken	
Denker	Gedankenfelder	174	Ideen hinterfragen und einordnen	Ideen strukturieren
	Attribute-Listing	174	Komplexe Fragestellungen ordnen + Ideen optimieren	
	Ideenanalyse	175	Lösungsansätze mit gezielten Fragen analysieren	
	Mehrpunktabfrage	175	Ideen bewerten und auswählen	
Handelnder	Entscheidungsliste	178	Entscheidungen nachvollziehbar treffen	Ideen umsetzen
	Maßnahmenplan	178	Konkrete Zeitpläne und Checklisten erstellen	
	Motivationsfeld	179	Andere wirkungsvoll überzeugen	

Um die Arbeitstechniken gezielt auf den kreativen Kreislauf abzustimmen und effektiv einzusetzen, kann Ihnen das nachfolgende Beispiel als roter Faden dienen.

Problem definieren:	Ein Hotelbetrieb klagt über Kundenrückgang und hohe Storno-Quoten.
Ziel festlegen:	Das Hotel steigert in der nächsten Sommer-Saison seinen Umsatz um 10 % und gewinnt neue Kunden, die vom Angebot, Service und Preis-Leistungs-Verhältnis begeistert sind.
Rahmenbedingungen:	• 30-minütige Ideenkonferenz der engagierten Hotel-MitarbeiterInnen (14 Personen) • Wunsch: als Initialzündung für Serviceorientierung 1 konkrete Idee finden und bearbeiten

Ideen finden	Ideen strukturieren	Ideen umsetzen	
Kopfstand-Technik, 1. (S. 171): *Wie können wir Kunden verschrecken?*	**Ideenanalyse (S. 175):** *Persönliche Zimmerausstattung (Beispiel anhand Idee 6.)*	**Maßnahmenplan (S. 178):** *Wie führen wir diese Idee zur neuen Sommer-Saison praktisch ein?*	

Ideen finden	Ideen strukturieren	Maßnahme	Termin
1. Anti-Werbung schalten	• **Erfüllt die Idee die Aufgabenstellung:**	• KoordinatorIn festlegen	bis 31. Jul.
2. Personal pöbelt Gäste an	– JA, als ein Detail der Serviceorientierung	• Kontakt mit Reiseveranstaltern	bis 31. Aug.
3. dreckige, vergitterte Zimmer	• **Wie läßt sie sich umsetzen:**	• Fragebogen für Gäste erstellen	bis 24. Sep.
4. Dienst nach Vorschrift (Siesta)	– Orientierung am Kunden: langfristig (1 Angebot frei, wie beim Pizza-Taxi 1 freie Zutat); spontan vor Ort: gegen Aufpreis	• Fragebogen verteilen (alte Gäste)	bis 01. Okt.
5. sündhaft überhöhte Preise			
6. Lachsack bei Sonderwünschen	– Katalog für ausgefallene Ideen	• Fragebogen auswerten	bis 08. Nov.
7. bissige Kampfhunde halten	• **Welche Vorteile hat sie:**		
8. verfaultes Obst ans Buffet	– „wie zu Hause"	• Ideen sammeln (Sonderleistungen)	bis 08. Nov.
9. Termine verschlampen	– individueller Nutzen		
10. Kameras auf Zimmer; Geheimübertragung in Gästeraum	– Urlaub wie im Traum	• Katalog mit Fotos erstellen	bis 22. Nov.
11. Wecken mit Preßlufthammer	• **Welche Nachteile hat sie:**	• Auswahlliste für Gäste erstellen	bis 22. Nov.
12. Gäste wie Luft behandeln	– hoher Aufwand		
13. bei Abrechnung betrügen	– unerfüllbare Wünsche	• Werbeprospekt erstellen	bis 29. Nov.
↓	– Interesse unkalkulierbar		
Kopfstand-Technik, 2. (S. 171): *Wie können wir Kunden begeistern?*	• **Welche Widerstände könnte es geben / von wem:**	• Katalog/Auswahlliste versenden	bis 1. Dez.
1. „Tag der Offenen Tür"	– Aufwand (Belegschaft)	• Fremdenverkehrsamt informieren	bis 5. Dez.
2. Personal als „personal Coach"	– Verweigerung (Behörde)		
3. Panoramatapeten mit Sonne	– Neid (Konkurrenz)	• Werbung in Zeitschriften schalten	bis 31. Jan.
4. „Day + Night"-Service	• **Folgen *schlimmstenfalls:***		
5. all you can drink, Cocktails frei	– Ansprüche der Gäste steigen	• Sonderleistungen organisieren	bis 28. Feb.
6. Persönliche Zimmerausstattung: Auswahl aus Sonderkatalog	– finanzieller Verlust		
	– Häme der Konkurrenz	• Zimmer aus-/umrüsten	bis 15. Mär.
7. Streichelzoo für Kinder	• **Folgen *idealerweise:***		
8. Frischethermometer für tagesfrische Lebensmittel	– wiederkehrende Gäste	• Lokalfunk anrufen	bis 15. Apr.
	– Gruppen mit gemeinsamen Sonderwünschen	• 1. Gast mit neuem Angebot begrüßen	ab 1. Mai
9. bei Fehlverhalten des Hotels erhält Gast 1 Woche Urlaub			
10. Video-/CD-Verleih im Haus	– Aufbau als Franchisesystem	• Zwischenauswertung	bis 31. Juli
11. Lärmschutz + Kunst verbinden	• **Ist die Idee den Einsatz wert:**		
12. Individualität betonen: Handtücher mit Namen des Gastes	– AUF JEDEN FALL!!!		
13. 1 Leistung wird gratis gewährt			
Träumer	*Denker*	*Handelnder*	

(alle Einfälle und Anregungen sind auszugsweise dem Protokoll der Ideenkonferenz entnommen)

Ergebnis (nach 1 Jahr)	Der Sonderleistungskatalog umfaßte Angebote wie: Internetanschluß (Büro), Trimm-Geräte (Fitneß), Cocktail-Bar (Vergnügen) u.a. Die Aktion erbrachte ein Umsatzplus von 12,5 %.

I. Träumer

Ziel:
Ideen sammeln und Geistesblitze entwickeln

Weitere Anwendungsmöglichkeiten:
Wahlmöglichkeiten schaffen, über Denkgrenzen hinausgehen

Problemlösung:
Logikzentriertes Denken

Dauer:
$1/3$ der Aufgabenzeit, zu Beginn des kreativen Zyklus

Material:
Papier, große Stifte, Flipchart / Wandzeitung, ggf. Moderator

„Der Mensch erkennt die Welt nicht durch das, was er ihr entnimmt, sondern durch das, was er an Träumen hinzufügt. " – orientalisch

Beschreibung:
Jeder von uns trägt bereits einen **Träumer** in sich – den Träger jener offenen, visionären Geisteshaltung, die typisch für die Zeugungsphase von Ideen ist. Seine Rolle ist es, neue Ziele auszumachen, eingefahrene Wege zu verlassen, nach interessanten Dingen Ausschau zu halten und neue Ideen zu entwickeln. Kurz: phantasievolle und phantastische Impulse zu geben und ein Bedürfnis zu wecken: *„Wäre es nicht toll, wenn ... ?!!!"* Er ist ein Forscher, ein Entdecker, ein Erfinder, ein Reisender in die Zukunft. Mit Neugierde und Phantasie im Handgepäck steht er am Anfang des Königsweges Kreativität und wartet ungeduldig darauf, den Faszinationen des Unbekannten zu begegnen und neue Ideen hervorzubringen. Nutzen Sie die Kreativitätstechniken hier, um Ihre Phantasie zu beflügeln und planen Sie eine „Forschungszeit" fest in Ihr Tagesprogramm ein. Spielen Sie ernsthaft mit Leichtigkeit und Kompetenz und entzünden Sie Ihren visionären Geist. *Was können Sie neu entdecken und wo warten Ideen auf Sie? Was ist Ihr Traum?*

Aufgaben:

Quadratur (16.) (2-5 Min.; Papier, Stifte)

Malen Sie 1 Quadrat mit 3 geraden Linien. Wie viele Lösungen finden Sie?

Brainstorming klassisch (3-19 Partner; 15-45 Min.; Wandplakat, große Stifte)

Das klassische Brainstorming (nach Osborn) ist eine zielgerichtete Ideenkonferenz, die unter einem gewissen Zeitdruck möglichst viele Ideen und Anregungen produzieren soll. Das typische freie Assoziieren dieser Gruppenarbeitsmethode, bei der es durch die gegenseitige Anregung zu spontanen Kettenreaktionen kommt, eignet sich besonders bei Problemfeldern, für die bereits ein Ziel definiert und eine Fragestellung klar umrissen ist. Es nutzt die Tatsache, daß unser Gehirn ständig bemüht ist, Assoziationen herzustellen, also neue Informationen mit Bekanntem zu verknüpfen. Eine freie und lustbetonte Atmosphäre, die Verfügbarkeit der benötigten Materialien und eine kreativitätsfördernde Sitzordnung erleichtern es, die Gedanken einmal so richtig stürmen zu lassen. Steigen Sie nach einer ersten, möglichst ganzheitlichen Einstimmung auf das Thema aktiv ein:

1. Führen Sie eine kurze Problemanalyse durch und stellen Sie die Fragestellung genau dar.
2. Sorgen Sie für eine zwanglose und offene Atmosphäre; Spaß und Erfolg sind die beiden Triebkräfte des Brainstormings.
3. Steigen Sie in einen freien Gedankenaustausch ein. Sammeln Sie alle (!) Ideen zu Ihrer Fragestellung und stellen Sie die Protokollierung, den Zeitrahmen und die Regeleinhaltung sicher; ganz wichtig: wirklich alle (!!!) Ideen und Äußerungen festhalten.
4. Nutzen Sie die „2. Ideenwelle" – motivieren Sie die Beteiligten zu einem zweiten geistigen Höhenflug, wenn der erste Ideenansturm abebbt. Meist geht diese „2. Welle" tiefer.
5. Vereinbaren Sie danach die weitere Vorgehensweise, wie Sie mit den gesammelten Ideen umgehen.

Praxisaufgabe: Finden Sie mit Hilfe einer Brainstorming-Technik möglichst viele und einfallsreiche Antworten auf die folgenden Fragen: Was kann man mit 100.000 alten CDs anfangen? Wozu läßt sich eine Streichholzschachtel alles verwenden? Um Ihren Geist auf Touren zu bringen, legen Sie den „umstürmten" Gegenstand in natura vor.

Brainwriting klassisch (3-7 Partner; 10-35 Min.; Papier, Stifte, 1 Uhr)

Beim klassischen Brainwriting schreibt jeder Teilnehmer so viele Ideen wie nur möglich auf ein Blatt Papier. Nach einer vorher festgelegten Zeit wechseln alle Blätter im Uhrzeigersinn den Besitzer. Nun kann jeder auf das neue Blatt sowohl weitere eigene Ideen aufschreiben, wie auch vorhandene Ideen ergänzen und erweitern. Die Ideenfindungsphase ist erst abgeschlossen, wenn jeder wieder sein eigenes Blatt vor sich hat und dieses noch einmal ergänzen konnte.

Mind Mapping (einzeln; 8-30 Min.; Papier, Stifte)

Malen von Gedankenbildern (Mind Maps) – so wird die Power-Methode Mind Mapping (nach Buzan) oft auch bezeichnet. Die assoziativen Verknüpfungen, die bei dieser einzigartigen Technik entstehen, sind eine Art Sichtbarmachen der individuellen Denkstrukturen. Folgende Arbeitsregeln haben sich dafür bewährt:

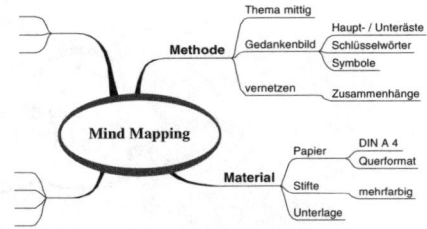

- Legen Sie Ihr Blatt quer vor sich; so können Ihre Ideen frei wachsen.

- Schreiben Sie Ihr Thema – evtl. mit Bild – zentral in die Blattmitte,

- und assoziieren Sie nun frei drauflos. Hängen Sie alle Gedanken, die Sie dazu entwickeln, als Hauptäste → Unteräste → und kleinere Zweige einfach an. So entwickeln und verzweigen Sie Ihre Ideenlandkarte frei nach allen Seiten und erfassen Ihre Gedankenzusammenhänge auf einen Blick. Sie entwickeln Ideen genauso, wie Ihr Gehirn arbeitet.

- Verwenden Sie Schlüsselbegriffe, sie animieren zu weiteren Ideen.

- Symbole und Bilder regen die rechte Gehirnhälfte an.

- Wenn Sie mit unterschiedlichen Farben arbeiten, gewinnt Ihre Mind Map an Struktur – Logik und Phantasie werden angesprochen und miteinander vernetzt.

- Ein spezieller Ast „Besonderes" kann Ihnen helfen, Geistesblitze, die Sie nicht sofort zuordnen können, dort „abrufbereit" einzutragen.

Vorteile dieser Methode: Jede Idee läßt sich nachvollziehen • Ergänzungen sind jederzeit möglich • Bereiche lassen sich persönlich zuordnen • „weiße Flecken" lassen sich erkennen • als Computerprogramm lassen sich Ideen abbilden, Informationen aufbereiten und Protokolle führen.

Kopfstand-Technik (3-6 Partner; 30-50 Min.; Wandplakat, große Stifte)

Eine Umkehrmethode (nach de Bono), die bewußt einen Perspektivenwechsel auslöst. Die Aufgabenstellung wird auf den Kopf gestellt, in ihr Gegenteil verkehrt, negativ formuliert. Die Auseinandersetzung mit der konträren Fragestellung öffnet vollkommen neue Horizonte und hilft, eingefahrene Wege zu verlassen.

1. Zuerst wird ein IST-Zustand definiert und ein Ziel festgelegt.

2. Dann wird die Aufgabenstellung umgedreht, also negativ formuliert; hierzu werden Ideen gesammelt und auf 1 Wandplakat visualisiert. *Beispiel: „Wie können wir verhindern, daß unser Produkt gekauft wird?", „Wie kann ich mit meiner Kritik jemanden vor den Kopf stoßen?"*

3. Anschließend werden zu jeder „Umkehrungsidee" Gegenlösungen gesammelt, indem die Fragestellung wieder ins Positive umgedreht wird. *Beispiel: „Wie können wir einen reißenden Absatz unseres Produktes fördern?", „Wie kann ich meine Kritik so konstruktiv formulieren, daß der Andere sie gerne annimmt?"*

Welche Spielregeln sind notwendig, geistigen Freiraum zu schaffen?

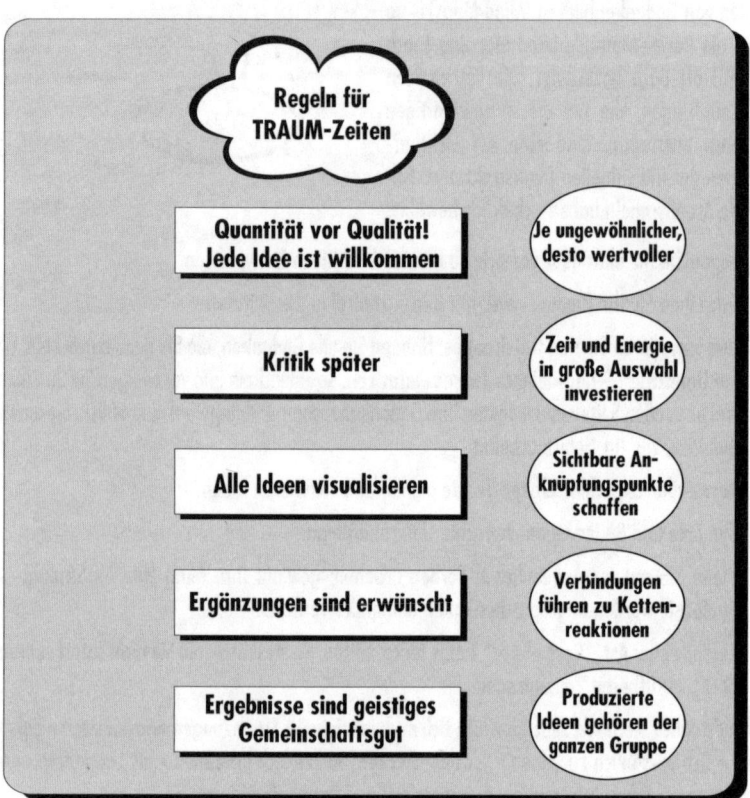

Diese Regeln unterstützen die Zeit des **Träumens** und stellen sicher, daß möglichst viele Ideen gefunden werden können.

Vereinbaren Sie die Regeln, die *in der phantasievollen Phase* für Ihr Team gelten sollen, mit allen Beteiligten gemeinsam und hängen Sie die Vereinbarungen so aus, daß sie von allen zu sehen sind.

II. Denker

Ziel:
Lösungsansätze ordnen und bewerten; mit Fragen optimieren

Weitere Anwendungsmöglichkeiten:
Bewertungsgrundlagen einrichten

Problemlösung:
Zu viele oder unrealistische Ideen

Dauer:
$1/3$ der Aufgabenzeit

Material:
Papier, große Stifte, Flipchart / Wandzeitung, ggf. Moderator

„Der menschliche Geist gleicht einem Fallschirm; er kann nur funktionieren, wenn er offen ist." – Francis Picabia

Beschreibung:
Auch der **Denker** – häufig auch als Kritiker bezeichnet – ist eine Qualität, die jedem von uns innewohnt. Eine Rolle, die wir vielfach schon ausgefüllt haben und deren Ziel es ist, eine Aufgabenstellung so vorzubereiten, daß ein Handelnder „loslegen" kann. Ein weiteres Ziel: herausfinden, wie eine vorgebrachte Idee so verbessert, ergänzt, gekürzt werden kann, daß sie in ein bestehendes System oder einen Zusammenhang hineinpaßt und daß sie einen Fortschritt in Richtung auf das Ziel darstellt. Dazu nutzt er die Erfahrungen der Vergangenheit und bedient sich einer scharfsinnigen Wahrnehmung, analytischen Einschätzungsfähigkeit und seiner konstruktiven Fragen: *„Wie* müßte etwas verändert werden, damit es umsetzbar ist?"! Um Ideen wegweisend zu optimieren, ist vor allem eine Frage über die Fragen von entscheidender Bedeutung: „Welche Frage kann den Prozeß jetzt weiterbringen?" Wenn der Kritiker erst einmal Ihre Idee akzeptiert, dann wissen Sie, daß sie auf dem Königsweg Kreativität ist, von dauerhaftem Wert zu sein! Mit den Kreativitätstechniken in diesem Abschnitt können Sie den Dingen auf den Grund gehen: *Warum sollten wir das so machen? Was ist das Ziel, was wir verfolgen? Wie muß etwas sein, daß es anwendbar ist?*

Aufgaben:

 Einfaches addieren (17.) (einzeln; 2-8 Min.; Papier, Stifte)

Zählen Sie 5 ungerade, positive und ganzzahlige Ziffern so zusammen, daß die Zahl 14 rauskommt. Also keine geraden oder negativen, auch nicht die 0 oder Brüche sondern: 5 ungerade, positive und ganzzahlige Ziffern zusammenzählen zur Zahl 14.

Gedankenfelder (beliebig; 8-45 Min.; Wandplakat/Papier, Stifte)

Eine ebenso einfache, wie wirkungsvolle Methode, um in kurzer Zeit viele Informationen zu sammeln und zu sortieren. Insbesondere in Gruppen, in denen die Meinung vorherrscht, „wir haben zwar ein Problem, wissen aber ansonsten gar nichts", kann mit Hilfe der Gedankenfelder ein eindrucksvoller AHA-Effekt erzielt werden.

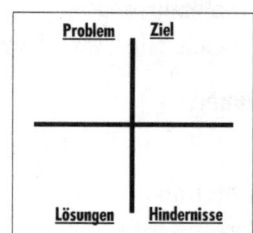

Auf einem Blatt Papier oder einem Wandplakat bereiten Sie ein Koordinatenkreuz mit 4 Feldern vor, die Sie beschriften mit *Problem – Ziel – Lösungen – Hindernisse*. Dann steigen Sie in ein zwangloses Gespräch mit einer Gruppe zu einer bestimmten Aufgabenstellung ein – idealerweise mit 2 Moderatoren. Während der eine das Gespräch führt, hat der andere die Aufgabe, alle – auch die kleinsten – Details aufzunehmen und in einem der 4 Felder zu visualisieren. Bereits nach kürzester Zeit erkennen Sie, daß schon ganz viele Gedanken vorhanden sind, die Sie zuordnen und nutzen können.

Attribut-Listing (2-7 Partner; 15-180 Min.; Wandplakat, Stifte)

Verbesserung und Weiter- statt vollständiger Neuentwicklung: So kann ein bestehendes Produkt oder Verfahren in 4 Schritten (nach Crawford) durch systematisches Variieren bekannter Merkmale noch einmal interessant gestaltet werden, ohne eine grundlegende Neuentwicklung nötig zu machen.

1. Zuerst wird die Aufgabenstellung in ihre Teilelemente/Einzeleigenschaften aufgeteilt; diese werden in die linke Tabellenspalte („ Eigenschaft") eingetragen – sinnvoll sind maximal 5-8 Teilelemente. *Beispielaufgabe: Verbesserung einer Parfümverpackung.*
2. Dann werden die derzeitigen Ausprägungen einer bekannten Lösung in die 2. Spalte („ derzeitige Lösung") jeweils neben das entsprechende Teilelement gesetzt.

Diese Schritte nimmt der Aufgabensteller oft allein vor. In die Spalte „ Zielvorgabe" *kann* zusätzlich eine richtungsweisende Vorgabe notiert werden.

3. Nun sammelt *die Gruppe* neue, alternative Lösungen für alle Eigenschaften oder modifiziert bekannte Ausprägungen und setzt sie in die 4. Spalte („ mögliche Alternativen").
4. Die Gruppe nimmt eine erste Auswahl der Verbesserungsvorschläge vor, die endgültige Entscheidung obliegt dem Aufgabensteller.

Das Attribut-Listing ist auch einzeln durchführbar.

Eigenschaft	derzeitige Lösung	Zielvorgabe	mögliche Alternativen
Form	kleine runde Flasche	geheimnisvoll	Pyramide, Bootsform, Sphinxform,
Verschluß	Drehverschluß	sicher und originell	Schnappverschluß, Sprüher, Prismenöffnung, ...
Namenszug	Papieraufkleber	materialsparend	weglassen, direkt auf die Flasche geschrieben, graviert

Ideenanalyse (einzeln; 10-30 Min.; Papier, Stifte)

Wenn Sie einen gefundenen Lösungsansatz realisierbar gestalten möchten, hinterfragen Sie ihn zielgerichtet mit Hilfe dieser Beurteilungsfragen:

- Wird die Idee der Problemstellung überhaupt gerecht? Erfüllt sie die Anforderungen der Aufgabenstellung? Welchen Nutzen hat sie?
- Ist die Idee umsetzbar? Wie müßte sie dazu verändert werden?
- Ist die Idee eine Überraschung? Stellt sie eine Neuerung dar? Welche Vorteile hat die Idee?
- Welche Nachteile oder Unzulänglichkeiten hat die Idee? Gibt es Probleme, die sie erst schaffen könnte? Welche Veränderungen bewirkt sie?
- Welche Widerstände kann es dagegen geben? Gibt es jemanden, der Widerstand entwickeln könnte? Wenn ja, ist das eigentlich ein gutes Zeichen: Sie sind dabei, etwas zu verändern.
- Was könnte schlimmstenfalls passieren, wenn die Idee erfolgreich wäre?
- Was kann bestenfalls passieren, wenn die Idee Erfolg hat?
- Ist die Idee Ihren Einsatz wert? Was sagt Ihr Gefühl: JA oder NEIN?

Vertrauen Sie darauf, daß der Denker einer Idee wirklich zum Erfolg verhelfen kann, wenn er seine Qualitäten, seine logischen, analytischen Fähigkeiten ausspielt. Wenn er eine Brücke schafft zwischen den phantastischen Einfällen des Träumers und der sicher begründeten Aktion des Handelnden.

Mehrpunktabfrage (3-19 Partner; 5-20 Min.; Klebepunkte)

Hierbei erhält jeder Teilnehmer die gleiche Anzahl von Klebepunkten für eine Bewertungsabfrage. Zu einzelnen Wunschthemen oder zu vorher – z.B. mit Karten gebildeten – Themenbereichen können mehrere Punkte vergeben werden. So wird schnell und aussagekräftig ermittelt, welche Bereiche von der Mehrzahl der Beteiligten favorisiert werden. Bewährt hat sich folgende Vorgehensweise:

1. Jeder Teilnehmer erhält 6 Klebepunkte, darf aber maximal 3 Punkte an ein Thema vergeben; d.h.: Jeder muß mindestens 2 (bis höchstens 6) verschiedene Themen auswählen.
2. Alle Punkte werden gemeinsam geklebt.
3. Die angeklebten Punkte werden dann gemeinsam oder durch einen Moderator zusammengezählt und ausgewertet.

Welche Spielregeln sind notwendig, geistigen Freiraum zu schaffen?

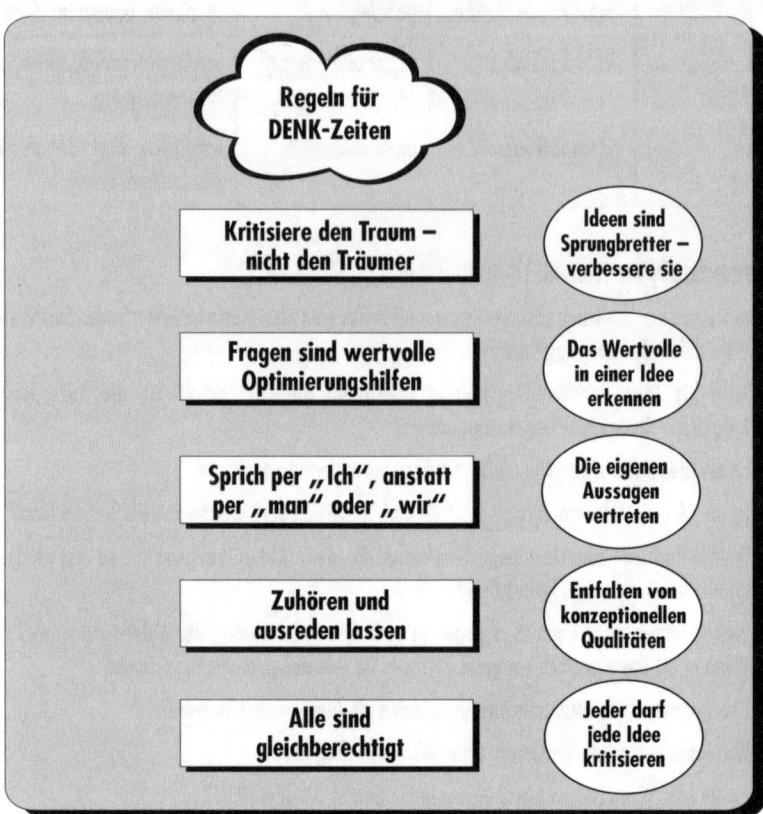

Regeln für
DENK-Zeiten

Kritisiere den Traum –
nicht den Träumer

Ideen sind
Sprungbretter –
verbessere sie

Fragen sind wertvolle
Optimierungshilfen

Das Wertvolle
in einer Idee
erkennen

Sprich per „Ich", anstatt
per „man" oder „wir"

Die eigenen
Aussagen
vertreten

Zuhören und
ausreden lassen

Entfalten von
konzeptionellen
Qualitäten

Alle sind
gleichberechtigt

Jeder darf
jede Idee
kritisieren

Diese Regeln unterstützen die Zeit des **Denkens** und stellen sicher, daß alle vorliegenden Ideen oder gestellten Aufgaben konstruktiv hinterfragt, geordnet und bewertet werden können.

Vereinbaren Sie die Regeln, die *in der konzeptionellen Phase* für Ihr Team gelten sollen, mit allen Beteiligten gemeinsam und hängen Sie die Vereinbarungen so aus, daß sie von allen zu sehen sind.

III. Handelnder

Ziel:
Konkrete Maßnahmen ausführen,
Ideen verkaufen

Weitere Anwendungsmöglichkeiten:
Entscheidungen treffen

Problemlösung:
Unentschlossenheit

Dauer:
$^1/_3$ der Aufgabenzeit

Material:
Papier, große Stifte, Flipchart / Wandzeitung, ggf. Moderator

*„Man kann neue Ufer nur erreichen, wenn man den Mut hat,
die alten zu verlassen.“* – Christopher Columbus

Beschreibung:
Was nützt die beste Idee, wenn Sie nicht umgesetzt wird – weil sie keiner haben
will, zu abgehoben ist, bereits „zerpflückt“ wurde? An dieser Stelle kommt der
Handelnde ins „Rennen“, der oft genug schon mit hochgekrempelten Ärmeln in
den „Startlöchern“ steht, um den „Staffelstab“ übernehmen und loslegen zu können.
Auch dies ist eine Qualität, die wir alle seit unseren Kindheitstagen kennen. Der
Handelnde – auch als *Realist* bezeichnet – macht Träume lebensfähig und verwert-
bar. Seine Aufgabe erfüllt sich dann, wenn Ideen in eine handfeste Form gebracht
sind. Er ist der Umsetzer, der Macher, der, der ein Gespür für die Dinge und ihren
praktischen Bezug hat. Er liebt Abkürzungen und: er handelt. Mit beiden Beinen
fest in der Gegenwart stehend, spürt er auf dem Königsweg Kreativität förmlich
schon die Nähe des Ziels und geht mit großen Schritten darauf zu. Nutzen Sie die
Kreativitätstechniken dieses Abschnitts, um Ihren kreativen Zyklus abzurunden.
Erwecken Sie Ihre Idee zum Leben. Verhelfen Sie ihr zur Geltung und zum
Durchbruch. Entwickeln Sie den Tatendurst des Handelnden und lenken Sie Ihre
Aktionen mit der Frage: *Wie läßt sich die Idee verwirklichen und von ihrer besten
Seite darstellen? Was ist jetzt dafür zu tun?*

Aufgaben:

 Bäumlein wechsel dich (18.) (4-10 Min.; 3 Münzen)

Legen Sie drei Münzen in einer Reihe so nebeneinander, daß sich die Ränder auf beiden Seiten
berühren. Bringen Sie nun das rechte Geldstück
zwischen die beiden anderen, ohne das mittlere zu
bewegen oder das linke zu berühren.

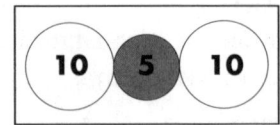

Entscheidungsliste (einzeln; 10-20 Min.; Papier, Stifte)

Um ein geplantes Vorhaben in die Tat umzusetzen, bedarf es oft einer Entscheidung zwischen mehreren
Alternativen. Zu einer Aufgabe tragen Sie in die obere waagerechte Tabellenzeile der Entscheidungsliste
(nach Stern) bis zu 15 Wahlmöglichkeiten ein. In die linke senkrechte Spalte notieren Sie Ihre
Beurteilungskriterien; sie sollten für eine objektive Auswahl gleichwertig sein. Die Plazierung orientiert sich
nun an der Anzahl der Wahlmöglichkeiten. Stehen z.B. 15 zur Auswahl, so sind bei jedem
Beurteilungskriterium 15 Plätze zu vergeben. Die Alternative also, die bezogen auf ein Kriterium am besten
abschneidet, liegt in dieser Zeile vorn (1.), bis hin zur ungünstigsten (15.). Das wiederholt sich für jedes
Kriterium. Zum Schluß zählen Sie alle Punkte einer Spalte zusammen; je weniger Punkte, desto besser die
Plazierung.

Aufgabe: *Für weniger als DM 800,– 14 Tage Urlaub machen*										
Alternativen	1.	2.	3.	4.	5.	6.	7.	8.	9.	10
Kriterien	*Zell*	*Lienz*	*Turn*	*Wald*						
Anfahrt	1	3	2	4						
Wetter	4	1	2	3						
Unterkunft	2	1	4	3						
Kultur	2	3	4	1						
Landschaft	3	2	1	4						
Punktzahl	12	10	13	15						
Platz	II.	I.	III.	IV.						

Maßnahmenplan (einzeln; 10-30 Min.; Karten, Stifte, Klebeband/Nadeln, Papier)

Wenn es um die zeitliche Strukturierung einer Aktion geht, zerlegen Sie hiermit ganz konkret einen
Gesamtablauf in Teilaufgaben, formulieren Maßnahmen und tragen sie schrittweise in eine Liste ein:

1. Stellen Sie zunächst die Frage: *„Was muß alles getan werden? In welchen Schritten verläuft die
   Umsetzung der ausgewählten Idee?"* Schreiben Sie alle (!) Maßnahmen, die Ihnen einfallen, auf
   Karten, jede auf eine eigene – oder sammeln Sie sie in Form einer Mind Map.

2. Alle Karten werden eingesammelt und ausgehängt; dabei lassen sich zeitliche Zusammenhänge leicht erkennen und einplanen.
3. Bilden Sie eine logische Reihenfolge: „ *Was hängt voneinander ab? Was baut aufeinander auf? Welche Zeitvorgaben sind einzuhalten?"*
4. Bringen Sie alle Ablaufschritte in eine zusammenhängende Reihenfolge und übertragen Sie sie als fortlaufend numerierte Checkliste in den Maßnahmenplan:
   - Zeitliche Reihenfolge erstellen und überprüfen;
   - Zuordnungen vornehmen und Delegationsmöglichkeiten prüfen;
   - wichtige oder kritische Phasen deutlich markieren.

Laufende Nr.	Was (Maßnahme/Schritt)	Bis wann (Termin)	Wer (Ausführung)	erledigt (Kontrolle)
1.				

Motivationsfeld (einzeln; 5-25 Min.; s. Anleitung)

Um Menschen für etwas begeistern zu können, ist es hilfreich zu wissen, welche Motivationsstrategien jemand in einer Situation bevorzugt. Die wesentlichen Faktoren und Unterschiede lassen sich durch Nachfragen und gutes Zuhören wahrnehmen und in das „ Motivationsfeld" einordnen:

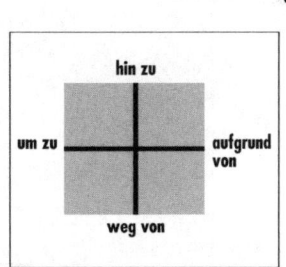

1. die **Motivationsrichtung**:
   weg von: sich von etwas entfernen oder etwas Unangenehmes vermeiden wollen;
   	Beispiel: nie wieder verlieren,
   hin zu: auf etwas Angenehmes hinstreben, etwas erreichen wollen;
   	Beispiel: einen erfolgreichen Geschäftsabschluß machen.
2. der **Beweggrund**:
   um zu: um durch ein Ziel etwas anderes zu erreichen;
   	Beispiel: Englisch lernen, um sich im nächsten Urlaub verständigen zu können,
   aufgrund von: Wünsche, die im Ziel selbst begründet sind;
   	Beispiel: Klettern lernen, weil's ein tolles Erlebnis ist und Spaß macht.

Um eine Aktion auszuführen beantworten Sie für sich diese beiden Fragen:

- *Kenne ich, bezogen auf ein konkretes Ziel, eigentlich meine eigenen Bedürfnisse, Beweggründe und Motivationsrichtungen?*

- *Welches sind die Motivationsstrategien meines Gesprächspartners bezogen auf eine konkrete Situation? Was reizt ihn? Wodurch genau kann ich ihn motivieren und für mein Ziel begeistern?*

Welche Spielregeln sind notwendig, geistigen Freiraum zu schaffen?

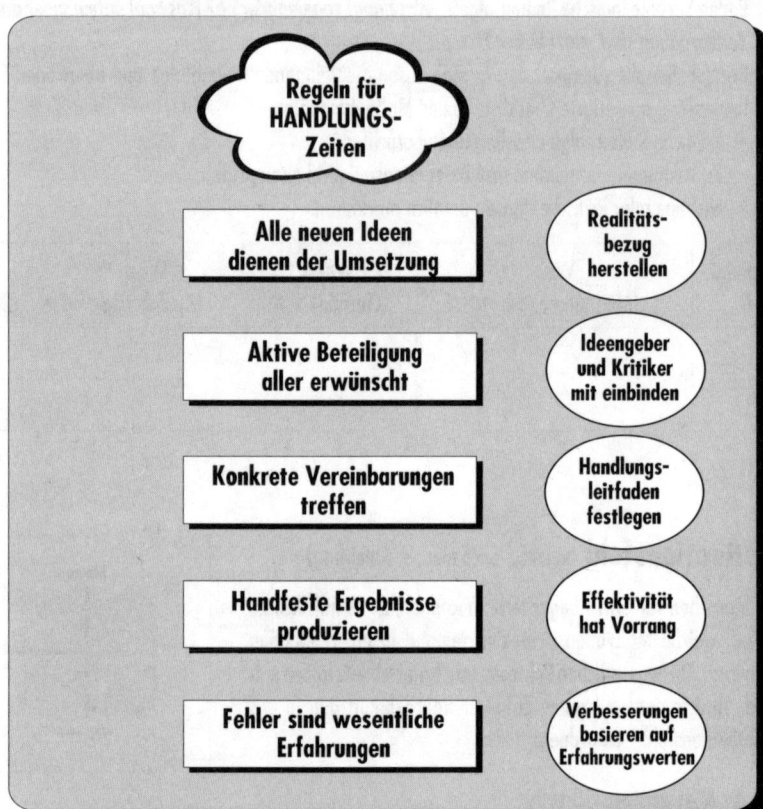

Diese Regeln unterstützen die Zeit des **Handelns** und stellen sicher, daß ausgewählte Ideen effektiv umgesetzt werden.

Vereinbaren Sie die Regeln, die *in der produzierenden Phase* für Ihr Team gelten sollen, mit allen Beteiligten gemeinsam und hängen Sie die Vereinbarungen so aus, daß sie von allen zu sehen sind.

9. Brücke in den Alltag

„Und ich habe gemerkt: Das Wunder, auf das ich so lange gewartet habe, bin ich selbst.“ – Selma Lagerlöf

Einst unternahm ein Bergsteiger eine Expedition in Nepal, bei der ihn sein Entdeckergeist rasch vorantrieb. Als er am dritten Morgen wieder aufbrechen wollte, blieben die einheimischen Träger sitzen. Als er erstaunt nach dem Grund fragte, ob sie etwa mehr Geld haben wollten oder was es sonst sei, antworteten sie ihm: „Oh nein, Herr, es ist nicht der Lohn. Aber wir können nicht weitergehen, weil unsere Seelen noch zurückgeblieben sind. Wir müssen warten, bis sie nachkommen und unsere Körper wieder eingeholt haben.“

Nach einer langen Reise am Ziel ankommen bedeutet, reich an Erfolg oder Erfahrung zu sein. Beides gilt es zu würdigen, zu genießen und zu feiern. Und zugleich auch sicherzustellen, daß das, was Sie erreicht haben, sich wirklich auf eine leichte und selbstverständliche Weise in Ihren persönlichen Alltag oder Ihren Beruf integrieren läßt.

❓ *Was war nochmal Ihr Ziel gewesen, mit dem Sie losgegangen sind? Woran genau werden Sie erkennen, daß Sie dieses Ziel erreicht haben, was macht es für Sie wahr?*

Sind Sie Ihrem Ziel nähergekommen?

Der Schritt in die Zukunft – der Future Pace – ist die letzte Phase des kreativen Prozesses. Er stellt sicher, daß das Gelernte, Erreichte, in das Leben integriert wird, um es in der Zukunft anzuwenden. Er stellt einen Transfer, eine Brücke dar zwischen dem geschützten Raum, in dem das Neue eingeübt wird und dem Alltag, in dem das Geübte angewendet werden soll. Er stellt sicher, daß man nicht nur irgend etwas übt oder gemacht hat, sondern daß dies tatsächlich in die Gesamtpersönlichkeit integriert werden kann und seinen Platz im Lebensplan oder Lebenskonzept findet – abgesichert auch in der Wechselbeziehung mit anderen.

Die Integration gibt dem Unbewußten Gelegenheit, das Erlebte zu verarbeiten und sorgt für Wahlfreiheiten, wie dieses neue Repertoire auf elegante Weise Eingang in unsere Individualität findet. Dies kann auf unterschiedlichste Art und Weise geschehen, wie etwa durch:

- ein bewußtes Ausklingenlassen und Nachvollziehen der Schritte, die zum Erreichen des Zieles geführt haben;
- das Aufsteigenlassen mentaler Seifenblasen oder Wolken, in denen die Höhepunkte eines vorangegangenen Weges noch einmal deutlich werden – oder das Betrachten einer mentalen Bildergalerie;
- einen realen „Integrationsspaziergang", indem Sie dort noch einmal langwandern, wo und wie Sie den kreativen Prozeß gestaltet haben. Oder Sie wandeln durch einen „mentalen Garten" und betrachten die einzelnen Früchte und Pflanzen noch einmal genau, hören, was sie Ihnen zu sagen haben und genießen Ihr Gesamtwerk;
- die mentale Vorwegnahme einer konkreten, zukünftigen Alltagssituation, in der genau die neue Fähigkeit oder das neue Verhalten eingesetzt wird;
- bewußte Fragen an das eigene Unbewußte richten, wie Sie dieses Ergebnis in Ihren Alltag, Ihren Beruf, Ihre private Situation, in Ihr Leben integrieren können;
- Neugier auf das, was als Nächstes kommt.

❓ *Was werden Sie heute in einem Jahr tun? Welche kreativen Dinge haben Sie zustande gebracht? Welche Ziele haben Sie erreicht?*

☀ **Gewinn** (einzeln; 10-20 Min.)

Finden Sie einen angenehmen Ort, an dem Sie für einen Moment für sich sind. Und während Sie in einer bequemen Lage wahrnehmen, wie sich Ihr Körper entspannen kann, lassen Sie Ihre Gedanken fließen und stellen sich einmal die Fragen: *Was wird Ihr Gewinn sein, wenn Sie Ihre Kreativität freisetzen? Was werden Sie sich gönnen in Ihrem Leben, womit wollen Sie sich belohnen?* Und Sie können alle diese Gedanken genießen, die jetzt kommen – in dem Bewußtsein, daß es mehr wird, wann immer Sie sich dieses Gewinnes bewußt sind.

Haben Sie Erfolg gehabt? Gut, dann probieren Sie beim Nächstenmal bitte einen anderen Weg aus. Sie wissen doch:

> *„Auf Dauer ist für den Erfolg nichts schädlicher,*
> *als sofort Erfolg zu haben. "* – Henry Ford

Future Pace

Ziel:
Integration und Abschluß

Weitere Anwendungsmöglichkeiten:
Zur Ruhe kommen, Entspannung,
runden Abschluß finden, Ausklang

Problemlösung:
Unsicherheit bei Übertragung

Dauer:
5-15 Min.

Material:
Papier, Stifte, Wandplakate

Aufgaben:

 Sphinx (19.) (einzeln; 3-6 Min.)

Die Sage berichtet, daß die geheimnisvolle Sphinx in Ägypten jedem vorbei-
ziehenden Wanderer ein Rätsel aufgab, das nur wenige zu lösen vermochten.
Sie fragte: „Was geht am Morgen auf vier Beinen, am Mittag auf zwei Beinen
und am Abend auf drei Beinen?" Können Sie es lösen?

Höhepunkte (einzeln; 15-20 Min.; Papier, Stifte)

Zum Abschluß eines Ideen-Prozesses, einer Aktion oder eines Zieles nehmen
Sie sich ein Blatt Papier und etwa 15 Minuten Zeit. Wählen Sie eine bequeme
Haltung und lassen Sie Ihre Gedanken noch einmal durch die vergangene
Zeit treiben, und beantworten Sie dann die folgenden Fragen:

- *Was war hier für Sie neu und was war für Sie interessant?*
- *Was hat Ihnen am meisten gebracht?*
- *Was waren für Sie die Höhepunkte hier; was war einfach toll oder einmalig
  oder eine tiefe Erkenntnis für Sie? Was hat auf Sie gewirkt?*
- *Wovon möchten Sie noch mehr erfahren, was würden Sie gerne noch inten-
  siver erleben?*
- *Woran hätten Sie Spaß, es für sich umzusetzen?*

☼ Erfolg (beliebig; 8-20 Min.)

Nehmen Sie sich zum Abschluß einer Aktion, eines Prozesses oder eines Abschnittes einen Moment Zeit und konzentrieren sich darauf, *was Sie gut gemacht haben*. Und dann lassen Sie in Ihrer Gruppe Raum für eine kurze Rückmelderunde und genießen Sie es, daß jedes Gruppenmitglied seinen Erfolg mitteilen und andere noch einmal daran teilhaben lassen kann.

⊞ Chinesische Meditation (einzeln; 2-5 Min.)

Wie ist es, sind Sie Ihrem Ziel nähergekommen? Oder haben Sie es sogar erreicht? Entscheiden Sie selbst, ob es an der Zeit ist, daß Sie jemand dafür einmal lobt. Und dazu können Sie jetzt ein uraltes, geheimnisvolles chinesisches Meditationsritual durchführen. Legen Sie einmal eine Hand flach auf Ihren Kopf. Und während Sie sich nun daran erinnern, was für Sie gut war auf dem Weg zu Ihrem Ziel, lassen Sie Ihre Hand langsam über die Wange bis auf die, der Hand gegenüberliegende Schulter sinken. Dort kann sie ruhen, während Ihnen ein Gedanke kommt: *Was war das Beste gewesen, was Sie selbst dazu beigetragen haben?* Wenn Sie sich daran wieder erinnern, dann genießen Sie es – und in dem Bewußtsein, daß Sie selbst es erreicht haben, klopfen Sie sich dreimal auf die eigene Schulter – jetzt.

☼ Glücksgefühle (einzeln; 3-10 Min.; Kartenkreis, Stifte)

Wenn Sie das, was Sie bei Ihrer letzten Aktion gewonnen haben, nun in anderen Situationen ein- oder umsetzen oder anwenden möchten, stellen Sie sich zuvor die Frage: *Welches sind die 3 Dinge, auf die Sie sich wirklich und wahrhaftig freuen, wenn Sie Ihre Idee umsetzen oder Ihre neue Ressource einsetzen?* Schreiben Sie sich diese 3 Dinge auf einen Kartenkreis oder eine andere Karte in einer besonderen Farbe und legen Sie diese Karte so hin, daß sie Ihnen auf jeden Fall wieder ins Auge fallen kann.

◈ Smilies (einzeln; 6-15 Min.; Papier, Stifte)

Legen Sie sich ein kleines Notizbuch zu – z.B. Ihr Ideenbuch – und tragen Sie alle Dinge ein, die Ihnen guttun könnten; vom Kinobesuch über das Eiscafe, den Spaziergang im Wald, einen Stadtbummel, einen Bistrobesuch machen, in die Sauna oder ins Museum gehen, Jogging, oder energievolle Musik hören. Finden Sie Ihre ☺ – Ihre *Smilies* - Ihre persönlichen Motivatoren. Die Dinge, Situationen, Aktivitäten und Menschen, die Sie in einen guten Zustand versetzen, je mehr, desto besser; und schmücken Sie die Seiten so aus, wie es für Sie angenehm ist. Wenn Sie wieder einmal eine Kreativblockade haben, reicht ein Griff zum Notizblock – und Sie können aus vielen guten und gewinnbringenden Ideen auswählen.

Sie können noch einen Schritt weitergehen: Geben Sie sich selbst die Erlaubnis, **jeden Tag** einen dieser Smilies umzusetzen, bei denen Sie Ihre Lebensfreude pur spüren. Gönnen Sie sich an jedem Tag etwas, worauf Sie sich bereits morgens freuen können.

Zukunftsintegration (einzeln; 3-12 Min.)

Diese Übung können Sie nach jeder Kreativitätstechnik, nach jedem Spiel oder Prozeß machen – immer dann, wenn Sie eine neue Qualität kennengelernt oder neu oder wieder entdeckt haben und Sie diese Ressource verinnerlichen und in Ihren zukünftigen Alltag erfolgreich integrieren möchten.

1. Lassen Sie einen Gedanken an eine zukünftige Situation kommen, in der Sie das gewünschte Hilfsmittel oder Verhalten oder die Fähigkeit einsetzen wollen – etwas, was Sie zuvor neu erlebt haben, eine neue Stärke oder eine neue Wahlmöglichkeit.

2. Stellen Sie sich diese Situation, in der es gut wäre, wenn genau diese Qualität da wäre, in Ihren Gedanken vor – wirklich mit all Ihren Sinnen vollständig vorstellen, wie das ist, wenn Sie genau diese Stärke, diese Technik, diese Fähigkeit oder diese Einstellung da mit hineinbringen – was Sie sehen können – und hören – und wie Sie sich fühlen in dieser Situation – und vielleicht sogar etwas riechen oder schmecken können.

3. Nehmen Sie wahr, wie sich diese Situation dann positiv entwickelt – und daß Sie sie gestalten können. Was immer diese Situation noch gebrauchen kann, können Sie jetzt noch dazugeben, daß Sie sie vollständig angenehm und erfolgreich erleben und daß sie für alle Beteiligten stimmt. Genießen Sie dieses Gefühl, ganz selbstverständlich, spielerisch leicht Erfolg zu haben und dieses Gefühl von *„ Jawohl"*, diesen positiven Focus, diese Sogwirkung zu spüren.
   An dieser Stelle können Sie auch einen Bodenanker, wie z.B. den Ressourcenzirkel, mit in den Prozeß einbauen.

4. Und dann kommen Sie mit Ihrer Aufmerksamkeit in Ihrem Tempo wieder in die Gegenwart zurück – in dem Bewußtsein, daß Sie es in der Hand haben, Ihre Zukunft zu gestalten und vielleicht schon neugierig darauf, wann Sie diese Situation erleben dürfen.

☀ **Entdeckungsreise** (3-4 Partner; 2-5 Min.; Papier, Stifte)

Gehen Sie täglich auf eine Entdeckungsreise in die Welt der Kreativität. Wie? Machen Sie jeden Tag etwas Neues oder entdecken Sie etwas, was Sie noch nie gemacht oder was Ihnen noch nie aufgefallen ist. Nehmen Sie wahr, was alles auf Sie wartet, entdeckt zu werden:

- ♀ Machen Sie jeden Tag eine geistige Übung.
- ♀ Kreieren Sie täglich ein völlig neues Wort und seine Bedeutung.
- ♀ Nehmen Sie jeden Tag mit Ihrem Körper eine Lage, eine Position ein, die Sie noch nie zuvor eingenommen haben.
- ♀ Gehen Sie zwei Wochen lang einen ganz bestimmten Weg – z.B. zum Einkaufen – jeden Tag auf eine andere Weise.
- ♀ Gehen Sie jede Woche wenigstens einmal ein kreatives Risiko ein.
- ♀ Gönnen Sie sich jeden Tag wenigstens 15 Minuten, um kreativ zu sein.
- ♀ Fragen Sie sich: Bei welcher Aufgabenlösung können Sie über die erste richtige Antwort hinausschauen und mindestens zwei weitere finden?
- ♀ Entwickeln Sie jeden Tag wenigstens einen neuen Gedanken.

🐚 **Sechs Fragen zum Tag** (einzeln; 5-10 Min.)

Die folgenden Fragen (nach Robbins) können Sie sich immer dann einmal stellen, wenn Sie vor oder nach einer Aktion innehalten und sich Ihrer inneren Stärken und Ressourcen bewußt werden möchten – oder auch morgens, zum Einstimmen auf den Tag nutzen. Wählen Sie dafür einen Platz aus, an dem Sie für ein paar Minuten ruhig und entspannt sitzen oder liegen können, und während Sie Ihren Atem bewußt wahrnehmen, können Sie sich nacheinander die „sechs Fragen zum Tag" kommen lassen, mit all den Erinnerungen und Assoziationen, die für Sie dazugehören, mit all Ihren Sinnen die Fragen beantworten. Lassen Sie sich Ihre Antworten schenken und dann lassen Sie die einzelnen Fragen jeweils ausklingen, bevor Sie sich die nächste stellen.

1. *Worauf kann ich in meinem Leben stolz sein? Was ist es, worauf ich mit Genuß schaue, was ich geschaffen habe?*
2. *Für was in meinem Leben kann ich dankbar sein und wem?*
3. *Was in meinem Leben macht mich glücklich?*
4. *Wofür setze ich mich in meinem Leben ein? Was genieße ich daran?*
5. *Wen und Was gibt es in meinem Leben, den/das ich liebe? Und wen gibt es, der mich lieben darf? Und wer liebt mich? Wer ist froh, daß es mich gibt, daß ich in seinem Leben bin?*

6. *Was kann ich heute tun, um meinem Ziel näher zu kommen, um mein Ziel zu erreichen; um das ein Stück mehr zu verwirklichen, was ich in meinem Leben verwirklichen möchte?*

Und in dem Bewußtsein, daß Sie diese Zeit ganz für sich alleine haben und nutzen können, bestimmt das, was Sie fragen, den Focus dessen, was „hochkommt". Sie haben alle Freiheit, „Ihre" Fragen kommen zu lassen und Ihren Focus, Ihre Aufmerksamkeit, Ihre „Richtung" zu lenken, um sich so für den Tag einzustimmen.

Sechs Fragen zum Abend (einzeln; 5-10 Min.)

Nehmen Sie sich abends die Zeit, um ein Resümee zu ziehen, was Ihnen der Tag für Antworten gegeben hat (nach Robbins).

1. *Was habe ich mir heute Gutes gegönnt? Worüber habe ich mich heute freuen können, was hat mir Freude bereitet?*
2. *Wem habe ich heute Freude gemacht, Freude bereitet? Wer hat sich heute über mich oder mit mir freuen können?*
3. *Was war neu; was habe ich heute gelernt, an Erfahrungen dazugewonnen? Was hat mich bereichert? Welche Perspektiven habe ich mir heute eröffnet?*
4. *Was habe ich heute getan, um meinen Zielen näherzukommen?*
5. *Was habe ich heute für meine persönliche Entwicklung getan; welche meiner Stärken habe ich bewußt eingesetzt oder neu entdeckt?*
6. *Was war es, wo ich noch Ziele machen möchte, was oder wovon will ich in meinem Leben mehr oder intensiver erleben? Und mit wem?*

Daumen-Dynamo (einzeln; 3-6 Min.)

Bequem sitzen und beide Arme leicht angewinkelt halten, so als ob Sie ein Tablett tragen. Beide Fäuste ballen und dann den Daumen der *linken Hand* nach oben strecken, während die übrigen Finger eine Faust bilden. Zugleich bei der *rechten Hand* mit dem Daumen in die Faust „eintauchen" und von den anderen Fingern umschließen lassen. Und dann wechseln: linken Daumen umschließen und rechten Daumen strecken, immer wieder im Wechsel; und schneller werden. Wenn das gut geht, dann variieren: bei der Hand, deren Daumen nach oben zeigt, gleichzeitig auch alle Finger spreizen – während bei der anderen Hand der Daumen wieder eintaucht – im Wechsel.

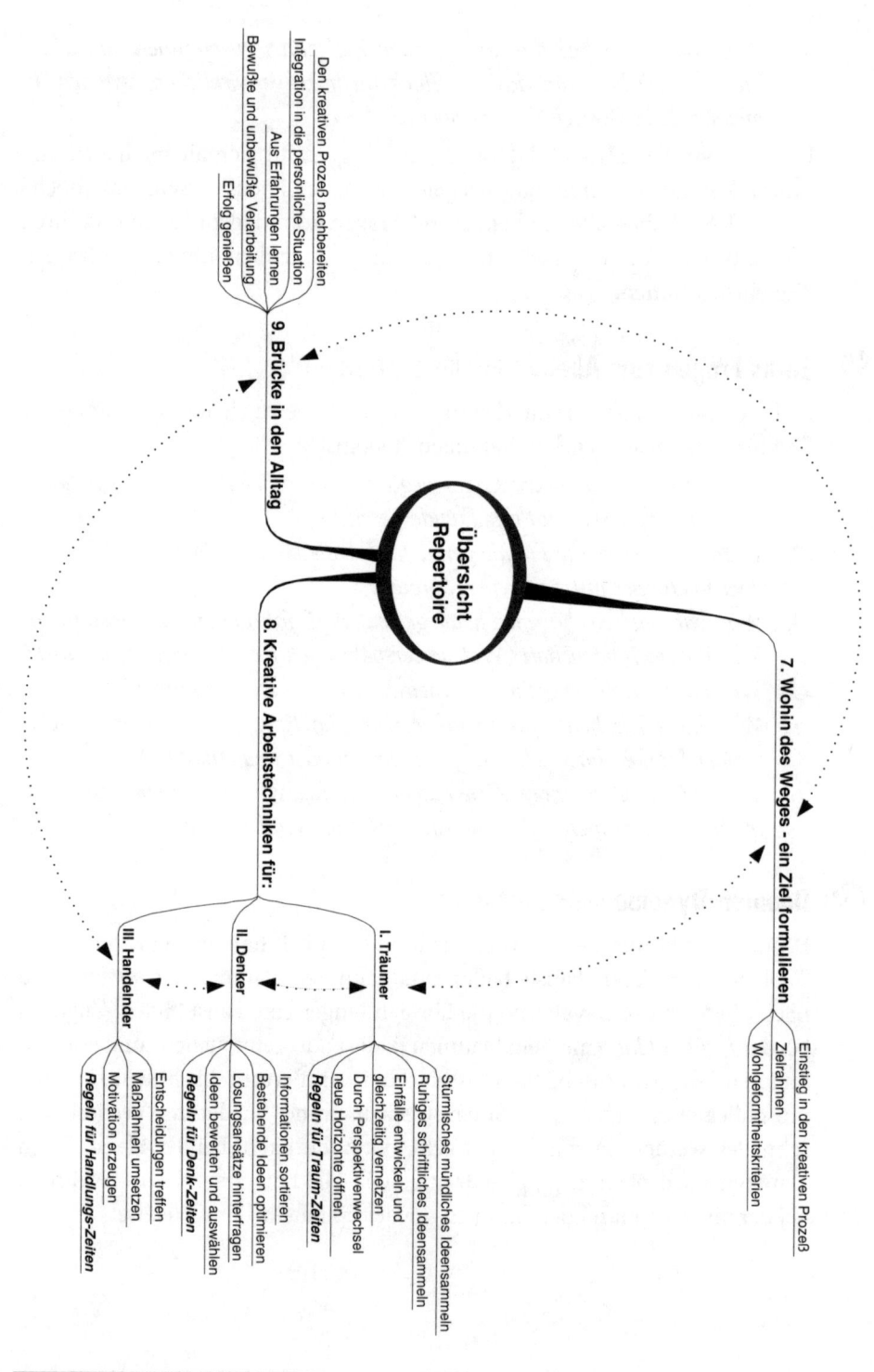

Übersicht Repertoire

9. Brücke in den Alltag
- Den kreativen Prozeß nachbereiten
- Integration in die persönliche Situation
- Aus Erfahrungen lernen
- Bewußte und unbewußte Verarbeitung
- Erfolg genießen

8. Kreative Arbeitstechniken für:

I. Träumer
- *Regeln für Traum-Zeiten*
- neue Horizonte öffnen
- Durch Perspektivenwechsel
- Einfälle entwickeln und gleichzeitig vernetzen
- Ruhiges schriftliches Ideensammeln
- Stürmisches mündliches Ideensammeln

II. Denker
- *Regeln für Denk-Zeiten*
- Informationen sortieren
- Bestehende Ideen optimieren
- Lösungsansätze hinterfragen
- Ideen bewerten und auswählen

III. Handelnder
- *Regeln für Handlungs-Zeiten*
- Motivation erzeugen
- Maßnahmen umsetzen
- Entscheidungen treffen

7. Wohin des Weges - ein Ziel formulieren
- Einstieg in den kreativen Prozeß
- Zielrahmen
- Wohlgeformtheitskriterien

10. Anwendungsfelder

Die Dinge, die wir wirklich wissen,
sind nicht die Dinge, die wir gehört oder gelesen haben,
vielmehr sind es die Dinge,
die wir gelebt, erfahren, empfunden haben.
- Calvin M. Woodwards

Einstimmung

Kreativität ist eine Faszination, die für jeden Menschen mit ganz eigenen Begriffen und Gefühlen belegt ist. Kreativität ist wie . . . . Ja, wie ist sie? Für manchen ist sie wie ein verwunschener Garten: vielfältig, geheimnisvoll, mit verschlungenen Pfaden, auf denen und abseits von denen es immer wieder etwas zu entdecken gibt – und wo jeder auf seine Kosten kommt, der sich neugierig auf das Abenteuer Kreativität einläßt.

Kreative Arbeitstechniken können in vielen Handlungsfeldern nutzbringend zum Einsatz kommen, sie befruchten und ihre Wirkung erfolgreich zur Geltung bringen. Je kreativer wir im Alltag oder im Beruf, in der Kommunikation, in der Kunst, in der Musik und im Entwickeln neuer Ideen sind, um so mehr Möglichkeiten werden wir haben, Freude zu erleben und das Wesen der Kreativität zu erfahren. Nutzen Sie diese reich gefüllte Schatztruhe, um ... in kompetenter und ganzheitlicher Form eine Idee entstehen zu lassen • eine Vision zu kreieren • ein Projekt zu entwickeln • eine schriftliche Eingebung präzise umzusetzen • die Kommunikation mit Menschen zu bereichern • Ihr Gedächtnispotential auszunutzen • Ihre Lernstrategien gehirngerecht zu unterstützen • Ihre eigene geistige Gesundheit zu fördern • Innovationen ganzheitlich zu entwickeln • die phantasievollen Ausdrucksformen des Körpers zu bewundern • die handfeste, gestaltende Kreativität wiederzuentdecken. Was immer Sie auch kreativ angehen möchten, integrieren Sie das Prinzip der drei Qualitäten Träumen, Denken und Handeln in ein harmonisches, sich gemeinsam ergänzendes Zusammenspiel. Jede zu ihrer Zeit eingesetzt und doch zu einer bereichernden Einheit verwoben.

Die Anwendungsbeispiele, die Sie hier antreffen, können Sie als Vorschläge verstehen, als Angebote, Ideen. Als eine Art „Lageplan" von solchen Wegen, die vor Ihnen schon Menschen gegangen sind. Von denen Sie genau wissen, daß es vielfältige Möglichkeiten gibt, Ihre eigenen Ausflüge, Streifzüge oder Abkürzungen zu unternehmen, um Ihren ganz persönlichen Garten in all seinen Facetten zu erkunden und Ihren Erfolg zu genießen. Und um Ihren Lohn zu ernten. Entdecken Sie Ihre Lieblingsfelder, in denen Sie Ihre Kreativität gewinnbringend einsetzen möchten und werden Sie Ihr eigener Entwickler. Kombinieren Sie Techniken, Methoden und Übungen aus diesem und den vorhergehenden Kapiteln und schneiden Sie sie gezielt auf Ihre persönliche Situation zu. Machen Sie sich ein Bild davon, welche Ihrer beruflichen oder alltäglichen Situationen danach rufen, kreativ erfüllt, aufgewertet und gelöst zu werden.

❓ *Worauf haben Sie Lust? Welche Gelegenheiten warten nur darauf, daß Sie Ihre Kreativität phantasievoll und realistisch ausleben? Wo möchten Sie erfolgreiches Ideenmanagement betreiben?*

Wegweiser

Ideen-Workshop

Ziel:
Kreativprozesse unter Einbezug aller
drei Walt-Disney-Phasen leiten

Weitere Anwendungsmöglichkeiten:
Ideen finden/konkretisieren, Ressourcenvielfalt aller Beteiligten nutzen

Problemlösung:
Kein kontinuierlicher Ideenprozeß

Umfang:
$^1/_2$–3 Tage

Material:
Wandplakate, Karten, Papier, Stifte,
große Stifte, 1 Moderator

„Sag einem jungen Menschen nie, dies oder jenes sei unmöglich.
Vielleicht wartet der liebe Gott schon jahrhundertelang auf einen,
der es in Unkenntnis der Grenzen des Möglichen
dennoch zustande bringt.“ – Victor Hugo

Beschreibung:
Ein Ideen-Workshop bezeichnet einen kreativen Team-Prozeß, der – in sich
geschlossen – alle drei Schritte des kreativen Kreislaufs vereint: Ideen finden,
hinterfragen und umsetzungsreif gestalten. In einer konzentrierten Atmosphäre
können kreative Arbeitsgruppen unter Begleitung eines Moderators bahnbrechen-
de Geistesblitze entwickeln und wirklich brauchbare Denkansätze produzieren.
Dabei gibt es viele Erscheinungsformen: ob Ideenkonferenzen, Kreativitäts-Work-
shops, Think shops oder Markt der Möglichkeiten. Bewährt haben sich Ideen-
Workshops überall dort, wo die alltägliche Routine wenig Spielraum läßt, kreative
Visionen zu entwickeln. Viele Auftraggeber, wie Unternehmen, Firmen und
Organisationen nutzen die Ideen-Workshops, um einmal in Ruhe den wertvollsten
Rohstoff für kreative Veränderungen zu mobilisieren, über den sie verfügen: das
geistige Potential ihrer Mitarbeiter!

Aufgaben:

 Neues aus Rom (20.) (beliebig; 5-10 Min.; Papier, Stifte)

Jeder Mensch verfügt über eine Menge Wissen. Wenn Sie die Zusammen-hänge ändern, in denen Sie über Ihr Wissen nachdenken, werden Sie neue Ideen finden (nach von Oech). Decken Sie den nächsten Absatz (unterhalb der Linie) ab und ergänzen Sie die römische Zahl *V* so, daß Sie durch hinzufügen einer Linie eine *Sechs* erhalten. Erfolg gehabt? Dann lesen Sie weiter.

War's schwer? Sie haben es sicherlich erkannt: VI, die römische Sechs. Nun können Sie etwas mehr Herausforderung vertragen. Ergänzen Sie die Zahl *IX* so, daß Sie sie durch hinzufügen einer Linie in eine *Sechs* verwandeln.

 Dimension (21.) (4-10 Min.; Streichhölzer)

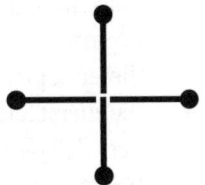

Erkennen Sie die phantastischen Auswirkungen Ihres Handelns und denken Sie einfach. Legen Sie aus der nebenstehenden Anordnung 1 Streichholz so um, daß 1 Quadrat entsteht. Die Hölzer sollen dabei ganz bleiben.

Buz Session (11-23 Partner; 50-70 Min.; Papier, Stifte)

1. Zur Bearbeitung eines komplexen Such- oder Analyseproblems teilt sich eine größere Gruppe in Kleingruppen zu je 4-6 Teilnehmern auf und zieht sich zu einer kurzen Brainstorming-Sitzung zurück (6 Min.).
2. Ein Sprecher aus jeder Gruppe stellt die gefundenen Lösungen anschließend in der Gesamtgruppe vor.
3. Sind die Lösungen im Plenum diskutiert, wird ein weiterer Problempunkt eingebracht, den die Kleingruppen wiederum kurz bearbeiten.

Wichtig bei dieser Methode – auch „Diskussion 66" (nach Philipps) genannt – ist es, daß alle Ergebnisse visualisiert und festgehalten werden.

Antrieb (2-4 Partner; 15-30 Min.; s. Anleitung)

Jede Kleingruppe erhält einen Gegenstand – z.B. ein Stück Putzstahlwolle – und findet innerhalb von 10 Minuten möglichst viele Funktionen und Verwendungszwecke in Form eines Brainstormings dafür. Alle Ideen werden aufgeschrieben und die drei originellsten oder humorvollsten dann der Ge-samtgruppe präsentiert. Aus diesen Vorschlägen werden nochmals die drei „genialsten" ausgewählt und von der gesamten Gruppe umgesetzt.

🖐 Creative Collaboration (3-6 Partner; 30-50 Min.; s. Anleitung)

1. Um ein vorangegangenes Brainstorming zu intensivieren, ...
2. haben die Teilnehmer unmittelbar danach noch 5-15 Minuten Zeit, alleine nachzudenken und weitere Ideen auf ein Blatt zu schreiben.
3. Diese Nachlese wird vom Moderator eingesammelt und kurz vorgestellt.
4. Hieran kann sich eine erneute Brainstorming-Phase anschließen; der Vorgang kann mehrmals wiederholt werden.

☼ Story des Alphabets (2-5 Partner; 5-10 Min.; Papier, Stifte)

Kommen Sie als Gruppe in einem edlen Wettstreit zusammen und teilen sich so auf, daß jeweils 2-6 Teilnehmer eine Kleingruppe bilden, die, so schnell wie sie kann, die Aufgabenstellung erfüllen soll, nämlich: eine Geschichte aufschreiben, deren Wörter nacheinander mit den Buchstaben des Alphabets beginnen – von A-Z komplett, und in der richtigen Reihenfolge. Alles ist bei diesem Spiel erlaubt, was dazu dient, eine heiße Story zu erhalten. Diejenigen, die zuerst fertig sind, können laut jubeln und den andern noch etwa 30 Sekunden Zeit gönnen. Danach werden alle Geschichten vorgelesen und kräftig beklatscht.

🐚 Integration der Weisheit (3-4 Partner; 20-30 Min.)

Die „Integration der Weisheit" nutzt die Ressourcen aller Beteiligten für ein konkretes Projekt oder Thema. Der Prozeß wird getragen durch die vollständige Focussierung aller Beteiligten auf ein einziges Thema und auf die durchgängige Unterstützung des Leiters, desjenigen, der das Thema vorgegeben hat.

1. 1 Teilnehmer wählt *sein* Thema aus, das er bearbeiten möchte.
2. Nun hat er 5 Minuten Zeit, daraus ein Ziel zu formulieren,
3. und 10 Minuten, über das Thema mit den anderen Kleingruppenmitgliedern zu diskutieren; wichtig dabei: auf Rapport achten.
   Die anderen können als Ressourcepersonen die 3 kreativen Positionen vertreten oder in einer anderen Art den „Leiter" unterstützen, indem Sie für diese Zeit ihre volle Aufmerksamkeit und all ihre Möglichkeiten und Fähigkeiten ihm zur Verfügung stellen.
4. Nach dieser Viertelstunde soll ein Abschluß gefunden werden.
5. Ganz zum Schluß: Tun Sie etwas Gutes für sich als Gruppe, um die Energien zu würdigen, die Sie kreiert haben.

✺ Verantwortliches Nein (paarweise; 15-25 Min.; s. Anleitung)

Gehen Sie mit einem Partner zusammen und nehmen Sie sich als Aufgabe ein neues Projekt vor oder ein Konzept, an dem Sie arbeiten wollen. Sie können nun beide sowohl Ideen einbringen aber auch Ideen kritisieren, um gemeinsam einen wesentlichen Schritt bei Ihrer Aufgabe nach vorn zu kommen. Die einzige Regel hierbei: Wenn einer von Ihnen gegen die Idee des anderen ein Veto einlegt – also sie kritisiert –, übernimmt er auch die Verantwortung dafür, eine neue, positive und von beiden akzeptierte Idee hervorzubringen. Dabei kann er sich vom anderen unterstützen lassen, bleibt aber für die konstruktive Ausgestaltung selbst verantwortlich.

✺ Lösungseinschätzung (beliebig; 3-6 Min.; Kartenmaterial, Klebepunkte)

Eine Auswertungstechnik, die schnell und effektiv abfragt, wie zufrieden jeder Teilnehmer mit der erarbeiteten Lösung ist.

Zu einer vorgegebenen Aufgabenstellung wird eine Einpunktabfragetechnik aus einem Kartenstreifen und -kreis mit der Fragestellung aufgehängt: *„Zu wieviel Prozent entspricht Ihrer Meinung nach die gefundene Lösung der Ideallösung?"* Hierzu markiert jedes Gruppenmitglied auf diesem „Abfragethermometer" mit einem Klebepunkt die Stelle, die für ihn den Grad des Lösungserfolges kennzeichnet, von 0 % (= keine Lösung) über 50 % bis hin zu 100 % (= Ideallösung).

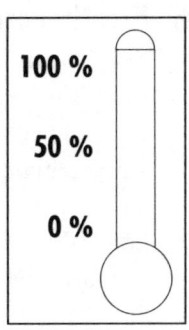

☼ Clowns-Biographie (3-7 Partner; 10-25 Min.; Papier, Stifte)

Jeder Teilnehmer zieht sich mit Stift und Papier an einen ruhigen Ort zurück. Dort soll er sich Gedanken darüber machen, wie er als eine besondere Person leben würde, wie etwa: ein genialer Erfinder, ein kreativer Werbefachmann, ein Clown, ... Die so verfaßte Biographie wird dann einem Partner oder der Gruppe vorgestellt.

Wenn eine gemeinsame Themenstellung vorgegeben war – wie: ein phantasiebegabter Träumer, ein scharfsinniger Denker, ein tatendurstiger Handelnder –, kann die Gruppe anschließend die Merkmale zusammentragen und auf Wandzeitungen als Anregung für nachfolgende Ideenprozesse sammeln.

⚙ Ideenkonferenz (3-15 Partner; 1-3 Std.; s. Anleitung)

Eine Ideenkonferenz bündelt in kompakter Form die drei kreativen Phasen Ideen entwickeln – Ideen hinterfragen – Ideen umsetzungsreif gestalten und Vereinbarungen treffen. In jeder Phase kommt gezielt eine Technik aus dem jeweiligen Bereich zum Einsatz, um eine vorgegebene Aufgabenstellung vollständig zu bearbeiten. Wichtige Voraussetzungen dabei sind: Ein Moderator, der durch die Ideenkonferenz führt • eine vorgegebene Aufgabenstellung • eine klare Zeitstruktur, die allen bekannt ist • die Sicherstellung einer durchgehenden Visualisierung • eine ruhige und kreativitätsfördernde Atmosphäre • die Bereitschaft zur Mitarbeit – installieren Sie das „Instrument" so, daß die Beteiligung, die Mitgliedschaft, nicht als Verpflichtung, sondern als Ehre empfunden wird • die Gewißheit, daß die Gruppe, die die Ideen entwickelt, auch an deren Umsetzung beteiligt ist • kreativitätsfördernde Regeln, die sich die Gruppe selbst gibt • Lust, Konzentration, Neugier.

⚙ Kreativ-Party (3-15 Partner; 3 Std. – 2 Tage; s. Anleitung)

Eine Kreativ-Party – auch „think shop", Gedanken-Shop genannt – kann mit dem Schwerpunkt „Ideenfindung" stattfinden. Wichtig hierfür ist es, das notwendige Material – Flipchart-/Packpapierbögen, jede Menge Stifte –, entsprechende Räumlichkeiten und den angemessenen Rahmen sicherzustellen. So können beispielsweise besondere Maßnahmen, wie Programmangebote, Jahresplanungen etc. auf einer Kreativ-Party erstellt werden. Ein solches Zusammenkommen kann sich – wenn alle Beteiligten daran Spaß haben – auf Dauer auch festigen und in eine Art „Ideen-Zirkel" münden.

Halten Sie die Punkte, die für dieses Mal anstehen, so übersichtlich und begrenzt – im Idealfall nur 1 konkrete Aufgabe –, daß bei diesem Treffen alle 3 kreativen Phasen durchlaufen werden und, ganz wichtig: daß **alle** an der Ideenfindung **Beteiligten** auch an der Entscheidung mitwirken können! Lassen Sie Ihrem Einfallsreichtum freien Lauf, wie Sie eine solche „Kreativ-Party" einladend, attraktiv und effektiv gestalten.

☼ Fingerzeig (3-15 Partner; 6-12 Min.)

Dieses Spiel eignet sich für eine Kreisrunde. Ein Spieler beginnt, indem er einem Nachbarn eine beliebige Zahl mit den Fingern aufzeigt. Der Angesprochene soll möglichst schnell ein Wort nennen, das aus genausoviel Buchstaben besteht. Danach wird die Runde fortgesetzt. Anspruchsvoller wird es, wenn der Erste nach kurzer Wartezeit einen zweiten Fingerzeig andersherum weitergibt und so mehrere Aufgaben gleichzeitig „unterwegs" sind.

⍟ Markt des Wissens (7-19 Partner; 1-4 Std.; s. Anleitung)

Diese Kreativitätstechnik beinhaltet alle drei kreativen Strategien, weckt mit Bewegungselementen die geistigen Ressourcen und fördert Synergien.

1. Eine *Aufgabenstellung* wird vorgegeben oder gemeinsam erstellt.

2. Die *Kreativphase* wird durch ein geistiges und körperliche „Aufwärmen" eingeleitet. Dann sammelt die Gruppe mit Hilfe einer Ideenfindungstechnik gezielt Einfälle und Ideen.

3. In der *Verbesserungsphase* teilt sich die Gruppe in Kleingruppen oder sogar in die einzelnen Personen auf. Jede Kleingruppe/jeder Teilnehmer hinterfragt kritisch die gesammelten Ideen und trifft eine Vorauswahl.

4. Auf Wandplakaten – mit vorgegebenen Fragestellungen oder gänzlich frei – werden nun die Verbesserungen gesammelt. Nach dem Aufschreiben stehen noch 10 Minuten Zeit zur Verfügung, in denen Verständnisfragen an die Autoren der einzelnen Beiträge gestellt werden können; jeder Beitrag kann dann in 30 Sekunden erklärt werden.

5. In der *Projektphase* finden sich neue Projektgruppen – ggf. wie in Schritt 3. zusammengesetzt –, die an einer bestimmten Fragestellung arbeiten wollen. Hier erstellt nun jede Projektgruppe einen konkreten Handlungsplan, wie sie sich die Umsetzung dieser Idee vorstellt.

6. In der *Werbephase* werden die Projekte so vorgestellt, daß 2-4 Projektgruppen gleichzeitig ihre Ergebnisse präsentieren. Dazu werden auf einem Wandplakat die Zeitblöcke und die jeweiligen Gruppen festgelegt.
   Der 1. Block beginnt, indem alle gleichzeitig präsentierenden Gruppen nun genau 3 Minuten Zeit haben, aktiv für ihre Idee zu werben und Interessenten anzulocken, gleich mit welcher Strategie – wirklich gezielt und aktiv werben, wie auf einem Markt. Nach 3 Minuten müssen sich alle Zuhörer entschieden haben und ihren „Wunschpräsentationen" zuordnen. Diese haben nun 5-10 Minuten Zeit, ihre Ergebnisse zu präsentieren. Wichtig: die Ergebnisse sollen konkret darstellen, wie sie zur Lösung der Aufgabe beitragen können. Im Anschluß daran haben die Zuhörer noch 3 Minuten Zeit, „ihrer" Projektgruppe ein Feedback zu geben. Nach einem kurzen Separator werben dann die Präsentierenden des 2. Blocks für ihre Projekte – usw. Stellen Sie als Gruppe gemeinschaftlich sicher, daß jeder Projektgruppe wenigstens 1 Zuhörer lauscht.

7. In der *Vereinbarungsphase* kommt die Gruppe noch einmal zusammen und sichert gemeinsam die Ergebnisse in bezug auf die Aufgabenstellung und vereinbart das weitere Vorgehen für die konkrete Umsetzung.

⑨ Walt-Disney-Feedback (3-5 Partner; 6-12 Min.; Wandplakat)

In Kleingruppen wird zum Abschluß eines Prozesses Feedback gesammelt. Dazu äußert jeder seine Meinung und schreibt seine Aussage auf ein Wandplakat und zwar in die entsprechende Spalte: *Träumer* – was mir gut gefallen hat • *Denker/Kritiker* – was hätte besser laufen können • *Handelnder* – konkrete Anregungen für das Nächstemal / für weitere Aktionen.

Variation: Die ganze Gruppe kann auch nacheinander die 3 Phasen gemeinsam durchlaufen, so daß also zuerst nur das gesammelt wird, was allen gefallen hat – dann das, was als verbesserungsfähig wahrgenommen wurde – und zum Schluß dann konkrete Handlungsanregungen.

⑩ Weise Flamme (einzeln in der Gruppe; 12-20 Min.)

Nehmen Sie sich einen Augenblick Zeit, um sich zu sammeln und Ihre Energien in einer Phantasiereise zu focussieren. Sie können es sich dabei auf Ihrem Stuhl oder Ihrer Unterlage so bequem machen, wie es jetzt für Sie stimmt – und dabei die Augen schließen und sich entspannt auf Ihren Atem konzentrieren, wie er gleichmäßig und ruhig durch Ihren Körper fließt – so, daß sich beim Einatmen Ihr Bauch nach vorne wölbt – und beim Ausatmen wieder flach wird. Und während Sie vielleicht schon spüren können, wie Ihr Körper wärmer und weicher wird, lassen Sie in Gedanken einmal eine Kerze auftauchen – eine Kerze, mit einer ruhigen brennenden Kerzenflamme – in Ihrem Licht und in Ihren Farben – und Sie können mit all Ihren Gedanken bei dieser Flamme sein und wahrnehmen, wie in der Flamme ganz allmählich die Umrisse eines Gesichtes erscheinen – und immer deutlicher werden – ein altes, weises Gesicht – ein Gesicht voller Wahrheit und Anmut.

Und Sie wissen, daß Sie etwas mitgebracht haben – Ihr Anliegen, Ihr Thema, Ihre Aufgabe, die Sie gemeinsam mit der Gruppe bearbeitet haben – und Sie können diesem weisen Wesen jetzt Ihre Frage stellen; das, was Sie beschäftigt – und wahrnehmen, welche Antworten Sie erhalten – was Ihnen die Stimme sagt – oder was Sie Ihnen zeigt – oder als Geschenk mitgibt – oder ein Gefühl spüren läßt – seien Sie aufmerksam – und lassen Sie sich Zeit – und es ist nicht wichtig, welche Antwort Sie erhalten – einfach offen sein, aufmerksam das annehmen, was kommt.

Und dann können Sie sich bei diesem weisen anmutigen Gesicht bedanken – und wahrnehmen, wie die Umrisse allmählich wieder in der Kerzenflamme verschwinden – und so, wie sich diese Kerzenflamme ruhig und gleichmäßig bewegt, können Sie auch Ihren Atem wahrnehmen – wie mit jedem Einatmen wieder mehr Frische und Lebendigkeit in Ihren Körper hineinkommt – und vielleicht auch schon ein Räkeln oder Strecken – mit Ihrer ganzen Aufmerksamkeit wieder hier, in diesen Raum kommen – und vielleicht auch schon neugierig darauf, welche Anregungen die anderen mitgebracht haben.

Und dann setzen Sie sich allmählich mit einem Partner oder in einer Kleingruppe zusammen und tauschen sich darüber aus, was Sie für Anregungen für Ihr Thema mitgebracht haben und in die Gruppe einbringen möchten.

🦄 Improvisiertes Tai Chi (einzeln; 3-8 Min.)

Im aufrechten Stand mit lockeren Knien gleichmäßig und tief atmen. Allmählich im eigenen Rhythmus die Arme heben und mit ihnen Bewegungsmöglichkeiten finden, die den Atemfluß unterstützen. Die Bewegungen allmählich größer werden lassen und den Körper so mit einbeziehen, daß eine Fortbewegung im Einklang mit Ihrem Atemrhythmus entsteht; so, als ob Sie sich ganz geschmeidig, wie in Zeitlupe bewegen würden. Den eigenen Atem und die gleichmäßige, harmonisch fließende Bewegung des Körpers und der Arme genießen und dann noch einen Ton dazu kommen lassen. Und genauso natürlich, wie sich die Bewegung entwickelt hat, allmählich wieder einfrieren und zum Stand kommen.

Und hier, im Stand, wahrnehmen, wie die eigene Haltung jetzt ist; ist sie *gut?* Dann verbessern Sie sie, im Einklang mit Ihrer Atmung, bis sie *besser* ist.

Und dann, ganz zum Schluß, finden Sie Ihre *optimale Haltung;* die Haltung, aus der heraus Sie Ihre *genialsten* Ideen fließen lassen können – jetzt.

Open Space

Ziel:
Kreativprozeß, der Visionen freisetzt;
Teampotentiale verbinden

Weitere Anwendungsmöglichkeiten:
Kleine und große Visionen entwickeln;
Ressourcenvielfalt und Wissen aller
Beteiligten nutzen

Problemlösung:
Keine oder nur „von oben" vorgegebene Lösungen vorhanden

Umfang:
Sinnvollerweise 2–3 Tage

Material:
Wandplakate, Karten, Papier, Stifte,
1 Moderator, Stühle, Raum, Kopierer

„Die Vorstellungskraft ist der Anfang der Schöpfung.
Man stellt sich vor, was man will;
man will, was man sich vorstellt;
und am Ende erschafft man, was man will." – George B. Shaw

Beschreibung:
Open Space – der „allen zugängliche, offene Raum" (nach Owen) – ist eine
zukunftsweisende Form teamorientierter Ideenfindung. Sie nutzt das Potential aller
Beteiligten auf eine außergewöhnlich offene, selbstverantwortliche und vertrauens-
voll-intuitive Weise, um Visions- und Veränderungsprozesse zu gestalten. Zu einer
vorgegebenen komplexen Thematik treffen sich alle diejenigen, denen dieses Thema auf der Seele brennt und die leidenschaftlich daran mitarbeiten wollen, um ihr
Wissen und ihre Ressourcen gemeinsam zur Lösungsfindung zu aktivieren – völlig
hierarchieübergreifend. In einer aufnahmebereiten Atmosphäre entfachen sie ihr
Feuer für eine gemeinsame Sache und potenzieren ihre Energien. Das einzige, was
fehlt, sind die „klassischen" Dinge wie: Tagesordnung, Referenten, Hierarchien,
festgelegte Themenblöcke – alles ist offen. Das Ziel und zugleich der Nutzen: Finden
Sie in einer ungewohnten Atmosphäre visionäre Lösungen!

Aufgaben:

 Neun Punkte,Part 3 (22.) (einzeln; 3-8 Min.; Karte, Stift)

Übertragen Sie diese nebenstehenden 9 Punkte auf eine Karte und verbinden Sie sie mit Hilfe von nur **1** geraden Linie.
Erinnern Sie sich noch: Welche Gedankenrahmen können Sie jetzt noch sprengen? Legen Sie Ihr „Kniffel-Potential" in die Waagschale.

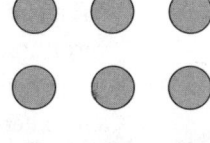

 Open Space-Konferenz (11-99 Partner; 2-3 Tage; s. Anleitung)

Zu Beginn einer Open Space-Konferenz (nach Owen) sind nur die Rahmenbedingungen vorhanden:

- leidenschaftlich motivierte und freiwillig anwesende Teilnehmer,
- ein großer Stuhlkreis für alle Teilnehmer,
- ein Moderator, der kurz in die Methode einführt,
- die Aufgabenstellung,
- und genügend Räume und Materialausstattung, wie Flipcharts etc..

In Form einer kurzen Begrüßung stellt der Moderator den Hintergrund der Zusammenkunft sowie die Aufgabenstellung vor – und dann geht's los.

1. In einem 1. Schritt kann nun jeder Teilnehmer, der sich einbringen möchte, das Wort ergreifen und einen **inhaltlichen Beitrag** beisteuern.
2. Alle Beiträge werden auf Karten gesammelt, auf einem großen Wandplakat – dem sogenannten **Anschlagbrett** – geordnet und zu einem Themenspeicher zusammengefaßt; hier wird deutlich, was den Beteiligten eigentlich am Herzen liegt.
   Dann ordnen sich die Teilnehmer selbständig den Themenbereichen zu, die für sie von Interesse sind und bilden somit einen *Arbeitskreis*.
3. Nun erst wird eine gemeinsame **Tagesordnung** erstellt, die soweit wie möglich alle Teilnehmerwünsche berücksichtigt, so daß jeder in „seinen" Arbeitskreisen mitwirken kann. Es gibt also viele Themen und viele Gruppen, die teilweise gleichzeitig ablaufen.
4. Nach etwa $^1/_2$ Tag nehmen die Arbeitskreise ihre Arbeit als **Workshops** auf. In vollkommen unterschiedlichen Gruppengrößen finden sich die Interessierten jeweils für 1–2 Stunden zusammen und behandeln ihr Thema; meist unter der Leitung desjenigen, der dieses Interessensgebiet vorgeschlagen hat. Dabei kann es vorkommen, daß Themen erweitert oder verändert oder sogar noch einmal für den folgenden Tag neu angesetzt

werden; auch ist es erlaubt, die Gruppe zu wechseln, wenn jemand feststellt, daß er zu dem gewählten Thema nichts beitragen kann.

Jeder arbeitet also im Verlauf der zwei Tage in ganz unterschiedlichen Arbeitsgruppen konzentriert und lebendig mit, kann neue Beziehungen verknüpfen oder bestehende intensivieren.

5. Da es keine (!) Zusammenfassungen oder Präsentationen gibt, schreiben alle Themen-Initiatoren jeweils einen 1–3-seitigen **Bericht**, der die Ergebnisse ihres Workshops enthält. Bis zum Ende des 2. Tages werden alle Berichte kopiert, so daß jeder (!) Teilnehmer eine Mappe mit allen Berichten erhält.

6. Zu Beginn des 3. Tages liegen die numerierten **Berichtsmappen** zum **Lesen** aus, ein Prozeß, der 1–2 Stunden dauern kann.

7. Dann bewertet jeder Teilnehmer seine Favoriten, und mit Hilfe einer **Mehrpunktabfrage** werden die bis zu 10 wichtigsten Berichte – die „Top Ten" – als diejenigen Ergebnisse ermittelt, auf die alle vorhandenen Ressourcen mit Priorität gebündelt werden sollen.

8. Die **„Top Ten-Themen"** werden dann als Überschriften auf 10 Wandplakate geschrieben und im Plenum verteilt aufgehängt. Daneben steht der jeweilige Initiator, während alle anderen Teilnehmer frei von Wandplakat zu Wandplakat wandern und zusätzliche Ideen äußern.

9. Anschließend finden sich noch einmal die 10 Gruppen zusammen, die diese „Top Ten-Themen" entwickelt haben und diese treffen erste **Vereinbarungen**, wie sie nach dieser Konferenz weiter vorgehen. An dieser Abschlußrunde nehmen nur noch diejenigen teil, die absolut bereit dazu sind, das jeweilige Thema auch nach der Konferenz in dieser Gruppe weiter zu bearbeiten. Ein **gemeinsames Foto** jeder Arbeitsgruppe dient als symbolische Verstärkung.

10. Ihren **Abschluß** findet die Open Space-Konferenz **im großen Kreis**, bei der alle Teilnehmer noch einmal in kurzer Form die 3 Tage reflektieren.

Und was kommt danach? Nun, das bleibt den einzelnen Gruppen vorbehalten. Wichtig ist nur, daß eine Gruppe auch die Möglichkeit zur Umsetzung erhalten muß, daß sie hierarchieübergreifend im Unternehmensalltag an „ihrem" Thema weiterarbeiten darf. Bewährt hat es sich, wenn nach einigen Wochen noch einmal die Themen-Initiatoren und der Auftraggeber zusammenkommen, um den Stand der Dinge und die Bereiche offenzulegen, in denen noch Unterstützungsbedarf herrscht. Und last but not least: Die beste Fortsetzung für eine Open Space-Konferenz ist … eine weitere – wenn sich dieser Wunsch von innen her, gleichsam organisch entwickelt.

☼ **Wortgespür** (2-11 Partner; 10-20 Min.; Papier, Stifte)

Lassen Sie sich einmal von Ihrer Intuition leiten und geben den folgenden Dingen einen werbewirksamen Namen oder eine Bezeichnung, die genau zu der jeweiligen Bedeutung paßt: ein neuartiger Computer, eine gesunde Joghurt, eine Katzenrasse, eine neue Jeansmode, ein Kurhotel, ...

🐚 **Himmelsraum** (beliebig; 3-8 Min.; Stühle)

Machen Sie es sich auf Ihrem Stuhl für einen Moment so bequem wie möglich und lehnen sich entspannt zurück. Und dann lassen Sie Ihren Atem einfach fließen – wenn Sie möchten, mit geschlossenen Augen –, ruhig und gleichmäßig und tief. Lassen Sie in Gedanken ein Bild entstehen, wie Sie in den Himmel schauen – über sich einen endlosen blauen Himmel. Wenn Sie Wolken wahrnehmen, dann stellen Sie sich vor, wie Ihr Atem wie ein Windhauch die Wolken am Himmel bewegt, bis der ganze Himmel sich vor Ihnen öffnet – ein weiter, blauer, offener Raum. Und Sie können wahrnehmen, wie bei jedem Einatmen die Weite des Raumes in Ihren Körper gelangen und sich angenehm ausbreiten kann – weiter und weicher. Und wie Sie bei jedem Ausatmen dieses angenehme Gefühl in Ihrem Körper verteilen können – und wie sich diese herrliche blaue Farbe auf eine ganz sanfte, angenehme Weise in Ihnen ausbreiten kann – und Sie diese Weite und Ruhe, die darin liegt, spüren und in sich aufnehmen können – wahrnehmen, wie sich Ihre Gedanken weiten – und Sie eins werden mit dem offenen Raum. Lassen Sie dieses angenehme Gefühl von Öffnen wirken und finden Sie Ihren Rhythmus. Nach einigen Minuten dann nehmen Sie einen tieferen Atemzug und spüren die Energie und Frische, die jetzt in Ihren Körper hineinfließt. Und indem Sie wahrnehmen, wo und wie Ihr Körper die Unterlage berührt, können Sie „Ihre" Bewegung finden, um mit der Energie und der Freiheit des offenen Himmels wieder hier in diesen Raum zurückzukommen.

🦁 **Chasekreis** (3-15 Partner; 6-20 Min.)

Im Chasekreis gibt jeweils einer immer eine Bewegung vor und alle Anderen imitieren so genau wie möglich – so genau wie möglich einfühlen, nachmachen, vielleicht sogar weiter ausbauen. Einfach nur der Reihe nach oder durch Handzeichen ist jeder mal dran, eine Bewegung vorzugeben oder etwas auszudrücken an Gefühlen – Stimmungen – Befindlichkeiten – wie auch immer. Z.B. morgens zum Einstieg nonverbal die jetzige Stimmung auszudrücken und die Richtung für den Tag – was wünsche ich mir.

Zukunftswerkstatt

Ziel:
Zukunftsszenarien erstellen, persönliche Betroffenheit durch ungenügende IST-Zustände nutzen

Weitere Anwendungsmöglichkeiten:
Perspektivenwechsel, ganzheitliche Lösungsfindung, Nutzung intuitiver und analytischer Prinzipien

Problemlösung:
Unzufriedenheit mit bestehenden Situationen

Umfang:
Sinnvollerweise 3–5 Tage

Material:
Karten, Wandplakate, Papier, Stifte, Flipchart, 1 Moderator

„Zukunft fällt nicht vom Himmel; Zukunft entsteht nur durch das Handeln der Menschen." – Robert Jungk

Beschreibung:
Die Zukunftswerkstatt (nach Jungk) stellt eine Methode dar, die die Qualitäten des Träumens, Denkens und Handelns in einer ganz speziellen, variierten Abfolge beinhaltet. Sie symbolisiert einen Ort, an dem Fragen aufgeworfen und diskutiert und zukunftsweisende Projekte selbstbestimmt entwickelt werden können. Ursprünglich eine Art „demokratische Infrastruktur der Basis", wollte sie den Menschen an richtungsweisenden Entscheidungen seines eigenen Lebensbereiches beteiligen. Die persönliche Betroffenheit als Ausgangspunkt führt zu neuen Problemlösungen und Visionen für ein zukünftiges Leben und zu realisierbaren Wegen dorthin. Ein gelebtes Modell, wie Zukunft entstehen kann, das in den wesentlichen Schritten „Kritikphase, Utopiephase, Strategische Phase" abläuft und eine Möglichkeit bietet, selbst gestalterisch tätig zu werden.

Aufgaben:

🦄 Weiter denken (23.) (einzeln; 4-10 Min.; 6 Streichhölzer)

Bilden Sie aus sechs Streichhölzern eine Konfiguration mit 4 gleichseitigen Dreiecken; dabei sollen alle Streichhölzer ganz bleiben.

☼ Traummodell (3-11 Partner; 20-60 Min.; s. Anleitung)

Verwirklichen Sie mit Hilfe von gesammelten Materialien – Krimskrams, Naturmaterialien oder „Überflüssigem" – in Kleingruppen Ihre Ideen zu einem ausgewähltem Thema in Form eines Wunschmodelles, wie z.B.: Wie sieht der Seminarraum unserer Träume aus? Gestalten Sie auf diese Weise ein „Kleine-Welt-Format" Ihrer Vision.

🖐 Phasen der Zukunft (beliebig; 5-15 Min.; Wandplakat, Stifte)

Die einzelnen Phasen der *Zukunftswerkstatt* (nach Jungk) sind:

1. **Vorbereitungsphase**: Definition der Problemstellung und Festlegen des Themas. Finden einer gemeinsamen Aufgabenstellung, die allen „unter den Nägeln brennt"; kann schon als Einladungs-Motto stehen.
2. **Kritikphase**: Gemeinsamkeiten herstellen auf der Grundlage der heftigen Kritik an den herrschenden Zuständen in dem gewählten Bereich; persönliche Betroffenheit als Auslöser nutzen, um die IST-Situation und deren Schwächen aufzuzeigen; Probleme dann ordnen.
3. **Schöpferische Phase, Utopiephase**: Bezeichnung der wünschenswerten Zustände, visionäre Ideen finden, Erstellung von idealen Szenarien.
4. **Strategische Phase**, Verwirklichungsphase, unterteilt sich in:
   - *Prüfung und Bewertung*: Die Wünsche, Zielzustände und Entwicklungsrichtungen werden verglichen mit den realen Bedingungen, vorhandenen Trends und Hindernissen, die der Realisierung im Wege stehen.
   - *Entwurf und Entscheidung*: Konkrete Umsetzungsmöglichkeiten werden in Form eines Maßnahmenkatalogs/Zeitplans verbindlich festgelegt.
5. **Kurzpräsentation** der Ergebnisse: Wurden die Ergebnisse in Kleingruppen erarbeitet, folgt die Zusammenfassung in der Großgruppe.
6. **Nachbereitungsphase**: Auswertungstreffen festlegen, um Ziel- und Kontaktvereinbarungen mit Partnern zu treffen und überprüfen.

Wählen Sie aus den nachfolgenden Möglichkeiten die Arbeitstechnik für jede Phase aus, die Ihnen am meisten zusagt.

Problemstrukturierung (3-7 Partner; 50-90 Min.; s. Anleitung)

Ein komplexes Problem wird zuerst grob beschrieben und dann von der Gruppe in seine Teilbereiche zerlegt (nach Mehrmann). Diese Teilprobleme werden anschließend in mehreren Schritten detailliert analysiert und effektiv bearbeitet. Folgende Schritte können als Anhaltspunkt dienen:

1. Exakte Problembeschreibung – Was ist besorgniserregend? – und eine eventuelle Unterteilung in kleinere Problemeinheiten auf Wandplakaten; kurze Beurteilung nach Bedeutung, Dringlichkeit und Tendenz.
2. Erstellung eines IST-SOLL-Vergleiches
3. Ursachenbenennung
4. Frage nach bekannten Lösungsmöglichkeiten
5. Frage, was an diesen Ansätzen noch nicht befriedigt
6. Benennung der wesentlichen Lösungskriterien
7. Danach werden die einzelnen Bereiche wieder zusammengefügt und wird nach umfassenden neuen Lösungen gesucht.

Themenspeicher (beliebig; 5-15 Min.; Wandplakat, Stifte)

Vorbereitungsphase: Mit dem Themenspeicher (nach Seifert) sammeln Sie Themen für einzelne Aufgabenbereiche – z.B. auf die Frage: *„Wo stehen wir jetzt?"*; er dient im Verlauf eines kreativen Prozesses als eine Art Inhaltsverzeichnis. Gemeinsam mit der Gruppe werden die zu behandelnden Themen:

- entweder per Kartenabfrage/Zuruf gesammelt, geordnet, vorausgewählt und auf einem Wandplakat zeilenweise untereinander aufgelistet,
- oder gleich vollständig in das Wandplakat – den Themenspeicher – eingetragen; dann erst wird per Mehrpunktabfrage in der Spalte „Auswahl" über die Behandlung einzelner Themenschwerpunkte entschieden.

Nr.	Thema	Auswahl

Stein des Anstoßes (5-11 Partner; 10-20 Min.; s. Anleitung)

Kritikphase: Veränderungen treten häufig erst dann ein, wenn sich Unbehagen mit den bestehenden Zuständen ansammelt und geäußert wird. Bringen Sie absichtlich „das Faß zum Überlaufen", indem Sie gemeinsam mit allen Teilnehmern hemmungslos Kritikpunkte zu dem festgelegten Thema finden.

Sammeln Sie spontan Einwürfe auf die Frage: *„ Was stört mich an dem, wie es im Moment ist? Was soll auf keinen Fall eintreten?"* Kritik beinhaltet immer schon einen Teil der Lösung. Halten Sie die Ergebnisse auf Wandzeitungen oder noch besser auf Karten fest, die Sie anschließend ordnen können.

☀ Provokante Thesen (5-11 Partner; 12-20 Min.; s. Anleitung)

Was nicht sein soll, steht also nun fest. Aber was statt dessen? Stellen Sie auf Karten oder Wandzeitungen einige provokante Thesen zum Thema auf.

⌛ Designphase (4-11 Partner; 15-20 Min.; Papier, Stifte)

Utopiephase: Drehen Sie die vorher angebrachte Kritik um und setzen Ihre Phantasie ein. Phantasieren Sie drauflos und vergessen Sie die Einschränkungen der Realität: *„Was statt dessen?"* Halten Sie diese wünschenswerten Visionen und Idealzustände auf Wandplakaten oder Karten fest.

⌛ Zukunftsschlagzeilen (3-9 Partner; 10-25 Min.; Karten, Stifte)

Welche Schlagzeilen würden Sie gerne in den nächsten 25 Jahren in den Zeitungen lesen: *Was wäre in Zukunft ideal?* Erfinden Sie mindestens 10 Überschriften zu Berichten in Tageszeitungen oder Fachblättern und schreiben sie auf Karten.

Im Anschluß daran können Sie in Ihrer Gruppe in eine Diskussion eintreten, ob die vorhergesehenen Ereignisse auch eintreten können und was es dazu braucht und was Sie dazu tun können, daß sie eintreten.

⌛ Allmacht (3-6 Partner; 30-60 Min.; Wandplakat, Stifte)

Utopiephase: Die Teilnehmer stellen sich vor, daß Sie alle Macht haben, Veränderungsprozesse zu bewirken und jedes Problem zu lösen. In diesem „Als ob"-Rahmen werden nun Ideen und Lösungsansätze gesammelt. Die so gefundenen Lösungen werden anschließend wieder vereinfacht und soweit an die bestehenden Verhältnisse angeglichen, bis realistische Möglichkeiten erkennbar sind.

☀ Zukunfts-Mix (3-11 Partner; 20-50 Min.; s. Anleitung)

Jeder Mitspieler wählt sich aus einem großen Haufen Zeitungswerbungen mehrere Werbeseiten aus. Diese dienen ihm nun als Ausgangsmaterial, um eine neue, futuristische Reklame zu entwerfen.

⚜ Zweifelstechnik (3-11 Partner; 30-90 Min.; Wandplakat, Stifte)

Strategische Phase: Stellen Sie Ihre eigenen Ideen in Frage: *„Welche Hindernisse stehen einer möglichen Verwirklichung im Wege?"* Was alles spricht dagegen: Angefangen von Gesetzen und öffentlichen Vorschriften, über vorhandene Sachzwänge und Finanzierungsschwierigkeiten bis hin zu einschränkenden Glaubenssätzen und menschlichen Verhaltensweisen?

Prüfen Sie sorgfältig, auf welchen Ebenen welche Frage zur Realisierung einer Idee beitragen kann.

⚜ Potential-Analyse (3-11 Partner; 30-60 Min.; Papier, Stifte)

Strategische Phase: Mit dieser Technik (nach Bambeck/Wolters) können Sie eine momentane IST- oder eine zukünftige SOLL-Situation auf Stärken und Schwächen hin analysieren. Hinterfragen Sie Ihre Trends dabei: *„Wo liegen die Stärken? Und wo gibt es noch Schwächen? Welche – eventuell ungenutzten – Chancen bieten sich noch an? Welche Gefahren lauern noch und wie können Sie ihnen vorbeugen?"* In Kombination mit der Szenariotechnik können Sie den Erfolg Ihrer Problemlösungssitzung optimieren.

Situation:			
Stärken	**Schwächen**	**Chancen**	**Gefahren**

⚜ Schritt für Schritt (3-11 Partner; 30-180 Min.; Plakat, Stifte)

Strategische Phase: Um Utopien handlungsfähig zu machen, bedarf es konkreter Handlungsschritte. Erstellen Sie ein strategisches Arbeits- und Aufgabenprogramm, indem Sie zunächst fragen: *„Was ist praktikabel? Was kann verbessert werden? Wie kann das konkret geschehen? Worauf wirken sich diese Schritte aus?"*

Und dann verbindlich vereinbaren: **„Wer** macht **was** und **bis wann?"**

- *Welche Maßnahmen müssen eingeleitet werden?*
- *In welcher Reihenfolge müssen sie eingeleitet / abgearbeitet werden?*
- *Was kann ich selbst dazu tun?*

🎮 Output (beliebig; 5-20 Min.; Wandplakat, Stifte)

Nachbereitungsphase: Da die Zukunftswerkstatt ergebnisorientiert arbeitet, fragen Sie sich:

1. Wie steht es mit der „Potentialvernetzung": Konnten die Ressourcen aller Beteiligten eingebracht und genutzt werden? Welche Ressourcen können noch eingebracht und gewinnbringend angewandt werden?

2. Haben Sie sich an dem „Prinzip der kleinen Schritte" orientiert: Haben Sie praktische Ergebnisse (Output) erhalten, die konkret umsetzbar und realisierbar sind? Welche Anregungen können Sie individuell für sich mit nach Hause nehmen? Was genau können Sie selbst dazu tun?

3. Ist der Informationsfluß sichergestellt: Haben Sie schon einen „Coachingpartner" gefunden oder ein kleines Netzwerk aufgebaut, um einen weiteren Kontakt und Austausch zu gewährleisten? Welche Vereinbarungen haben Sie dafür getroffen?

🎮 Auswertungs-Dart (beliebig; 5-20 Min.; s. Anleitung)

Nachbereitungsphase: Auf ein Wandplakat wird eine große Zielscheibe mit mehreren Ringen aufgemalt; idealerweise ergeben die Ringe einen eindeutig positiven, einen neutralen und einen deutlich steigerungsfähigen Bereich. Nun kann jeder Teilnehmer mit einem Klebepunkt seine Meinung zu einer vorangegangenen Aktion ausdrücken. Wird die Zielscheibe zusätzlich noch durch gerade Linien in verschiedene Kreissegmente eingeteilt, können entweder verschiedene Zeitabschnitte – z.B. Einstieg, Hauptteil, Schluß – oder Stimmungsbereiche – z.B. Gruppenstimmung, Zusammenarbeit, Umsetzungschancen, Erfolg – gezielt abgefragt werden.

🎮 Zeitfragen (3-11 Partner; 25-40 Min.; Papier, Stifte)

Nachbereitungsphase: Diese Technik stellt Ziele und Zielformulierungen – die ja zukunftsorientiert sind – in einen Bezug zur Vergangenheit und Gegenwart und den dazugehörigen wichtigen Ressourcen. Sie macht bewußt, daß die Erreichung eines Ziels ein Prozeß auf der Basis dessen ist, was schon getan wurde und die Erkenntnis dessen einschließt, was noch vor einem liegt. Damit wird auch die Tatsache gewürdigt, daß der Weg zur Erreichung der meisten Ziele nicht bei Null beginnt, sondern schon ein beträchtliches Potential an Fähigkeiten und Strategien vorhanden ist, das Sie aktivieren können.

1. Wo wollen Sie hin?
2. Was haben Sie bisher dafür getan?

3. Wo stehen Sie heute?
4. Was bleibt noch zu tun?
5. Welche Veränderungen sind dafür notwendig? Sind Sie bereit, die Konsequenzen – Vorteile und Nachteile – dieser Veränderungen zu tragen?
6. Wie genau gehen Sie weiter? Wer übernimmt welche Schritte?

🐚 Stille-Post-Trance (beliebig; 8-30 Min.; Musik)

Die ganze Gruppe sitzt so in einem Kreis, daß es jeder für sich bequem hat; alle schließen die Augen und konzentrieren sich in einer ruhigen Phase nur auf den Fluß ihrer Atmung.

Dann beginnt ein Teilnehmer aus der Gruppe und steigt in eine Phantasiereise ein; dabei ist er in der Themenwahl vollkommen frei und kann sich von seiner Intuition lenken lassen. Nach zwei bis drei Sätzen beendet er seinen Gedanken, und sein Nachbar zur rechten Seite setzt – mit geschlossenen Augen – die gemeinsame Reise fort. Mit ruhiger und sanfter Stimme ergänzt nach und nach jedes Gruppenmitglied dieses gemeinsame Erlebnis und trägt so zur Bereicherung und Entspannung bei.

Die beiden letzten Teilnehmer schließlich haben die Aufgabe, wieder einen Übergang zum „Hier und Jetzt" zu schaffen – dazu können sie die Stimme anheben und mit ihrer Wortwahl die Aufmerksamkeit aller vom Inhalt weg wieder auf den eigenen Körper, den Atem, die Unterlage (z.B. Stuhl) und die Geräusche im Raum lenken. Vielleicht mit einem Räkeln beenden lassen und einen Moment Zeit zum Nachschwingen geben.

🐴 Atme in deinen Raum (beliebig; 3-8 Min.)

Aufrecht und bequem hinstellen, mit leicht gebeugten Knien und für einen Moment nur auf den eigenen Atem achten; darauf, daß der Atem gleichmäßig und ruhig fließen kann. Im Einklang mit dem inneren Atemrhythmus die Arme langsam heben und ausweiten und „den eigenen Raum" definieren. Und dann spüren, wie beim Einatmen die Energie aus der Erde kommt und wie sich dieser eigene Raum noch mehr erweitern kann – und beim Ausatmen wieder rund werden lassen. Sie können dabei auch eine Farbe visualisieren und wahrnehmen, was alles noch dazugehört, zu Ihrem Raum. Zum Schluß die Arme wieder sinken lassen und noch eine Minute Zeit nehmen und nachspüren, wie sich Ihr Raum jetzt anfühlt.

Kreatives Schreiben

Ziel:
Kreative Artikel und Schriftstücke
verfassen

Weitere Anwendungsmöglichkeiten:
Aktivierung des Unbewußten,
Nutzung der inneren Ressourcen

Problemlösung:
Nicht die richtigen Worte finden

Umfang:
5-30 Min., bei aktuellen Anlässen,
wie auch langfristig zur Steigerung der
eigenen Ausdrucksweise

Material:
Papier, Stifte

„ Wenn Du gehen kannst, kannst Du auch tanzen;
wenn Du reden kannst, kannst Du auch singen;
wenn Du denken kannst, kannst Du auch träumen. " – afrikanisch

Beschreibung:
Die eigene Kreativität nicht nur im Verborgenen blühen zu lassen, sondern auch
nach außen zu bringen, das ist der Wunsch vieler. Ob es sich dabei um einen Artikel
handelt oder ein Buch, ob eine Glückwunschkarte nach einer originellen Idee ruft
oder eine flammende Rede verfaßt werden soll, wer hat nicht schon einmal danach
gedürstet, einen „Wunderstift" in den Händen zu halten, der gleichsam von alleine
ein Werk zu Papier bringt. Kreatives Schreiben, als Handwerk und Technik des
Erzählens verstanden, kommt in den vielfältigsten Lebensbereichen zur Geltung.
Eine Fähigkeit, die von Kindesbeinen an wie eine Quelle in uns steckt und die nur
darauf wartet, wieder zum Sprudeln gebracht zu werden – wieder träumen dürfen,
die ersten „Ideen-Knospen" als Samen für einen roten Faden nutzen und zunehmend leicht und sicher etwas Handfestes produzieren. Welche Idee ist es, die Sie
als nächste auf dem Papier erblühen lassen möchten?

Aufgaben:

🐎 Kreisende Wörter (3-8 Min.; Papier, Stifte)

Malen Sie auf ein Blatt Papier 42 Kreise und zwar in 7 Reihen je 6 Kreise. Nun fügen Sie an die Kreise senkrechte Linien an und entwickeln Sie so viele Wörter, wie sie können, wie z.B.: **gogo**, **bodo**

🦔 Schlüsselwörter (einzeln; 10-25 Min.; Papier, Stifte)

Eine aktivierende Methode beim Kreativen Schreiben ist der Einsatz von Schlüsselwörtern. Sagen Sie sich mit einer angenehmen, energievollen Stimme einige Schlüsselwörter zu Ihrer Aufgabe oder Ihrem Thema und notieren Sie diese Begriffe, die auf das Gehirn wie Geistesblitze oder Initialzündungen wirken, auf einem Blatt Papier. Und dann lassen Sie Ihre Gedanken fließen und wecken Sie Ihre kreativen Energien: Stellen Sie sich die Wörter in bunt geschriebenen oder besonders ausgeformten, phantasievollen Buchstaben vor – oder singen Sie die Begriffe in einer besonderen Melodie laut oder vor Ihrem inneren Ohr – oder spüren Sie in Gedanken, wie Sie sich in ein Schlüssel-wort-Sofa legen oder mit einigen Schlüsselgeistern tanzen.

☀ Bilderbrief (einzeln; 5-20 Min.; Papier, Stifte)

Entwerfen Sie Worte, die zum einen Teil aus geschriebenen Buchstaben und zum anderen aus wortersetzenden Bildern bestehen, wie z.B.: das Wort Schweiz, bei dem die Buchstaben „ei" durch ein gezeichnetes Ei ersetzt werden. Lassen Sie Ihren Partner oder Ihre Gruppe die Bedeutung erraten.
Schreiben Sie einen ganzen Text zu einem vorgegebenen oder freien Thema und ersetzen Sie bestimmte Wörter durch kleine Bilder, die Sie in das Schriftbild einfügen. Wie wär's einmal mit einem Brief, den Sie auf diese Weise verzieren?!

☀ Texte falten (2-7 Partner; 5-20 Min.; Papier, Stifte)

Jeder aus der Gruppe beginnt, auf einem Blatt Papier einen beliebigen, 4-zeiligen Text zu schreiben. Anschließend werden die ersten 3 Zeilen nach hinten umgefaltet, so daß nur noch die letzte Zeile lesbar bleibt. Das Blatt wird dann zum rechten Nachbarn weitergegeben, der nur aufgrund der sichtbaren Information auf die Zusammenhänge schließt; er setzt die Geschichte mit 4 eigenen Zeilen fort, knickt die ersten 3 Zeilen wieder um und gibt das Blatt weiter. Dies geht solange, bis jeder wieder seine eigene Geschichte vor sich hat und sie mit einem letzten 4-Zeiler abschließt. Das schnelle Umstellen auf immer neue Inhalte fördert die geistige Flexibilität. Wird das Spiel nur mit einem Partner gespielt, so kann ein reizvolles Zwiegespräch zustande kommen, das beiden eine gute Basis für eine Kontaktaufnahme bietet.

❧ Das weiße Blatt (einzeln; 12-20 Min.; Papier, Stifte)

Die Angst vor dem weißen Blatt Papier, vor dem ersten Satz, steckt in vielen Autoren; oft entspringt sie der Sorge vor Fehlern, die ja erst in dem Moment gemacht werden, in dem das Schreiben beginnt. Sie können lernen, mit diesem Gefühl umzugehen und brauchen für diese Übung nur ein leeres Blatt Papier und einen Stift – oder, wenn Sie möchten, auch ein paar Farbstifte.

Wenn Sie beginnen, legen Sie das Blatt in aller Ruhe vor sich hin und … nehmen es wahr. Nehmen Sie es wahr, als wenn Sie das erste Mal ein Blatt Papier sehen – und mit all Ihrer Aufmerksamkeit nur auf dieses Blatt richten. Was immer Sie damit machen wollen – bestaunen, ertasten, beschnuppern, zerknüllen, bemalen, basteln, es falten, es für eine Körperübung benutzen, darauf zeichnen –, es ist Ihre Freiheit.

Experimentieren Sie, mit Ihrer Aufmerksamkeit, mit Ihren Gefühlen, Ihrer Einstellung – und dann lassen Sie einen Gedanken kommen: *„Was wäre, wenn dieses Blatt Ihr Freund wäre?"* Wenn es sich darauf freuen würde, von Ihnen etwas Spannendes zu erfahren, etwas mit Ihnen teilen zu dürfen – neugierig, lustvoll, spielerisch, einfach teilen – und wie ein wohlwollender Freund alles annehmen, was kommt: Zeichnungen, Bilder, Worte, Ideen, vielleicht hier und da ein Satz – oder einfach nur dasein, schweigen, wahrnehmen. Schließen Sie diese Übung erst dann ab, wenn es für Sie stimmt und wenn Sie das Gefühl haben, daß Ihnen dieses weiße Blatt – gleich, ob es das erste war oder ob Sie mittlerweile schon Dutzende an dieser Erfahrung haben „teilhaben" lassen – etwas mitgeteilt hat. Etwas, was nur Sie hören oder sehen oder empfinden können – etwas, was Sie darin unterstützen kann, Zugang zu Ihrer Lust zu bekommen, Ihre Gedanken frei „funkeln" zu lassen.

☼ Schlagzeilen (beliebig; 3-10 Min.; Papier, Stifte)

Nutzen Sie die Vokale A, E, I, O und U aus, indem Sie zu jedem Buchstaben so schnell wie möglich eine Schlagzeile mit drei Wörtern entwerfen; die Wörter müssen mit dem gleichen Buchstaben beginnen. *Beispiel*: Acht Ameisenbären angekommen – Erntedankfest erweckt Enthusiasmus – Obsternte ohne Oktobersonne – U-Boot untersucht Urviech, ... Ist es gut gelungen? Dann setzen Sie die Übung einfach mit den Konsonanten fort und steigern Sie so Ihre flüssige Ausdrucksweise.

Variation: Wie viele sinnvolle Sätze können Sie bilden, bei denen die Anfangsbuchstaben sich von einem vorgegebenen Wort ableiten, wie z.B. *Geist*: *G*estern *e*skalierten *I*ntrigen *s*üdwestlich *T*urins.

☼ Zehnwörter-Story (3-7 Partner; 15-30 Min.; Papier, Stifte)

Jeder Mitspieler schreibt etwa 10 beliebige Wörter auf, wie z.B. Geige, Zylinder, Strand, ... Nun beginnt der erste, indem er seinen 1. Begriff der Runde vorliest; daraufhin schreibt jedes Gruppenmitglied spontan die erste Assoziation (1 Wort) auf, die ihm zu diesem Begriff einfällt. Der erste fährt fort, indem er seinen 2. Begriff vorliest, zu dem sich wiederum jeder seine erste spontane Gedankenverbindung notiert; dies geht solange, bis alle 10 Wörter des ersten Mitspielers genannt sind.

Jeder Mitspieler soll nun mit seinen eigenen Assoziationen eine kurze Geschichte aufschreiben, in der alle 10 Wörter vorkommen. Die – vielleicht ganz unterschiedlichen – Geschichten werden anschließend vorgelesen.

Zum Schluß kann die ganze Gruppe dann eine gemeinsame Geschichte erfinden, in der von jedem Mitspieler mindestens eine Assoziation vorkommt.

☼ Autorenteam (2-5 Partner; 20-40 Min.; Papier, Stifte)

Pro Gesamtgruppe gibt es mehrere Autorenteams, bestehend aus 3-6 Mitgliedern. Jedes Team notiert aus einem Buch wahllos einzelne Wörter heraus und gibt sie an ein anderes Autorenteam weiter. Pro Gruppe sollten zwischen 15 und 20 Wörter aufgeschrieben werden. Nun beginnt jedes Team, mit diesen Wörtern einen Text zu formulieren, wobei alle gegebenen Wörter zu verwenden sind. Themenbereiche können sein: ein Werbetext, Verkaufstext • ein Artikel in einer Tageszeitung • eine Kurzgeschichte oder ein Kurzfilmdrehbuch • ein Witz • eine Metapher • ein Gedicht. Anschließend werden die Texte der Gruppe vorgelesen und gemeinsam nach Kreativität, Informationsgehalt, Aussagekraft und Originalität bewertet.

Variationen:

- Die 15-20 Wörter und der Themenbereich sind für alle Autorenteams identisch.
- Die 15-20 Wörter sind für alle Teams gleich. Jedes Team erhält einen anderen Themenbereich, der frei gewählt werden kann.
- Jeder Autor kann für sich selbst arbeiten.

⚛ Wortsprudel (einzeln; 20-50 Min.; Papier, Stifte, Diktiergerät)

Ein Spiel mit Tönen und Klängen und Zusammenhängen (nach Braem). Wählen Sie einen Begriff, eine Wortfolge oder einen Slogan oder einen Namen aus, den Sie weiterentwickeln wollen. Diese Wortfolge sprechen Sie nun laut aus und variieren sie spontan auf jede nur denkbare Weise: Stellen Sie Worte oder Silben oder Buchstaben um, erfinden Sie neue Klanglaute, verändern Sie Ihre Betonung und was immer Ihnen sonst noch in den Sinn kommt; oder unterlegen Sie die Worte mit einer Melodie, reimen sie, setzen sie wie ein Sprichwort, rufen sie wie ein Markthändler aus oder kombinieren einen bekannten Song mit Ihrem neuen Text. Sprechen Sie wirklich laut, lassen Sie Ihre Gedanken sprudeln, kreieren Sie neue Begriffe, Zusammenhänge und Assoziationen und entwickeln Sie ganz selbstverständlich und spielerisch ein Gefühl für wohltuende Klangresonanz oder „phonetische Stolpersteine".

Wenn Sie Ihren Assoziationsfluß nutzen wollen, so lassen Sie währenddessen einen Cassettenrekorder oder ein Diktiergerät mitlaufen. In einem zweiten Schritt hören Sie sich dann Ihre Klangbilder an und setzen diejenigen, die Ihnen „ins Ohr fallen" oder die sich einprägen, in Form von Skizzen oder Bildern um. Sie erhalten durch diese Übung ein großes Repertoire an Einfällen, die Sie weiterbearbeiten können. Diese Notizen können Sie nun auf einem Tisch oder an einer Pinnwand strukturieren, längere Zeit hängenlassen und Beziehungen und Zusammenhänge ausmachen, indem Sie die neuen Wortkombinationen immer wieder laut sprudeln lassen. Lassen Sie Ihr Ohr teilhaben an einem ganzheitlichen Kreativitätsprozeß, der es ermöglicht, Bedeutungen vollständig zu erfassen und Zusammenhänge mit allen Sinnen wahrzunehmen.

☀ Lebensnah (einzeln; 10-25 Min.; Papier, Stifte)

Stellen Sie sich vor, Sie wären eine Figur aus einem Roman. Und alles in Ihrer Umgebung wäre hier und jetzt eine Szene aus Ihrem Buch. Steigen Sie ein in diese Szene und beschreiben Sie mit Worten, was gerade geschieht.

☀ Antiwerbung (3-7 Partner; 5-20 Min.; Zeitungen, Papier, Stifte)

Aus einer Menge Zeitungsanzeigen wählt sich jeder Mitspieler eine aus. Zu dieser Reklame soll nun eine Gegenwerbung gestaltet werden, indem das vorliegende Bild mit einem neuen Text versehen wird.

☼ **Wörter bilden** (paarweise; 3-10 Min.; Papier, Stifte)

Schreiben Sie auf ein Blatt Papier 10 beliebige Wörter auf – wie: Turm, einkaufen, Wasserfall, Uhr, Rose, Hälfte – und tauschen das Blatt mit einem Mitspieler und dessen Wortideen. Nun entwickeln Sie Ihre visuelle Phantasie und schreiben Sie die erhaltenen Wörter in einer, ihren Sinn betonenden Weise. Denken Sie zuerst an den wichtigsten oder hervorstechendsten Aspekt dessen, was das Wort aussagt. Und dann beginnen Sie, einen einzelnen Buchstaben und später sogar die Form des ganzen Wortes so zu verwandeln, daß seine Bedeutung hervorgehoben wird. *Beispiel*:

Geisterschloßplatz

☼ **Geschichtenerzähler** (einzeln; 10-25 Min.; Papier, Stifte)

Beim Geschichtenerzählen kommt es weniger auf den meisterhaften Umgang mit der Sprache oder Schrift an; vielmehr zählen Eigenschaften dazu wie Phantasie, Leidenschaft, Neugier und: Mut zum Loslegen! Nutzen Sie für Ihre nächste Geschichte die 3 folgenden Fragen als Leitfaden:

- *Was passiert gerade?*
- *Was führte dazu / was ging voraus?*
- *Was könnte das Ergebnis sein?*

☼ **Persönliche Geschichte** (1 Partner; 20-30 Min.; s. Anleitung)

Diese Übung setzt an der eigenen Motivation an, an eigenen Werten, Vorstellungen und Impulsen. Setzen Sie sich mit einem Partner zusammen und nehmen sich etwa 3 Minuten Zeit, Ihren Partner genau wahrzunehmen, mit all dem, was für Sie dazugehört. Dann schreiben Sie auf einen Zettel zehn Worte auf, die Ihrer Meinung nach für Ihren Partner von Bedeutung sind und in seinem Leben eine Rolle spielen. Tauschen Sie Ihre Zettel aus. Nun haben Sie etwa 10 Minuten Zeit, aus diesen Worten eine Geschichte zu schreiben, die Sie sich anschließend gegenseitig vorlesen.

☼ **Wortspiele** (paarweise; 5-15 Min.; Papier, Stifte)

Schreiben Sie auf ein Blatt Papier 10 beliebige Berufe auf – wie: Rechtsanwalt, Perlentaucher, Chemiker – und tauschen das Blatt mit einem Mitspieler und dessen Ideen. Bilden Sie nun Sätze, die durch ihr Wortspiel für eine bestimmte Berufsgruppe werben und die für Werbegelegenheiten, wie etwa Geschäftskarten, genutzt werden können.

☼ Bildergeschichten (1-3 Partner; 6-20 Min.; Papier, Stifte)

Erzählen Sie doch einfach einmal eine phantastische Geschichte. Zu schwer? Nun, dann entwickeln Sie Ihre Erzählung anhand von einigen Bildern. Zeichnen Sie in die Mitte eines Blattes einen Kreis und drumherum noch 2 oder 3 weitere Kreise. Nun malen Sie in den mittleren Kreis eine kleine Skizze, wie etwa einen Hund. In die äußeren Kreise zeichnen Sie jeweils eine Verbindung dazu, was immer Ihnen gerade einfällt, wie z.B.: einen Knochen, einen Kamin, eine Katze, ... Dann geben Sie dem Hauptdarsteller Ihrer Szenenfolge einen Namen und ... schon kann's losgehen. Tasten Sie sich heran an Erinnerungen und Erlebnisse, und dann überschreiten Sie die Grenzen des Bekannten und betreten das Reich der Phantasie – spüren Sie den Zauber Ihrer Gedanken und Worte wieder.

☙ Entspannte Poesie (einzeln; 15-20 Min.; Musik, Schreibzeug)

Diese Übung nutzt die harmonisierende Wirkung der Musik, um die beiden Gehirnhälften miteinander zu synchronisieren und Ihr Potential ganzheitlich zu aktivieren. So kann die Musik aus der früher möglicherweise als frustrierend erlebten Ausdrucksform „Schreiben" ein echtes Vergnügen machen und Sie können Ihren Geist darin üben, Ideen fließen zu lassen. Wichtig: Halten Sie Ihr Schreibzeug in Reichweite, damit Sie mit dem Schreiben beginnen können, sobald Sie dazu bereit sind. Überlassen Sie das Schreiben dann dem Stift; Ihr Unbewußtes wird etwas schreiben, wenn es an der Zeit ist, während Sie Musik hören.

Mit Musik ungefähr 20 Minuten lang das eigene Denken stimulieren; dabei Ideen wie Blasen aufsteigen – oder wie Wolken am Himmel vorüberziehen lassen – selbst entscheiden: nehmen oder ziehen lassen; mit dem Umriß einer Geschichte spielen – Ideen kommen lassen, und erlauben, auch wieder zu gehen. Das Schreiben dem Stift anvertrauen.

☼ Brücken und Lücken (paarweise; 14-24 Min.; Papier, Stifte)

Schreiben Sie auf ein Blatt Papier von oben nach unten einige Sätze oder zeichnen Sie kleine Skizzen und lassen dazwischen viel Platz. Dann tauschen Sie Ihr Blatt mit dem Ihres Partners und beginnen, die Zwischenräume mit eigenen Sätzen, Ergänzungen und Zeichnungen auszufüllen, bis eine komplette Geschichte entstanden ist. Dabei können Sie ohne jegliche Reihenfolge immer dort ansetzen, wo es Ihnen Spaß macht und auch zwischen verschiedenen Passagen hin- und herspringen; verknüpfen Sie die Dinge solange, bis Sie Ihren Vorstellungen entsprechen.

☼ Reimpaarungen (paarweise; 3-10 Min.)

Zwei Partner rufen sich abwechselnd ein Hauptwort zu, daß der Andere jeweils mit einem passenden Reimwort beantworten soll.

☼ Dichterwerk (paarweise; 5-20 Min.; Papier, Stifte)

Wann haben Sie das letztemal ein Gedicht aufgesagt? War das ein eigenes? Also, auf geht's. Für den Anfang ist ein Vierzeiler, den Sie einem Partner nach 5-10 Minuten Vorbereitungszeit vortragen, schon eine gute Herausforderung. Wenn es Ihnen flüssiger über die Lippen geht, dann gehen Sie einfach einen Schritt weiter; wählen Sie sich gemeinsam mit einem Partner ein Thema, zu dem jeder von Ihnen nun 15 Minuten Zeit hat, ein Dichterwerk zu verfassen, und danach tragen Sie sich gegenseitig Ihre Ergebnisse vor. Oder Sie verfassen gleich ein gemeinsames Gedicht. Reimen heißt, mit Sprache spielen.

Variation: Ergänzen Sie die 1. Zeile Ihres Partners durch eine 2. eigene.

Variation: Jeder Reim beginnt mit einem vorgegebenen Anfang, wie etwa: „Ein Mops mit …", „Des Tages Anfang …", „Winter wird es wieder …".

Variation: Legen Sie zuvor den Reimcharakter fest, z.B. komisch oder tiefsinnig.

☼ Stabhochsprünge (1-5 Partner; 6-15 Min.; Papier, Stifte)

Stabreime sind Wortfolgen mit gleichem Anlaut der betonten Silben dieser aufeinanderfolgenden Wörter, wie z.B.: Sack und Pack, Kind und Kegel, hoffen und harren, Saus und Braus. Finden Sie einmal in einer vorgegebenen Zeit so viele Stabreime wie möglich und tauschen sich dann mit Ihrem Partner aus.

⏰ Limericks (einzeln; 3-10 Min.; Papier, Stifte)

Limericks sind volkstümliche fünfzeilige Gedichte, häufig mit einem grotesk-komischen Inhalt; *Beispiel: Einst lebte ein Jäger in Nolden, der schwor bei der Ehr' seiner Holden, daß er wiederkäm, nun sitzt sie verbräm'(t), weil er tat 'ner anderen folg'n.*

Vollenden Sie die folgenden Limericks jeweils als Fünfzeiler und erfinden Sie weitere eigene:

Ein Mann tat einst wandern in Plauen …

Die Zeitung der Freifrau zu Hemmen …

Im Urwald gab's stets nur Bananen …

☼ Zufalls-Vierzeiler (2-7 Partner; 20-30 Min.; Karten, Stifte)

Jeder Teilnehmer füllt drei Karten aus: 1. eine Person oder ein Lebewesen, 2. eine Eigenschaft, 3. eine Tätigkeit. Die Karten werden auf drei getrennten Stapeln gesammelt und jeder zieht verdeckt drei Stück. Nun können die dichterischen Talente hervorkommen: Jeder hat 10 Minuten Zeit, um seine drei Begriffe zu einem Vierzeiler zu verbinden, den er dann in der Kleingruppe vorträgt.

☼ Bauernregeln (2-4 Partner; 8-20 Min.; Papier, Stifte)

Aus alt mach neu: Erfinden Sie in Ihrer Kleingruppe neue „Bauernregeln", also originelle Zweizeiler, die sich reimen, wie etwa: „Bringt der Winter Schnee herbei, wird's ganz weiß, das Osterei" – „Regen, Graupel, Schnee und Matsch sorg'n für besten Kneipentratsch".

☼ Schlangensatz (1-8 Partner; 5-10 Min.)

Alle Mitspieler helfen, einen möglichst langen und originellen Satz zu bilden, bei dem alle Worte mit dem gleichen Anfangsbuchstaben beginnen, wie z.B.: Manche Murmeltiere mauscheln mitternachts mit Moskitonetzen mindestens mehrere Male ... .

☼ Blind date (3-9 Partner; 30-45 Min.; Papier, Stifte, Namenszettel)

Jeder Mitspieler zieht auf einem Los den Namen eines anderen Gruppenmitglieds, für den er nun in 10 Minuten eine möglichst originelle und zutreffende Heiratsannonce schreiben soll, ohne den Namen des Betreffenden zu nennen. Beim anschließenden Vorlesen sollen alle Namen dann erraten werden.

⏰ Visitenkartenbörse (1-7 Partner; 5-15 Min.; Papier, Stifte)

Jeder Teilnehmer entwirft für sich mit Hilfe der bereitgestellten Materialien eine Visitenkarte, mit der er sich „ausweisen" kann; so originell und einmalig, daß sie beim Empfänger höchstes Interesse weckt. Anschließend kann dann ein kreativer Tauschhandel einsetzen.

⏰ Kartengruß (einzeln; 5-15 Min.; s. Anleitung, Stifte)

Als gute Trainingsaufgabe, um Ideen kommunikativ zu verbreiten, eignen sich folgende Aufgaben: Schreiben Sie eine kreative Postkarte, einen Zeitungsartikel, eine Kontaktanzeige, … • Entwerfen Sie einen humorvollen Briefumschlag mit allem drum und dran • Gestalten Sie eine originelle Glückwunschkarte • Designen Sie einen pfiffigen Bierdeckel.

☀ Liebeserklärungen mit Pfiff (einzeln; 5-20 Min.; s. Anleitung)

Wann haben Sie eigentlich das letzte Mal einen Liebesbrief geschrieben? Und wann haben Sie das letzte Mal eine *originelle* Liebeserklärung gestaltet? Nun, auf geht's! Unterstreichen Sie Ihre Gefühle mit Phantasie und Pfiff und verwandeln Sie einen Brief in eine ganz persönliche, liebevolle und zugleich faszinierende Überraschung, indem Sie:

ein Kreuzworträtsel erfinden, das als Lösung die zärtliche Nachricht enthält ⟡ den Text aus Zeitungsschnipseln ausschneiden und aufkleben, wie einen anonymen Brief ⟡ auf einen Briefbogen lauter bunte Abschmink-Wattebäuschchen kleben, mit dem Text: „Es ist ein himmlisches Vergnügen, mit Dir zusammen zu sein" ⟡ Ihre Botschaft in eine ausgehöhlte Walnuß verpacken ⟡ einen Lexikonauszug mit dem Namen Ihrer Angebeteten erstellen und versenden ⟡ eine Art Monopoly-Ereigniskarte mit der Einladung zu einem Abendessen verbinden ⟡ die Umrisse Ihrer Hand aufmalen und Ihre begleitenden Wünsche – „ich möchte Deine Hand …" – in jedem Finger beschreiben ⟡ Symbole, wie Regenbogen, Schatzkiste, Vogelnest, Baum und viele andere nutzen, um Ihre Botschaft originell und ideenreich anzubringen ⟡ den Fingerabdruck Ihrer 10 Finger mit einer sanften Nachricht verbinden ⟡ eine Materialcollage, z.B. von 1 Stein, 1 Feder und 1 Streichholz mit einer Ode an die Liebe schmücken ⟡ mit einem Umschlag voller Herbstlaub an Laubfrosch, Froschkönig und wahr werdende Märchen erinnern ⟡ mit einer Rasierklinge Ihren „scharfen" oder mit einer Handvoll Bettfedern Ihren „kuscheligen" Gefühlen Ausdruck geben ⟡ 50 kleine „Liebes-Notizen" in der Wohnung verstecken ⟡ selbst auf noch viel mehr Einfälle kommen, wie Sie z.B. mit Seifenblasen, Nudelbuchstaben, Herbstblättern, einer Münze, Denksportaufgaben mit „vorgefertigten" Lösungen, Packpapierrollen, Streichhölzern, Nadeln, Silberfolie und anderen Utensilien den Gefühlen Ihres Herzens einen zauberhaften Ausdruck verleihen.

✿ Innere Focussierung (einzeln; 5-12 Min.)

Nehmen Sie sich einen Augenblick Zeit, um sich zu sammeln und Ihre Energien in einer Phantasiereise zu focussieren. Sie können dabei die Augen schließen und sich für einen Moment auf Ihren Atem konzentrieren, wie er gleichmäßig und ruhig durch Ihren Körper fließt – so, daß sich beim Einatmen Ihr Bauch nach vorne wölbt – und beim Ausatmen wieder flach wird. Und dann erinnern Sie sich in Gedanken an einen Ort – einen außergewöhnlich schönen Ort –, der eine besondere Bedeutung in Ihrem Leben einnimmt. Und mit jedem Atemzug können Sie die Schönheit dieses Ortes aufnehmen – Sie können so lange sanft und gleichmäßig durchatmen, bis Sie merken, daß sich Ihr Energieniveau anhebt. Und dann können Sie sich für den heutigen Tag eine Frage stellen und all Ihre Energie hineinfließen lassen – und wahrnehmen, wie eine Antwort zu Ihnen kommt. Und vielleicht auch ein Symbol, mit dem Sie sich wieder an diese Situation und Ihre Energie erinnern können. Und dann schließen Sie diese Reise mit einer aktiven Bewegung – einem Strecken oder Räkeln – für sich ab und kommen mit Ihrer ganzen Aufmerksamkeit wieder hier, in diesen Raum zurück.

✿ Balanceakt (einzeln; 3-10 Min.; 1 Bleistift)

Einen bequemen Stand finden und einen Bleistift bereithalten. Dann, als Rechtshänder, den Stift auf dem gestreckten Zeigefinger wie beschrieben balancieren – als Linkshänder umdenken – und zwar in folgenden Variationen:
1. Auf dem rechten Zeigefinger
2. Auf dem linken Zeigefinger
3. Auf dem rechten Zeigefinger und dabei sprechen (z.B. einen Wortreim)
4. Wie 3. links

Diese kleine Übung (nach Birkenbihl) stellt in zunehmendem Maße Anforderungen an die Zusammenarbeit Ihrer beiden Gehirnhälften. Verlangt sie anfangs „nur" motorische Geschicklichkeit, so fordert sie nach und nach mehr Gehirnareale mit ihren ganz speziellen Funktionen heraus.

Konfliktlösung

Ziel:
Lösungen in Konfliktsituationen
finden, Win-Win-Denken fördern

Weitere Anwendungsmöglichkeiten:
Vernetzung der Potentiale aller
Beteiligten

Problemlösung:
Streitfälle

Umfang:
10-90 Min., für aktuelle Probleme
und Krisen, wie auch langfristig

Material:
Karten, Papier, Stifte, Flipchart

„Jeder Mensch ist eine andere Welt, da hilft nur eines:
die Brücke der Neugier und der Liebe." – Walter Goes

Beschreibung:
Kreativität kann eine nützliche Fähigkeit im Umgang mit anderen Menschen sein,
insbesondere dann, wenn sich ein Konflikt mit scheinbar unvereinbaren Positionen
abzeichnet. Jeder Konflikt birgt in sich ein gewaltiges Potential: an Standpunkten,
an Fähigkeiten, an Energien, an Lösungsmöglichkeiten. Ziel der Konfliktlösung ist
es, dieses Potential zugänglich zu machen, um es konstruktiv und wertschätzend
zu nutzen. Die Grundlage jedes Konfliktlösungsprozesses ist die Frage nach der
positiven Absicht. Entsteht erst einmal der kraftvolle Gedanke, daß selbst hinter dem
ungewohntesten Verhalten eine (verborgene) gute Absicht steckt und daß jeder
Beteiligte etwas ganz Einzigartiges beisteuern kann, dann lassen sich in einer
lösungsorientierten Atmosphäre gemeinsame Schritte andenken und Handlungen
vereinbaren, so daß alle Beteiligten etwas gewinnen können und gemeinsam daran
wachsen. Eine hilfreiche Grundeigenschaft ist dabei, neugierig zu sein, welche
Lösungen einem selbst einfallen, um einen solchen Win-Win-Gedanken zu kreieren.

Aufgaben:

 Einpendeln (24.) (paarweise; 4-10 Min.; Streichhölzer)

Wenn eine Waage aus dem Gleichgewicht geraten ist, muß eine von beiden Seiten mehr Energie aufwenden als die andere; dies kann auf die Dauer zu Reibungsverlusten führen. Wie gelingt es Ihnen gemeinsam, die Waage ins Gleichgewicht zu bringen, indem Sie nur 5 Streichhölzer umlegen dürfen?

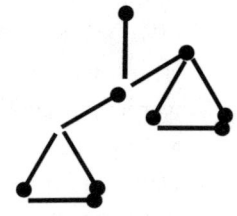

 Klassische Konfliktlösung (3-7 Partner; 40-60 Min.; s. Anleitung)

Ein Konflikt ist ein Aufeinandertreffen unterschiedlicher Meinungen, Einstellungen, Werte oder Glaubenssätze, die sich gegenseitig behindern oder ungünstig beeinflussen. Um einen Konflikt zu lösen und das in ihm vorhandene Potential aller Beteiligten zielgerichtet zu nutzen, bedarf es einer Vorgehensweise, die die Interessen aller (!) Personen wertschätzend, konstruktiv und offen miteinbezieht. Nützlich: Unterteilen Sie den Prozeß in kleinere Schritte, die aufeinander folgen und die die Standpunkte der Parteien berücksichtigen.

1. Definieren Sie den Konflikt und beschreiben Sie das Problem: Welche Personen und Gefühle sind beteiligt? Lassen Sie alle Betroffenen zu Wort kommen.
2. Bestimmen Sie die Ziele der einzelnen Betroffenen und entwickeln Sie dann eine gemeinsame Zielvorstellung: wohlgeformt und handlungsorientiert. Verdeutlichen Sie die Formulierung durch „W-Fragen" (was, mit wem, wann, wie genau, wo)
3. Sammeln Sie gemeinsam Ideen und Lösungsansätze: Quantität vor Qualität
4. Sortieren und bewerten Sie die Ideen und berücksichtigen Sie dabei die individuellen Kriterien der Betroffenen.
5. Wählen Sie geeignete Ideen aus und entwickeln Sie ein Konzept, in dem die Gemeinsamkeiten deutlich zum Ausdruck kommen. Spielen Sie verschiedene Lösungen und Strategien durch, um eine Grundlage für einen gezielten Maßnahmenplan zu besitzen.
6. Legen Sie konkrete Schritte und die zeitliche Reihenfolge der einzelnen Handlungen fest. Sprechen Sie die Verantwortungen ab – wer tut was und wann – und treffen Sie konkrete Vereinbarungen. Stellen Sie sicher, daß jeder der Beteiligten sich in der Lösung wiederfinden kann.

☼ **System des Wünschens** (1-19 Partner; 30-45 Min.; Wandplakate, Stifte)

Jede an einem Konflikt beteiligte Partei fertigt in 10-15 Minuten ein eigenes Wandplakat an, das in 3 Spalten unterteilt ist. Über der linken Spalte steht „*Was ich mir wünsche*" – hier finden all die Dinge Eingang, die idealerweise erhofft werden. Über der mittleren Spalte steht „*Was ich miteinbringe*" – hier werden all die Dinge und Ressourcen hineingeschrieben, die diese Partei zur Klärung miteinbringt. Dann werden alle Wandplakate ausgehängt und alle wandern für etwa 10 Minuten frei durch den Raum. Dabei kann jeder in die rechte Spalte *aller* Plakate – „*Was ich mir von Dir wünsche*" – die eigenen Wünsche an die Autoren der anderen Wandplakate formulieren. Anschließend hat jede Partei noch einmal 10 Minuten, um die Wünsche der anderen aufzunehmen und in die eigenen Überlegungen miteinzubeziehen.

☼ **Schule des Wünschens** (einzeln; 10-20 Min.; Papier, Stift)

Wenn Sie sich in einem Konflikt mit einem anderen Menschen befinden, dann stellen Sie sich einmal die drei folgenden Fragen. Unterteilen Sie zuvor ein Blatt Papier in zwei Spalten und lassen unten einige Zeilen Raum.

1. *Wie wünschen Sie sich, daß der Andere wäre?*
   Notieren Sie alle Antworten dazu in der *linken* Spalte.
2. *Wie müßten Sie selbst sein, daß der Andere so ist, wie Sie ihn sich wünschen?*
   Notieren Sie zu jeder Aussage aus der linken Spalte mindestens drei konkrete Antworten in die *rechte* Spalte.
3. *Wann und wie genau setzen Sie diese Aufgaben um?*
   Schreiben Sie mindestens drei Gedanken *unten* auf das Blatt hin und überlegen Sie, wie Sie den Anderen damit einladen können.

🔶 **Trigger-Technik** (3-7 Partner; 40-60 Min.; s. Anleitung)

Nachdem ein Moderator das Problem präsentiert hat, hat jeder Teilnehmer 5 Minuten Zeit, hierzu Lösungsstichworte („Trigger-Worte") aufzuschreiben – je Karte nur ein Stichwort. Danach liest jeder der Reihe nach seine Ideen vor; um Wiederholungen zu vermeiden, werden nur Ergänzungen vorgetragen. Der Moderator ordnet die Karten auf dem Wandplakat gemeinsam mit der Gruppe zu und klebt sie fest. Ergänzende Ideen, die sich ergeben, werden von jedem einzelnen wieder auf Karten notiert und in einer zweiten Runde genannt. Der gesamte Vorgang (nach Muller) findet mehrmals statt; so kann eine große Anzahl von Ideen erzeugt werden.

🐌 Ortswechsel (einzeln od. 1 Partner; 20-35 Min.; Karten, Stifte)

1. Wählen Sie einen Konflikt aus, an der eine andere Person beteiligt ist und erleben Sie sich noch einmal in dieser Situation. Wenn Sie wieder ganz assoziiert in der Situation drin sind, schreiben Sie alle Ihre Wahrnehmungen, die Sie erlebt haben, auf eine Karte. Diese plazieren Sie als Bodenanker an einer beliebigen Stelle im Raum; die Karte symbolisiert Sie selbst, die ICH-Position.

2. Wechseln Sie nun den Ort und gehen Sie in die Position des Anderen. Alles, was Sie in der DU-Position erleben, notieren Sie ebenfalls auf eine neue Karte. Treten Sie jetzt aus der DU-Position heraus und legen Sie auch diese Karte als Bodenanker symbolisch für Ihr Gegenüber aus.

3. Nehmen Sie einen geeigneten Abstand zu beiden Karten ein, so, daß Sie einen guten Überblick über die Gesamtsituation haben. Wenn Sie den Abstand finden, der es Ihnen ermöglicht, emotional „über den Dingen zu stehen", haben Sie die nötige Distanz, um Ressourcen zu erkennen, die diesen Positionen fehlen. Lassen Sie dann ein Gefühl für diese Ressourcen kommen, für diese Qualitäten, und benennen Sie sie.

4. Gehen Sie dann mit dieser Ressource in die ICH-Position und lassen Sie sich überraschen, was sich ändert.

5. Gehen Sie dann mit dieser Ressource in die DU-Position und seien Sie auch hier neugierig, was sich verändert.
   Geben Sie soviel an Ressourcen in die jeweiligen Positionen hinein, bis Sie mit dem Ergebnis zufrieden sind.

6. Nehmen Sie diese Qualitäten mit in Ihre Zukunft, indem Sie sich eine zukünftige, ähnliche Situation vorstellen und die Ressourcen mitnehmen. Was können Sie zukünftig selbst dazu beitragen, um konstruktive Lösungen zu entwickeln?

☀ Knotenkunde (paarweise; 3-10 Min.; Schuhe mit Schnürsenkeln)

Zwei Partner setzen sich so nebeneinander, daß sie gemeinsam an ihre Schuhe kommen; für diese Aufgabe braucht es einen Schuh zum Schnüren. Nun wird ein Schuh geöffnet, den beide gemeinsam – also jeder nur mit einer Hand – wieder zubinden. Wenn das problemlos gelingt, kann der zweite Schuh auch mit verbundenen Augen bewältigt werden.

🎖 SCORE-Modell (einzeln-5 Partner; 30-60 Min.; Papier, Stifte)

Um einen Konflikt schnell und effektiv lösen zu können, kann es hilfreich sein, sowohl seine Herkunft wie auch die an ihm beteiligten Personen und ihre Ressourcen bewußt wahrzunehmen und in Beziehung zueinander zu setzen. Dazu bietet das SCORE-Modell (nach Dilts) eine ausgleichende und wertschätzende Möglichkeit, um die Fakten und Empfindungen zu erkennen, die nötig sind, Veränderungsprozesse sinnvoll einzuleiten und konstruktiv zu verarbeiten. Es umfaßt folgende Schritte, die in Form einer Tabelle aufgelistet oder als ein Prozeß mit einem Partner oder einer Gruppe durchlaufen werden können:

1. **S**ymptoms (Symptome): sind die Aspekte des jeweiligen Problems, die bewußt wahrgenommen werden; *„Wo stehen wir im Moment? Was ist in Ordnung / nicht in Ordnung?"* lauten die Fragen, auf die Antworten gesammelt werden.

2. **C**ause (Ursachen): sind die – vermuteten – Bestandteile, die dem Problem zugrunde liegen und für das Zustandekommen des Symptoms verantwortlich sind; hier ist Zeit und Raum, um die eigene Intuition zum Ausdruck zu bringen, Vermutungen zu äußern und Ansichten zu sammeln.

3. **O**utcome (Ergebnis): ist der gewünschte Zustand, der erreicht werden soll; *„Was ist mein Ziel – wo will jeder einzelne hin? Und was ist unser Ziel – oder vielleicht unser gemeinsamer „Nenner" – wo wollen wir hin? Woran merke ich und woran merken wir, daß wir unser Ziel erreicht haben; was genau macht es wahr?"* Hier geht es darum, zunächst die persönlichen und dann das gemeinsame Ziel vor Augen zu halten, positiv, konkret und eigenverantwortlich formuliert. Und dann für das gemeinsame Ziel ein *Symbol* finden, welches dieses Ziel verdeutlicht – einen Gegenstand oder eine Farbe, ein Wort, einen Ton, Klang oder ein Gefühl, oder was immer für die Beteiligten in diesem Moment stimmt.

4. **R**essourcen (Fähigkeiten, Stärken, Potentiale): sind die Mittel, die für das Erreichen des Zieles benötigt werden; *„Was ist schon da? Was kann jeder von uns miteinbringen an Stärken, Qualitäten, Brillanzen, um den Konflikt zu lösen und die gemeinsamen Potentiale zu verbinden, zu vernetzen? Wann hatten Sie schon einmal eine ähnliche Situation erfolgreich gelöst?"* In diesem Schritt heißt es, gemeinsam sammeln und den Focus auf das richten, was die Lösung unterstützen kann und was in den Beteiligten schon längst vorhanden ist.

5. **Effects** (Auswirkungen): sind mögliche Reaktionen unter systemischen Gesichtspunkten, die bei der Erreichung des Zieles auftreten können; *„Wer oder was ist noch davon betroffen, wenn es eine Lösung geben wird? Und wie wirkt sich diese Lösung auf das Umfeld und die Beteiligten aus – kurz- und langfristig? Was müßte eventuell noch geändert werden, damit die Lösung von allen Beteiligten akzeptiert und aktiv mitgetragen wird?"*

Situation:				
Symptom	**Ursachen**	**Ziel/Ergebnis**	**Ressourcen**	**Auswirkungen**

Zu allen Punkten werden von links nach rechts gemeinsam, Spalte für Spalte, Ideen gesammelt, bis alle Beteiligten zusammen mindestens 3 konkrete Möglichkeiten entwickelt haben, wie sie in Zukunft miteinander umgehen und die einen konstruktiven Lösungsweg aufzeigen.

Gedankenwechsel (2-7 Partner; 20-45 Min.; Papier, Stifte)

In scheinbar festgefahrenen Situationen können die folgenden Fragen helfen, die Richtung der eigenen Gedanken einmal zu wechseln und festzustellen, daß bereits eine ganze Reihe von Fähigkeiten vorlagen, um genau diese Situation aktiv zu kreieren: *„Welche* **Fähigkeiten und Glaubenssätze** *bräuchte jemand, um in diese Konfliktsituation zu geraten? Was müßten wir tun, um diesen (festgefahrenen) Zustand aufrecht zu erhalten?"*

☼ So wär's ideal (3-19 Partner; 20-35 Min.; Wandplakat, Stifte)

Die ganze Gruppe bekommt einige Minuten Zeit, sich noch einmal an die vergangene Aufgabe oder den zurückliegenden Kreativitätsprozeß zu erinnern, wie es verlaufen ist und wie sich jeder einzelne dabei gefühlt hat.

Dann soll sich jeder für einen Moment vorstellen, daß er diese letzte Aufgabe mit einer idealen Gruppe erlebt hätte; in einer Zusammensetzung und mit Fähigkeiten, Werten, Vereinbarungen und Eigenschaften, wie sie gewünscht und erträumt werden können: *„Wie hätte diese Gruppe sich verhalten? Was hätte sie verändert und wie hätte sie es gemacht?"* Die Gruppe sammelt nun alle Beiträge auf einem Wandplakat und berät anschließend, welche Vorschläge sie tatsächlich umsetzen will und auch, welche Konsequenzen sich daraus konkret ergeben.

🐚 Teamlösungen (3-5 Partner; 45-90 Min.; s. Anleitung)

Ein Prozeß, bei dem sich eine größere Gruppe in Kleingruppen aufteilt, um dort die vorhandenen Ressourcen zu aktivieren und zur Geltung zu bringen. Der Grundgedanke dabei: Durch einen häufigen Wechsel der Moderatorenrolle übernimmt jeder der Beteiligten ein hohes Maß an Verantwortung für den Gesamt-Prozeß.

1. Wählen Sie einen Moderator aus, der Ihr Team für die ersten Schritte lenken soll.
2. Einigen Sie sich auf eine Problemstellung, die Sie im Team bearbeiten wollen und schaffen Sie Übereinstimmung hinsichtlich der weiteren Vorgehensweise in festen und klar voneinander abgegrenzten Schritten.
3. Dann wechseln Sie den Moderator, sammeln Sie Problemaspekte und finden Sie Lösungsansätze. Daraus formulieren Sie Ihre gemeinsamen Ziele so, daß sie zukunftsgerichtet und handlungsorientiert sind.
4. Wechseln Sie erneut den Moderator und erarbeiten Sie mit Hilfe einer Ideenfindungstechnik möglichst viele Ideen für Ihre Ziele.
5. Wechseln Sie wieder den Moderator. Nun wählt jedes Teammitglied für sich selbst seine drei favorisierten Lösungsansätze aus und überträgt sie jeweils auf eine Karte; alle Karten werden anschließend veröffentlicht.
6. Wechseln Sie den Moderator, finden Sie Gemeinsamkeiten und verdichten Sie die Lösungsansätze zu Maßnahmen.
7. Wechseln Sie den Moderator und entwickeln Sie einen Aktionsplan als Handlungsrahmen: *Wer* macht *wann* genau *was?*
8. Stellen Sie Ihre Ergebnisse im Plenum der Großgruppe vor.

⚜ Schlichtung (2-5 Partner; 45-90 Min.; Papier, Karten, Stifte)

Dies ist eine Übung (nach Luther/Maaß), bei der die beteiligten Parteien in einem Problemfall, in einem Konfliktfall gemeinsame Ziele finden und dabei das Gefühl haben, etwa 60–80 % ihrer eigenen Ideen, ihres eigenen Standpunktes mit hinübergerettet zu haben. Dies ist im Gegensatz zu einem Kompromiß, wo eine 50/50-Regelung gefunden wird, rein vom subjektiven Erleben her angenehmer für alle Beteiligten.

1. Alle Beteiligten schildern ihren Standpunkt, ihre Perspektive. Üben Sie „Aktives Zuhören" aus, so daß klar ist, daß jeder jeden verstanden hat.
2. Jeder der Beteiligten arbeitet mindestens drei Lösungsvorschläge aus.
3. Alle Beteiligten schauen die Lösungsvorschläge gemeinsam an und vergleichen diese miteinander.
4. Jeder der Beteiligten darf einen Lösungsvorschlag aus dem Pool des oder der anderen auswählen, der seinen Vorstellungen am nächsten kommt.
5. Diese Vorstellungen werden einander angeglichen, so daß es zu einem gemeinsamen Ziel, zu einem gemeinsamen Ergebnis kommen kann.
6. Über dieses gemeinsame Ziel werden Vereinbarungen getroffen.

☼ Gleichwertiges Zuhören (paarweise; 10-20 Min.)

Gehen Sie mit einem Partner zusammen und unterhalten sich über ein beliebiges Thema oder auch über zwei ganz verschiedene inhaltliche Bereiche. Die einzige Regel hierbei ist: *Gleichwertiges Zuhören!* Wie das geht? Nun, Sie treffen einfach eine Vereinbarung: *„Ich höre Dir 3 Minuten zu, wenn Du mir dafür auch 3 Minuten lang zuhörst. "* Dann kann der erste beginnen, 3 Minuten lang über sein Thema zu reden, zu erzählen oder vielleicht seinen Gefühlen Ausdruck geben oder auch gar nichts sagen, und der andere unterstützt ihn nonverbal, indem er ihn anschaut und ihm seine volle Aufmerksamkeit widmet und: zuhört.

Es können allgemeine Themen sein oder Sie vereinbaren vorher z.B.: „Ich brauche etwas Zeit und wünsche mir, daß Du mir 3 Minuten zuhörst, was mich gerade beschäftigt; danach höre ich Dir zu, an welcher Aufgabe Du gerade ,dransitzt'." Mit zunehmender Übung können Sie die Zeitdauer der „Hör-Blöcke" auch verlängern. Wenn Sie von jemand um Unterstützung gebeten werden, können Sie auch sagen: „Erzähl mir davon, ich höre Dir zu, und dann werde ich Dir antworten. Jeder von uns hat 10 Minuten Zeit."

Und noch eines: alle Themen, die Sie behandeln, bleiben ganz selbstverständlich nur in Ihrem Kreis.

✤ Laute Post (große Gruppe; 4-8 Min.)

Setzen Sie sich mit der Gruppe zu einem Kreis zusammen und geben Sie einen beliebigen Begriff durch die Gruppe, der schnell, spontan und laut die Runde machen soll. Hat die Gruppe diesen Test bestanden, kommt die eigentliche Aufgabe: Transportieren Sie nun einen ganzen Satz möglichst schnell und „unfallfrei" von einem zum anderen Ende des Kreises. Und damit es noch spannender wird, lassen Sie einen Satz von Ihrem linken Nachbarn an loswandern und schicken gleichzeitig einen zweiten Satz in die andere Richtung auf die Reise. Die beiden Sätze könnten z.B. lauten:

1. *Im dichten Fichtendickicht nicken dicke Fichten tüchtig.*
2. *So viele Tage das Jahr, so viel der Fuchs am Schwanz hat Haar.*

Aber Achtung: Schauen Sie sich die Sätze noch einmal genau an, bevor Sie zur Tat schreiten; insbesondere der zweite hat es in sich. Wenn Ihre Gruppe sehr groß ist, können Sie spontan noch zwei weitere Sätze vom gegenüberliegenden Mittelpunkt aus nach rechts und links losschicken.

3. *Der Whisky-Mixer mixt Whisky.*
4. *Kleine knackige Kakerlaken krabbeln kackfrech übers Laken.*

✸ Gehirnrollen (1 Partner; 30-45 Min.; Papier, Farbstifte)

Finden Sie mit einem Partner zusammen eine Thematik oder eine Aufgabe, die Sie hinterfragen wollen. Dann teilen Sie sich die Rollen der beiden Gehirnhälften auf: einer von Ihnen übernimmt den Part der linken Gehirnhälfte und argumentiert rein sachlich, logisch, vernunftgeleitet; der andere übernimmt die Eigenschaften der rechten Gehirnhälfte und äußert sich intuitiv, spielerisch, phantasiegeleitet oder verständigt sich auch mit Zeichnungen und Bildern. Versetzen Sie sich vollständig in Ihre beiden Rollen hinein und beginnen Sie dann Ihre Diskussion. Nach etwa 10 Minuten machen Sie einen kurzen Separator und tauschen Ihre Rollen, so daß sich jeder nun in die Denkeigenschaften der anderen Gehirnhälfte hineinversetzt und aus dieser Rolle heraus argumentiert. Wichtig ist, daß Sie Ihre Argumente immer nur auf die Aufgabenstellung, auf die Sache selbst, beziehen; betrachten Sie Ihren Gesprächspartner als *Partner*. Halten Sie die Ergebnisse fest und durchforsten hinterher gemeinsam Ihren Fundus.

🐚 Ressourcen-Füllhorn (einzeln oder ein Partner; je 10-20 Min.; s. Anleitung)

1. A gibt ein Problem an oder ein Thema, an dem er gerade arbeitet. B legt für dieses Problem eine symbolische „Themenkarte" mitten in den Raum. Darum herum, etwa im Abstand von einem Meter, legt B vier große Karten oder Papierwolken, auf denen jeweils eine positive Aussage steht, wie z.B. die NLP-Vorannahmen: *Jeder hat alle Ressourcen schon in sich – jeder hat seine eigene Landkarte – ... .*

2. Dann führt B seinen Partner A durch den Prozeß, indem er ihn zuerst auf die Problemkarte stellen läßt und dort mit stimmlicher Begleitung noch einmal sein Thema bewußt macht.

3. Nun läßt er A hinaustreten und auf eine „Beobachter-Position (Meta)" gehen, um Abstand zu gewinnen und die Zusammenhänge wahrnehmen und überblicken zu können.

4. Nacheinander stellt sich nun A selbständig auf die äußeren Karten oder Wolken und spürt einfach rein, was die jeweilige Aussage mit seinem Thema zu tun hat und welche Ideen ihm dazu kommen. Dabei ist es vollkommen freigestellt, wie lange und wie oft A welche Aussage/n „besucht". Wichtig ist nur, daß A zwischen jeder Ressourcenkarte noch einmal kurz auf die Themenkarte kommt und so Stück für Stück die erkannten Ressourcen integrieren kann.

5. Der Prozeß ist dann zuende, wenn A auf allen Positionen und abschließend auch auf der Beobachter-Position ein gutes Gefühl hat.

6. Während des ganzen Prozesses braucht B von den inhaltlichen Dingen nichts zu erfahren; es genügt, wenn er A immer wieder nur auf die jeweilige Karte – den Bodenanker – einstellt und mit Worten in seinem eigenen Prozeß unterstützt.

🐚 Harmonische Schwingungen (beliebig; 5-10 Min.; Musik)

Kommen Sie als Gruppe zusammen und stellen Sie ein Problem zur Diskussion. Dann wählen Sie ein klassisches Musikstück aus, das alle mögen, wie z.B. den Kanon von Pachelbel. Stellen Sie die Musik an und schließen Sie dann alle für einen Moment die Augen und konzentrieren sich nur auf Ihre Atmung. Wenn die Musik endet, wieder mit der Aufmerksamkeit in den Raum zurückkommen und Augenkontakt ringsherum aufnehmen. Danach Ideen diskutieren.

✿ Drei Seiten (2-5 Partner; 20-45 Min.; Papier, Stifte)

Mit dieser Erweiterungstechnik (nach de Bono) können Sie die Argumente, die in einer Problem-/Aufgabensituation von unterschiedlichen Beteiligten, Positionen oder Parteien her kommen, gemeinsam bewerten. Als Bewertungskriterien werden hierbei drei „Seiten" eingesetzt:

- Übereinstimmung / Einklang: *Worin stimmen wir bereits überein?*
- Gegensätzlichkeit / Mißklang: *Wo sind wir unterschiedlicher Meinung?*
- Irrelevanz / Uninteressant: *Was erachten wir gemeinsam für uninteressant?*

Alle Argumente, die die beteiligten Personen/Parteien nicht gemeinsam in die Bereiche „Übereinstimmung" oder „Irrelevanz einordnen" – das heißt: gemeinsam für erledigt/uninteressant erachten –, werden der Kategorie „Gegensätzlichkeit" zugeordnet. So kann speziell diesen Themen und Inhalten eine erhöhte Aufmerksamkeit zuteil werden.

☼ Ideale Wesen (3-15 Partner; 20-40 Min.; Papier, Stifte)

Für eine bevorstehende Aufgabe sammelt eine Gruppe gemeinsam Eigenschaften, Werte oder Verhaltensweisen, die die Gruppenmitglieder für wichtig halten und umsetzen wollen; *Beispiele*: Ausreden lassen, freier Ideenfluß, Mut, Zuhören, Phantasie.

Nun werden die angestrebten Ziele auf andere Bereiche übertragen, wie z.B.: Tierwelt, Pflanzen, Phantasiewesen, Märchengestalten. Für diese Bereiche soll dann jeweils ein aussagekräftiges Symbol gefunden und auf ein gemeinsames Blatt Papier gezeichnet werden; *Beispiele*: eine Eule für „ausreden lassen"; ein Wasserfall für „freier Ideenfluß"; eine Tigerpranke für „Mut". Dieses gemeinsam gezeichnete „Banner" kann die Gruppe an ihre eigenen Vereinbarungen und Werte erinnern.

☼ Partnerschaft (paarweise; 3-8 Min.; Papier, Stifte)

Setzen Sie sich mit einem Partner vor ein Blatt Papier und zeichnen Sie etwas gemeinsam. Dabei halten Sie allerdings zu zweit nur einen Stift gleichzeitig (!) und einigen sich über die vorgegebene Figur oder Situation – wie z.B. ein Schloß mit seinem Park, ein Film mit seinem Inhalt, usw. – wortlos.

Variation:

- Vorab gezogene Karten mit zwei Begriffen, von denen jeder nur seinen eigenen kennt, werden wortlos zeichnerisch umgesetzt.
- Beide Partner kennen einen, jeweils anderen Begriff; der eine bewegt nun wortlos den Stift, der andere das Blatt Papier selbst.

Kopf-Kino (einzeln; 4-10 Min.)

Nehmen Sie eine Position im Sitzen oder im Liegen ein, die Ihnen für die nächsten 5-10 Minuten angenehm ist und in der Sie sich gut entspannen können – und spüren für einen Moment Ihren Atem, wie er ruhig und gleichmäßig durch Ihren Körper hindurchfließt – und beim Einatmen den Bauch anhebt, etwas ausformt – und beim Ausatmen die Luft wieder sanft entweichen läßt. Und dann stellen Sie sich eine Situation vor, in der Sie etwas Schönes, Angenehmes erleben – und sich gut fühlen. Und begeben sich gedanklich dorthin – und nehmen wahr, was Sie in dieser Situation alles sehen können – was alles da ist. Und auch, was Sie hören können, in dieser Situation – und was da für ein Gefühl da ist. Und dann lassen Sie all diese Eindrücke auf sich wirken – und vielleicht bemerken Sie, wie das Angenehme dieser Situation immer stärker – und intensiver wird – und Sie spüren können, wie angenehm, leicht sich das anfühlt. Und Sie können diese Situation und dieses angenehme Gefühl genießen – während Sie jetzt mit Ihren Gedanken wieder hierhin – in die Gegenwart kommen – vielleicht mit einem tiefen Atemzug, oder einem Dehnen oder einem Räkeln. Und dann spannen Sie einmal für 5 Sekunden alle Ihre Muskeln an – während Sie gleichmäßig weiteratmen – und lockern sie wieder – und dabei einen Gedanken kommen lassen, wie Sie dieses gute Gefühl – diese Ausgeglichenheit – in Ihrem heutigen Tag wecken und nutzen können.

Rückendialog (paarweise; 5-10 Min.; Musik)

Zunächst Rücken an Rücken mit einem Partner hinstellen oder hinsetzen und aufmerksam wahrnehmen, wie dieser Rücken beschaffen ist. Den eigenen Atem fließen lassen, und dann in einen stillen Dialog mit diesem anderen Rücken eintreten, sich etwas bewegen, eine gemeinsame Bewegung entwikkeln, gemeinsam schwingen. Allmählich in eine Fortbewegung vom Ort übergehen und unterschiedliche Richtungen, Fortbewegungsarten und Raumlagen kooperativ erkunden. Und dann wortlos verabschieden und im behutsamen Rückwärtsgehen einen neuen Rücken finden und Kontakt aufnehmen. Wahrnehmen, wie sich das anfühlt und welche Qualitäten hier ausgetauscht werden können. Gemeinsam verabschieden und dann noch für einen Moment nachschwingen.

Gedächtnistraining

Ziel:
Steigerung der Gedächtnisleistung

Weitere Anwendungsmöglichkeiten:
Erhalt oder Verbesserung der
Leistungsfähigkeit des Gehirns

Problemlösung:
Vergeßlichkeit

Umfang:
Langfristig einzusetzen; 2–4x
wöchentlich spielerisches Training

Material:
Papier, Stifte, s. Anleitung

„Das Gedächtnis ist das Schatzhaus und der Wächter aller Dinge.“ – Cicero

Beschreibung:
Bei einer Umfrage glaubten 45 % der Befragten, daß ihr Gedächtnis schlechter würde. Gedächtnis aber ist ein Teil der Kreativität, es hilft uns Dinge zu reproduzieren, aktiv Gelerntes mit Altbekanntem zu verknüpfen und Zusammenhänge zu erkennen. Hilfe dafür bieten neurophysiologische Assoziationsmethoden und Merktechniken, die die individuelle Gedächtnisleistung in drei Bereichen positiv beeinflussen: *Informationsaufnahme* – die Geschwindigkeit der Wahrnehmung und des Vergleichs von Informationen • *Informationsspeicherung* – die Fähigkeit, Informationen gleichzeitig im Bewußtsein verfügbar zu halten • *Informationsabruf* – die Fähigkeit, gespeicherte Informationen wieder hervorzuholen. Um das zu erreichen, gilt es: das Gedächtnis ganzheitlich trainieren, spielerisch – wie Kinder – lernen, neue Informationen an bestehende Strukturen knüpfen, den Reichtum der individuellen Motive und Gedächtnistechniken einsetzen und strukturieren. Und, bleibt da nicht noch ein Geheimnis? Nun, am leichtesten läßt sich eine Sache behalten, indem Sie sich in das, was Sie tun, heftig genug *verlieben!* Und dann – aus Ihrem Repertoire heraus – eigene Strategien entwickeln, um Gedächtnisraum für diese Liebe zu beanspruchen.

Aufgaben:

🦁 Autostau (25.) (einzeln; 2-10 Min.)

In einem Stau steht der Ford näher beim BMW als der Mazda beim Ford; der Ford steht auch näher beim Jaguar, in dem Sie sitzen, als der BMW beim Ford. Das gelbe Auto steht näher beim silbernen, als das blaue beim gelben. Vor dem blauen Auto steht Ihres. In welcher Reihenfolge stehen die Autos im Stau – und welche Farbe hat Ihr Wagen?

🦁 Gedächtnis-Top Ten (einzeln; 10-20 Min.; Papier, Stifte)

Lern- und Gedächtnisprozesse sind nicht in dem Moment beendet, in dem die Wahrnehmung der Information abgeschlossen ist; das Einprägen und Einordnen des Stoffes in unser Gedächtnis nimmt zusätzliche Zeit und Aktivität in Anspruch. Die Zeitdauer und die Effektivität des Behaltens sind individuell verschieden. Dabei kann es auch zu Phasen kommen, in denen das Aufnehmen von Informationen und Lernen stagniert, sogenannten Lernplateaus; sie signalisieren, daß sich im Gedächtnis eine neue Struktur bildet und sind damit ein Indikator für notwendige Vorgänge für einen späteren Lernfortschritt.

Was kann ein gutes Gedächtnis beeinflussen?

- *Wiederholungen*: Je öfter die Gehirnschaltungen aktiviert werden, desto eher wird ein Muster abgespeichert.
- Finden Sie selbst *Reizwörter/Oberbegriffe* (hier hilft Mind Mapping).
- *Assoziationen*: Verbindung mit bekannten Informationen koppelt neue Eindrücke an bestehende Muster und aktiviert das Gedächtnis.
- *Sinnesaktivierung*: Je mehr Sinne ganzheitlich an der Informationsaufnahme beteiligt sind, um so nachhaltiger das „Einbrennen" in Ihrem Gedächtnis; dies kann individuell sehr unterschiedliche Formen annehmen, wie z.B. das Lernen mit Musik zeigt.
- *Motivation*: Die Aussicht auf einen Erfolg, den man selbst anstrebt oder etwas, was man sich (hinterher) gönnt, aktiviert ebenfalls verstärkt unser emotionales Gedächtnis.
- *Gefühle*: Die Verknüpfung von Lerninhalten mit Gefühlen nutzt die Fähigkeiten des limbischen Systems, das Informationen nach der Stärke der Gefühle bewertet, die sie auslösen. Je stärker uns ein Ereignis aufregt, um so leichter wird es vom Gehirn gespeichert und verankert.

- *Chunking*: Je mehr die Strukturierung/Unterteilung eines Lernstoffes sich Ihren eigenen Strukturierungsstrategien angleicht, um so leichter findet der Lernstoff Zugang zum Gedächtnis.
- *Ernährung*: Speziell in Zeiten größerer Beanspruchung des Gedächtnisses ist eine ausgewogene Ernährung die wirkungsvollste Unterstützung des „mentalen Motors" – vor allem eine ausreichende Versorgung mit Vitaminen, Mineralien und Spurenelementen.
- *Frische Luft*: Bewegung im Freien stimuliert den Geist und trainiert die Orientierungs- und Zuordnungsfähigkeiten.

Interferenz-Test (paarweise; je 3-6 Min.)

Mit diesem Test (nach Vester) können Sie feststellen, wie gut es um Ihr Ultrakurzzeitgedächtnis beschaffen ist und wie Sie auf Störungen, Ablenkungen oder Überlagerungen – sogenannten Interferenzen – bei der Informationsaufnahme reagieren. Dies kann Ihnen wertvolle Hinweise für Ihr Lern- oder Aufnahmeverhalten liefern, wie etwa, ob Sie leicht abzulenken sind. Lassen Sie sich die folgende Aufgabe von einem Partner vorlesen und zwar so, daß Ihr Partner Ihnen jeweils eine Zeile vorliest und unmittelbar danach Ihre UZG-Leistung abfragt, indem er Sie nur nach den Zahlen fragt, die **vor** dem ersten Wort gestanden haben. Erst dann liest er die nächste Zeile vor, solange, bis Sie nicht mehr alle diese Zahlen in der richtigen Reihenfolge wissen.

1) 7-2-5-hellrot-hellrot-hellrot-hellrot-hellrot-hellrot-hellrot-hellrot
2) 4-1-9-6-lila-lila-lila-lila-lila-lila-lila-lila-lila
3) 2-5-1-8-4-gelb-gelb-gelb-gelb-gelb-gelb-gelb-gelb
4) 7-0-3-5-2-grün-5-grün-grün-grün-grün-grün-grün-grün
5) 2-1-4-9-7-weiß-6-4-weiß-weiß-weiß-weiß-weiß-weiß
6) 8-7-3-6-5-rot-6-3-2-rot-rot-rot-rot-rot-rot
7) 9-4-7-1-6-beige-8-1-7-6-beige-beige-beige
8) 6-5-9-1-3-blau-5-6-2-6-7-blau-blau

Lauf der Dinge (7-19 Partner; 5-12 Min.; 2-4 Gegenstände)

Die ganze Gruppe sitzt in einem Kreis. Ein Spieler gibt seinem linken Nachbarn einen Stift oder etwas Ähnliches mit den Worten: *„Das ist ein Heißluftballon."* Der Nachbar fragt ihn zurück: *„Was ist das?"*, worauf der Spieler mit den gleichen Worten antwortet: *„Das ist ein Heißluftballon."* Danach erst wird der Stift an den nächsten mit den gleichen Worten weitergegeben. Die nun folgende Rückfrage wird bis zum ersten Spieler zurückgegeben, der seine Antwort dann umgekehrt bis zu dem „Besitzer" des Heißluftballons auf die Reise gibt. Ist der „Lauf der Dinge" soweit gesichert, bringt der erste Spieler auf die gleiche Weise einen zweiten Gegenstand namens „Fesselballon" andersherum auf die Reise und harrt der Dinge, die spätestens ab der Kreuzung der beiden Gegenstände passieren. Wichtig ist, daß immer der erste Spieler der Endpunkt aller Fragen und Ausgangspunkt aller Antworten ist.

Fortgeschrittene Gruppen können auch noch einen „Luftballon" und einen „Wetterballon" unterbringen.

Assoziationstechnik (einzeln; 10-20 Min.)

Stellen Sie zuerst fest, für welchen Sinneskanal Sie empfänglicher sind (s. Übung *Gedächtnispräferenz*, S. 108), ob Sie also eher eine visuelle, eine auditive oder eine kinästhetische Bevorzugung beim Lernen haben.

Wenn Sie eher über *visuelle* Zugangshinweise lernen, dann verknüpfen Sie im Geist Namen, die Sie behalten wollen, mit Bildern. *Beispiele*: „Müller", „Graf", „Bach" sind einfach; anspruchsvoller wird es, wenn Sie einen Namen zerlegen, wie z.B „Lupinski" in „Looping" und „Ski". Fällt Ihnen das *auditive* Abspeichern leichter, dann finden Sie einen Klang-Rhythmus in den Merkbegriffen. Für das *kinästhetische* Erinnern verbinden Sie den Merkbegriff mit einem Gefühl, das dieses Wort in Ihnen auslöst. Oder schaffen Sie Verbindungen zu anderen Merkmalen, erkennen Sie Gemeinsamkeiten oder Gegensätze zu Verhalten, Hobbies oder prominenten Persönlichkeiten.

Bildlich vorgestellt (einzeln; 8-15 Min.)

- Visualisieren Sie einmal nacheinander die folgenden Bilder:
  einen Baum – ein Haus – ein spielendes Kind – Ihre Zahnbürste – einen Sonnenaufgang – eine schmusende Katze – Gewitterwolken – Ihr Lieblingsgetränk.
- Nun visualisieren Sie einmal die nicht mehr ganz so realen Bilder:
  eine Szene aus dem Schlaraffenland – einen singenden Elefanten – ein zwanzigblättriges Kleeblatt – eine indische Gottheit mit vier Armen.
- Visualisieren Sie fünf Dinge, die grün sind, wie: Gras, Weinflasche, Palmenblatt, … . Dann erweitern Sie die Aufgabe, indem Sie sich zu anderen Farben jeweils fünf Dinge vor Ihr inneres Auge holen.

- Nun visualisieren Sie fünf Dinge, die mit dem ersten Buchstaben des Alphabets beginnen, wie: Auto, Ast, Adler, … . Erweitern Sie auch diese Übung, indem Sie sich zu jedem Buchstaben des Alphabets fünf Bilder machen.
- Visualisieren Sie fünf Dinge, die größer sind als ein Haus. Und dann fünf Dinge, die kleiner sind als ein Geldstück.
- Und dann visualisieren Sie fünf Dinge, die Ihnen Spaß machen und auf die Sie Lust haben.

☼ Kartenpaare (1-2 Partner; 10-20 Min.; Kartenspiel)

Nehmen Sie ein normales Kartenspiel (32 Karten), mischen es und legen es verdeckt in vier Reihen zu 8 Karten auf dem Tisch aus. Ziel des Spieles ist es, möglichst schnell möglichst viele *Kartenpaare* zu finden; als Kartenpaar gelten 2 Karten mit der gleichen Zahl *und* der gleichen Farbe (rot oder schwarz). Decken Sie abwechselnd immer 2 Karten gleichzeitig um; haben Sie ein Kartenpaar gefunden, behalten Sie es, wenn nicht, legen Sie die Karten verdeckt an ihren Platz zurück und der nächste Spieler ist dran.

☼ Zahlenspiele (einzeln; 10-18 Min.; Papier, Stifte)

- Stellen Sie sich einmal in Gedanken eine Zahlenreihe plastisch vor, ohne die Zahlen laut oder im Kopf aufzusagen. Diese Visualisierungsübung können Sie auch mit mehreren Zahlenreihen oder sogar ganzen Aufgaben durchführen.
- Sagen Sie laut eine aufsteigende Zahlenreihe – wie z.B. 2, 4, 6, 8, … – auf, während Sie gleichzeitig eine andere Zahlenreihe – wie z.B. 3, 6, 9, 12, … – niederschreiben. Entwickeln Sie dazu eigene Kombinationen.
- Zählen Sie laut eine Zahlenreihe auf – wie z.B. 4, 8, 12 … –, während Sie gleichzeitig eine andere visualisieren, beispielsweise: 7, 14, 21, … .
- Während Sie eine Zahlenreihe laut fortsetzen, visualisieren Sie die folgenden Situationen:
  – die Tagesschau
  – den Besuch eines Jahrmarktes
  – Urlaub am Strand
  – …
- Um die Zahl 100 zu erhalten, sollen Sie alle Zahlen von 1 bis 9 verwenden und miteinander durch Plus- und Minuszeichen verbinden; ein *Beispiel*: $12 + 3 - 4 + 5 + 67 + 8 + 9 = 100$. Finden Sie nun eine Lösung, die mit nur drei Plus- oder Minuszeichen auskommt.

☀ Kurze Zeit behalten (paarweise; 8-15 Min.; Papier, Stifte)

Auch ein Partner kann von Ihrem Gedächtnistraining profitieren. Setzen Sie sich zu zweit gegenüber und wählen ein Buch, das Ihnen beiden möglichst unbekannt ist. Wenn Sie beginnen, dann wählen Sie einen beliebigen Satz aus und lesen ihn einmal leise durch. Dann blicken Sie Ihren Partner an und sprechen den Satz laut aus dem Gedächtnis. Ihr Partner wiederholt dann den Satz; macht er dabei einen Fehler, dann sprechen Sie den Satz noch einmal. Tauschen Sie bei dieser Übung häufig Ihre Rollen und wählen Sie mit zunehmender Übung längere und schwierigere Sätze aus.

⏰ Tägliche Erfahrungen (einzeln; 5-8 Min.)

Nehmen Sie sich abends, am besten vor dem Einschlafen, einen Moment Zeit, um sich den vergangenen Tag noch einmal zu visualisieren. All das, was Sie erlebt haben und was sich ereignet hat, lassen Sie noch einmal vor Ihrem inneren Auge ablaufen, mit all den Bildern, die für Sie dazugehören. Und dann mit allen Sinnen wahrnehmen, die für Sie dazugehören: was Sie gehört haben – und wie sich das angefühlt hat – und auch, was Sie riechen und schmecken konnten.

⏰ Erinnerungen nach vorne (einzeln; 3-5 Min.)

Nehmen Sie sich einmal vor, eine einfache Handlung – wie z.B. am Ohr ziehen, Schuhe zubinden, räkeln – am nächsten Tag zu einem bestimmten Zeitpunkt auszuführen. Was könnte Ihnen helfen, dieses Vorhaben wieder zu *vergessen*? Und was könnte Sie darin unterstützen, sich daran zu *erinnern*?

📖 Eselsbrücken (beliebig; 8-20 Min.; Papier, Stifte)

Erinnern Sie sich einmal bewußt an Eselsbrücken, die Sie früher gelernt haben und notieren Sie, wie z.B.: „333 – bei Isso Keilerei".
Sammeln Sie eine Woche lang alle Eselsbrücken, die Sie herausfinden und -hören können: Was fällt Ihren Bekannten zuerst ein, wenn Sie ihnen das Stichwort „Eselsbrücken" geben? Schreiben Sie es auf und überlegen, was der Grund für die jeweilige Wirksamkeit sein könnte.
Üben Sie Eselsbrücken zu basteln, indem Sie jede Gelegenheit nutzen, spielerisch Eselsbrücken zu bauen und Gelerntes in Reimform zu verpacken. Und dann übertragen Sie diese Gewohnheit auf normale Alltagssituationen, in denen Sie sich tatsächlich etwas merken wollen oder müssen.

⏰ Namensgedächtnis (einzeln; 5-12 Min.)

Eine wirkungsvolle Möglichkeit, um sich einen Namen zu merken:

- Setzen Sie den Namen eines neuen Gesprächspartners bereits bei Ihrem ersten Kontakt mindestens **dreimal** (!) im Gespräch **aktiv** ein.
- Schreiben Sie die Namen von 8 Ihrer Bekannten auf und überlegen Sie bei jedem, mit welcher Bedeutung Sie ihn in Verbindung bringen können.
- Finden Sie für einen neuen Namen eine konkrete Übertragung zu einer anderen Begrifflichkeit, die für Sie eine Bedeutung besitzt; dann wiederholen Sie diese Begriffsübertragung, während Sie den Namensträger betrachten und verbinden Sie die übertragene Begrifflichkeit mit dem Namensträger.

🐌 Loci-Methode (einzeln; 15-25 Min.; Papier, Stifte)

Diese Mnemotechnik war schon in der Antike bekannt; sie assoziiert Merkinhalte bildlich – und bewußt unlogisch – mit bestimmten, **vertrauten** Orten und bildet so eine dauerhafte Vorstellungskette. Bewährt hat sie sich beim Merken von Einzelfakten und -informationen, z.B. für Aufgaben wie Vorträge, Besprechungen, Einkaufslisten, … .

Das Speichern geschieht folgendermaßen: Stellen Sie sich beispielsweise Ihr *Arbeitszimmer* vor, mit allen wesentlichen Einzelheiten und – ganz wichtig – mit all Ihren Sinnen. Dann entscheiden Sie sich für eine Reihenfolge, beispielsweise im Uhrzeigersinn, in der Sie Ihre Bildassoziationen verknüpfen möchten. An markanten Punkten im Raum, etwa dem Schreibtisch, dem Drehstuhl, dem Computer verankern Sie je eine Einzelinformation, ein wesentliches Stichwort Ihrer Aufgabe, z.B.: Tagesordnung, Geschäftsbericht, Bilanz, … . Stellen Sie sich die betreffende Kombination mit all Ihren Sinnen vor; „machen" Sie sie wirklich.

Um diese Informationen wieder abzurufen, begegnen Sie den einzelnen Begriffen nacheinander wieder an den festgelegten Orten: Gehen Sie im Geist wieder in den Raum. Wenn Sie die Tür öffnen, nehmen Sie als erstes den Schreibtisch wahr, der mit dem ersten Punkt Ihrer Aufgabe (Tagesordnung) verknüpft war, dann bemerken Sie den Drehstuhl (Geschäftsbericht), … .

Für die Verknüpfung eignen sich viele *Orte, Naturumgebungen* und sogar der eigene *Körper*; probieren Sie es einfach einmal aus:

1. Lernwörter aufschreiben;
2. Orte/Körperstellen ganzheitlich bildlich vorstellen!
3. Möglichst originell assoziieren.

⏰ Informationschunking (einzeln; 5-15 Min.)

Eine leicht zu erlernende Methode, um Informationen zu behalten, ist es, sie für das eigene „Speichersystem" gehirngerecht aufzubereiten. Beispielsweise ist es eher unpraktisch, sich eine sechsstellige Nummer zu merken, wie 030958 – wenn Sie dagegen aus dieser Nummer ein Geburtsdatum machen und sich noch dazu plastisch vorstellen, wie jemand am 03. 09. 58 geboren sein könnte, dann findet Ihr Gehirn einen leichteren Zugang dazu. Probieren Sie es mal mit Autokennzeichen oder der PIN-Nummer für Ihre Scheckkarte aus.

⚙ Gedächtniskette (einzeln; 15-25 Min.; Papier, Stifte)

Eine Möglichkeit, Begriffe auswendig zu lernen, ist die Bildung von Assoziationsketten. Dazu stellen Sie sich den ersten der folgenden 10 Begriffe bildlich vor und fügen dann den zweiten in einer beliebigen, für Sie interessanten oder originellen Verbindung dazu. Dann nehmen Sie das erste Bild weg und ergänzen das dritte, usw.. Bilden Sie diese Assoziationskette so, daß sich daraus eine fortlaufende Handlung – vielleicht wie ein Film – ergibt. Beispiels-Begriffe: *Hausschlüssel – Telefonnummer – Glühbirne – Pizzaessen – Sauna – Kino – Auto – Waldspaziergang.*

Wichtig: Wenn Sie Ihr volles Potential ausschöpfen wollen, dann lassen Sie Ihre rechte Gehirnhälfte vollständig mitmachen; das heißt: auch ganz verrückte oder widersinnige (hier spricht Ihre linke Hälfte) Verknüpfungen haben einen hohen, meist sogar höheren Erinnerungswert.

⏰ Erinnerungen (einzeln; 4-12 Min.)

Fordern Sie Ihr Gedächtnis! Was: …

… haben Sie vor 7 Minuten gedacht?

… haben Sie vor etwa 2 Stunden gedacht?

… haben Sie gestern um diese Zeit getan?

… haben Sie in den vergangenen 5 Tagen zum Frühstück gegessen?

… haben Sie am letzten Wochenende für Kleidungsstücke getragen?

… waren die ersten 8 Begriffe in der Trainingsaufgabe *„Bildlich vorge-stellt"* auf der S. 237? Wissen Sie's noch?

☼ Reisevorbereitungen (beliebig; 8-20 Min.)

Die ganze Gruppe sitzt im Kreis und bereitet sich „mental" auf eine Reise vor. Dazu beginnt der erste, indem er seinen Vornamen nennt und einen Gegenstand, den er einpacken würde. Sein Nachbar setzt die Reisevorbereitungen fort, indem er den Namen und das Mitbringsel seines Vorgängers wiederholt und dann erst seinen Namen nennt und „zusammenpackt". Jeder weitere Mitspieler muß zuerst alle Vorgänger mit Namen und Reiseutensilien benennen, bevor er selbst mitreisen darf. *Beispiel*: „Ich heiße Peter und nehme eine Hose mit." „Peter packt eine Hose ein. Ich bin Anna und nehme eine Flöte mit." „Peter hat die Hose dabei, Anna die Flöte. Ich heiße …"

🐚 Gedächtnisnebel (einzeln; 8-20 Min.)

Genießen Sie einmal für einige Minuten eine entspannte Haltung und beantworten Sie die folgenden Fragen:
- Für welche Dinge haben Sie ein gutes Gedächtnis?
- Für welche Dinge haben Sie ein schlechtes Gedächtnis?
- Woran können Sie sich noch aus Ihrer Kindheit erinnern? Woran sehr gut? Und woran kaum noch oder gar nicht?
- Woran würden Sie sich gerne erinnern können?
- Welches Tier verbinden Sie mit einem excellenten Gedächtnis?
- Was wäre, wenn Sie ein phänomenales Gedächtnis hätten? Wo würden Sie das gerne nutzen? Was könnten Sie dann mehr oder besser? Und was können Sie selbst dazu tun, um Ihr Gedächtnis erfolgreich zu aktivieren?

🦎 Positive Punkte (einzeln; 3-8 Min.; evtl. Musik)

Bequem hinsetzen und tief und gleichmäßig durchatmen. Dann die Fingerspitzen beider Hände so auf die Stirn legen, daß sie zur Stirnmitte zeigen und die zwei Rundungen zwischen den Augenbrauen und dem Haaransatz berühren. Die Augen schließen und dann diese beiden Bereiche sanft und gleichmäßig massieren und dabei ruhig und gleichmäßig atmen – und so vorhandene Gedächtnisblockaden und Streßerscheinungen lösen. Eine entspannende Musik steigert die wohltuende Wirkung.

Lernstrategien

Ziel:
Steigerung der Lernmotivation, entwickeln erfolgreicher Lernstrategien

Weitere Anwendungsmöglichkeiten:
Erhalt oder Verbesserung der Leistungsfähigkeit des Gehirns, Wissensauffrischung

Problemlösung:
Unzureichende Lernmotivation oder Lernstrategien

Umfang:
Aktuell – z.B. für Prüfungssituationen – wie auch langfristig einzusetzen; 2-4x wöchentlich Training

Material:
Papier, Stifte, s. Anleitung

„Wer lernt, indem er selbst etwas herausfindet,
ist demjenigen, der von anderen lernt,
siebenfach überlegen." – Arthur Guitermann, Schriftsteller

Beschreibung:
Lernen ist eine Komposition aus Wahrnehmen, Verarbeiten und Erinnern, aus Informationsaufnahme, Motivation und Nutzungsmöglichkeiten. Eine Vielzahl von Komponenten, deren kreative Gestaltung den Lernvorgang wirkungsvoll beeinflussen kann. Kreatives Lernen bedeutet, ein Fest für die Sinne zu arrangieren, die innere Inspiration zu nutzen, um sich mit Spaß und Leichtigkeit das Wissen anzueignen, das die persönliche oder berufliche Entwicklung unterstützt. Je gehirngerechter Sie diesen Prozeß gestalten, desto effektiver werden sich die neuen Informationen mit den vorhandenen zusammenfügen und zu einem Netzwerk an Erfahrung verknüpfen. Für welchen Bereich Ihres Lebens ist es für Sie von Bedeutung, daß Sie wieder mit Spaß, Genuß und Leichtigkeit etwas Neues lernen?

Aufgaben:

Japanische Zahlen (3-9 Partner; 5-15 Min.; 3 Streichhölzer)

Der Spielleiter erklärt, daß er ein uraltes, heute nicht mehr benutztes japanisches Zahlensystem vorstellen wolle. Die einzelnen Ziffern seien unschwer zu identifizieren, wenn man die zugrundeliegende Regel entdecken könne. Allerdings schränkt er ein, ließen sich nur die Zahlen von 1-12 darstellen, es sei ein antikes Zwölfersystem. Dazu legt er jeweils drei Streichhölzer willkürlich so auf den Tisch, daß sie an bestimmten Punkten übereinander liegen.

Auflösung: Der Hinweis auf die gesuchte Zahl wird gleich mit dem ersten, untersten, Hölzchen gegeben – allerdings für die Nichteingeweihten noch verdeckt. Die Lage dieses Streichholz*kopfes* richtet sich nämlich einfach nach dem Uhren-Zifferblatt. Wird es für die Mitspieler zu schwer, so kann der Spielleiter den Einfluß der Sonne auf die japanische Denkweise hinzubemühen und erklären, daß sich die Zahlen in ihrer Vollständigkeit nur von dem erfassen ließen, der die gleiche Blickrichtung wie der „Zeichner" einnimmt.

Beispiel: Dieses Zeichen stellt eine „original-"japanische 11 dar. Ausschlaggebend hierfür ist die Lage des untersten (gestrichelten) Streichholzes.

Um Ecken denken (26.) (einzeln; 5-8 Min.; Papier, Schere)

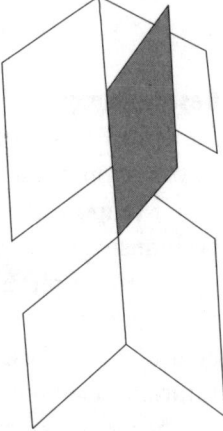

Betrachten Sie einmal aufmerksam das nebenstehende Gebilde. Es wurde hergestellt aus einem Blatt Papier – etwa von der Größe eines Merkzettels – und steht frei auf einem Tisch, wie ein kleines Zelt; Sie blicken praktisch von vorne-oben darauf. Das Besondere daran: Obwohl sich die Seiten überlappen, ist es nur **ein einziger** Zettel, der noch dazu ganz ist, in einem Stück. Nichts ist angeklebt oder drangesetzt – die graue Farbe dient lediglich dazu, Ihnen die Orientierung zu erleichtern. Ihre Aufgabe: Zerschneiden Sie einen Notizzettel so, daß Sie dieses Gebilde herstellen können und das Blatt dabei ganz bleibt.

🐚 Lernposter (1-7 Partner; 1-2 Std.; s. Anleitung)

Diese Technik (nach Ackermann) ist eine der leichtesten und elegantesten Möglichkeiten für lustvolles und kreatives Lernen. In spielerischer Form setzen Sie sich mit dem Lernstoff noch einmal aktiv auseinander und wiederholen unter Einbezug aller Sinne die wesentlichen Inhalte. Erstellen Sie Ihr eigenes Lernposter für Ihr Lerngebiet. Dazu brauchen Sie: Wandplakat oder großen Plakatkarton, bunte Karten oder farbiges Papier, bunte Stifte, Schere, Kleber, etwa eine Stunde Zeit und: Experimentierfreude. Und dann kombinieren Sie Ihr Wissen mit den Materialien – Schrift und Bild – und erzeugen Sie Ihre „Landkarte" des Lernens – selbstgemacht, anregend und informativ – mit Lust neugierig sein, eigene „weiße Flecken" erkennen und wie ein Forscher jeden Tag etwas Neues entdecken. Achten Sie darauf, daß Ihnen dieser Prozeß Spaß macht und auch, daß das Poster noch aus einiger Entfernung lesbar ist.

Das fertige Lernposter ist wie eine Landkarte mit Ihren persönlichen Erfolgsangaben, eine Spielwiese, auf der Sie sich betätigen können, ein Kunstwerk, das aus sich selbst heraus wirksam ist und das Sie in Ihrem Raum hängen lassen und jederzeit ergänzen können – und es ist ein Beitrag zur künstlerischen Raumgestaltung, der einen Aha-Effekt auch bei Besuchern auslösen kann.

⏰ Lernmotivatoren (einzeln; 10-20 Min.; Papier, Stifte)

Nehmen Sie sich ein Blatt Papier und beantworten einmal die folgenden Fragen zu Ihrer Selbstmotivation, bezogen auf ein bestimmtes Lernthema:

1. **Lernerfolg** planen und erreichbare Ziele setzen: *Welche Teilziele will ich erreichen? Womit möchte ich beginnen?*
2. **Belohnung**, sich etwas gönnen bei Erfolg: *Was macht mir überhaupt Spaß? Womit kann ich mich belohnen?*
3. **Lernspaß,** die Aufgabe so angenehm und interessant wie möglich gestalten: *Wie kann ich aktiv werden (Aufgabenschritte, Atmosphäre, ...)*
4. **Motivsuche**, sich überlegen, wie, wo, wann und bei wem Ihnen das etwas nützen kann: *Was kann ich mit dem Erreichten praktisch anfangen? Was würde meinen Freundeskreis davon interessieren? Wie kann ich das verwerten?*
5. **Lernpartner:** *Mit wem könnte ich gemeinsam lernen/ein Lernteam bilden? Von wem könnte ich profitieren? Wer könnte von mir profitieren? Wie könnten wir das organisieren?*

🕮 Lernkartei (einzeln; 15-35 Min.; s. Anleitung)

Eine Lernkartei ist ein selbst angelegter Karteikasten. Er ermöglicht gezielte Intervall-Wiederholungen, die für ein langfristiges Behalten von Lerninhalten günstig sind und eignet sich gut für ein eingegrenztes Lerngebiet. Nutzen Sie Ihre Lernkartei in folgenden Schritten:

1. Karteikarten anlegen während des Lernens, etwa 10-20 Stichworte – lieber weniger als mehr.
2. Einprägen, einordnen in das 1. Fach.
3. Am nächsten Tag alle Karten aus Fach 1 durchgehen; die „gewußten" in Fach 2, die „nicht gewußten" bleiben in Fach 1 + neuer Stoff.

Das Prinzip dabei ist immer: Die „nicht gewußten" Karten verbleiben, die „gewußten" Karten wandern weiter. Ihr Vorteil: Sie erhalten von selbst ein gezieltes Feedback über Ihren Lernstand, vorhandene Lücken werden deutlich, neues Wissen wird mit vorhandenem leicht vernetzt.

Einfacher ist es anfangs, wenn Sie bestimmte Wochentage zur Wiederholung festlegen; *Beispiel*: Fach 1: täglich • Fach 2: Dienstag, Freitag • Fach 3: Mittwoch • Fach 4: jeden 15. • Fach 5: alle zwei Monate überprüfen.

⏱ Frage-Antwort-Methode (einzeln; 20-45 Min.; s. Anleitung)

Eine einfache Methode, mit der Sie eine der wesentlichen Fähigkeiten Ihres Gehirns aktivieren, nämlich Antworten auf Fragen zu suchen.
Zu einem zu behandelnden Lernstoff gilt es dabei:

1. … sich zuerst einen Überblick verschaffen
2. … Fragen stellen und schriftlich notieren (z.B. als Mind Map)
3. … den ersten Abschnitt, das erste Kapitel eines Buches lesen
4. … Fragen beantworten
5. … nach jedem Kapitel wiederholen: an die Hauptideen / Schlüsselworte erinnern.

⏱ Wissens-Champion (einzeln; 3-8 Min.)

Rufen Sie in Gedanken den Wissensbereich wach, der für Sie gerade als Lernstoff ansteht und beantworten Sie sich einmal die Frage: *Wenn Sie zu einer einzigartigen, wertvollen Sichtweise dieses Themas gelangen und selbst dazu beitragen könnten, wenn Sie nur intensiv genug darüber nachdenken, würde das Ihren Wunsch bestärken, sich in diesem Bereich herausragende Kenntnisse anzueignen?*

Lernpuzzle (beliebig; 20–45 Min.; s. Anleitung)

Diese Technik eignet sich dafür, um Ihr Wissen in einem Bereich zu überprüfen. Sie können das „Lernpuzzle" sowohl für sich alleine, wie auch gewinnbringend zur Lernstoffaufbereitung in einer Kleingruppe einsetzen. Dazu fertigen Sie auf einem Kartonblatt eine Mind Map oder eine Collage Ihres Wissensgebietes an. Schmücken Sie sie mit Farben, Formen und Bildern so aus, daß sie für Sie eine wirklich anziehende Wirkung hat. Dann zerschneiden Sie Ihr Kunstwerk in viele einzelne Teile, große und kleinere, gerade oder mit runden Linien. Und nun setzen Sie das Ganze einfach wieder zusammen – entweder anhand Ihres Wissensvorrates oder, dort, wo Sie's nicht mehr genau wissen, anhand der Linien und Formen.

Lernvorstellung (paarweise; 15-25 Min.; s. Anleitung)

1. Lassen Sie sich von einem Partner einen unbekannten Text vorlesen oder etwas erzählen; es kann ruhig eine komplizierte Passage aus einem Lexikon oder etwas Ähnliches sein.
2. Bitten Sie Ihren Partner nach etwa einer Minute um eine Pause und stellen Sie sich nun das Gehörte bildlich vor.
3. Erst wenn Sie das Gesprochene bildlich erfassen konnten, lassen Sie Ihren Partner fortfahren. Dies setzen Sie anfangs etwa 5-8 Mal fort, bevor Sie Ihre Rollen tauschen.

Sie werden bemerken, daß es Ihnen zunehmend leichter fällt, Ihre rechte Gehirnhälfte an Lern- und Denkprozessen zu beteiligen und: Sie können bewußter wahrnehmen, wann Sie zu einer Information überhaupt keinen bildlichen Zugang erhalten und gezielt nachfragen – vielleicht weil der Hintergrund unbekannt ist oder einfach die Informationen unzureichend waren. So können Sie von dieser Trainingsaufgabe mehrfach profitieren.

Düsen-Triebe (einzeln; 9-18 Min.; Papier, Stifte)

Daniel Düsentrieb, eine von Walt Disneys Lieblingsfiguren, war ein begnadeter Erfinder; angetrieben von einer einzigartigen Motivation entwickelte er die originellsten Dinge. Was sind Ihre Motivatoren, Ihre Triebkräfte, einen bestimmten Stoff zu lernen? Worin kann Sie das Gelernte unterstützen? Finden Sie mindestens drei Vorteile, die Sie nur durch genau diesen Lernstoff erhalten.

Konzert-Sitzung (paarweise-beliebig; 15-35 Min.; s. Anleitung)

Eine Lerntechnik (nach Lozanov), die Lernen und Sprechen mit Musik verbindet. Zu einer gleichzeitig eingespielten Konzertmusik – wählen Sie hierfür wirklich echte Konzertmusik, wie z.B. Beethovens Kaiserkonzert – lesen Sie den Lernstoff laut vor – den Sie eventuell zuvor schon aufbereitet haben. Da ein Teil unseres Gehirns die sprachbezogenen Informationen verarbeitet, während ein andere Teil verstärkt für die Musik zuständig ist, wird so eine Harmonie erzeugt, die einen leichteren Zugang zum Langzeitgedächtnis anbietet. Dabei wird das Vorlesen so auf die musikalische Struktur abgestimmt, daß die Worte gleichsam dem Rhythmus und der emotionalen Qualität der Musik folgen. Der Effekt: Lernen an bestehende Strukturen anknüpfen, Wissen im Gedächtnis verankern und mit geringer zusätzlicher Aktivierung wieder ins Bewußtsein transportieren.

Rhythmisches Lernen (einzeln; 10-30 Min.; s. Anleitung)

Lernen mit Musik kann die Aufmerksamkeit erhöhen und Lernblockaden lösen; als günstig hat sich die sogenannte *Instrumental*musik erwiesen (im Gegensatz zu gesungenen Stücken). Wenn Sie eine Musik einsetzen, deren Takt etwa Ihrem Ruhepuls entspricht (zwischen 50 und 70 Schlägen pro Minute), ist der unterstützende Effekt in der Regel am größten. Diese Art des Lernens verknüpft die rhythmische Struktur der Musik mit einem neuen Lernstoff und verankert ihn fließend im Gedächtnis.

Körper-Quiz (1-15 Partner; 10-25 Min.)

Eine Übung (nach Peter Kline), die von der Gruppenatmosphäre und der gegenseitigen Motivation und Bereicherung lebt. Beziehen Sie den Körper in den Lernprozeß mit ein und beeinflussen Sie so Ihr eigenes Lernverhalten entscheidend. Verbinden Sie Lernen mit dem Körper – z.B. wenn Sie den Stoff „Chemie" begreiflich machen wollen: herumlaufen, Moleküle darstellen, Unterschied zwischen festen Stoffen, Flüssigkeiten und Gasen demonstrieren. Anschließend führen Sie dann mit einem Partner ein Lernquiz durch.

⏰ Gedächtnismarken (einzeln; 10-15 Min.; Papier, Stifte)

Äußerst wirkungsvoll sind ungewöhnliche Assoziationen von Merk-Wörtern mit Eindrücken aus *anderen Sinneskanälen*, wie z.B. einer bestimmten Melodie, einem bestimmten Geruch, einem Essen oder einer Bewegungsfolge, einem Tanz. Solche Anker (s. auch dort) können Sie später leicht wiederfinden. Welches sind Ihre wirkungsvollsten Lern-Anker?

🐚 Baum des Lernens (beliebig; 8-20 Min.)

Nehmen Sie für einige Minuten eine entspannte Haltung ein, schließen Sie die Augen und spüren Sie Ihrem ruhigen und gleichmäßigen Atem nach. Stellen Sie sich einmal vor, wie Ihr Atem wie ein Windhauch durch die Krone eines Baumes fährt – durch Ihren Baum des Lernens. Lassen Sie vor Ihrem inneren Auge dazu einen Baum Ihrer Wahl erscheinen und vergleichen in Gedanken Ihre Lernstrategie mit diesem Baum. Wie sieht er aus, sein Stamm – seine Äste – seine Blätter – und seine Krone? Und wie hört sich das an, wenn der Wind hindurchfährt, wie rauschen seine Zweige, wie hört sich seine Rinde an? Wie ist er beschaffen, wie fühlt er sich an – eher groß und mächtig – oder eher geschmeidig und elegant? Und wie riecht er? Atmen Sie seinen Geruch ein und schmecken Sie seinen Geschmack auf der Zunge. Und während Sie Ihren Baum mit all Ihren Sinnen wahrnehmen, können Sie allmählich seine Gestalt annehmen. Sie können spüren, wie Sie fest und sicher zu dem Boden Kontakt haben und Ihre Wurzeln bis in das Erdreich hineinreichen – dort, woher Sie Ihre Energie und Nahrung beziehen.

Lassen Sie sich Zeit und nehmen mit all Ihren Sinnen wahr: Was ist es, was Ihr Wachstum nährt? Und woher beziehen Sie Ihre Energie zu lernen, zu wachsen und zu reifen? Und dann wandern Sie mit Ihrer Aufmerksamkeit höher, Ihren Stamm, Ihr Fundament entlang, in Ihre Äste und Zweige und Blätter – bis in Ihre Krone, die sich dem Himmel entgegenreckt. Und nehmen Sie hier wahr: Was ist es, wofür Sie lernen? Wohin streben Sie? Wohin möchten Sie sich entwickeln? Und was können Sie selbst dazu tun, um eine Verbindung zwischen Ihrer Energie und Ihrem Ziel zu schaffen.

Und dann öffnen Sie Ihre Aufmerksamkeit und nehmen Sie wieder wahr, wie ein Windhauch durch Ihre Krone fährt – Ihr Atem, und wie Sie nun mit jedem Atemzug ein Stück mehr Frische und Lebendigkeit in Ihren Körper hineinholen können. Verabschieden sie sich vom Baum, in dem Bewußtsein, daß Sie immer wieder mit ihm in Kontakt treten können – und kommen Sie mit einer Bewegung wieder hier in diesen Raum zurück, frisch und erholt, wie nach einem belebenden Spaziergang im Wald – und vielleicht schon neugierig darauf, wie Sie Ihren nächsten Lernprozeß bereichern können.

🦁 Lebensadern (einzeln; 3-8 Min.)

Bequem hinsetzen und tief und gleichmäßig durchatmen. Dann die Fingerspitzen beider Hände so zu beiden Seiten der Nase legen, daß sie direkt unter den Augen zu liegen kommen. Mit den Fingerspitzen beider Hände sanft nach außen streichen, bis zu der kleinen Vertiefung unter den Schläfen. Dort eine Weile sanft kreisend reiben und dann die Hände wieder lösen. Wieder innen beginnen – diesmal etwas tiefer – und mit beiden Händen wieder zum gleichen Punkt streichen. Solange fortfahren – und jedesmal tiefer beginnen –, bis das Kinn erreicht ist – und dabei ruhig und gleichmäßig atmen. Genießen Sie es, daß sich das Gesicht öffnen kann.

Gehirnjogging

Ziel:
Leistungsfähigkeit des Gehirns
steigern, eigenes Potential entdecken
und nutzen, Flexibilität

Weitere Anwendungsmöglichkeiten:
Ganzheitliche Aktivierung des
Unbewußten, Schlagfertigkeit

Problemlösung:
Geistige Routine oder Unterforderung

Umfang:
Langfristig einzusetzen;
2-4x wöchentlich spielerisches
Training

Material:
S. Anleitung

*„Durch Neugier wird der Verstand angeregt
und der Geist erhoben." – Sokrates*

Beschreibung:
Das Gehirn ist kein Muskel und entspricht auch nicht dem Herz-Kreislauf-System.
Was meinen dann Begriffe wie Gehirnjogging, BrainGym® und Brain Fitness?
Einige erstaunliche Ähnlichkeiten weist unser Gehirn allerdings schon auf, mittels
derer wir es systematisch und funktionell fördern und trainieren können. Es ist
empfänglich für neue Impulse, Erlebnisse und Anregungen – abgestimmt mit
intellektuellem Input –, um in seiner organischen Funktion wertvolle Reize zu
erhalten und seine Fähigkeiten zu erweitern. Insofern ähnelt es durchaus anderen
Organen unseres Körpers. Gehirnjogging fördert wie eine Art langjähriges „geistiges Fitneßtraining" die Gehirndurchblutung und trägt dazu bei, das Aufnahme-
und Leistungsvermögen bis ins hohe Alter hinein zu erhalten und sogar zu steigern.
Auf diese Weise kann es den geistigen Alterungsprozeß günstig beeinflussen. Eine
wichtige Komponente ist die eigene Motivation, die Nervenverbindungen wachsen
läßt und Ihrer Kreativität neuen Raum öffnet. Vereinfacht genossen:
Gehirnjogging $=$ Geistige Aktivität $+$ Spaß x Neugier^2.

Aufgaben:

 Reisschach (27.) (einzeln; 6-12 Min.; Papier, Stifte)

Ein weiser Mann, der einst einem indischen König in der Not half, erbat sich eine bescheidene Belohnung: Die Menge an Reiskörnern, die sich ergibt, wenn man auf einem Schachspiel mit seinen 64 Feldern – beginnend vom ersten Feld mit einem Reiskorn – auf dem jeweils folgenden Feld die doppelte Menge an Reiskörnern des vorherigen Feldes hinzufügt. Wieviel Reis erhielt der bescheidene Weise wohl?

Alles unter einen Hut (28.) (einzeln; 2-10 Min.; Papier, Stifte)

Wie schaffen Sie es, die Zahl 100 mit Hilfe von 6 Neunen darzustellen?

Synaptisches Circuittraining (einzeln; 2-120 Min.)

Gehirnjogging können Sie täglich nebenbei betreiben – genauso, wie Sie statt eines Fahrstuhls auch die Treppen nutzen können. Oder Sie begeben sich in ein „mentales Fitneßstudio" und durchlaufen ein „synaptisches Circuittraining" (nach Wujec), beispielsweise mit folgenden Stationen:

1. *Lockerungsübungen:*   um Aufmerksamkeit zu sammeln
2. *Geistige Gymnastik:*   um die Konzentration zu steigern
3. *Hantelbank:*   um Gedächtnismuskeln spielen zu lassen
4. *Turngeräte:*   um Probleme kreativ zu lösen
5. *Mentale Balancierstangen:*   um Entscheidungen zu treffen
6. *Sinnescocktail:*   um alle Sinne zu aktivieren
7. *Spiegel der Improvisation:*   um die alltägliche Flexibilität zu wecken
8. *Humorstation:*   um zu lachen – Sie wissen doch noch: vom „HAHA" zum „AHA"
9. *Fitneßbar:*   gesunde Ernährung für den Geist
10. *Fahrstuhl kaputt:*   um mit Lust improvisieren zu lernen

Was können Sie heute Neues machen, um eine „synaptische Verknüpfung" vorzunehmen? Lassen Sie sich inspirieren.

Wortwahl (2-11 Partner; 5-15 Min.; evtl. Papier, Stifte)

Nehmen Sie einen willkürlich gewählten Buchstaben des Alphabets als Anfangsbuchstaben für 20 frei gewählte konkrete oder abstrakte Wörter.

🦎 Geistesflüge (einzeln; 6-15 Min.)

Fordern Sie einmal Ihren Geist heraus und setzen ihn in Bewegung: Warum blinken Sterne ♧ Warum kann ein Flugzeug fliegen ♧ Wie funktioniert eine elektrische Zahnbürste ♧ Warum ist die Sonne manchmal gelb, manchmal orange und manchmal rot ♧ Wie entstand das Universum ♧ Wodurch wird Muskelkater verursacht ♧ Woher kommt der Wind ♧ Sind eigentlich die höchsten Berge höher als die tiefsten (Meeres-)Täler tief ♧ Warum fliegen manche Vogelarten in V-Formation ♧ Was ist ein Reflex ♧ Wie funktioniert der Zaubertrick mit der „schwebenden Jungfrau" ♧ Welche drei Fragen müßte Ihrer Meinung nach jemand beantworten können, der sich für weise hält ♧

⏰ Geistiges Tagebuch (einzeln; täglich 10-20 Min.)

Wenn Sie Ihre Kreativität effektiv trainieren wollen, kann Ihnen eine Art „Trainingstagebuch" gute Dienste leisten. Geben Sie diesem Büchlein einen ganz besonderen Namen und machen Sie es sich zur Gewohnheit, es jeden Tag einmal in die Hand zu nehmen und Ihren Geist kreativ zu beschäftigen. Wie Sie es nutzen können? Oh, Sie können jeden Tag ...

eine geistige Fitneßübung oder Gehirnjogging-Aufgabe absolvieren ⧖ einen neuen Einfall notieren ⧖ eine Phantasiereise oder eine Geschichte oder ein Märchen erfinden ⧖ einen interessanten Spruch oder eine eindrucksvolle Weisheit niederschreiben ⧖ einen Ihrer Schritte dokumentieren, was Sie heute Neues gemacht oder gelernt haben ⧖ eine Einsicht, die Sie hatten, wiedergeben ⧖ ein persönliches Ziel beschreiben ⧖ ein Symbol oder ein Bild malen ⧖ beschreiben, welche Kreativitätstechnik Sie heute gewinnbringend angewendet haben ⧖ diesen Begleiter – dieses „Trainingstagebuch" – als einen Anker, ein Symbol für die Zeit nehmen, in der Sie Ihre Kreativität fördern. Und Sie können, wann immer Sie es wollen, dieses Büchlein aufschlagen und Ihre Gedanken und Erkenntnisse genießen und sich überraschen lassen, zu welchen geistigen Höhenflügen Sie Ihr Kunstwerk anregen wird.

☀ Bildfragmente (paarweise; 8-15 Min.; Papier, Stifte)

Eine Übung, die viele Bereiche Ihres Großhirns miteinander vernetzt, sowohl visuelle wie auch motorische. Malen Sie auf ein Blatt Papier 2-5 Linien, kleine Kreise etc.. Tauschen Sie das Blatt dann mit Ihrem Partner aus. Nun soll jeder aus den Bildfragmenten seines Vorgängers eine konkrete Zeichnung entwikkeln, in der diese Linien vollständig integrierter Bestandteil sind.

☼ **Brett vor'm Kopf** (einzeln; 2-10 Min.; Karten, Stifte)

Nehmen Sie eine Karteikarte und halten sie mit der linken Hand vor Ihre Stirn. Dann halten Sie mit der rechten Hand einen Stift und schreiben Sie Ihren Namen oder ein anderes Stichwort so auf die Karte, daß Sie:

... den Stift links auf der Karte – also bei Ihrem rechten Auge – ansetzen und das Wort nach rechts schreiben;

... den Stift rechts auf der Karte ansetzen (bei Ihrem linken Auge) und das Wort nach links schreiben und gleichzeitig eine Melodie summen.

Lassen Sie sich bei dieser Übung ganz von Ihrem Gefühl leiten.

⏰ **Brennpunkt** (einzeln; 2-5 Min.; 1 Uhr mit Zeigern)

Legen Sie eine Uhr mit Zeigern vor Ihren Fernseher, während gerade eine interessante Sendung läuft. Nun widmen Sie Ihre Aufmerksamkeit 3 Minuten lang nur dem Sekundenzeiger dieser Uhr. Lassen Sie ihn und seine Bewegung zum Mittelpunkt Ihrer Aufmerksamkeit werden und versenken Sie sich in ihn so, als gäbe es nichts anderes mehr auf der Welt außer dieser Uhr.

Dann steigern Sie sich: Legen Sie einen Gegenstand, z.B. eine Münze, vor sich auf den Tisch. Nun richten Sie 5 Minuten lang Ihre ganze Konzentration darauf. Wenn Sie bemerken, daß Ihnen ein anderer Gedanke kommt, lassen Sie ihn passieren und lenken Ihre volle Aufmerksamkeit wieder auf den Gegenstand.

🦄 **Koordinations-Olympiade** (1-15 Partner; 10-40 Min.; s. Anleitung)

Welches sind „Ihre" Gehirndisziplinen, in denen Sie Champion sind?

- 10 Münzen rückwärts – über die Schulter – in einen Karton werfen.
- Aus 1-2 Metern Abstand Spielkarten in einen Hut werfen.
- Aus Spielkarten ein möglichst originelles Kartenhaus bauen.
- Auf möglichst viele unterschiedliche Arten mit den Fingern schnippen.
- Hochspringen und die Füße auf vielfältige Art zusammenschlagen.
- Einen Tischtennisball in der Luft halten, indem er nur von den Händen abprallen darf – ohne fangen und festhalten.
- Eine Geheimschrift aus Symbolen ausdenken und sich mit anderen darin austauschen.
- Ein Partner nennt einen Ort oder einen Beruf und der andere nennt eine Minute lang alles, was ihm dazu einfällt, diesen Ort zu erreichen oder diesen Beruf auszuüben; wechseln.
- Ein Fabeltier zeichnen, das sich aus drei verschiedenen realen Tieren zusammensetzt, die noch erkennbar sein sollen.
- Mit anderen aus Büroklammern eine möglichst originelle Kette basteln.

Piktogramme (1-9 Partner; 5-15 Min.; Papier, Stifte)

Kennen Sie die Olympia-Piktogramme? Die Sportsymbole für Schwimmen, Volleyball und andere Disziplinen, die an vielen Autos und Gebäuden prangten. Sie wurden entwickelt, um kulturübergreifende Anweisungen in einer leicht verständlichen und allgemein gültigen – rechtshirnorientierten – Bildersprache zu geben. Oder weitere: das Rote Kreuz, der blaue Umweltengel, WC-Symbole (Mann, Frau). Entwickeln Sie selbst Piktogramme für die nachfolgenden Aufforderungen und erfinden Sie weitere: Keine Handies! Bitte lächeln! Bitte passendes Geld bereithalten! Seien Sie jetzt kreativ! Wie spät ist es?

 Wie ein Blatt im Wind (einzeln; 5-15 Min.; Papier)

Geschicklichkeit hält Ihren Geist rege. Probieren Sie einmal aus, was Sie alles mit einem Blatt Papier anstellen können, das Sie – ungefaltet (!) – in die unterschiedlichsten Bewegungen mit einbauen können:

1. Mit dem Papier vor der Brust – ohne festzuhalten – gehen oder laufen, so daß das Papier an seinem Platz bleibt.
2. Andere Körperteile ausprobieren.
3. Das Papier auf den Arm oder auf die Handfläche legen und mit dem ausgestreckten Arm Kreise, Bögen, Achten beschreiben; Fortgeschrittene bringen nach einiger Übung sogar einen Handwechsel hin.
4. Immer wieder einen Seitenwechsel einbauen und alle Bewegungen auch mit der ungewohnten Körperhälfte ausführen.

Rastpunkte (paarweise; 5-12 Min.; Papier, Stifte)

Zeichnen Sie auf ein Blatt sechzehn Punkt so auf, daß sie ein quadratisches Raster von 4 x 4 Punkten ergeben (nach Wujec). Wenn Sie mit einem Partner spielen, verbinden Sie nun abwechselnd je zwei beliebige Punkte durch eine *gerade* oder eine *gebogene Linie* miteinander; auf diese Linie setzen Sie dann an einer beliebigen Stelle einen neuen Punkt.

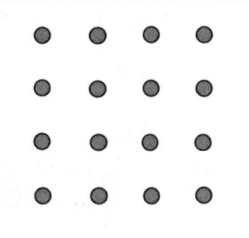

Zwei Regeln gelten dabei:
• Max. drei Linien dürfen einen Punkt berühren oder in ihm zusammenlaufen.
• Es dürfen sich keine Linien überschneiden oder kreuzen.
Es gewinnt derjenige von Ihnen, der den letzten Zug ausführen kann. Eigentlich ganz einfach – oder?

☀ **Tangrams** (1-4 Partner; 5-15 Min.; s. Anleitung)

Tangram ist ein chinesisches Spiel, mit dessen Hilfe Sie Ihre Phantasie, Wahrnehmungsfähigkeit, Konzentration und Geduld steigern können. Drei Arten der Ausführung sind bisher bekannt, bei denen es gilt, mit Hilfe jeweils aller sieben vorhandenen Teile (Tans):

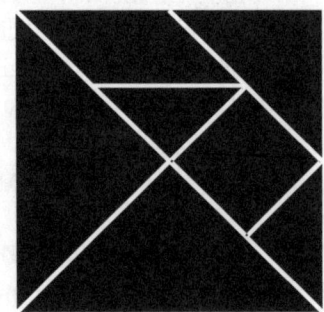

- so viele Figuren und Formen wie möglich zusammenzusetzen, sowohl freie wie auch vorgegebene – Bsp.: Zahlen, Buchstaben;
- komplexe Figuren nachzubauen, die nur in Konturen angedeutet sind;
- als Mathematiker verschiedene geometrische Probleme auszutüfteln.

Machen Sie sich eine Kopie dieses Vierecks – vielleicht auf einem farbigen Pappkarton – und schneiden es an den weißen Linien auseinander. Ersatzweise können Sie auch ein Tangram im Spielwarengeschäft kaufen.

Üben Sie zuerst ein bißchen und stellen Sie einige vorgegebene Figuren dar, wobei Sie immer alle sieben Teile verwenden, wie z.B.: ein Dreieck, ein Rechteck, ein Haus, ein Möbelstück, die Zahlen von 1-9, einen Menschen, Ihr Monogramm, … . Und dann lassen Sie Ihrem Einfallsreichtum einfach freien Lauf und erfinden Sie eigene Formen.

☀ **Aus dem Bauch heraus** (einzeln; 5-12 Min.)

Wann haben Sie das letztemal eigentlich Dinge geschätzt? Fangen Sie einfach wieder einmal damit an, indem Sie schätzen …

- … wie spät es ist, bevor Sie auf die Uhr sehen;
- … wie warm oder kalt es draußen ist – bevor Sie die Nachrichten hören;
- … wie groß oder wie schwer ein Freund von Ihnen ist – und mit charmanten Fragen können Sie's erkunden, ob Ihre Schätzung stimmt;
- … welche Entfernung Sie beim Spazierengehen oder Autofahren zurücklegen;
- … in welcher Himmelsrichtung Ihre Arbeitsstelle liegt – und Ihre Garage;
- … wie schnell Sie sich in einem unbekannten Stadtviertel orientieren können, nur mit Hilfe eines Kompasses.

✋ Gehirnhälften harmonisieren (einzeln; 6-10 Min.; Musik)

Finden Sie für diese Übung eine bequeme Position im Sitzen oder im Liegen, schließen Sie, wenn Sie mögen, die Augen und spüren einmal in Ihren Körper hinein, wie Ihr Atem gleichmäßig und ruhig – fast wie eine Welle – oder ein Windhauch durch Ihren Körper strömt. Reiben Sie nun für etwa 10-20 Sekunden Ihre beiden Hände schnell aneinander und legen Sie Ihre beiden Handflächen seitlich rechts und links so an den Kopf, daß die Daumen nach hinten zeigen und hinter den Ohren zu liegen kommen. Und dann genießen Sie einfach die Wärme Ihrer Hände und lassen in Ihrer Phantasie diese Wärmestrahlen wie Sonnenstrahlen auf Ihr Gehirn scheinen; ganz allmählich beginnen diese Sonnenstrahlen zwischen Ihren Händen hin und her zu fließen, durch Ihren Kopf hindurch, ein beständiger Strom aus warmer angenehmer Energie, in Ihrer Farbe, und vielleicht in einem ganz speziellen Licht. Und Sie können spüren, wie diese Energien beide Gehirnhälften miteinander in Verbindung bringen, in eine gemeinsame Schwingung, einen Rhythmus, der die beiden Hälften harmonisiert und miteinander in Resonanz bringt.

🐎 ABC-Tanz (beliebig; 4-8 Min.; 1 Wandplakat, 1 großer Stift)

Eine Bewegung, um die Gehirnhälften zu koordinieren. Dazu bequem hinstellen mit Blick auf ein Plakat, auf dem vorher das Alphabet von A-Z in großen Buchstaben aufgezeichnet und wahllos unter jeden Buchstaben ein L, ein R oder ein Z geschrieben wurde. Darauf achten, daß unter dem „richtigen L, R, Z" jeweils ein anderer Buchstabe steht. Und dann beginnen, den ersten Buchstaben laut vorzulesen und, wenn darunter ein R ist, dazu den rechten Arm und den rechten Fuß heben. Dann den nächsten Buchstaben vorlesen, und wenn darunter ein L ist, dann den linken Arm und linken Fuß heben. Und dann laut den dritten Buchstaben vorlesen und gleichzeitig beide Arme heben und hochhüpfen, wenn darunter ein Z ist; und so zu dem bekannten Alphabet einen spielerisch leichten „ABC-Tanz" aufführen. Wenn dies schon gut geht, als Variation das Alphabet rückwärts, von Z-A, machen. Also mit Z anfangen, bis auch das leicht und flüssig geht.

Synektik-Sitzung

Ziel:
Neue, originelle Lösungen finden

Weitere Anwendungsmöglichkeiten:
Umfassende Problemanalyse,
Aktivierung des Unbewußten

Problemlösung:
Analyse-/Konstellationsprobleme

Umfang:
2-4 Std. bis 1-3 Tage

Material:
Wandplakate, Karten, Papier, Stifte,
1 Moderator

*„Entdeckung besteht darin, den gleichen Gegenstand wie alle anderen
zu betrachten, sich aber etwas anderes dabei zu denken."*
– Albert Szent-Györgyi, Nobelpreisträger

Beschreibung:
Die Synektik (nach Gordon) stellt eine hocheffektive Methode dar, die den meist
unbewußten Verlauf kreativer Denkprozesse bewußt nachvollzieht. Dafür werden
Analogien und problemfremde Reizwörter benutzt, mit dem Ziel, die vorhandenen
Ideen aus dem Unbewußten bewußt zu machen, um so unkonventionelle Problemlösungen zu finden. Die Wirksamkeit dieser Technik liegt vor allem darin, logisches
und intuitives Denken zu verknüpfen und Bedeutungsinhalte, die scheinbar nichts
mit dem Problem zu tun haben, systematisch in Verbindung zu bringen, um den
gewohnten Denkrahmen zu verlassen. Zuerst das *„Vertraute fremd machen"* und
dann *„das Fremde vertraut machen"* lautet die Vorgehensweise, um innovative
Lösungen zu finden. Wichtig: ein qualifizierter Moderator, der über eine gute
Allgemeinbildung verfügt • die Veröffentlichung des Ablaufplanes, um den Beteiligten einen roten Faden an die Hand zu geben • die Visualisierung aller Ergebnisse
• und: ausreichend Zeit!

Aufgaben:

 Kreisen (einzeln; 4-6 Min.; Papier, Stifte)

Nehmen Sie sich ein Blatt Papier und malen 35 leere Kreise darauf und zwar in 7 Reihen je 5 Kreise, jeden etwa so groß wie ein Zweimark-Stück.

Zeichnen Sie nun innerhalb von fünf Minuten so viele unterschiedliche Gegenstände oder Objekte wie möglich, deren wesentlicher Bestandteil ein Kreiselement ist. Es geht dabei nicht um die ausgeschmückte Präzision, sondern um vielfältige Einfälle, die hinterher eindeutig erkennbar sind.

Wenn Sie die Ergebnisse im Rahmen eines Spieles anschließend bepunkten wollen, dann zählen Sie zunächst die Anzahl der vollendeten Dinge und dann auch die Anzahl der Gruppe von Dingen zusammen.

Neuigkeitsideen (Zeichnungen, die sich von dem vorherigen Kreis deutlich unterscheiden) erhalten je drei Punkte; *Beispiel*: 1. Bullauge, 2. Untertasse, 3. Uhr.

„Anhängerideen" (Ideen, die sich aus dem jeweils vorigen Kreis ergeben haben) erhalten je einen Punkt; *Beispiel*: 1. Autolenkrad, 2. Autoreifen, 3. Radkappe.

 Verwandlung (29.) (einzeln; 3-6 Min.; Papier, Stifte)

Wie können Sie am schnellsten *FIVE* in *FOUR* verwandeln?

☼ **Herausforderung** (3-11 Partner; 10-25 Min.; ein Ball)

Die ganze Gruppe sitzt im Kreis. Ein Mitspieler nennt zwei Gegenstände, die miteinander verglichen werden sollen – wie z.B.: Landkarte und Messer – und wirft einem Mitspieler einen Ball zu. Dieser soll spontan mindestens drei Vergleiche liefern, die tatsächlich zutreffen. Danach kann er seinerseits einen anderen mit zwei neuen Begriffen herausfordern. Dieses Spiel läßt sich auch sehr gut mit einem Partner durchführen.

Variation: Abwechselnd wirft ein Teilnehmer zwei willkürliche Begriffe in den Raum, wie: Hund und Katze – Fernseher und Knetgummi – Andreas und Silke. Alle Mitspieler finden so schnell wie möglich mindestens fünf Gemeinsamkeiten heraus, die auf beide Begriffe zutreffen.

🔖 Klassische Synektik (5-7 Partner; 2-8 Std.; Karten, Stifte)

Die klassische Synektik (nach Gordon) nutzt intensiv die Analogietechnik – eine Methode, die Lösungen aus „problemfremden" Bereichen auf die eigene Aufgabenstellung überträgt. Beispiel: die Natur diente als Vorlage für Erfindungen wie: Fotolinse, Hubschrauber, Aerodynamik von Flugzeugen. Die Synektik kombiniert dabei verschiedene Elemente. In festgelegten Schritten entfernt sie sich zunächst vom Problem, um sich dann aus einer anderen Richtung, mit vollkommen neuen Gedanken, wieder anzunähern.

1. Das Problem wird benannt und analysiert; alle vorhandenen Informationen dazu werden gesammelt und strukturiert.
   Beispiel: Entwickeln Sie eine einbruchshemmende Wohnungstür.

2. Spontan werden erste naheliegende oder auch bereits vorgedachte **Lösungsvorschläge gesammelt** und visualisiert.
   Beispiel: mit Alarmanlage koppeln, Fallgitter, versenkte Schlösser.

3. Die **Aufgabenstellung wird verdichtet**, indem das Problem auf seine ursächliche Bedeutung hin eingeengt und neu formuliert wird.
   Beispiel: Wie machen wir aus einer Wohnungstür ein unüberwindbares Hindernis?

4. Die Gruppe *entfernt* sich vom Problem und bildet **direkte Analogien** zu dem Bereich der **Umwelt**, um das Problem zu verfremden: *Was in der Umwelt oder Natur bietet bereits Lösungen?* Alle Analogien werden auf Karten geschrieben und gesammelt; anschließend wählt die Gruppe die interessanteste Analogie für die Weiterentwicklung aus.
   *Beispiel: Stachelschwein, Kastanie, Bienenstock, **Dornenhecke**, Kaktus.*

5. In einer weiteren Problementfernung werden **persönliche Analogien** gebildet, um eine starke emotionale Identifikation mit der Analogie erreichen. Jeder Teilnehmer identifiziert sich persönlich mit der ausgewählten Analogie: *Wenn z.B. das Problem eine Dornenhecke wäre, wie würde ich mich als Dornenhecke fühlen? Was wäre mein Ziel?*
   *Beispiel: **Dornröschen behüten**, Beeren reifen lassen, Wege säumen.*

6. Nun werden die wichtigsten Gefühle der persönlichen Analogie in den Mittelpunkt gestellt und zu **symbolischen Analogien** verfremdet (Problementfernung); die Gruppe erfindet gemeinsam eine möglichst paradoxe Analogie, bestehend aus einem Adjektiv und einem Substantiv.
   *Beispiel: schläfriges Wachen, **saftiges Pieksen**.*

---

7. Um sich dem Problem wieder *anzunähern*, wird eine symbolische Analogie ausgewählt und dient als Ausgangs- und Verknüpfungspunkt, um dazu **direkte Analogien aus dem Bereich der Problemstellung** (z.B. Technik) zu finden; erneut entscheidet sich die Gruppe für die beste Analogie. *Beispiel: Kreissäge, Entsafter, Rasenmäher, Rasierapparat, Antenne, Airbag.*

8. Einige ausgewählte Analogien werden näher untersucht und wiederum mittels **persönlicher Identifikation und symbolischer Analogie** so beschrieben, daß sie auf die wesentlichen Funktionen reduziert und vereinfacht werden (Problemannäherung) – „Was ist das Wesentliche?"; *Beispiel: a) feine Sensoren b) blitzschnelle Signale c) schützt Leben d) verborgene Wirkung e) unsichtbares Design*

9. Nun werden alle **Begriffe und Funktionsprinzipien**, die am Ende des Verfremdungsprozesses (nach Schritt 8) vorliegen, unter Berücksichtigung der neu erhaltenen Strukturen auf das Anfangsproblem **übertragen** und neue Lösungsideen gesammelt.
   Beispiel: a) eingebaute Sensoren erkennen unbefugtes Hantieren und melden an die Polizei, gleichzeitig leuchtet ein Licht auf; eine automatische Sprechverbindung zur Polizei fragt nach Fehlalarm b) Tür sendet bei Einbruchsversuch einen feinen, aber sehr unangenehmen Ton aus, der Einbrecher vertreibt c) aus Düsen strömt ein unangenehmer Geruch d) bei unbefugten Schließversuchen blockieren die Schlösser e) die ganze Tür enthält Ornamente, von denen 2-4 verborgene Schlösser sind, die in der richtigen Reihenfolge betätigt werden müssen.

10. **Weiterentwicklung** der neuen Lösungsansätze.

Dabei steht die eigentliche Idee häufig erst am Ende eines Weges, der sich anfangs vom Problem entfernt und über eine schrittweise Verfremdung mit vielen synergistischen Elementen zu völlig neuen Einblicken in gewohnte Sachverhalte führt.

Variation: Um einem Team den Einstieg in die Synektik zu *erleichtern*, können die Schritte 3.-8. auch zusammengefaßt werden zu: **„Bildung von Analogien"**. Im nachfolgenden Schritt (9.) werden die Analogien dann analysiert und auf das Ursprungsproblem übertragen; verfremdete und vertraute Lösungsansätze werden *überprüft, kombiniert* und *weiterentwickelt*.

🖐 Visuelle Synektik (4-6 Partner; 60-90 Min; s. Anleitung)

Die Entfernung vom eigentlichen Problem – das zuvor genannt und visualisiert wird – geschieht hier über Bilder (nach Geschka/Schlicksupp). Den Teilnehmern werden unterschiedlichste Bilder vorgelegt, die dazu anregen sollen, die Bereiche der gewohnten Lösungsansätze zu verlassen und geistige Barrieren zu überwinden. Dazu wird jedes Bild einzeln gezeigt, von der Gruppe gemeinsam analysiert und durch eine Analogie beschrieben. Die so entstehenden Lösungsideen werden auf Karten geschrieben und auf Wandplakaten visualisiert. Anschließend erfolgt eine Übertragung der Lösungen auf das eigentliche Problem.

☼ Vier Eigenschaften (3-9 Partner; 10-20 Min.; Papier, Stifte)

Alle Mitspieler bereiten eine Vielzahl von Karten vor, auf denen jeweils eine Eigenschaft steht, wie: rund, stachelig, brillant, überkandidelt. Der Reihe nach zieht dann jeder vier Karten und soll mit Unterstützung der anderen etwas benennen – möglichst aus dem gleichen Raum –, auf das alle vier Eigenschaften zutreffen.

🖐 Synektische Konferenz (3-7 Partner; 1-2 Std.; s. Anleitung)

Die synektische Konferenz (nach Prince) vereinfacht den komplexen Ablauf der klassischen Synektik. Zu einem vorgegebenen Problem wird eine Brainstorming-Diskussion in Form eines freien Gesprächs durchgeführt, in dem möglichst viele *direkte Analogien* auf Karten geschrieben und gesammelt werden. Alle Ergebnisse werden zueinander in Beziehung gesetzt und assoziiert; so kann sich das Gruppenpotential frei entfalten und bietet neuen Lösungsideen eine Chance, zu reifen.

☼ Reise mit Hindernissen (3-7 Partner; 15-45 Min.; s. Anleitung)

Zu einem vorgegebenen Thema – einer Phantasiesituation mit Hindernissen, wie z.B.: Mount Everest mit Schneesturm, Italienbesuch mit Vulkanausbruch, Schiffahrt mit riesigen Wellenbergen – sammelt die Gruppe Ideen zur Bewältigung der Situation auf einem Wandplakat. In einem 2. Schritt können dann Analogien zu einer real existierenden Problemsituation gebildet werden.

🌀 NM-Methode (2-5 Partner; 50-90 Min; Karten, Stifte)

Bei dieser Technik (nach **M. N**akayama) sammeln die Teilnehmer zu einem komplexen oder ungenauen Problem möglichst viele Informationen, jeweils auf einer Karte. Alle Karten werden ausgelegt und zu Bereichen mit ähnlichem Informationsgehalt sortiert. Dann wird zu jedem Bereich ein Schlüsselwort als Oberbegriff gefunden und auch auf Karten geschrieben; zur besseren Strukturierung kann die Farbe der Karten von Stufe zu Stufe wechseln. Zu den Begriffen dieser „Informations-Karten" werden nun Analogien gebildet und auf Karten geschrieben. Diese Analogien werden ebenfalls gruppiert und jeder so entstandene Bereich wieder mit einer neuen Analogie beschrieben. Auf jeder Stufe werden die Analogien nun daraufhin untersucht, welche Lösungsansätze sie anregen können.

🌀 Nebenfeldintegration (3-7 Partner; 1-2 Std.; Karten, Stifte)

Um Lösungsansätze für ein vorgegebenes Problem zu konkretisieren, ist es sinnvoll zu untersuchen, wie sie sich für das *Problemumfeld* eignen und auf dieses auswirken und auch, wie sie selbst durch dessen Struktur beeinflußt werden. Alle Ideen werden nicht isoliert, sondern im Zusammenhang mit genau diesem Umfeld, in dem sie später wirken sollen, betrachtet; dazu werden zuerst die entsprechenden **Nebenfelder** bestimmt und auf ein Wandplakat geschrieben. *Aufgabenbeispiel: Entwicklung eines neuen Kleidungsstückes*; Nebenfelder – also Dinge, die in Wechselwirkung zu Kleidung stehen – sind: *Wetter, Möbel, Schuhe, ...*

Aus diesen Nebenfeldern werden etwa 5-15 Elemente ausgewählt, die danach in freier Assoziation in die Erarbeitung der Lösung miteinfließen; für jedes Element wird also hinterfragt, wie es sich auf die Gestaltung der Gesamtlösung auswirkt.

☀ Wie ist das (paarweise; 6-15 Min.)

Die Fähigkeit, sich in einen anderen Sachverhalt, eine Person oder gar in einen Gegenstand hineinversetzen zu können, läßt sich trainieren. Finden Sie sich partnerweise zusammen und führen Sie abwechselnd pantomimisch und wortlos vor, wie: ... Sie einen Mantel an-und ausziehen – ... Sie ein Mantel sind, der an- und ausgezogen wird; ... Sie eine Weinflasche öffnen – ... Sie eine Weinflasche sind, die geöffnet wird; ... Sie einen Apfel essen, eine Banane, eine Kokosnuß, Weintrauben, Paranüsse – ... Sie ein Stück Obst sind; ... Sie einen Toaster reparieren – ... Sie ein Toaster sind.

🦉 TILMAG-Methode (4-6 Partner; 1-3 Std.; Wandplakat, große Stifte)

TILMAG (nach Schlicksupp) ist die Abkürzung für: **T**ransformation **i**dealer **L**ösungselemente in **M**atrizen zur Bildung von **A**ssoziationen und **G**emeinsamkeiten. Ebenso wie die Synektik bedient sich TILMAG einer Verfremdung, indem die Merkmale und Ausprägungen problementfernter Begriffe auf das formulierte Problem übertragen werden. Hierbei geht sie jedoch durch den Einsatz von *Reizwörtern* statt Analogien deutlich rationaler vor.

1. Zuerst definieren alle Beteiligten das Problem und **formulieren eine idealtypische Lösung.**
   Aufgabenbeispiel: Verbesserung der Motivation von Mitarbeitern.

2. Anschließend findet eine Aufzählung aller hierzu notwendigen **idealtypischen Funktionen** und **wünschenswerten Elemente** statt.
   Beispiel für idealtypische Lösungselemente: Die MitarbeiterInnen sollen a) flexibel sein b) eigene Ideen einbringen c) Fachwissen mit allgemeinen Fähigkeiten verbinden d) Zugehörigkeitsgefühl entwickeln.

3. Die Funktionen und Elemente werden nach sinnvollen Kriterien geordnet und gruppiert; so erhält jede Gruppierung einen **Schlüsselbegriff.** Die Phasen 2 und 3 können auch zusammengelegt werden.
   Beispiel: Flexibel sein; Innovationslust; Generalisten; Team.

4. Nun entsteht eine **Assoziationsmatrix** (I.), die sich aus allen gefundenen Schlüsselbegriffen in der Waagerechten und in der Senkrechten zusammensetzt. Jeder wird mit jedem kombiniert und bildet auf diese Weise ein Begriffspaar, zu dem spontane Assoziationen gesammelt und notiert werden; die gestreiften Felder sperren Doppelnennungen.

TILMAG-Assoziationsmatrix (I.)			
ideale Lösungselemente	*flexibel sein*	*Innovationslust*	*Generalisten*
Innovationslust	WELTENBUMMLER	///////////	///////////
Generalisten	ALLESKLEBER	SPANNBRÜCKE	///////////
Team	REPORTAGE	ZIRKUS	WERKZEUGKISTE

5. Diese Assoziationen repräsentieren die Funktionen und Elemente und „verwandeln" sich zu **Reizwörtern** für die Lösungsfindung. In einer ersten Übertragung dieser Reizwörter auf das Problem können spontane Ideen gesammelt werden. *Beispiele*:

WELTENBUMMLER: *Einmal je Monat Berichte von externen Fortbildungen*
ALLESKLEBER: *Jeder arbeitet in wenigstens einer fachfremden Gruppe mit*
REPORTAGE: *Jeden Monat ein Zeitraum „Chefs dürfen interviewt werden"*
SPANNBRÜCKE: *Ein Brett „Innovation des Monats" überbrückt Abteilungen*

6. Zu allen Reizwortpaarungen werden systematisch Gemeinsamkeiten gesammelt und in einer **Gemeinsamkeitsmatrix (II.)** eingetragen:

TILMAG-Gemeinsamkeitsmatrix (II.)				
Reizwörter	*WELTENBUMMLER*	*ALLESKLEBER*	*REPORTAGE*	*SPANNBRÜCKE*
ALLESKLEBER				
REPORTAGE	**neugierig**			
SPANNBRÜCKE	**verbinden Menschen**	**zusammen-schweißen**		
WERKZEUGKISTE	**Allzweck-einsatz**	**Helfer in der Not**	**Gewußt wie**	

7. Die gefundenen strukturellen Gemeinsamkeiten können nun auf das ursprüngliche Problem übertragen werden und dienen als **Ideenpool** für weitere Lösungen. *Beispiel*:

neugierig: *Einmal im halben Jahr gibt es eine Ideenbörse, mit Prämierungen;*
verbinden Menschen: *abteilungsübergreifende Aktivitäten fördern;*
Allzweckeinsatz: *ein Schaubild aller MitarbeiterInnen wird ausgehängt, auf dem jeder seine Fähigkeiten eintragen kann, die anderen nutzen;*
zusammensschweißen: *eine Outdoor-Teamentwicklungsmaßnahme;*
Helfer in der Not: *Bonussystem für abteilungsübergreifende Hilfe;*
gewußt wie: *einmal je Woche ein runder Tisch für „Gewußt wie's".*

☼ Brennend kalt (paarweise; 6-15 Min.)

Finden Sie drei Vergleiche, um den folgenden Satz zu ergänzen:
„So schnell wie …" ; *Beispiel*: So schnell wie die Feuerwehr.
Im zweiten Schritt finden Sie nun wieder drei Vergleiche für diesen Satz, nur
daß diese jetzt das Gegenteil ausdrücken sollen; *Beispiel*: So schnell wie eine
Amtshandlung. Nun fordern Sie Ihren Partner heraus, indem Sie ihm fünf
Vorgaben machen, die er auf ungewöhnliche Weise vergleichen soll.

🐚 Meeresbrise (beliebig; 3-8 Min.; Stühle)

Machen Sie es sich auf Ihrem Stuhl für einen Moment so bequem wie möglich
und lehnen sich entspannt zurück. Und dann lassen Sie Ihren Atem einfach
fließen – wenn Sie möchten, mit geschlossenen Augen –, ruhig und gleichmäßig und tief. Und stellen sich vor, daß beim Einatmen die Luft wie eine
frische Meeresbrise hineinströmen kann und Sie belebt – und beim Ausatmen
wieder alles loslassen, was Sie jetzt noch abgeben möchten. Einatmen und
Ausatmen – wie der Wechsel von Wind und Stille.

🦁 Fünf-Jahreszeiten-Massage (5-11 Partner; 2-5 Min.)

Mit allen im Kreis zusammenkommen, Schulter an Schulter. Dann $1/4$ Körper-
drehung nach rechts, so daß jeder den Rücken seines rechten Nachbarn vor
sich hat. Dann mit dem *Sommer* beginnen, mit den flachen Händen wie ein
Sommerregen auf den Rücken klopfen – und mit dem *Herbst* fortfahren, wie
ein sanfter Herbststurm den Nacken des Partners kneten – und dann der
Winter, mit den Händen auf dem Rücken wärmend kreisen und reiben, wie
eine wärmende Schneedecke – und unter dem Schnee regt sich dann neues
Leben im *Frühling*, mit den Fingerspitzen den Rücken auf und ab wandern –
und, nein noch nicht Schluß, sondern die *5. Jahreszeit*, die närrische, mit einer
eigenen Bewegung den Partner einladen – denn jetzt kommt, nach einer
Drehung um 180°, die „Revanche", das ganze noch einmal andersherum –
und wer aufmerksam war, weiß jetzt auch, was der Partner sich besonders
wünscht und was diesem neuen Rücken vor einem jetzt gut tun kann. Zum
Schluß dann von dem Rücken verabschieden und bedanken.

Kreatives Bewegen

Ziel:
Kreative Bewegungsmöglichkeiten
entdecken, Spaß, Körperbewußtsein

Weitere Anwendungsmöglichkeiten:
Den eigenen Körper entdecken,
kreatives Potential wecken,
Flexibilität, Gehirnjogging

Problemlösung:
Verkopfte Muster auflösen

Umfang:
Aus aktuellem Anlaß – Aufführungen,
Teamvorhaben, Seminare –, wie auch
langfristig zur Steigerung der ganzheitlichen Kreativität einzusetzen

Material:
Vielfältig, s. Anleitung

*„Spiel ist wie eine Einladung,
die Wirklichkeit neu zu erfinden."* – Dag Hammarskjöld

Beschreibung:
Kreativität ist ein ganzheitlicher Wachstumsprozeß und: eine Einladung, die eigene
schöpferische Kraft auf wirklich allen Ebenen zu beleben und lustvoll zu genießen.
Bewegen, Gestalten, Singen, Tanzen, … – phantasievolle Erfahrungen nicht nur
mit dem Geist, sondern auch mit Körper und Seele selbst zu machen, kann
Menschen leichter an ungewöhnliche, kreativitätsfördernde Denkweisen heran-
führen und Neugier und Lust wecken, das eigene Potential ganzheitlich wie ein
Feuerwerk zum Sprühen zu bringen. Wann haben Sie das letztemal allen Ernstes
gespielt?

Aufgaben:

 Es werde Licht (30.) (3-10 Min.; Papier, Stifte)

In einem Haus gibt es im Erdgeschoß drei Lichtschalter (A, B, C), die für drei Lampen auf dem Speicher (1, 2, 3) zuständig sind. Da aber zum Speicher selbst keine Sichtverbindung existiert, stellt sich die Frage: Wie schaffen Sie es, mit nur einem einzigen Gang vom Erdgeschoß zum Speicher exakt festzustellen, welcher Schalter für welche Birne zuständig ist?

 Irrgarten (31.) (beliebig; 4-10 Min.; Papier, Stifte)

In diesem Irrgarten gibt es einen Eingang und einen Ausgang. Ihre Aufgabe: Sie sollen einen Weg vom Eingang zum Ausgang finden, wobei Sie jedes Feld nur einmal (!) betreten dürfen und auch nur über eine gerade Seite (also nicht durch die Ecken). Nur das Eingangsfeld darf öfters betreten werden. Dabei müssen Sie auf jeden Fall alle Felder benutzen. Wer findet die Lösung am schnellsten?

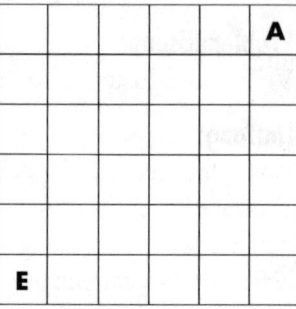

 Seltsamer Gruß (Gruppe; 4-8 Min.)

Die ganze Gruppe bewegt sich frei im Raum umher. Begegnen sich zwei Mitspieler, dann begrüßen sie sich, aber: ohne Einsatz von Stimme oder Händen.

 Berührungspunkte (paarweise; 8-15 Min.; Musik)

Paarweise bewegen sich alle Mitspieler zur Musik frei durch den Raum, tanzend, gehend, schwingend und: sich an den Händen berührend. Bei jedem Stop oder Wechsel der Musik den Partner tauschen; gleichzeitig wird ein neuer Berührungspunkt angegeben, den die Paare dann bis zum nächsten Wechsel durchhalten. Diese Aufgabe läßt sich auch steigern, indem sich beim ersten Musikstop aus den Paaren Vierergruppen bilden, beim zweiten dann Achtergruppen usw..

☀ **Wasser-Land-Luft** (3-9 Partner; 20-45 Min.; Papier, Stifte, evtl. Requisiten)

Jeder Teilnehmer soll den anderen einen Einblick in sein Leben geben und zwar in drei Bereiche: etwas von seinen *Hobbys*, aus dem *Arbeitsbereich* und etwas *Privates*. Dazu wählt er für jeden Bereich ein anderes „Element" aus, mit dessen Hilfe er sich vorstellt: einen Bereich durch Malen, einen zweiten durch Sprechen und den dritten durch Spielen.

☀ **Guiness Book** (3-15 Partner; 5-15 Min.)

A macht eine Bewegung vor, die B nachmacht und um eine eigene ergänzt. Diese beiden Bewegungen macht nun A seinerseits nach und fügt gleichzeitig eine dritte hinzu. Wie viele Bewegungen können Sie gleichzeitig ausführen?

☀ **Kreativität praktisch** (einzeln; 3-15 Min.)

Nehmen Sie eine Aktivität, die Sie täglich machen, wie etwa zähneputzen, telefonieren, Zeitung lesen, … . Was wäre, wenn sich diese Tätigkeit kreativer gestalten ließe? Entwickeln Sie hierzu eine originelle Methode und legen Sie los.

☀ **Körpersätze** (6-19 Partner; 10-20 Min.; Karten, Papier, Stifte)

Jeder Mitspieler zieht eine vorbereitete Karte, auf der Wortcharaktere stehen, wie: Subjekt, Objekt, Verb, Adjektiv, Adverb, usw.; wenn Ihnen die einzelnen Bedeutungen nicht mehr so recht von der Hand gehen: fragen Sie einfach einmal Ihre Kinder dazu. Nun wählt jeder für sich ein beliebiges, entsprechendes Wort aus und schreibt es auf einen Zettel. Nachdem alle „ihr" Wort haben, werden die Wörter laut genannt und so schnell wie möglich baut die ganze Gruppe daraus einen Satz, mit ihren Körpern! Alle reihen sich in einer sinnvollen, originellen, verrückten, … Weise aneinander und halten Körperkontakt zueinander.

☼ Unbekannte Erfindungen (3-15 Partner; 10-25 Min.)

Zwei Teilnehmer bilden zusammen ein Paar, jeweils ein Erfinder und seine Maschine. Die Maschine beginnt, beliebige, rhythmische Körperbewegungen und dazugehörende Geräusche zu machen. Währenddessen überlegt der Erfinder für sich im Stillen, um was für eine phantastische Maschine es sich hierbei eigentlich handeln könnte, um sie dann auf einer Messe vorstellen zu können. Sind alle Paare soweit, kann die Messe schließlich eröffnet werden. Von Stand zu Stand (Paar zu Paar) werden die staunenden Teilnehmer herumgeführt und bewundern die Erfinder, die ihre genialen aktiven Produkte jeweils wort- und ideenreich vorstellen und anpreisen – natürlich *ohne* sich mit „der Maschine" vorher abgesprochen zu haben. Die Maschinen können die freien Interpretationen ihrer Erfinder genießen.

☼ Maschineninspektion (3-9 Partner; 5-20 Min.; Klebepunkte)

Während zwei Gruppenmitglieder vor der Tür warten, stellt die ganze Gruppe eine phantastische Maschine dar, mit allen dazugehörenden Bewegungen, Teilbewegungen und Geräuschen. Die beiden „Inspektoren" kommen auf ein Zeichen herein und machen sich nun auf die Suche nach den Ausschaltknöpfen – oder bei einer stillstehenden Maschine auch nach den Anschaltknöpfen. Diese Knöpfe hat die Gruppe vorher festgelegt und ganz bestimmten Teilbewegungen oder -geräuschen zugeordnet. Bei jüngeren Gruppenmitgliedern können die Knöpfe auch durch an der Kleidung aufgeklebte Klebepunkte markiert sein.

☼ Industriezeitalter (3-15 Partner; 5-15 Min.; evtl. Musik)

Alle Mitspieler sind Teile einer großen Maschine – beispielsweise: ein Auto, eine Brotbackmaschine, ein Lächelautomat – und müssen zusammenarbeiten, damit die Maschine funktioniert.

Ein Spieler beginnt, indem er sich wie ein Teil einer Maschine rhythmisch auf der Stelle bewegt und dazu auch noch passende Geräusche ausstößt. Andere Mitspieler kommen hinzu und ergänzen eigene Bewegungen und Geräusche, bis sich alle zu einer großen Maschine vereinigt haben, die sich rhythmisch und synchron bewegt. Lassen Sie sich von einer Musik inspirieren, gemeinsam Bewegungen zu kreieren und zu variieren.

☼ Maschinen sind menschlich (3-5 Partner; 5-15 Min.)

In einer Kleingruppe von 4-6 Teilnehmern beginnt ein Mitspieler, indem er aus den anderen eine menschliche Maschine baut. Aus dieser Verbindung von Körpern, Körperteilen und Berührungen ergeben sich dann auf einen Knopfdruck hin Bewegungen, Geräusche, Veränderungen und viele andere rhythmische Variationen.

☼ Park der Fabelwesen (3-4 Partner; 20-30 Min.)

4-5 Mitspieler finden sich zu einer Kleingruppe zusammen und entscheiden sich für ein Fabelwesen, ein Phantasietier, ein Wesen von einem anderen Stern, … . Dann bilden alle gemeinsam dieses Wesen aus ihren Körpern; haben alle ihre neue Wesensart gefunden, können sie sich gemeinsam bewegen, spielen, voneinander lernen, … . Ein anschließender Rundgang durch den Park, bei dem alle Tiere mit ihren ganz speziellen Eigenschaften vorgestellt und bestaunt werden, kann neugierig machen.

☼ Möbelunikat (1 Partner; 10-20 Min.; weicher Boden, Musik)

Ein Partner liegt auf dem Boden und bildet das „Rohmaterial" für ein absolut einmaliges Möbelstück, ein Unikat. Dieses beginnt der andere nun sanft nach seinen Vorstellungen zu formen, zu verändern und zu gestalten – immer unter Berücksichtigung funktionaler Gesichtspunkte (auch für den Darsteller selbst!!!). Dann werden alle Unikate vorgestellt und in ihrer Art und Funktion und Einmaligkeit beschrieben. Danach gibt's einen Rollenwechsel.

☼ Buddha (paarweise; 10-20 Min.; Stühle)

Alle Mitspieler stehen oder sitzen so im Raum, daß sich jeweils ein Partner vorne, der andere nah dahinter befindet. Nun entwickeln alle Paare zusammen eine vorgewählte oder freie Szene oder ein Rollenspiel. Die Vorderleute sind dabei jeweils für die Sprache zuständig; die Hinteren führen ihre Arme unter den Achseln der Vorderen so hindurch, daß Sie die Gesten der Handlung übernehmen – oder: sich von jeglichem Ablauf freimachen und ein Eigenleben entwickeln, wie z.B.: dem Vorderen die Stirn mit einem Taschentuch abtupfen, die Brille putzen, einen Vogel zeigen, … .

☼ Was soll's (3-9 Partner; 6-15 Min.)

Die ganze Gruppe wird geteilt. Jede Kleingruppe denkt sich eine witzige Handlung aus, die sie dann den anderen wortlos und bewegungsreich vorführt, wie z.B.: das Fallenlassen einer Rolle Klopapier und anschließende Wiederaufwickeln, einen im Zimmer entflogenen Wellensittich wieder einfangen, eine aufgehende Sonnenblume.

☼ Paßt das zusammen (5-15 Partner; 10-20 Min.; vorbereitete Karten)

Jeder Mitspieler zieht eine der vorbereiteten Karten, auf denen jeweils eine Eigenschaft steht, wie z.B.: überschäumend, ordentlich, nonchalant. Dann bewegen sich alle frei durch den Raum; auf die beliebige Frage eines Teilnehmer – wie z.B.: „Wie würdest Du ... ein rohes Ei kochen – ... morgens aufstehen – ... Deinen besten Freund begrüßen?" – führt jeder diese Tätigkeit pantomimisch durch, seiner Eigenschaft entsprechend. Danach wechseln alle ihre Karten aus und setzen ihre Wanderung fort.

☼ Oha (6-20 Partner; 18-45 Min.)

3-4 Mitspieler bilden jeweils eine Kleingruppe, die sich ein Sprichwort, eine Märchenszene oder einen Liedanfang ausdenkt, wie z.B.: Neue Besen kehren gut, Rotkäppchen und der Wolf, am Brunnen vor dem Tore. Jede Gruppe stellt ihren gesuchten Satz pantomimisch dar, während die übrigen Mitspieler raten dürfen.

☼ Redewendungen (3-9 Partner; 6-15 Min.; vorbereitete Karten)

Jeder Mitspieler zieht eine der vorbereiteten Karten und setzt die hierauf beschriebene Redewendung spontan pantomimisch und wortlos um; *Beispiele*: das stinkt mir; Schwein haben; Holzauge sei wachsam; ... .

☼ Dinos dressieren (3-12 Partner; 8-30 Min.; Karten, Stifte)

Jeder Mitspieler schreibt auf eine Karte eine originelle Handlung. Alle Karten werden eingesammelt und jeder zieht eine fremde. Die darauf enthaltene Situation soll pantomimisch und aktionsreich umgesetzt werden, wie z.B.: einen Dinosaurier als Lasttier dressieren • von King Kong entführt werden und sich aus seinen Armen befreien • den Weltrekord im Dreisprung brechen • einen versunkenen Schatz im Korallenriff heben • ... .

☀ **Wortschätze** (paarweise; 8-20 Min.; Papier, Stifte)

Erfinden Sie gemeinsam mit einem Partner neue Begriffe, wie etwa: Tulpendrucker, Fernsehgelee, Balonpuder und dokumentieren Sie Ihre Wortkreationen, indem Sie sie mit Sinn und Inhalt füllen, zeichnen, pantomimisch darstellen, … . Lassen Sie anschließend die Gruppe an Ihrem Wortschatz teilhaben.

☀ **Taubes Verständnis** (paarweise; 10-15 Min.; Musik)

Jeweils zwei Mitspieler finden sich als Paar zusammen; einer von beiden hält sich so die Ohren zu, daß er nichts mehr hören kann. Der andere soll nun seinem „tauben" Partner ein Musikstück, das währenddessen eingespielt wird, nur durch seine Bewegung, Gestik und Mimik so übersetzen, daß der Taube einen sinnlichen Zugang zur Musik bekommt.

☀ **Massenhaft Grimassen** (3-8 Partner; 5-15 Min.)

Ein Spieler beginnt, indem er spontan eine Grimasse zieht und diese dann mit einer Handbewegung von oben nach unten von seinem Gesicht abstreift. Dann zeigt er auf einen Mitspieler, der als nächster an der Reihe ist.

☀ **Nachtlichter** (beliebig; 10-25 Min.; s. Anleitung)

Des Nachts erwachen die Geister der Phantasie. In einem abgedunkelten Raum kann sie jeder Mitspieler mit Hilfe einer Taschenlampe erwecken, mit der er Phantasiewesen, Bilder oder Nachrichten an eine Wand, die Decke oder den Fußboden malt. Noch spannender wird es, wenn Kleingruppen etwas Gemeinsames kreieren oder sogar raten sollen, was die andere Gruppe gerade für „Nachtlichter" entwirft. Buntes Transparentpapier verleiht dem Ganzen eine sphärische Stimmung.

☼ **Verrückte Szenen** (3-7 Partner; 30-60 Min.; s. Anleitung)

Ein Fundus an Requisiten wird im ganzen Raum oder in mehreren Räumen verteilt. Jede Gruppe schreibt 2-3 Szenenvorschläge auf verschiedene Zettel, die gesammelt und ausgelost werden. Nun hat jede Kleingruppe 20 Minuten Zeit, sich auf ihre Darstellung vor der ganzen Gruppe vorzubereiten. *Beispiele*: Cassius Clay boxt gegen Mickeymouse • ein Ausflug in den Zoo der Streichholzschachteln • Meuterei auf der Bounty, ...

☼ **Stegreif** (3-9 Partner; 10-30 Min.; s. Anleitung)

In der Mitte des Raums liegen verschiedene Gegenstände, die jeweils mit einer Nummer versehen sind. Jeder Mitspieler zieht eine Nummer und improvisiert dann mit dem betreffenden Gegenstand eine Szene aus dem Stegreif.

☼ **Amazonien** (3-4 Partner; 45-90 Min.; s. Anleitung)

Jede Kleingruppe bekommt etwa 30 Minuten Zeit, sich auf eine Reise in ein Phantasieland – wie etwa Amazonien, Fantasien, Atlantis, Marskolonie, 20.000 Meilen unter dem Ozean, Alices Wunderland, Gullivers Reisen – vorzubereiten und dieses Land anschließend den anderen vorzustellen. Die Vorstellung kann völlig frei gestaltet werden, z.B. in Form von Pantomime, Bühnendarstellung mit Materialeinsatz, Fernseh-Dokumentarberichterstattung, Einladungen zum Mitreisen, ... Für manche Gelegenheiten kann es hilfreich sein, vorher eine Reihe von Reisevorbereitungen auf Papier vorzubereiten und die Kleingruppen auswählen zu lassen.

☼ **Waldgeister** (3-4 Partner; 60-90 Min.; Naturmaterialien, Karten)

Jede Kleingruppe bewegt sich etwa 30 Minuten durch die Natur und sammelt dabei Naturgegenstände ein und zwar zwei Gegenstände je Teilnehmer. Zuhause angekommen zieht jede Gruppe eine vorbereitete Karte, auf der das Thema für eine Geschichte steht; eine Geschichte, die etwas mit Waldgeistern zu tun hat, wie Zauberer, Elfen, verwunschene Waldbewohner und andere phantastische Gestalten. Diese Geschichte erzählt jede Kleingruppe nun spontan in der großen Runde. Hierzu beginnt einer und nutzt für seine Erzählung einen der gesammelten Gegenstände, der Zweite setzt die Geschichte fort und baut den zweiten Gegenstand mit ein; dies geht solange, bis jeder aus der Kleingruppe zweimal an der Reihe war und die Geschichte ein Ende findet.

☀ **Schattenspiel** (1-7 Partner; 20-120 Min.; Schattenbühne, Musik, Requisiten)

Um eine Schattenbühne herzustellen, bespannen Sie beispielsweise einen Türrahmen oder eine größere Öffnung mit einem Bettlaken und leuchten die gesamte Spielfläche mit einer starken Lichtquelle in einem Abstand von 2-3 Metern hinter dem Laken aus; wenn Sie nun noch für Musik und eine gut gefüllte Requisitenkiste sorgen, kann Ihr Schattenspiel beginnen.

Das Spiel selbst lebt von den Umrißformen angedeuteter Haltungen und langsam und wortlos ausgeführter Bewegungen. Wählen Sie sich als Vorlage unerklärliche, reizvolle und phantastische Momente voller Magie, wie: ein Marktplatz, eine Zirkusvorstellung, ein sechsarmiger Buddha, Alice im Wunderland, die Herstellung einer verzauberten Skulptur, Gullivers Reisen, im Reich der lebenden Kartons, Schattenboxen, nachts auf der Parkbank, ...

☀ **Magisches Auge** (1-3 Partner; 10-20 Min.; s. Anleitung, Musik)

Schneiden Sie in ein großes schwarzes Kartonblatt (aus dem Zeichenbedarfshandel) ein Loch von etwa ein Meter Durchmesser. Zur Musik bewegen nun zwei, drei oder vier Mitspieler farbige Gegenstände – wie Tücher, Stoffe, Karten, bespannte Hoola-Hoop-Reifen und anderes – hinter diesem Loch. So entsteht, wie bei einem Kaleidoskop, der Eindruck eines magischen Auges. Aus anfänglich vielleicht abgesprochenen Bewegungen können so ganze Choreographien und Improvisationen entstehen.

☀ **Flimmerkiste** (3-7 Partner; 30-60 Min.; s. Anleitung)

Aus Pappe oder anderen Materialien wird ein überdimensionaler Fernsehschirm gebastelt, der nun den Rahmen für verschiedene Szenen und Darstellungsmöglichkeiten ergibt. Dann teilt sich die ganze Gruppe in Kleingruppen auf, die jede für sich ein bestimmtes Thema bearbeiten, um es hinterher den anderen phantasievoll vorzustellen. *Beispiele*: spontane Kurzszenen, Werbung, Nachrichten, Quizshows, Interviews, ...

Ausgehend von den ersten Ideen kann die Gruppe schließlich auch ein ganzes Programm entwickeln und zur Aufführung bringen.

☼ Sangeskette (5-9 Partner; 6-12 Min.)

Die ganze Gruppe singt gemeinsam ein Lied. Mittendrin plötzlich wird auf ein Zeichen eines Mitspielers plötzlich aufgehört. Der Buchstabe, mit dem das Liede beendet wurde, soll der Anfangsbuchstabe des nächsten Liedes werden. Dieses Spiel läßt sich auch gut in mehreren Kleingruppen parallel initiieren.

☼ Tierpaare (3-15 Partner; 10-20 Min.; vorbereitete Zettel, Musik)

Jedes Gruppenmitglied zieht einen vorbereiteten Zettel mit einem Tiernamen, wobei jeder Name insgesamt zweimal vorkommt. Bei Musikbeginn bewegen sich alle frei durch den Raum und tauschen dabei laufend ihre Zettel aus. Stoppt die Musik, schaut jeder auf seinem letzten Zettel nach, welches Tier er nun ist. So schnell wie möglich sollen sich nun die entsprechenden Tierpaare zusammenfinden, indem jeder die Stimme „seines" Tieres nachahmt.

☼ Markenschnürsenkel (5-15 Partner; 10-15 Min.)

Während einige Mitspieler vor der Tür warten, überlegt sich die Gruppe im Raum ein mehrsilbiges Wort – wie z.B.: *Mar-ken-schnür-sen-kel* – und teilt jede Silbe einer Kleingruppe zu. Wenn die Spieler wieder den Raum betreten, rufen die Kleingruppen alle gleichzeitig ihre Silben. Die Spieler sollen nun durch Umhergehen, Zuhören und sich Absprechen die vollständigen Worte heraushören und erkennen.

☼ Kauderwelsch (beliebig; 3-15 Min.)

Eine lustige Übung, die verborgene Gedanken freiläßt und ungeahnte Energien weckt. Wählen Sie einen Platz, an dem Sie ungestört sind – im Raum, im Wald oder im Park – und während Sie gehen, stehen, sitzen oder liegen, legen Sie los. Legen Sie los, indem Sie Ihren inneren Redefluß nach außen treten lassen: reden Sie Sprüche, Zitate, Wörter, Wortfetzen, Silben, Kettensätze in anglo-kisuaheli-polnisch, in chinesisch mit holsteiner Akzent, hochtrabendes oder sinnloses Kauderwelsch – und dabei betont tief atmen. Lassen Sie all das raus, was Ihnen aus dem Munde rutschen will, laut oder leise, sanft oder drohend, überzeugend und beredt wie ein Teppichhändler auf dem Bazar. Geben Sie Ihren tiefsten Gedanken und Geräuschen die Gelegenheit, das Licht der Sonne zu erblicken.

☀ **Gegendruck** (paarweise; 6–15 Min.; Luftballons)

Bewegen Sie sich mit einem Partner zusammen frei zur Musik, wobei Sie zwischen sich einen Luftballon einklemmen; Sie können ihn mit vorher festgelegten Körperteilen durch „Gegendruck" halten, ohne die Hände zuhilfe zu nehmen. Gelingt es Ihnen auch, sich mit dem eingeklemmten Luftballon – während der Bewegung – zusätzlich um die eigene Achse zu drehen, um den Ballon als Mittelpunkt?

☀ **Schwertransport** (2–4 Partner; 6–15 Min.; Luftballons)

Eine Kleingruppe transportiert gemeinsam mindestens zwei, möglichst mehr Luftballons auf einmal frei durch den Raum, indem alle ständig miteinander Kontakt halten. Dabei sollen die Ballons auf beliebigen Körperteilen ständig frei aufliegen, ohne die Hände zuhilfe zu nehmen und ohne zwischen Körperteilen eingeklemmt zu sein.

☀ **Popcornmaschine** (3–5 Partner; 5–12 Min.; Luftballons)

Jede Kleingruppe steht in einem kleinen Kreis ganz nah beieinander und hat die Arme über die Schultern gelegt. Nun sollen 4–6 Luftballons, die sich in der Kreismitte befinden, ohne Hilfe der Arme oder Hände nach oben gebracht und wie Popcorn „ausgespuckt" werden.

🐘 **Elefantenrüssel** (einzeln; 3–6 Min.)

Im aufrechten Stand mit leicht gebeugten Knien ein Bein um das andere wringen. Zugleich mit einer Hand an die Nase fassen und den anderen Arm durch das entstandene „Armloch" hindurchführen. Nun mit dem langen Arm den eigenen Namen schreiben; nach dem Vornamen die Beine wechseln. Wer's kann, mit geschlossenen Augen.

Kreatives Gestalten

Ziel:
Kreative Gestaltungsmöglichkeiten entdecken, Spaß, gestalterischen Ausdruck freisetzen

Weitere Anwendungsmöglichkeiten:
Das Prozeßumfeld kreativ gestalten, kreative Geschenke herstellen

Problemlösung:
Brachliegende Fähigkeiten entdecken

Umfang:
Aus aktuellem Anlaß – Feste, Seminare –, wie auch langfristig zur Unterstützung von Aktivitäten oder Steigerung der ganzheitlichen Kreativität einzusetzen

Material:
Vielfältig, s. Anleitung

„Die Ordnung ist die Lust der Vernunft,
aber die Unordnung ist die Wonne der Phantasie." – Paul Claudel

Beschreibung:
„Das würde ich auch gerne können" sagen manche Menschen angesichts handwerklicher Erzeugnisse. Was hindert uns eigentlich daran, unseren Bedürfnissen nachzugehen und wieder selbst Hand an ein kreatives Geschenk zu legen, so wie wir es als Kind getan haben? Oft ist es nur der eigene Perfektionismus, das Vergleichen der Ergebnisse mit anderen – Eigenschaften, die Kinder mangels Erfahrung ersetzen durch Selbstverständlichkeit, Leichtigkeit und Lust. Sie tun es einfach und erfreuen sich an dem Ergebnis, an dem, was Sie erschaffen. Lassen Sie Ihrer gestalterischen Kreativität Freiraum und entdecken Sie Ihr kreatives Potential auf eine ganz neue Art – indem Sie Veranstaltungen gestalten, Ideen-Workshops ganzheitlich bereichern oder individuelle Geschenke liebevoll kreieren. In welchen Bereichen können Sie Ihre Lust am Gestalten wieder neu entdecken?

Aufgaben:

 Beweis (32.) (einzeln; 3-8 Min.; Streichhölzer)

Beweisen Sie mit Hilfe von 4 Streichhölzern, daß die Hälfte von 12 nicht unbedingt 6 sein muß, sondern auch 7 sein kann.

☀ **Wunderliche Wesen** (3-15 Partner; 30-60 Min.; s. Anleitung)

Der ganzen Gruppe steht in der Mitte des Raums eine Fülle von Materialien – Krimskrams, Naturmaterialien oder „Überflüssiges" – zur Verfügung. Jeder Mitspieler hat nun Zeit, sich mit Hilfe der „Requisiten" in ein wunderliches Wesen, wie z.B. eine Vogelscheuche, zu verwandeln. Bevor nun alle Wesen eine gemeinsame spontane und kreative Aufführung gestalten, wird jeder mit einem gewählten Phantasienamen getauft.

☀ **Zaubervogel** (1-3 Partner; 20-45 Min.; s. Anleitung)

Gestalten Sie zu zweit mit bereitgestellten Bastelmaterialien ein vorgegebenes Thema, z.B.: einen Paradiesvogel. Bereits bei der Materialauswahl kann sich Ihre Phantasie voll entfalten, wie etwa: Papier und Buntpapier, Klebstoff, Farbstifte, Bindfaden, Luftballons, kleine Schachteln, Holzstäbchen usw..

☀ **Bomb surprise** (3-15 Partner; 20-60 Min.; ganz viel Material!)

Bei diesem Spiel gibt es keine Vorgaben, sondern nur phantastische Ergebnisse! Jeder Teilnehmer gestaltet ein kreatives und einmaliges Geschenk für eine Person seiner Wahl, wie: Freund, Lebenspartner, Gruppenmitglied. Dabei dürfen alle bereitgestellten Materialien genutzt werden.

☀ **Gold und Silber** (3-15 Partner; 1-3 Std.; s. Anleitung)

Bereiten Sie in Ihrer Gruppe eine Materialsammlung vor, die für alle in der Mitte des Raumes ausliegt. Sie benötigen hierfür *Gold- und Silberfolie*, Holzstäbchen (Schaschlikspieße), Klebeband und Scheren. Aus der Folie schneiden Sie viele runde, größere und kleinere Stücke aus. Jeder Mitspieler kann nun mit diesen Plättchen eine Figur legen und befestigt dann mit Hilfe des Klebebandes ein Holzstäbchen, so daß seine Figur zusammenhält. Anschließend können alle Figuren in einen Blumentopf oder in ein Stück Styropor gesteckt werden und die Phantasie der Mitspieler beflügeln.

☀ **Inthronisation** (3-7 Partner; 20-30 Min.; Stühle, s. Anleitung)

Erheben Sie einmal einen *Stuhl* mit Hilfe von Stoffresten, Kreppapier, Alufolien, Styropor, Plastik-/Mülltüten, Schnur zu einem kunstvollen Thron.

☀ **Schnelle Stühle** (1-2 Partner; 10-30 Min.; s. Anleitung)

Hier können alle Mitspieler einzeln oder in Paaren in einen kreativen Wettstreit eintreten: Wer kann am schnellsten einen *Stuhl* mit Hilfe von Kleidungsstücken, Papier, Pappe, Stiften und Klebeband in eine Gestalt verwandeln?

☀ **Tiere aus Heu** (3-15 Partner; 20-50 Min.; s. Anleitung)

Haben Sie schon einmal daran gedacht, Tiere – oder andere Dinge, die Ihnen gefallen – aus *Heu* herzustellen. Hierfür brauchen Sie nur ein paar Büschel Heu, etwas Schnur oder Draht, ein paar Stücke Stoff oder Leder und einige bunte Nadeln und schon können Sie Ihrer Phantasie freien Lauf lassen.

☀ **Pappwelt** (3-15 Partner; 20-50 Min.; s. Anleitung)

Suchen Sie einmal alle *Kartons* zusammen, die Sie finden – und entbehren – können und stellen sie in die Mitte des Raumes, dazu noch Farb- oder Filzstifte, Klebstoff und Schere. Dann legen Sie mit einer Gruppe los, ohne Absicht und vorgegebenes Thema und designen Ihre eigene Pappwelt.

☀ **Künstlermaske** (5-9 Partner; 8-20 Min.; s. Anleitung)

Jeder Mitspieler befestigt sich mit Hilfe eines Gummibandes ein *Kartonblatt* vor dem Gesicht. Auf dieser „Maske" fertigt nun jeder Künstler ein beliebiges Portrait eines Gesichtes, das er hinterher der Gruppe vorstellt.

☀ **Papiermasken** (3-9 Partner; 35-90 Min.; s. Anleitung)

Jeder Mitspieler hat eine Papiertüte, die von der Größe her über seinen Kopf paßt. Diese Tüte dient nun als Ausgangsmaterial für eine künstlerische Verfremdung, sie kann bemalt, beklebt, beschnitten und für ein bestimmtes Thema ausstaffiert werden, wie z.B.: Urwaldtiere, Marsmenschen, Zoobesuch, Geisterbahn. Anschließend kann mit allen Masken zusammen eine Geschichte erfunden und gespielt werden.

☼ **Zeitungscollagen** (3-7 Partner; 30-45 Min.; s. Anleitung)

Eine Gruppencollage erstellen heißt, den Gedanken völlig freien Lauf lassen und sich zugleich mit der Gruppe inhaltlich abstimmen. Schneiden Sie aus den mitgebrachten *Zeitungen* aus, was immer Ihnen gefällt und fügen Sie es mit Stiften, Klebern und anderen Artikeln zu einem neuen Arrangement zusammen; mit Zeitungsartikeln, -bildern, Werbeausschnitten oder Comic-Abbildungen läßt sich eine solche Aufgabe gut gestalten. Anschließend können Sie dieser Collage einen Titel geben und eine Story dazu erfinden.

Variation:
- Stellen Sie zu einem Thema eine Pro- und eine Contra-Collage her und vergleichen Sie hinterher Wirkung und Aussagekraft Ihrer beiden Produkte.
- Schneiden Sie aus einem Zeitungsblatt eine möglichst lange und ausgefallene Spirale.

☼ **Bilder-Puzzle** (2-7 Partner; 30-60 Min.; s. Anleitung)

Schneiden Sie Bilder und Bildelemente aus *Zeitungen* und *Zeitschriften* aus und gestalten Sie mit diesen Schnipseln und Klebstoff auf einem Blatt Papier ein neues Bild; vielleicht eine Parklandschaft, eine Figur oder etwas ganz anderes. Auch mit Text- und Buchstabenausschnitten lassen sich kreative Collagen und Bilder-Puzzle herstellen.

Wenn Sie weitere Elemente, wie z.B. Stoff, Papier, Knöpfe oder Naturmaterialien, wie Rinde hinzufügen, gewinnt Ihr Werk an Dimension.

☼ **Gib Stoff** (3-7 Partner; 45-60 Min.; Stoff, Karton, Schere, Kleber)

Eine völlig neue Art, ein Thema zu gestalten, besteht darin, gemeinsam aus vielfältigen alten *Stoffresten* eine phantastische Collage anzufertigen.

Variation: Eine noch ausgefallenere Stimmung kann man erzielen, wenn man aus einem vorhandenen Material, etwa einer Packpapierrolle, Stücke herausschneidet oder –reißt und die entstandenen Freiräume mit anderem Papier oder Stoff unterlegt und verbindet.

☼ **Tablettobjekte** (1-5 Partner; 20-60 Min.; s. Anleitung)

Als Material für dieses Spiel benötigen Sie Papier, Farbstifte, Schere und Klebstoff – und kleine *Kuchentabletts aus Pappe*. Jeder Mitspieler bekommt ein Kuchentablett und kann nun seiner gestalterischen Ader freien Lauf lassen.

☀ **Grußkarten** (3-7 Partner; 20-40 Min.; festes Papier oder Karton, Stifte)

Eine originelle Grußkarte ist ein ideales Betätigungsfeld für kreatives Gestalten. Grundsätzlich gelangen Sie in drei Schritten dahin:

- Zuerst legen Sie die Art der Karte selbst fest (z.B. besondere Faltung, Collagen, Schnittechniken wie Scherenschnitte),
- danach entscheiden Sie über die Ausgestaltung (z.B. bemalen, mit Laubdrucken versehen, Stempeln, Schablonendrucke),
- und ganz zum Schluß entwickeln Sie dann die Textaussage, mit der Sie den oder die Empfänger überraschen wollen.

Schablonendrucke können Sie übrigens leicht selbst herstellen: Schneiden Sie aus einem festen Papier ein Motiv aus und legen es auf eine Karte; dann übermalen Sie entweder den entstandenen freien Innenraum der Schablone (Positivtechnik) oder malen um ausgeschnittene Formen herum (Negativtechnik). Mit etwas Übung erzielen Sie verblüffende Wirkungen.

Auf diese Weise können Sie auch stimmungsvolle Urkunden selbst kreieren.

☀ **Stempeln** (3-7 Partner; 20-40 Min.; Kleinmaterial, Holzstücke)

Ein Natur-Stempel verleiht jeder Urkunde oder Grußkarte erst die vollendete Note. Auf einem kleinen, etwa 5x5 cm großen und 2-4 cm dicken Holzblock lassen sich viele Dinge befestigen, wie etwa: Münzen, gebogene Büroklammern, Knöpfe, eine kunstvoll gelegte Schnur oder Kordel, Streichholzformen oder ähnliches. Wenn Sie kein Stempelkissen zur Hand haben, geht's auch anders: Kleben Sie ein Stück Filzstoff in einen Deckel (z.B. den Schraubdeckel eines alten Kaffeeglases) und tränken Sie ihn mit Farbe.

☀ **Faltscherenschnitte** (1-15 Partner; 20-60 Min.; s. Anleitung)

Ein Faltscherenschnitt ist eine einfache, aber sehr wirkungsvolle Bastelei. Falten Sie dazu einen Streifen *Buntpapier* oder *Verlaufspapier* zu einer Harmonika und zeichnen Sie darauf vor, was Sie ausschneiden wollen – so, daß sich die einzelnen Figuren immer wenigstens an einer Stelle berühren, wie z.B. Personen, Bäume, ... Wenn Sie die Figuren dann ausschneiden und Ihr Werk auseinanderfalten, ist ein bunter Reigen von miteinander verbundenen Gedanken entstanden.

☀ Mosaik-Spiegeleien (1-7 Partner; 1-3 Std.; s. Anleitung)

Gewöhnliche Alltagsgegenstände lassen sich mit *Spiegelplättchen* in attraktive Schmuckstücke verzaubern. Solche „Spiegeleien" bieten sich für Schachteln, Dosen, aus Holz ausgeschnittene Figuren, Styroporformen, Tabletts und viele weitere Dinge an. Alles was Sie hierzu brauchen, sind Spiegelplättchen in verschiedenen Größen und Formen aus dem Bastelbedarfshandel, doppelseitiges Teppichklebeband, eine Schere und eine Portion Phantasie – und für die Vollendung vielleicht noch Acryllackfarben, Pinsel und Schleifpapier. Schneiden Sie das Klebeband so zurecht, daß es etwas kleiner ist als die Spiegelplättchen und befestigen Sie so Ihre Mosaikbausteine Stück für Stück auf dem ausgesuchten Kunstobjekt.

☀ Magnettiere (3-5 Partner; 30-60 Min.; s. Anleitung)

Malen Sie auf ein Stück *farbiges Papier* ein Tier oder einen Menschen oder ein Fabelwesen und zwar so, daß Sie das Tier ausgehend von einem kleinen freien Mittelstreifen doppelt und spiegelbildlich zeichnen. Dann schneiden Sie es so aus, daß Sie es zusammenfalten können und mit allerlei „Extras" ausstaffieren und bekleben. Auf den schmalen Mittelstreifen, der als Standfläche dient, schieben Sie eine Büroklammer. Warum das Ganze eigentlich „Magnettier" heißt? Nun, stellen Sie es einfach auf ein Blatt Zeichenpapier und fahren Sie dicht darunter mit einem *Magneten* entlang. Auf diese Weise können Fuchs und Hase, Katze und Maus oder ganze Tierparkgeschichten lebendig werden.

☀ Fünf-Finger-Theater (1-9 Partner; 1-4 Std.; s. Anleitung)

Ein Fünf-Finger-Theater hat in jeder Hosentasche Platz und ist schnell und leicht hergestellt. Nehmen Sie sich einen alten *Fingerhandschuh* – am besten aus Leder – und schneiden Sie die Finger ab; auf jeden dieser Finger kommt dann ein anderer Kopf. Dazu überziehen Sie Wattekugeln mit einem kleinen Stück elastischen Stoffes und nähen als Augen Perlen, als Haare Wolllreste und als Ohren Pappschnipsel an – oder zeichnen sie entsprechend mit Farbstiften an. Als „Kleid" dient ein rechteckiges Stück Stoff, das oben zusammengerafft wird. Anschließend nähen oder befestigen Sie die Köpfe auf den Handschuhfingern – und das Theater kann losgehen. Aus Zeichenkarton können Sie sich noch eine Theaterbühne basteln, die Ihrer Geschichte und den Akteuren dann den vollendeten Rahmen gibt.

☼ Bastelecke (3-15 Partner; 1-3 Std.; s. Anleitung)

Was läßt sich eigentlich im Laufe von zwei Stunden mit einer Tüte oder einer Tasche voll Bastelmaterial alles anfangen? Vielleicht ergeben sich aus zwei zusammengeklebten leeren Streichholzschachteln ein Bleistifthalter • aus einem halb umgelegten und festgenähten Streifen Stoff eine Tasche für Notizzettel • aus einem größeren, einzeln abgenähten Stoff eine Stecktasche für Hilfsmittel wie Schere, Lineal und Notizzettel • aus Pappe geschnittene Tierbilder, die an Zweigen aufgehängt den Blumentopf lebendiger machen • auf einen Grundstoff werden Stoffreste zu einem Bild aufgeklebt • Phantasiewesen aus Stoff und Pappe kreiert • ein Apfel, in den Stäbchen mit Rosinen, Mandeln und anderen Leckereien gesteckt sind, als Tischschmuck • ... .

☼ Disneyland (3-7 Partner; 20-50 Min.; Ausrangiertes, s. Anleitung)

Disneyland, das Land der Träume, ist zum Greifen nahe. Aus all dem, was Ihnen im Haushalt als (sauberes) Abfallprodukt so in die Hände fällt – wie z.B. Dosen, alte Elektro- oder Elektronikteile, Korken, Verpackungsmaterial, Styropor, etwas Draht, Streichhölzer (ohne Köpfe), Strohhalme und vieles andere mehr – können Sie sich mit einer Gruppe Ihre Traumwelt erschaffen: eine Stadt der Zukunft, eine Insel der Phantasie, eine Future-World, ...

Variation:

• Allein mit dem Rohstoff *Styropor* können Sie wahre Wunderdinge anstellen. Durchforsten Sie Ihre Verpackungsmaterialien, werden Sie als Künstler tätig und entwerfen Sie Ihren eigenen Skulpturenpark.

• Gestalten Sie plastische Kunstwerke aus alten *Eierkartons.*

• Wie können Sie aus einer normalen *Flasche Sekt* ein kreatives Geschenk machen?

☼ Geisterbahn (3-15 Partner; 90-120 Min.; s. Anleitung)

Eine Geisterbahn ist ein Ort des Heimlichen und des Unheimlichen, den Sie mit Ihrer Gruppe und einigen Hilfsmitteln in Ihren Räumlichkeiten selbst herstellen und gestalten können. Einige große Bögen Flipchart- oder Packpapier genügen, um Geister und andere Gruselgestalten aufzumalen, auszuschneiden und mit Bindfaden an der Zimmerdecke zu befestigen. Bettlaken, Licht- und Schatteneffekte, Musik- und Geräuscheinlagen vom Cassettenrekorder verstärken die „jenseitige" Atmosphäre und entführen Sie in eine andere Wirklichkeit.

☀ **Wundertüte** (3-5 Partner; 20-40 Min.; s. Anleitung)

Jeder Mitspieler erhält eine vorbereitete Wundertüte (1 Briefumschlag) mit folgendem Inhalt: 5 Büroklammern, 1 Stift, 1 DIN A 4-Blatt, 1 Wein- oder Sektkorken, 2 Gummibänder, 1 leere Streichholzschachtel. Nun hat jeder 20 Minuten Zeit, alleine oder mit Unterstützung eines Partners ein Spiel zu erfinden. Alle Spiele werden anschließend vorgestellt und ausprobiert.

☀ **Geheimnisvolle Wand** (3-4 Partner; 20-60 Min.; s. Anleitung, Augenbinden)

Jede Kleingruppe hat die Aufgabe, mit Hilfe von *Packpapier* und vielfältigen Gestaltungsmaterialien – wie Stoffe, Papiere, Styropor, Plastiktüten und vielem anderem mehr – eine „geheimnisvolle Wand" zu gestalten. Alle Wände werden dann gemeinsam von den anderen Gruppen besucht und mit verbundenen Augen „bewundert". Die geheimnisvollen Wände bieten eindrucksvolle Erfahrungen und können später dann Teil einer anderen Aufgabe sein.

🐚 **Gedankenoper** (einzeln; 6-12 Min.)

Finden Sie einen ruhigen Platz, an dem Sie sich für einige Zeit entspannen können. Nehmen Sie eine Lage ein, in der Sie sich wohlfühlen und schließen Ihre Augen. Und dann stellen Sie sich vor Ihrem geistigen Auge einen *Tisch* vor; irgendeinen Tisch, mit dem Sie bisher noch nichts besonderes verbunden hat. Und dann, wenn Sie ein Bild, eine Vorstellung, von diesem Tisch entwickelt haben, bauen Sie diesen Tisch in eine humorvolle, lustige Szene ein, wie z.B. einen Werbefilm oder eine kurze Passage mit Charlie Chaplin oder … . Lassen Sie Ihrer Phantasie freien Lauf, je unwirklicher, ausgefallener, desto besser; nur Sie sehen diesen Film. Steigern Sie diese Vorführung so lange, bis Sie sich erholt, gelöst und lebendig fühlen und kommen dann mit Ihrer Aufmerksamkeit wieder in Ihre Umgebung zurück.

🐎 **Abklopfen** (einzeln; 3-10 Min.; weiche Unterlage)

Auf dem Boden oder auf einem Stuhl so sitzen, daß ein Bein angezogen ist. Mit beiden Händen vom Oberschenkel beginnend das angezogene Bein locker abklopfen, bis zur Wade und dann wieder zurück. Und dann wechseln und das andere Bein liebevoll abklopfen – und dabei achtsam den eigenen Rücken gerade halten. Und dann mit den Händen weitergehen und den Körper abklopfen, da wo es angenehm ist und Energie hineinbringt.

Gottes Obstkorb

Viele Früchte sind in Gottes Obstkorb –
und eine dieser Früchte, das bist Du!

Manche Menschen sind wie Stachelbeeren: herb und sauer,
andere zuckersüß, wie griechische Rosinen,
manche sind wie hochgewachsene Stangenbohnen,
andere rund und mollig wie ein Kürbis, –
manche sind geröstet, braun wie Kaffeebohnen,
andere sind vornehm bleich wie Blumenkohl,
andere wieder zart, verhalten im Aroma.

Manche sind wie trockenes Dörrobst, extra dry –
manche, die sind kernig, knackig, so wie Nüsse,
andere kann man schälen unter Tränen, wie die Zwiebeln. –
Manche haben was Verträumtes, so wie Ananas oder Litschis,
andere wachsen logisch, streng nach Vorschrift, wie Hopfen oder Spargel,
andere wieder, das sind Alltagsfrüchte oder Nutzpflanzen, wie Kartoffeln!
Manche, die sind giftig, trotz der schönen Farben,
und andere sind wie Medizin: sie tun ganz einfach gut!

Manche Früchte hängen hoch, schwer zu erreichen,
andere, da muß man unten suchen und sich bücken!
Manche gibt es, die brauchen lange, um zu reifen –
andere sind frühreif – oder werden niemals groß!
Manche, die wecken in uns Sehnsüchte
und verströmen ihren Zauber, so wie Mangos oder Kiwis!

Manche gibt es im Sonderangebot, sehr billig,
und andere sind mit Gold nicht zu bezahlen.
Manche sind wie ein »Aufgesetzter«, wie ein Rumtopf,
nur genießbar unter Alkohol.
Manche haben eine harte, rauhe Schale,
doch darunter einen süßen Kern!

Manche, die sind wirklich einzigartig,
ganz genußvoll, oder spritzig oder anregend.
Manche sind das Hauptgericht in unserem Leben,
andere eher Nachtisch, wie Kompott, flambiert!

Jede Frucht schmeckt anders – Obst – Gewürz – Gemüse!
Jeder Mensch ist anders – du und ich!

Viele Früchte sind in Gottes Obstkorb,
und eines dieser Früchtchen: – das bist DU!

12. Transfer

„Nimm jede Handlung, jede Kunst, jede Lehre, jede Fähigkeit
und treibe sie bis an die Grenze des Möglichen.
Treibe sie weiter, als sie jemals getrieben wurde,
treibe sie bis an die äußerste, gänzlich unerforschte Grenze aller Grenzen –
dann stößt Du in das Reich der Magie vor. " – Tom Robbins, Schriftsteller

Kreativität ist wie ein Kaleidoskop von farbenfrohen Visionen, klangvollen Fragen und handfesten, alltäglichen Innovationen – von Personen, Prozessen, Produkten und Rahmenbedingungen. All dies sind Meilensteine auf dem Weg hin zu einem erfolgreichen Ideenmanagement. Meilensteine auf einem ereignisreichen Weg, den wir zusammen gegangen sind. Und auf dem Sie unterwegs viel erleben konnten. Wie war es für Sie gewesen? Haben Sie Ihre Stärken kennengelernt und ausbauen können? Welche neuen Qualitäten und Wahlmöglichkeiten haben Sie erfahren? In welchen Bereichen waren Sie kreativ?

❓ *Wo ist Ihre Kreativität? Wie würden Sie diese Frage jetzt beantworten?*

Ist Kreativität erlernbar? Nun, im Grunde genommen brauchen wir sie gar nicht zu erlernen. Nur wiederzuentdecken und uns an sie zu erinnern! Ihr persönliches Genie steckt bereits seit langem in Ihnen – und wartet nur darauf, daß Sie Ihr Talent erforschen. Unser Ziel in diesem Buch war es, mit Ihnen zusammen Ihren Königsweg Kreativität zu beschreiten, den Weg hin zu Ihrer eigenen kreativen Kompetenz. Und Ihnen ein paar Wahlmöglichkeiten und Werkzeuge anzubieten, mit deren Hilfe Sie mehr von jener unbeschreiblichen Kapazität freisetzen können, die Ihnen Ihr Wunderwerk Gehirn von Geburt an zur Verfügung stellt:

- Werkzeuge für **Träumer**, um Ihre bahnbrechenden Geistesblitze freizusetzen;
- Werkzeuge für **Denker**, um das Potential, das in jeder Idee steckt, zu entfalten;
- Werkzeuge für **Handelnde**, um Ihre Träume in die Tat umzusetzen.

Wir wünschen Ihnen, daß Sie ein paar neue Wege entdeckt und entwickelt haben, die Ihnen helfen, Ihr Gehirn besser zu nutzen und seine Funktionen auf ausgewogene Weise einzusetzen. Wir verbinden damit die Hoffnung, daß bei Ihnen durch die Lektüre dieses Buches die kindliche Grundhaltung der Neugierde und das Bewußtsein wiedererweckt worden sind, daß Kreativität nur mit Kopf und Körper, Geist und Seele, mit Herz und Hand, mit Phantasie und mit Logik gemeinsam zu realisieren ist. Und daß Sie Lust entwickelt haben, Dinge auszuprobieren, zu verändern, Feedback zu genießen und sich an der alltäglichen Inspiration zu erfreuen. **Schenken Sie Ihrer Kreativität in kleinen Dingen Beachtung.**

Kreativitätsworkshops und Mitarbeiterfortbildungen

Jedes Buch ist so ein bißchen wie „Trockenschwimmen", es ist ein erster Schritt in Richtung auf etwas Neues hin. Etwas, von dem viele wissen, daß es da ist und es doch noch nicht selbst erlebt haben. Es ist ein wertvoller Schritt auf diesem Weg, ein Einstieg, um neugierig zu werden auf das, was Kreativität für uns bereithält – und eine Vorbereitung für den Alltag. Um mit den Methoden der Ideenfindung praktische Erfahrungen zu sammeln, kann es Ihnen nutzen, diesen Weg gemeinsam mit anderen fortzusetzen und in einem Seminar oder Workshop Ihre eigenen kreativen Ressourcen zu entdecken. Viele Innovationen und technischen Entwicklungen haben in einem derjenigen Angebote, die als Grundlage für dieses Buch gedient haben, bereits das Licht der Welt erblickt.

Welche Möglichkeiten bieten sich hierfür an und was erleben Sie dort:

- *Schnupperangebote, 1tägig*: Kreativität in ihrer Vielfalt entdecken;
- *Spiele-Schulung, 2tägig*: spielerische Entwicklungsmöglichkeiten nutzen;
- *Einstiegsseminare, 2tägig*: kreative Arbeitsmethoden kennenlernen und praktisch einsetzen;
- *Kreativitätsworkshops, 2tägig*: individuelle Problemstellungen systematisch und mit Unterstützung bearbeiten;
- *Firmeninterne Mitarbeiterfortbildungen, 2-3tägig*:
  - *Mitarbeiterschulungen*: Befähigung zur eigenständigen Bildung einer Ideenfindungsgruppe erwerben;
  - *Schulungen für das Management*: Methodenkompetenz und Motivationsformen zur Leitung einer Ideenkonferenz installieren.

Dabei erstrecken sich die Anwendungsfelder einer solchen „Initialzündung" von praktischen Problemen in Beruf und Privatleben, über innovative Aufgabenstellungen, bis hin zu visionären und strategischen Fragen. Das Ziel in all diesen Bereichen ist es, die eigene kreative Kompetenz ganzheitlich zu erleben und zu steigern und Zugang zu den persönlichen, inneren Ressourcen zu erlangen.

Was kann Ihnen ein Kreativitätsworkshop bringen?

- Ein solides Repertoire an wirkungsvollen Kreativitätstechniken;
- erfahren, was funktioniert und was noch nicht läuft – und was Sie selbst dazu tun können, damit es eleganter funktioniert;
- das Gefühl, sich selbst als kreativ zu erleben;
- Fehler machen dürfen und aus diesen Erfahrungen lernen;
- flexible Umsetzungsmöglichkeiten für Ihr Umfeld – Management, Beruf, Verein, Privatleben, Familie;
- Lust, Kreativität mehr in den persönlichen Alltag einzubetten.

Der Schritt in die Zukunft

🐚 **Königsweg Kreativität** (einzeln; 6–12 Min.; Papier, Stifte)

Um den Zugang zu Ihren unbewußten Ressourcen zu finden, eignen sich idealerweise Metaphern – Gleichnisse, Geschichten oder Analogien. Laden Sie Ihre drei kreativen Persönlichkeitsanteile ein, gemeinsam eine Metapher zu finden für das, was Kreativität für Sie bedeutet. Für manche Menschen ist Kreativität wie … *eine buntbelegte Pizza … ein Feuerwerk … eine U-Bahnfahrt … ein verwunschener Garten … gelungener Orchesterauftritt … .* Welche Zugänge finden Sie auf die Frage: **Kreativität ist wie …**

Wenn Sie neue Gewohnheiten finden und entwickeln, Ihre geistige Beweglichkeit zu trainieren, werden Sie Ihre alltägliche Kreativität als ein Sprungbrett nutzen können. Ein Sprungbrett zur selbstverständlichen Entfaltung Ihres natürlichen Potentials und Ihrer kreativen Persönlichkeit. Dabei wird Ihnen vieles, was Ihnen früher wie ein Regelbruch, unmöglich, vorkam, heute wie ein kleiner Schritt erscheinen. Und doch mag es ein Quantensprung gewesen sein. Möchten Sie auf diesem Weg weiterkommen, dann:

- 💡 Mobilisieren Sie Ihr ganzes Potential, Ihre **drei** kreativen Anteile und all Ihre Sinne, wenn Sie über ein Ziel nachdenken.
- 💡 Aktivieren Sie Ihre Neugierde. **Machen Sie jeden Tag etwas Neues.**
- 💡 Nutzen Sie Kritik: Jede Kritik enthält eine wertvolle Mitteilung.
- 💡 Halten Sie Schreibzeug dort bereit, wo Ihnen gute Einfälle kommen.
- 💡 Finden Sie Ihre Kreativitätsförderer, Ihre positiven Anker heraus.

❓ *Welchen Quantensprung wollen Sie als Nächstes mit Hilfe von Kreativität schaffen? Was wird Ihre nächste kreative Glanzleistung sein? Und welche Ressourcen haben Sie dazu schon?*

Mit Hilfe der Kreativität können wir die Fähigkeiten, die wir benötigen, um unser Leben mit Erfolg zu gestalten, außerordentlich zur Entfaltung bringen. Wenn Sie hierauf neugierig geworden sind, entdecken Sie in unserem **zweiten Buch** viele neue praktische Anregungen, um Ihre kreativen Qualitäten erfolgreich einzusetzen. Was immer Sie dafür bereits hier in dieser Schatzkiste vorgefunden haben, bedenken Sie eines: Der größte Schatz ist Ihre Einzigartigkeit! Sie verdient es, mit all Ihren bewußten und unbewußten Ressourcen, mit all Ihren Visionen, Gedanken und Taten unterstützt zu werden. Denken Sie daran, daß alles, womit auch immer Sie sich beschäftigen mögen, von Wert ist. Und es gewinnt noch mehr an Wert, wenn Sie es mit einer kindlichen, spielerischen Neugier und Faszination tun. Wenn Sie

Ihren kreativen Prozeß aus dieser inneren Geisteshaltung und Lebenseinstellung heraus angehen, haben Sie günstige Gegebenheiten dafür geschaffen, daß für Sie selbst und die Menschen in Ihrem Umfeld etwas Wertvolles dabei herauskommt. Vielleicht ist das die größte Herausforderung für die Qualitäten und Talente einer einzelnen Persönlichkeit. Wir wünschen Ihnen viel Erfolg und Begeisterung bei der alltäglichen Entdeckung Ihrer Kreativität.

❓ *Was kann Ihr Anteil sein, mit Kreativität etwas dazu beizutragen, aus unserer Welt einen besseren Ort zu machen, als den, den wir vorgefunden haben? Was werden Sie tun, um Ihre Möglichkeiten auszuschöpfen?*

Einst betrat ein Mann in einem fernen Land in einer kleinen Stadt einen geheimnisvollen Laden, über dessen Tür ein Schild hing: „Inspiration zu verkaufen!" Auf seinen Kaufwunsch hin ging die alte, weise Händlerin in den hinteren Teil des Ladens. Zurückgekommen legte sie dem Mann eine kleine Papiertüte vor, worauf dieser erstaunt fragte: „Ich wollte doch Inspiration kaufen. Ganz viel. Was soll ich mit dieser kleinen Tüte hier?" Darauf antwortete ihm die weise Frau lächelnd: „Mein Herr, wir sind nur eine Samenhandlung. Was Sie aus diesem Inhalt hier machen, liegt einzig und allein in Ihrer Verantwortung! **Gehen Sie über Grenzen, im Großen wie im Kleinen.**"

„Wenn Du Dich auf den Weg machst,
öffnet der Horizont seine Grenzen. " – orientalisch

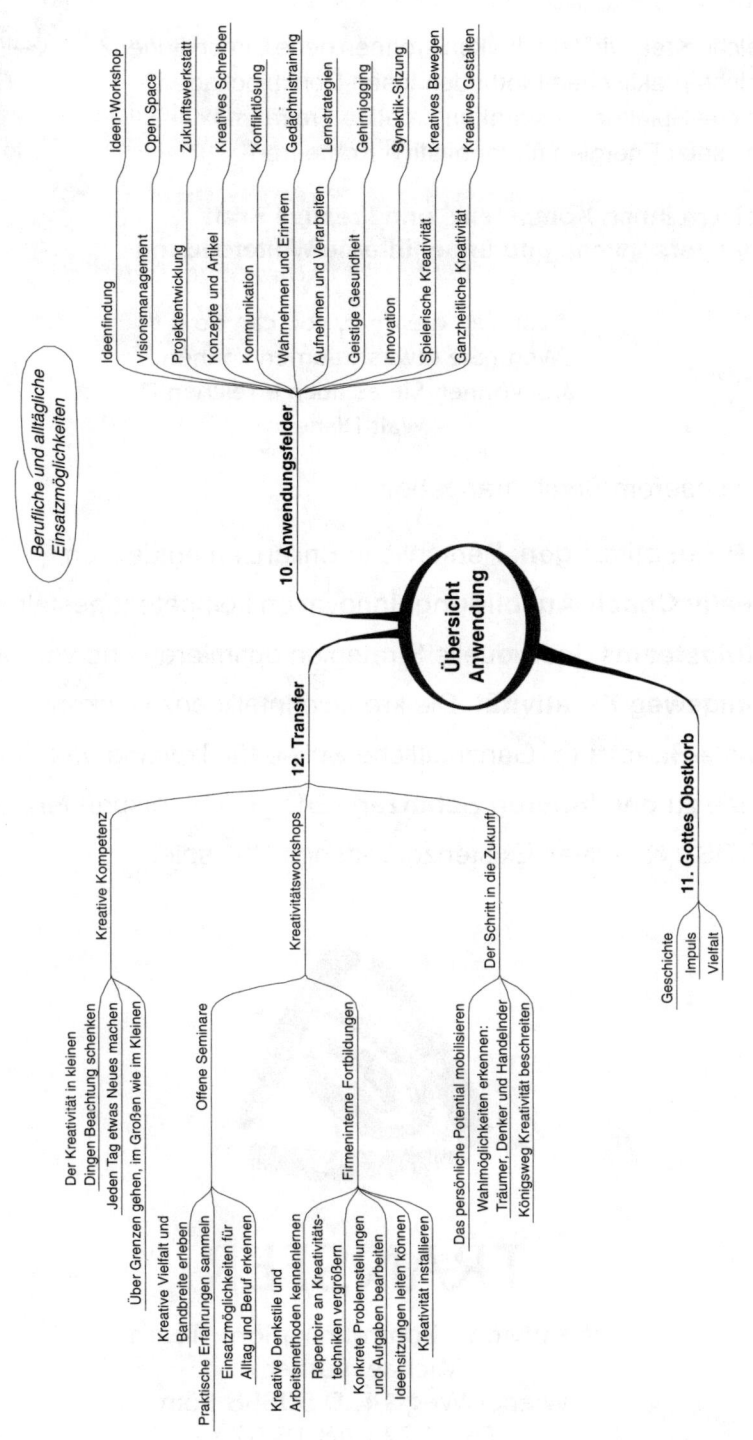

Berufliche und alltägliche Einsatzmöglichkeiten

10. Anwendungsfelder

- Ideenfindung — Ideen-Workshop
- Visionsmanagement — Open Space
- Projektentwicklung — Zukunftswerkstatt
- Konzepte und Artikel — Kreatives Schreiben
- Kommunikation — Konfliktlösung
- Wahrnehmen und Erinnern — Gedächtnistraining
- Aufnehmen und Verarbeiten — Lernstrategien
- Geistige Gesundheit — Gehirnjogging
- Innovation — Synektik-Sitzung
- Spielerische Kreativität — Kreatives Bewegen
- Ganzheitliche Kreativität — Kreatives Gestalten

Übersicht Anwendung

12. Transfer

Kreative Kompetenz
- Der Kreativität in kleinen Dingen Beachtung schenken
- Jeden Tag etwas Neues machen
  - Über Grenzen gehen, im Großen wie im Kleinen
  - Kreative Vielfalt und Bandbreite erleben
  - Praktische Erfahrungen sammeln

Kreativitätsworkshops
- Offene Seminare
  - Einsatzmöglichkeiten für Alltag und Beruf erkennen
  - Kreative Denkstile und Arbeitsmethoden kennenlernen
  - Repertoire an Kreativitätstechniken vergrößern
- Firmeninterne Fortbildungen
  - Konkrete Problemstellungen und Aufgaben bearbeiten
  - Ideensitzungen leiten können
  - Kreativität installieren

Der Schritt in die Zukunft
- Das persönliche Potential mobilisieren
  - Wahlmöglichkeiten erkennen: Träumer, Denker und Handelnder
  - Königsweg Kreativität beschreiten

11. Gottes Obstkorb
- Geschichte
- Impuls
- Vielfalt

Glossar

Die Angaben in Klammern bezeichnen die Seite, auf der Sie den Begriff im Zusammenhang finden.

Aktivierung: Entspannungsübung mit dem Ziel, das eigene Energiepotential anzuheben (vgl. *Regulation*). (65)

Als ob: Ein innovativer Denkrahmen, in dem so getan wird „als ob", als ob eine Sache wahr oder eine Vorbedingung gegeben wäre. Beispielsweise: Wie würde eine Aufgabe gelöst werden, wenn man so tut, „als ob" dafür unbegrenzte finanzielle Mittel zur Verfügung stünden? Weckt verborgene Gedankengänge. (141)

Analogie: Die Ähnlichkeit oder Gleichheit von Verhältnissen; mit ihrer Hilfe werden Lösungen aus „problemfremden" Bereichen (z.B. Natur) auf neue Aufgabenstellungen übertragen. (260)

Ankern: Die Verbindung eines wiederholbaren Reizes mit einer bestimmten Reaktion; es gibt „natürliche Anker" – wenn z.B. der Geruch von Zimt und Orangen an Weihnachten erinnert – oder „künstliche Anker" – wenn jemand z.B. das Gefühl von Selbstvertrauen bewußt an ein Wort wie „Ich kann es" ankert, das er in einer bestimmten Tonlage ausspricht. Eine NLP-Technik. (76)

Assoziiert sein: Ganz und gar in einem Erlebnis oder einer Erinnerung sein, mit allen Sinnen beteiligt; eine Situation aus der eigenen Person, den eigenen Augen heraus erleben. Günstig bei positiven Erlebnissen (vgl. *dissoziiert sein*), um die eigenen Gefühle voll wahrzunehmen. (67)

Auditiv: Auf den Hörsinn bezogen; Sinnesorgan: Ohr. (108)

Axon: Nervenfaser, Zellfortsatz des *Neurons*, wenige Mikrometer bis mehrere Meter lang; leitet die Nervenerregung weiter. (90)

Bewußtes: Alles, was im gegenwärtigen Augenblick Gegenstand der Aufmerksamkeit ist oder sein kann, das Rationale; ein Ausschnitt des Vorhandenen. (115)

Bodenanker: Sichtbare oder gedachte Bodenmarkierungen (z.B. Karten) mit dem Ziel, eine bestimmte abrufbare Reaktion für sich selbst an diesem Punkt zu *ankern;* z.B. als Ressourcenpunkt. Eine NLP-Technik. (78)

Brain-Techniken: Sammelbegriff für alle Kreativitätstechniken, die auf dem Brainstorming basieren, wie z.B. Brainwriting, Braincards, Brainwalking u.a.; wesentliches Prinzip: freies Sammeln und Assoziieren (Gedankenverknüpfen) möglichst vieler Ideen, ohne Kritik. (170)

Corpus callosum: Bündel von Nervenbahnen, die die beiden *Hemisphären* der Großhirnrinde miteinander verbinden; auch „Balken" oder „Brücke" genannt. (98)

Chunken: Abstufen; beispielsweise ein *Ziel* um eine Ebene tiefer chunken heißt, das nächstkleinere Teilziel wählen. (236)

Dissoziiert sein: Nicht mit seiner ganzen Person in einem Erlebnis sein oder in einer Erinnerung, sondern es von außen sehen, sich selbst beobachten. Günstig bei negativen Erlebnissen. (140)

Divergentes Denken: Verzweigtes Denken. Bewegt sich offen und spielerisch in viele Richtungen, bezieht möglichst unterschiedliche Aspekte mit ein (vgl. *konvergentes Denken*). (129)

Einstimmung: Ganz ankommen und die Vorbedingungen schaffen, um sich auf die jeweilige Situation, die Partner und die Aufgabenstellung neugierig und offen einlassen zu können. (85)

Evidenz: Die genaue Beschreibung des sinnlich Wahrnehmbaren. (162)

Fähigkeiten: Eine *Strategie,* wie (!) wir etwas, ein bestimmtes *Verhalten,* tun; z.B. die Fähigkeit „sich gut in Schrift und Wort ausdrücken können". (70)

Feedback: Gezielte Rückmeldung, die man einem Anderen gibt, von jemand Anderem oder auch vom eigenen Kopf oder Körper erhält. (198)

Future Pace: Der Schritt in die Zukunft. In der Phantasie den Brückenschlag in den Alltag machen und eine gewünschte Veränderung sinnlich genau in der Zukunft vorstellen – geistig vorwegnehmen –, um das gewünschte Verhalten dann im Alltag zur Verfügung zu haben. Ein NLP-Begriff. (181)

Ganzheitlichkeit: Unter Einbezug aller „Ebenen", wie Körper (Bewegung), Geist (Denken) und Seele (Gefühl). (26)

Gefühl/Emotion: Auf das eigene Empfinden/Einfühlen bezogen. (235)

Gehirnareale: Gehirnbereiche, Hirnregionen. Bestimmte Bereiche des Gehirns, die anatomisch lokalisiert (zugeordnet) werden können und denen spezielle Funktionen zugeschrieben werden. (94)

Gehirn-Benutzer: Begrifflichkeit (nach Birkenbihl), die kennzeichnet, daß jemand sein Gehirn bei der Aufnahme, Verarbeitung und Speicherung von Informationen sowohl logisch-analytisch und linear wie auch phantasievoll-intuitiv und vernetzt benutzt, also beide *Hemisphären* für Denk- und Gedächtnisaktivitäten einsetzt. (97)

Glaubenssätze: Allgemeine Aussagen, an die man persönlich glaubt, über sich selbst, die Umwelt, die Mitmenschen, die Welt an sich, ...; sie beeinflussen im starken Maße *Wahrnehmung,* Einstellungen, Gefühle, *Verhalten* und *Fähigkeiten.* (70)

Großhirn: Das entwicklungsgeschichtlich „jüngste" Gehirn des Menschen. Steuert das bewußte Denken. (96)

Gustatorisch: Auf den Geschmackssinn bezogen; Sinnesorgan: Zunge. (108)

Hemisphären: Zwei Gehirnhälften – hauptsächlich des *Großhirns* –, die unterschiedliche Denkaufgaben übernehmen. (98)

Hippocampus: Schläfenlappen, Gehirnteil des *limbischen Systems,* verantwortlich für die Verknüpfung von Sinneseindrücken mit vorhandenen Informationen; wichtige Funktion der Zwischenspeicherung in der Gedächtniskette. (107)

Höchste Werte: Die intensivsten Motivatoren in unserem Leben. (70)

Identität: Selbstbild oder Selbstkonzept eines Menschen; „Wer bin ich?" (70)

Innerer Zustand: Die Stimmung und die Summe aller *neurologischen,* körperlichen Prozesse in einem Individuum; die Gedanken in Verbindung mit den inneren Bildern, Tönen und Gefühlen. (66)

Inspiration: Innere Eingebung, Einfall. (35)

Integration: Das Hineinnehmen in die Gesamtpersönlichkeit, das Einbauen eines neuen Verhaltens oder einer neuen Erfahrung in den derzeit bestehenden Erfahrungsschatz. (181)

Interferenz: Lernstörungen durch Überlagerungen ähnlicher Informationen. (236)

Killerphrase: Kritischer Denkanstoß, der entweder in Timing, *Rapport* oder Ausdrucksform steigerungsfähig ist; schlecht formulierter Wunsch. (61)

Kinästhetisch: Auf den „Gefühlssinn" bezogen. Umfaßt im NLP-Sprachgebrauch auch *taktil*, *Gefühl*, *Temperatursinn* und *vestibulär* (siehe jeweils dort). Ursprünglich auf den Muskel- und Bewegungssinn bezogen; Sinnesorgan: Kleinstsensoren in den Muskeln (Muskelspindeln). (108)

Kontext: Umgebender Zusammenhang, Rahmen, in dem etwas stattfindet. (162)

Konvergentes Denken: Gleichgerichtetes, planmäßiges Denken. Zusammenführend, zielt in Richtung einer einzigen, präzisen Lösung (vgl. *divergentes Denken*). (129)

Kreativität: Schöpferische Kraft, neue Ideen oder Lösungen zu erschaffen oder Altes in eine neue Form zu bringen; Strategie zur Umweltbewältigung, wesentlicher Aspekt der Intelligenz und natürliches Potential, das in jedem Menschen vorhanden ist. Umfaßt drei grundlegende Fähigkeiten: Funke der Erleuchtung, neugieriges Hinterfragen und entscheidungsfreudiges Umsetzen. (36)

Kriterien: Was für jemandem in einem ganz bestimmen Zusammenhang, in einem ganz bestimmten Zustand wichtig ist. (161)

Kurzzeitgedächtnis: Etwa 20 Minuten andauernd; Beginn der biochemischen Speicherung. (112)

Landkarte: Persönliche – subjektive – Vorstellung, die jemand von einer Sache, einer Person oder der Welt im allgemeinen entwickelt hat; dieses individuelle Bild von der Welt ist bei jedem Menschen verschieden und bestimmt sein Handeln. (118)

Langzeitgedächtnis: Feststoffliche Speicherung von Informationen; Vernetzung von *Neuronen* und Einlagerung von Eiweißkörpern innerhalb des *Neurons*. (113)

Laterales Denken: Seitwärts gerichtetes, assoziatives (verknüpfendes) Denken (nach de Bono), querdenken (vgl. *vertikales Denken*). (129)

Limbisches System: Von der stammesgeschichtlichen Altersentwicklung her das „mittlere" Gehirn, auch als Leopardengehirn oder Säugergehirn bezeichnet. Sitz der Emotionen; ist verbunden mit dem autonomen Nervensystem. (96)

Mental: Geistig, in Gedanken; aus Gedanken hervorgehend. (116)

Metapher: Gleichnisse, Parabeln, Analogien, indirekte Kommunikation mit einer Geschichte; regen über die Phantasie das Unbewußte an. (148)

Meta-Position: Beobachter-Position, die über den Dingen steht und einen Prozeß „von außen" wahrnimmt. Abgeleitet vom griechischen „Meta" (über). (140)

Milton-Modell: Kunstvoller Gebrauch von vagen, unbestimmten Sprachmustern, um Zugang zu den Erfahrungen eines anderen zu haben und dessen unbewußte *Ressourcen* zu nutzen; läßt die Möglichkeit offen, daß jeder sein eigenes Erleben zu einem bestimmten Wort assoziiert. Kommt vielfach in Phantasiereisen zum Einsatz. Eine NLP-Technik; benannt nach dem berühmten Hypno-Therapeuten Milton Erickson. (116)

Mind Mapping: Kreative Arbeitstechnik (nach Buzan), die durch bildliche Vernetzungen eine gehirngerechte Strukturierung und Visualisierung von komplexen Inhalten vornimmt. (171)

Mnemotechnik: Kunst, das Einprägen von Gedächtnisstoff durch besondere Lerntechniken zu erleichtern. (240)

Modell: Eine praxisorientierte Beschreibung davon, wie etwas funktioniert; oder eine Person, die genau das, was Sie modellieren möchten, schon hat und kann. (72)

Modellieren: Herausarbeiten der *Strategien* und *Fähigkeiten*, die jemand, der in einer bestimmten Hinsicht als Vorbild dient, bereits hat; das genaue Herausfinden von Gedanken, *Glaubenssätzen* und *Verhaltens*weisen, die zu einem Zustand von Exzellenz führen. Eine NLP-Technik. (39)

Multisensorisch: Unter Einbezug mehrerer oder aller Sinne. (109)

Neocortex: Auch Cortex, Großhirnrinde, *Großhirn* (s. dort). (96)

Neurologisch: Aufbau und Funktion des (Gehirn-)Nervensystems betreffend. (116)

Neuron: Nervenzelle des Gehirns, Gehirnzelle; wird durch elektrochemische Impulse erregt. (90)

Neurophysiologisch: Aufbau und Funktion der Gehirn- und Nervenzellen. (92)

Neurotransmitter: Chemische Überträgersubstanz in den *Synapsen;* Botenstoffe im Gehirn, die für die Übertragung von Informationen zuständig sind. Werden aus Aminosäuren (Eiweißstoffen) gebildet. (91)

Neurowissenschaftler: Gehirnforscher. (116)

NLP: Neurolinguistisches Programmieren, ein wirkungsvolles Kommunikations- und Wahrnehmungsmodell nach John GRINDER und Richard BANDLER, das eine effektive Vielfalt an kreativen Veränderungs- und Entwicklungsmöglichkeiten anbietet. Dabei meint *Neuro*: jedes Handeln geschieht aufgrund neurologischer Prozesse, *Linguistisch* steht für: sprachliche Prozesse als Wiedergabe des Denkens, *Programmieren* bedeutet: unser Handeln und Erleben wird von Verhaltens- und Denk-Mustern (Programmen) geprägt, die wir auch eigenverantwortlich beeinflussen können. Ein praktisches Modell für kreative Entwicklung. (117)

Ökologisch: Hinterfragt die Auswirkungen auf andere Personen und Rahmenbedingungen; achtet auf die Ausgeglichenheit, auf das Gleichgewicht, die Balance in einem System, in dem sich eine Person befindet. (162)

Olfaktorisch: Auf den Geruchssinn bezogen; Sinnesorgan: Nase. (108)

Quelle: Ein intensiver kreativer innerer Zustand. Das Spüren eines übergeordneten Zusammenhanges, wie auch immer der Einzelne dies nennen möchte, Universum oder Gott oder die Natur der Natur; ein intensiver Zustand des Seins, auch „flow" genannt, in Fluß sein. (70)

Positive Absicht: Der Vorteil oder der Gewinn, der hinter einer Verhaltensweise oder einer Situation steckt. (222)

Problem: Ein unerwünschter, unzureichender oder noch nicht optimaler Zustand; meist ein *Ziel,* was auf dem Kopf steht. (121)

Prozeß: Dynamische Abfolge von Lern- oder Veränderungsschritten, von einem *Problem* hin zu einem *Ziel.* (125)

Rahmen: Kontext, Interpretationszusammenhang – für ein Gefühl, für eine Wahrnehmung, Aussage, Erfahrung, Verhaltensweise –, in dem etwas stattfindet. (162)

Rapport: Eine Beziehung gegenseitigen Vertrauens und Verständnisses; guter Kontakt. Ein NLP-Begriff. (83)

Regulation: Entspannungsübungen mit dem Ziel, das eigene Energiepotential zu senken (Beruhigung). (65)

Reizwort: Beliebig ausgedachtes oder durch Zufallsprinzip ausgewähltes Wort, das in bezug zu einer Aufgabenstellung gesetzt wird; dies führt dazu, daß die Verknüpfung zur bisherigen Situation aufgehoben wird und regt die Gedanken an, sich in völlig neue Richtungen zu bewegen und dort Lösungen zu finden. (265)

Repräsentation: Die Verschlüsselung und Speicherung eines Sinneseindruckes als Information im Gehirn. (108)

Repräsentationssysteme: Die Gehirnstrukturen, die die fünf Sinnesorgane steuern – den Sehsinn (visuell), den Hörsinn (auditiv), das Fühlen (kinästhetisch), den Geruchssinn (olfaktorisch) und den Geschmackssinn (gustatorisch). Ein NLP-Begriff. (108)

Ressourcen: All die individuellen Fähigkeiten, Stärken, Qualitäten, Talente und Brillanzen, die ein Mensch in sich trägt. Alle Möglichkeiten und Mittel, die jemand schon hat, um ein Ziel zu erreichen; alles, was darin unterstützt, einen guten Zustand herzustellen: Erinnerungen, Gedanken, Strategien, Erfahrungen, Menschen, Begebenheiten, Besitztümer, die Verbindung zu der „inneren Batterie", was immer es ist. (66)

Rezeptor: „Aufnahmeorgane"; Sinnesorgane, über die unsere *Wahrnehmungen* an das Gehirn gemeldet werden, wie Auge, Ohr, Haut, Nase, Zunge. (108)

Sensitiv: Auf das feine, empfindlich unterscheidende Wahrnehmen bezogen; Sinnesorgan: Je nach Aufgabenstellung. (108)

Selffulfilling prophecy: Eine sich selbst erfüllende Prophezeiung; man erwartet etwas, handelt entsprechend und führt das Erwartete dadurch bewußt oder unbewußt herbei. (56)

Sensorisches System: Sinnesorgane, die für die Wahrnehmung zuständig sind und diese Informationen an das Gehirn weiterleiten. (108)

Separator: Aktion oder Maßnahme, die einen momentanen Zustand unterbricht und dadurch eindeutige energetische Zustände schafft. Abgeleitet vom englischen „to separate" (trennen, auseinanderhalten). Durch die Unterbrechung eines unerwünschten Musters kann man sich die positiven Ressourcen wieder zugänglich machen. Eine NLP-Technik. (147)

Sinnesschärfe: Die Fähigkeit, feinste Unterschiede wahrzunehmen. (109)

Stammhirn: Auch Hirnstamm oder Reptilien-Gehirn. Ältester Hirnteil des Menschen, kann als Verlängerung des Rückenmarks angesehen werden. Zuständig für lebenserhaltende Funktionen (Atmung, Herzschlag u.a.). (95)

Strategie: Eine Gedanken- und Verhaltenssequenz, deren Schritte dazu dienen, ein bestimmtes Ziel oder Ergebnis zu erreichen. Es gibt Strategien zu allen möglichen Lebensbereichen, wie z.B. Ideen finden, Zugang zu einem ressourcevollen Zustand bekommen, leicht Kontakt herstellen, erfolgreich verkaufen u.a.. (145)

Submodalitäten: Feinste Unterschiede in unseren Gedanken und im Erleben – Wie (!) genau denke ich; Verfeinerung von *VAKOG*. Zum Beispiel: *visuell*: Helligkeit, Entfernung, Klarheit; *auditiv*: Tonhöhe, Lautstärke; *kinästhetisch*: Druck, Temperatur, Intensität, Feuchtigkeit; *gustatorisch*: süß, scharf oder mild; *olfaktorisch*: frisch oder muffig. Ein NLP-Begriff. (109)

Synapsen: Verbindungsstelle zwischen verschiedenen Nervenenden der Gehirnzellen; Übertragungsstellen/Schaltstellen für Impulse. (91)

Synergien: Das Zusammenwirken einzelner Individuen, das zu einem Ergebnis führt, das der Einzelne alleine nicht erreicht; Leitsatz: Die Gruppe ist mehr als die Summe ihrer Einzelelemente. (84)

Taktil: Auf den Tastsinn (Berührung, Anfühlen) bezogen; Sinnesorgan: Haut. (108)

Temperatursinn: Auf den Sinn bezogen, Unterschiede zwischen warm und kalt treffen zu können; Sinnesorgan: Haut. (109)

Trance: Veränderter Bewußtseinszustand, in dem die Aufmerksamkeit nach innen gerichtet wird. (116)

Ultrakurzzeitgedächtnis: Elektrochemische Erregung der Gehirnzellen, die nach etwa 10-20 Sekunden wieder abklingt; ausgelöst durch *Wahrnehmungen*. (110)

Unbewußtes: Alles, was im Moment nicht in unserem Bewußtsein ist, was gerade nicht aufgefaßt oder wahrgenommen wird. Es beeinflußt und unterstützt das Verhalten und wird oft als Sitz der Intuition und der Phantasie bezeichnet; auch „Unterbewußtes" oder „Instinkt" genannt. (115)

VAKOG: Zusammenfassung aller Sinnesreize, für die wir *Rezeptoren* haben: *visuell, auditiv, kinästhetisch, olfaktorisch, gustatorisch*; umfassende *Wahrnehmung*. Ein NLP-Begriff. (109)

Verhalten: Konkrete Tätigkeit, das, was (!) wir tun; z.B. „einen Artikel schreiben". (70)

Vertikales Denken: Standardisiertes vorwärts gerichtetes Denken (vgl. *laterales Denken*). (129)

Vestibulär: Auf den Gleichgewichtssinn bezogen; Sinnesorgan: Bogengang im Mittelohr. (108)

Vision: Sinn- und richtunggebende Vorstellung von höheren oder höchsten Zielen, wie z.B. Lebensziel; motivierender Ausdruck der menschlichen Schöpfungskraft. (83)

Visualisieren: Schriftliches Festhalten von Einfällen und Anregungen; in Teamprozessen immer so, daß alle Ideen und Ergebnisse jederzeit von allen Teilnehmern gesehen werden können. (83)

Visuell: Auf den Sehsinn bezogen; Sinnesorgan: Auge. (108)

Vorannahmen: Im *NLP* allgemeine *Glaubenssätze* über die Natur des Menschen, auch „Axiome" oder „Präsuppositionen" genannt; sie sind nicht „die Wahrheit", bieten jedoch einen günstigen und effektiven Rahmen für kreative Veränderungsprozesse. (117)

Wahrnehmung: Grundlegende Fähigkeit, durch Reizaufnahme und -verarbeitung über verschiedene Sinnesorgane (Kanäle) die Umwelt zu erfahren und zu begreifen. (108)

Walt Disney: Bekannter Autor und Filmproduzent, Erfinder von Micky Mouse, Donald Duck u.a.; nach ihm ist das *Walt-Disney-Kreativitätsmodell* benannt. (138)

Walt-Disney-Kreativitätsmodell: Praktisches Kreativitäts-Modell, das die drei wesentlichen kreativen *Strategien* „Träumen", „Denken" und „Handeln" in variabler Reihenfolge in sich vereint. (136)

Werte: Grundlegende Überzeugungen und Einstellungen zum Leben; Motivatoren im persönlichen Erleben, wofür tue ich etwas. (70)

Wohlgeformtheitskriterien: Zielformulierung, die bestimmten, überprüfbaren Kriterien genügt, wie z.B. positiv, eigenverantwortlich, konkret. (161)

Ziel: Ein konkretes, sinnlich wahrnehmbares, gewünschtes Ergebnis; gibt die Richtung an, wo will ich hin. (157)

🦄 Der Rätsel Lösung

Denken Sie dran: Wenn Sie sich den Reiz des Unbekannten erhalten wollen, dann decken Sie die nachfolgenden – oder auch vorherigen – Lösungen mit einer Karte oder einem dickeren Blatt Papier ab. Auch wenn Sie es nicht auf Anhieb geschafft haben – die Auseinandersetzung mit einem Denkanstoß trainiert Ihr Gehirn und fördert Ihre kreativen Denkstrategien.

Grundlagen

1. Legen Sie drei Münzen so auf den Tisch, daß sie sich gegenseitig berühren – und die vierte so obendrauf, daß sie die unteren drei gleichmäßig bedeckt.

2. $1 + 1 = 2$: mathematische Gleichung;
   $1 + 1 = 1$: 2 Flüsse, die zusammenfließen;
   $1 + 1 = 0$: ein Positron und ein Elektron, deren Ladungen sich aufheben (Materie und Antimaterie);
   $1 + 1 = 10$: die Zahl 2, im Binärsystem geschrieben;
   $1 + 1 = 11$: Die zwei Ziffern 1 hintereinandergefügt;
   $1 + 1 = V$: die beiden Einsen werden als schräge Striche zusammengefügt.

3. 1) Barometer mißt den Luftdruck, und aus der Druckdifferenz zwischen Parterre und Dachgeschoß läßt sich die Gebäudehöhe errechnen; beim Treppenhochsteigen ergibt sich die Höhe in Barometereinheiten. Soviel zu den gewöhnlichen Methoden der Physik.
   2) Barometer an eine Schnur binden, die Schnur vom Dach hinunterlassen, wieder raufziehen und die Länge der Schnur messen (= Höhe des Gebäudes).
   3) Barometer fallenlassen, Zeit bis zum Aufschlag mit einer Stoppuhr messen, mit der Formel $s = \frac{1}{2} at^2$ die Höhe des Gebäudes bestimmen. Ausgesprochen lautet das Fallgesetz: Fallhöhe entspricht der Hälfte der Erdbeschleunigung mal dem Quadrat der Zeit.
   4) die Höhe des Barometers messen, an einem sonnigen Tag messen, wie lang der Schatten des Barometers ist und welchen Schatten das Gebäude wirft; nun errechnen Sie das Verhältnis der Höhe des Barometers zur Länge seines Schattens und wenden Sie dieses Verhältnis auf die Höhe des Gebäudes an.
   5) Barometer an einer Schnur befestigen, die vom Dach fast bis zum Boden reicht und Barometer als Pendel benutzen; aus Galileis Pendelformel läßt sich die Gebäudehöhe errechnen.
   6) Hausmeister aufsuchen, Barometer schenken dafür, daß er die Höhe des Gebäudes verrät.
   7) Binden Sie einen Heliumballon an eine Schnur und lassen Sie ihn aufsteigen, solange, bis er die Dachkante erreicht hat. Das Barometer unten befestigen, oben die Schnur hochziehen und die Länge messen – und die Aussicht genießen.
   8) Ein Ideen-Preisausschreiben durchführen: Wer die Aufgabe am originellsten löst, gewinnt ein Barometer.

4. 5 Linien waren wirklich leicht. Mit 4 Linien gehts, wenn Sie den Rahmen des – vermeintlichen – Quadrates verlassen.

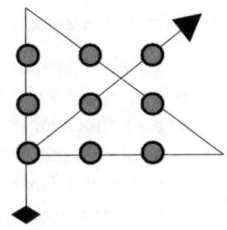

5. Nun **4** natürlich, das kennen Sie schon von früher!? Richtig, und doch gibt es noch mehr (-Deutigkeiten), je nachdem von welcher Seite her Sie darangehen: auch **o**, **3**, **E**, **ac** oder **ht**, **100** (Binärzahl von 4) können stimmen! Was noch?

6. Mit 3 Linien geht's, wenn Sie den gedanklichen Rahmen sprengen, daß ein Punkt keine Ausdehnung hat; die Aufgabe lautete: **diese** neun Punkte.

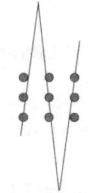

7. Manchmal sind Dinge viel leichter zu nehmen, als es den ersten Anschein hat: Da das Schiff mitsamt der Flut steigt, bleibt der Abstand gleich.

8. **169.** Begründung: In einem 1. Schritt bemerken Sie, daß es sich bei allen Zahlen um Quadratzahlen handelt: 2x2, 3x3, 5x5, 7x7, 11x11. Im 2. Schritt können Sie feststellen, daß alle Zahlen Primzahlen sind, also Zahlen, die nur sich selbst oder durch 1 teilbar sind. Daraus ergibt sich logisch, daß die nächste Primzahl 13 ist; 13 zum Quadrat ergibt 169. Wenn Ihnen diese Aufgabe leicht fiel, deutet das auf einen rationalen, linkshirnorientierten Zugang hin.

9. Nun, manche Menschen finden leichter Zugang zu dieser Geschichte, wenn Sie sich den Ablauf in Form einer Bildergeschichte vorstellen, wie z.B.: Ein Mensch sitzt auf einem Hocker und hält einen Knochen in der Hand, den ein dahergelaufener Hund wegnimmt – woraufhin der Mensch mit dem Hocker nach dem Hund wirft. Wenn Ihnen das auf diese Art (!) leichtgefallen ist, deutet das hier auf einen bildhaften, rechtshirnorientierten Zugang hin.

10. Was haben Sie herausgefunden:
    6: gut, es gibt sechs Außenseiten;
    1: Sie können einen Würfel aus einem flachen Blatt Papier falten;
    2: außen und innen;
    3: visuell wahrnehmbar sind von einem beliebigen Punkt aus immer nur drei Seiten gleichzeitig;
    4: auch gut: es gibt vier Seiten, plus ein Decken- und ein Bodenteil;
    8: vier Seiten außen und vier Seiten innen, zusätzlich je ein Decken- und Bodenteil;
    unendlich: Wenn Sie den Würfel durch die Zeit bewegen – praktischerweise, indem Sie ihn mehrfach fotografieren und die Bilder ergänzen;
    18: Sechs Außenseiten und zwölf Kanten, jede für sich auch eine Seite.
    Wie es scheint, kann so ein Würfel eine ganze Bandbreite an Antworten und Denkrichtungen hervorrufen; je nachdem, wie Sie es sich erlauben, zu denken und welche Wahlmöglichkeiten Sie beachten.

11. Haben Sie die einzelnen Qualitäten auch so zugeordnet? Auch hierbei gibt es kein „richtig-falsch", sondern höchstens ein „zweckmäßig-unzweckäßig", das individuell unterschiedlich ausfallen kann.

Kreative Phasen	Hemisphäre
Vorbereitung	linke Hälfte
Inspiration	rechte Hälfte
Erleuchtung	rechte Hälfte
Strukturierung	linke Hälfte
Bewertung	linke Hälfte
Ausführung	linke + rechte Hälfte
Verkauf	rechte + linke Hälfte
Abrundung	rechte + linke Hälfte

12. Setzen Sie den 1. Schnitt quer an, das ergibt 2 Hälften; den 2. Schnitt waagerecht durch die Mitte, das ergibt 4 Stücke; nun wird die eine Hälfte auf die andere gelegt und mit einem 3. senkrechten Schnitt noch einmal halbiert, das ergibt 2 x 4 = 8 Stücke.

13. Erweitern Sie den Rahmen Ihrer Vorstellungen: Vierecke können verschiedene Formen besitzen. So kann eine Linie drei Teile hervorbringen. Welche kreative Denkstrategie hat Sie zum Erfolg geführt?

Repertoire

14. Ein Weg zum Ziel kann so aussehen:

15. Zielstrebig kann auch heißen, den kürzesten Weg zum Erfolg zu nehmen. Entfernen Sie die 4 mittleren Hölzer.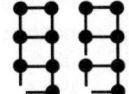

16. Lösungsvorschläge:

    1. Ein Quadrat mit 3 Strichen darin;

    2. | | | – wenn Sie oben und unten gedanklich je eine Linie ergänzen, haben Sie ein gedachtes Quadrat; es ist ein gedanklicher Rahmen, den Sie schaffen;

    3. ⊓ – 3 Striche an einer Tischkante.

17. 14 = **11+1+1+1**; es sind fünf *Ziffern*.

18. *1. Möglichkeit*: Halten Sie mit einem Finger den Fünfer fest und schieben den rechten Zehner nach rechts. Nun schieben Sie den Zehner mit Schwung wieder gegen den Fünfer; so springt der linke Zehner seitwärts und es wird eine Lücke frei.

    2. Möglichkeit: Halten Sie den Fünfer und den rechten Zehner fest und pusten Sie den linken Zehner zur Seite.

    3. Möglichkeit: Halten Sie den Fünfer und den rechten Zehner fest. Nun drücken Sie mit einem Knie von unten so gegen die Tischplatte, daß der linke Zehner wegrutscht.

19. Der Mensch! Der Mensch kommt am Morgen seines Lebens auf allen Vieren dahergekrabbelt, geht mittags, in seiner Reifezeit aufrecht und am Abend seines Daseins auf einen Stock gestützt.

Anwendung

20. Hier geht es darum, von vornherein einen Focus zu setzen – in diesem Fall die römischen Zahlen –, der die weiteren Denkansätze häufig beeinflußt; und zumindest auch zu einer Lösung führt: Ziehen Sie einen waagerechten Strich durch die Mitte, drehen das Zeichen um, decken die untere Hälfte ab und Sie erhalten **VI**.

Weitere Lösungen erhalten Sie jedoch erst, wenn Sie sich von gedanklichen Begrenzungen befreien und … etwa auf **S I X** kommen – englisch betrachtet.

Oder auf **I X 6** – und damit dem kleinen 1x1 die Ehre erweisen.

21. Den Rahmen des eigenen Denkens sprengen heißt, auch zu erkennen, daß große Auswirkungen auf kleinsten Veränderungen beruhen können: Das Quadrat entsteht in der Mitte.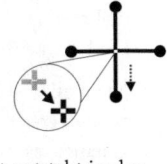

22. Welcher Denkrahmen wird durch welche *Lösung* gesprengt:

    1) Die Linie muß dünn sein: *Zeichnen Sie eine Linie mit einem breiten Pinsel.*

    2) Das Papier muß flach bleiben: *Falten Sie die Karte so, daß sich alle drei Reihen berühren, dann reicht ein dünner Strich.*

    3) Das Papier muß heil bleiben: *Schneiden Sie die neun Punkte aus und spießen sie mit Ihrem Stift auf.*

    4) Alles spielt sich in der 2. Dimension ab: *Rollen Sie die Karte zu einer Röhre. Nun verbinden Sie alle Punkte mit einer einzigen, dreimal umlaufenden Geraden (wie in Aufgabe 6.); in der sphärischen (Weltraum-) Geometrie gilt eine solche Linie als Gerade.*

    5) Die Linie muß auf der Karte bleiben: *Wenn Sie die Karte auf den Boden legen – und viel Zeit und viel Geld haben – und, ähnlich wie bei der vorigen Lösung, mit einer Linie zweimal die Erde umkreisen, haben Sie alle Punkte verbunden.*

    Welche Lösungen finden **Sie** noch?

23. Dringen Sie in neue Regionen vor und erobern Sie die 3. Dimension, mit einer, aus Streichhölzern geformten Pyramide.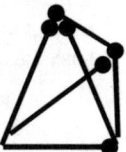

24. Wie so oft kann Ausgleichen bedeuten, daß wir auf vorhandenem Potential aufbauen und mit einem relativ geringen Aufwand einen Zustand von Balance herstellen können.

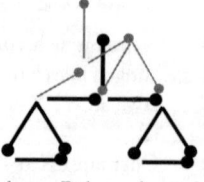

25. Reihenfolge: Mazda – BMW – Jaguar – Ford. Farbe: Ihr Wagen ist silbern.

26. Nicht alles ist das, was es auf den ersten Blick scheint – es ist machbar, aber knifflig. Wenn Sie das Gebilde aufklappen, gehen Sie vor wie folgt: Die Teile A und B gehören nach *links* – die Teile 1, 2 und 3 nach *rechts*. Die Teile B (links) und 1 (rechts) liegen bereits richtig zum Aufklappen. Teil A wird an der Längs-Faltachse entlang im Uhrzeigersinn nach links gedreht und zwar untenherum (und würde mit dem „Gesicht" nach unten zu liegen kommen). Gleichzeitig werden die Teile 2 und 3 ebenfalls im Uhrzeigersinn gedreht, nur obenherüber (und kommen auf der rechten Seite so zu liegen, daß die Zahlen mit dem „Gesicht" nach unten zeigen). Und wenn Sie alles richtig gemacht haben, dann liegt der Zettel so vor Ihnen – und Sie erkennen, daß die Aufgabe mit drei Schnitten, einer Faltlinie (↔) und einer guten Portion räumlichen Vorstellungsvermögens lösbar ist. Das Geheimnis liegt in einer sehr gut vorbereiteten Faltlinie, um die herum sich „alles dreht".

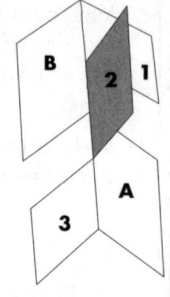

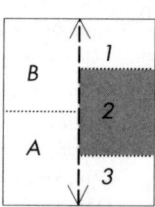

27. Die erbetene Belohnung ist so bescheiden doch nicht. In Zahlen wären es: 18.446.744.073.709.600.000 Körner, also mehr als 18 Trillionen! Das ist mehr als die Weltjahresproduktion an Reis. Oder anders ausgedrückt:
Die Belohnung hätte ein Gewicht von ca. 379.042.686.446 Tonnen, mehr als 379 Milliarden Tonnen!

28. Der „Hut", unter den alles kommt, sieht so aus:

$$99 + \frac{99}{99}$$

29. Nun, indem Sie von FIVE den ersten und letzten Buchstaben streichen; übrig bleibt **IV**.

30. Stellen Sie den 1. Schalter auf „an" und warten einige Minuten. Dann schalten Sie ihn wieder aus, schalten den 2. Schalter an und rennen sofort auf den Boden. Die Birne, die brennt, gehört natürlich zum 2. Schalter. Die Birne, die noch heiß ist, gehört zum 1. Schalter – verbleibt die kalte Birne, die zum 3. Schalter gehört.

31. Mit etwas Probieren – oder Nachdenken – ist es lösbar. Oder haben Sie es rausbekommen, indem Sie sich auf freiem Feld bewegt haben?

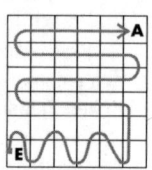

32. Legen Sie mit den vier Streichhölzern die römische zwölf – und decken dann die untere Hälfte mit einem Blatt Papier ab. Übrig bleibt sieben.

Unsere Übersicht enthält diejenige Literatur, auf die wir bei unserer Arbeit zurückgegriffen haben und die uns inspirierte. Wir empfehlen diese Bücher gerne, weil wir mit ihnen viele originelle, lehrreiche und anregende Stunden verbracht haben. Seien Sie neugierig und machen Sie eine Leseprobe.

Literatur

ABRAMS, M., BERNSTEIN, H.: *Der Zukunftskatalog.* DTV: München, 1989.

ACKERMANN, R. et al.: *Kreativ lehren und lernen.* Gabal: Offenbach, [2]1996.

ANDREAS, C. & S.: *Mit Herz und Verstand.* Junfermann: Paderborn, [3]1997.

BACH,R.: *Die Möwe Jonathan. Illusionen.* Ullstein: Berlin, 1993

BAER, U.: *666 Spiele.* Kallmeyer: Seelze, 1994.

BANDLER, R., GRINDER, J.: *Kommunikation und Veränderung – Die Struktur der Magie II.* Junfermann: Paderborn, [7]1997.

BASSET,K.: *Spielen und spielen lassen.* Katzmann: Tübingen, 1985.

BERCHEM, F.: *Noch mehr Gehirnjogging.* Goldmann: München, 1996.

BESSER-SIEGMUND, C.: *Entdecken Sie Ihre Kreativität.* Rowohlt: Reinbek, 1997.

BEYER, G. & M.: *Innovations- und Ideenmanagement.* Econ: Düsseldorf, 1994.

BIRKENBIHL, V.F.: *Erfolgstraining.* MVG: München, [4]1992.

BIRKENBIHL, V.F.: *Kommunikationstraining.* MVG: München, [19]1997.

BIRKENBIHL, V.F.: *Stroh im Kopf.* MVG: München, [33]1998.

BRAEM, H.: *Brainfloating.* MVG: München, 1989.

BUZAN, T.: *Kopftraining.* Goldmann: München, 1984.

CASTANEDA, C.: *Das Feuer von innen.* Fischer: Frankfurt, 1985.

COVEY, S.: *Sieben Wege zur Effektivität.* Campus: Frankfurt, [6]1995.

DE BONO, E.: *Kreatives Denken.* Orbis: München, 1992.

DE BONO, E.: *Laterales Denken.* Rowohlt: Reinbek, 1971.

DE BONO, E.: *Serious creativity.* Schäffer-Poeschel: Stuttgart, 1996.

DILTS, R. et al.: *Know how für Träumer – Strategien der Kreativität.* Junfermann: Paderborn, 1994.

EHRHARDT, U.: *Und jeden Tag ein bißchen böser.* Krüger: Frankfurt, 1996.

FLURI, H.: *1012 Spiele und Übungsformen in der Freizeit.* Hofmann: Schorndorf, [6]1993.

GERKEN, G., KAPELLNER, R. (Hrsg.): *Wie der Geist überlegen wird.* Junfermann: Paderborn, 1993.

GESCHKA, H., REIBNITZ,U.: *Kreativität in der Werbung.* München, 1977.

GÖÖCK,R.: *347 lustige Gesellschaftsspiele.* MVG: München, [6]1991.

GOMAN, C.: *Kreativität im Geschäftsleben.* Ueberreuter: Wien, 1991.

GORDON, W.J.J.: *Synectics, the development of creativ capacity.* New York, 1961.

HERTLEIN, M.: *Mind Mapping – die kreative Arbeitstechnik.* Rowohlt: Reinbek, 1997

HOLLER, J.: *Das neue Gehirn.* Junfermann: Paderborn, 1996.

HOUSTON, J.: *Der mögliche Mensch.* Sphinx: Basel, 1984

ISERT, B.: *Die Kunst schöpferischer Kommunikation.* Junfermann: Paderborn, 1996.

JAYNES, J.: *Der Ursprung des Bewußtseins durch den Zusammenbruch der bikameralen Psyche.* Rowohlt: Reinbek, 1988.

JEANMAIRE, A.: *Der kreative Funke*. Ariston: Kreuzlingen, 1997.

KLINE, P.: *Das alltägliche Genie*. Junfermann: Paderborn, 1997.

KNIESS, M.: *Kreatives Arbeiten*. DTV: München, 1995.

KRÜGER, F., ROHFLEISCH, M.: *Brain Jogging*. Junfermann: Paderborn, 1998.

LAPP, D.: *Nichts mehr vergessen*. Rowohlt: Reinbek, 1998.

LINNEWEH, K.: *Kreatives Denken*. Gitzel: Rheinzabern, [6]1994.

LUTHER, M., MAASS, E.: *NLP-Spiele-Spectrum*. Junfermann: Paderborn, [2]1996.

MAASS, E., RITSCHL, K.: *Teamgeist*. Junfermann: Paderborn, [2]1998.

MALORNY, C. et al.: *Die sieben Kreativitätswerkzeuge K 7*. Hanser: München, 1997.

MEHRMANN, E.: *Schnell zum Ziel*. Econ: Düsseldorf, 1994.

MÖNKEMEYER, K.: *Spiele mit Tiefgang*. Rowohlt: Reinbek, 1992.

MOEWIG (Hrsg.): *Kreativität fördern durch phantasievolle Spiele*. Moewig: Rastatt, 1991.

NÖLLKE, M.: *Kreativitätstechniken*. STS: Planegg, 1998.

OECH, R.: *Der kreative Kick*. Junfermann: Paderborn, [2]1996.

ORLICK, T.: *Kooperative Spiele*. Beltz: Weinheim, [2]1988.

ORLICK,T.: *Neue kooperative Spiele*. Beltz: Weinheim, 1985.

OSBORN, A.F.: *Applied Imagination. Principles and Procedures of Creative Thinking*. New York, 1963.

PORTER, P.: *Entdecke dein Gehirn*. Junfermann: Paderborn, 1997.

PORTMANN, R., SCHNEIDER, E.: *Spiele zur Entspannung und Konzentration*. Don Bosco: München, [5]1992.

PREISER, S., BUCHHOLZ, N.: *Kreativitätstraining*. Augustus: Augsburg, 1997.

RAUDSEPP, E.: *Kreativitätsspiele*. Heyne: München, 1988.

REINERS, A.: *Praktische Erlebnispädagogik*. Fachhochschulschriften: München, [3]1993.

RÖSCHMANN, D.: *111 x Spaß am Abend*. Windmühle: Hamburg, 1991.

ROBBINS, A.: *Grenzenlose Energie – Das Power Prinzip*. Heyne: München, [3]1993.

ROBBINS, A.: *Das Prinzip des geistigen Erfolges*. Heyne: München, 1997.

SCHLICKSUPP, H.: *Ideenfindung*. Vogel: Würzburg, 1992.

SEIFERT, J.: *Visualisieren-Präsentieren-Moderieren*. Gabal: Speyer, [4]1992.

SHELDRAKE, R.: *Das Gedächtnis der Natur*. München, 1990.

STAPLES, W.: *Think like a winner*. Junfermann: Paderborn, [2]1995.

THIESEN, P.: *Kreatives Spielen*. Bardtenschlager: München, 1989.

TOLAR, G.: *Das große Rätselvergnügen*. Heyne: München, 1990.

VESTER, F.: *Denken, Lernen, Vergessen*. DTV: München, [24]1997.

VOIGTMANN, M.: *Genies wie du und ich*. Sauer: Heidelberg, 1997.

WACK, O. et.al.: *Kreativ sein kann jeder*. Windmühle: Hamburg, 1993.

WATZLAWICK, P.: *Wie wirklich ist die Wirklichkeit*. Piper: München, 1985.

WOLTERS, A., BAMBECK, J.: *Brainpower*. Ullstein: Frankfurt/M., 1992.

WUJEC, T.: *Schneller schalten als andere*. Heyne: München, 1994.

Diese Bücher und mehr, sowie viele weitere KREATIVitäts-Werkzeug (inklusive KREATIVitäts-Katalog) erhalten Sie bei der Versandbuchhandlung Creativ Concept, Postfach 26, 55 296 Harxheim, Tel.: 06138 – 98010 -8, Fax: -9 Internet: http://www.creativity.de

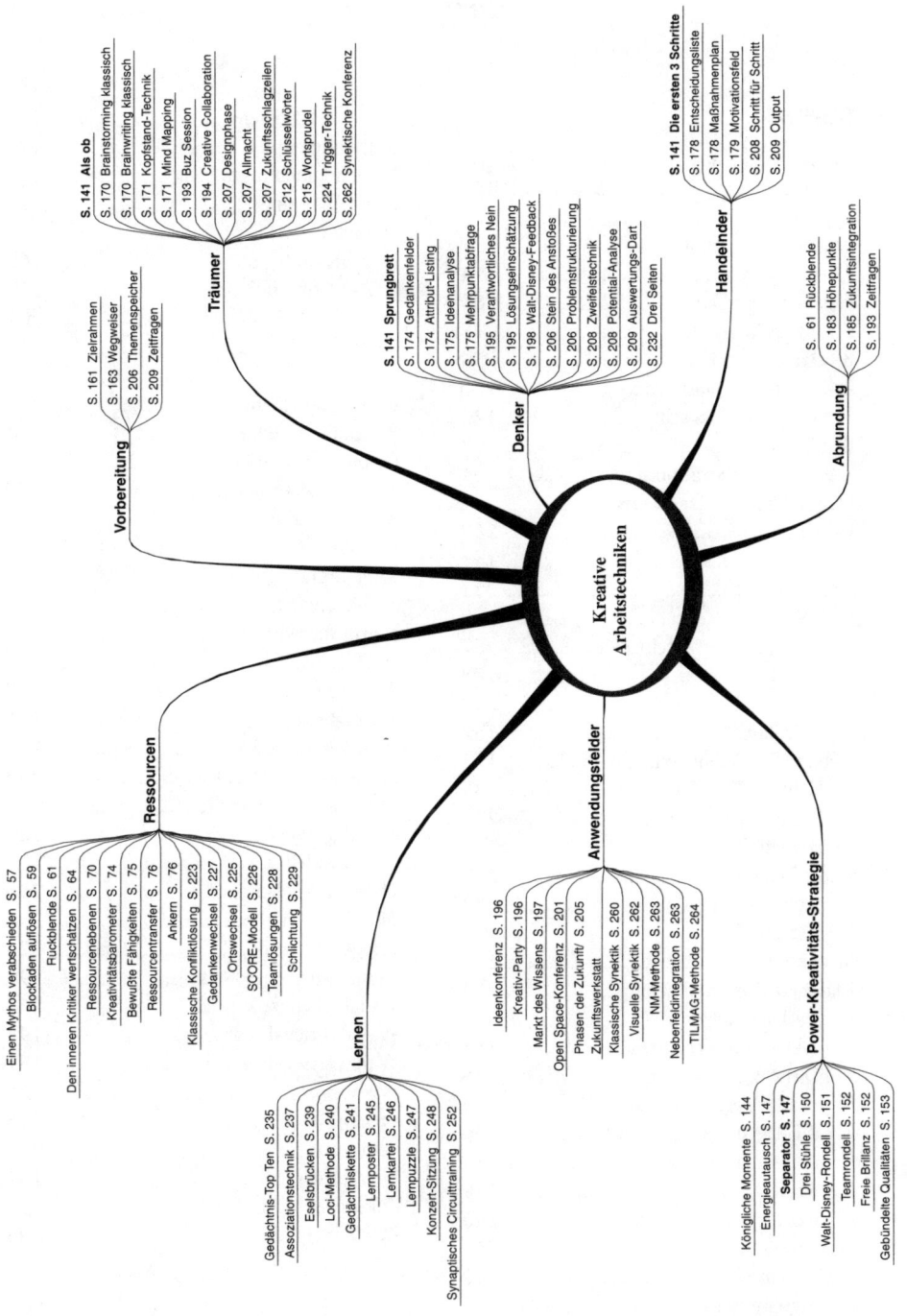

Kreative Arbeitstechniken (Mindmap)

Vorbereitung
- S. 161 Zielrahmen
- S. 163 Wegweiser
- S. 206 Themenspeicher
- S. 209 Zeitfragen

Träumer – S. 141 Als ob
- S. 170 Brainstorming klassisch
- S. 170 Brainwriting klassisch
- S. 171 Kopfstand-Technik
- S. 171 Mind Mapping
- S. 193 Buz Session
- S. 194 Creative Collaboration
- S. 207 Designphase
- S. 207 Allmacht
- S. 207 Zukunftsschlagzeilen
- S. 212 Schlüsselwörter
- S. 215 Wortsprudel
- S. 224 Trigger-Technik
- S. 262 Synektische Konferenz

Denker – S. 141 Sprungbrett
- S. 174 Gedankenfelder
- S. 174 Attribut-Listing
- S. 175 Ideenanalyse
- S. 175 Mehrpunktabfrage
- S. 195 Verantwortliches Nein
- S. 195 Lösungseinschätzung
- S. 198 Walt-Disney-Feedback
- S. 206 Stein des Anstoßes
- S. 206 Problemstrukturierung
- S. 208 Zweifelstechnik
- S. 208 Potential-Analyse
- S. 209 Auswertungs-Dart
- S. 232 Drei Seiten

Handelnder – S. 141 Die ersten 3 Schritte
- S. 178 Entscheidungsliste
- S. 178 Maßnahmenplan
- S. 179 Motivationsfeld
- S. 208 Schritt für Schritt
- S. 209 Output

Abrundung
- S. 61 Rückblende
- S. 183 Höhepunkte
- S. 185 Zukunftsintegration
- S. 193 Zeitfragen

Ressourcen
- Einen Mythos verabschieden S. 57
- Blockaden auflösen S. 59
- Rückblende S. 61
- Den inneren Kritiker wertschätzen S. 64
- Ressourcenebenen S. 70
- Kreativitätsbarometer S. 74
- Bewußte Fähigkeiten S. 75
- Ressourcentransfer S. 76
- Ankern S. 76
- Klassische Konfliktlösung S. 223
- Gedankenwechsel S. 227
- Ortswechsel S. 225
- SCORE-Modell S. 226
- Teamlösungen S. 228
- Schlichtung S. 229

Lernen
- Gedächtnis-Top Ten S. 235
- Assoziationstechnik S. 237
- Eselsbrücken S. 239
- Loci-Methode S. 240
- Gedächtniskette S. 241
- Lernposter S. 245
- Lernkartei S. 246
- Lernpuzzle S. 247
- Konzert-Sitzung S. 248
- Synaptisches Circuittraining S. 252

Anwendungsfelder
- Ideenkonferenz S. 196
- Kreativ-Party S. 196
- Markt des Wissens S. 197
- Open Space-Konferenz S. 201
- Phasen der Zukunft/ S. 205 Zukunftswerkstatt
- Klassische Synektik S. 260
- Visuelle Syrektik S. 262
- NM-Methode S. 263
- Nebenfeldintegration S. 263
- TILMAG-Methode S. 264

Power-Kreativitäts-Strategie
- Königliche Momente S. 144
- Energieaustausch S. 147
- Separator S. 147
- Drei Stühle S. 150
- Walt-Disney-Rondell S. 151
- Teamrondell S. 152
- Freie Brillanz S. 152
- Gebündelte Qualitäten S. 153

Stichworte

⏰ Trainingsaufgaben

☼ Spiele

Denkanstöße

Prozesse & Phantasiereisen

Selbsttest